Luc Jochimsen

Die Verteidigung der Träume

Autobiographie

aufbau

Mit 17 Abbildungen

FSC
www.fsc.org
MIX
Papier aus verantwortungsvollen Quellen
FSC® C083411

ISBN 978-3-351-03281-4

Aufbau ist eine Marke der Aufbau Verlag GmbH & Co. KG

1. Auflage 2014

Einbandgestaltung hißmann, heilmann, Hamburg
Satz LVD GmbH, Berlin
Druck und Binden CPI – Clausen & Bosse, Leck
Printed in Germany

www.aufbau-verlag.de

Inhalt

Meine Eltern

Mut hatten sie, der Adolf Schleußinger und die Anna Barbara Kreß, vor allem Mut.

Wer zieht schon als Realschüler mit knapp 18 Jahren freiwillig in den Ersten Weltkrieg – und kommt ein halbes Jahr später von der Front zurück, entschlossen, von nun an ein internationales, ziviles Leben zu führen – frei nach Edgar Allan Poe: Nevermore Untertanengeist, Vaterlandspopanz und akademisches Traditionsgehabe. *Nevermore.*

Mein Vater: Jahrgang 1900, Sohn eines königlich-bayerischen Vermessungsoberamtmanns, geboren und aufgewachsen in der hintersten Krähwinkelprovinz: Neunburg vorm Wald, Dinkelsbühl, Schwabach. Und wer heiratet als hübsche 19-Jährige ohne nennenswerte Schul- und Ausbildung einen reichen Fabrikantensohn und lässt sich 13 Jahre später (1933!) einfach scheiden, weil ihr das Dasein im »goldenen Käfig« nicht mehr behagt, entschlossen, von nun an ein unabhängiges eigenes Leben zu führen, auch um den Preis, dass das einzige Kind beim Vater und das als Mitgift eingebrachte Vermögen in der Firma des Mannes zurückbleibt? Meine Mutter: Jahrgang 1901, Gastwirtstochter aus Nürnberg.

Im Sommer 1935 treffen sich die beiden, auf eine Bekanntschaftsannonce hin, im Kurgarten von Garmisch-Partenkirchen.

Mein Vater – ein moderner Nomade, der fünf Fremdsprachen spricht und sich als Angestellter internationaler Speditionsfirmen in Budapest, Triest, Wien, Istanbul »auf Wanderschaft« befindet. Meine Mutter – eine lebenslustige Blondine, die sich als Hausdame in großen Hotels und als Vertreterin von Hoover-Staubsaugern durchs Leben schlägt. Solchermaßen bin ich zustande gekommen. Anfang Juni, an »einem von Girlanden umschlungenen Tag«, wie mein Vater poetisch aufschrieb, »in der freien Natur«, wie meine Mutter prosaisch hinzufügte. »Du bist eben ein Kind der Liebe«, sagte sie stets, ob ich das nun hören wollte oder nicht, ob ich es verstand oder nicht, darauf kam es ihr nicht an.

Die 35-Jährige, die nach der Scheidung ihren Mädchennamen wieder angenommen hatte, brachte mich am 1. März 1936 in Nürnberg unehelich zur Welt – und zog dann meinem Vater Adolf Schleußinger nach, zuerst nach Mannheim, dann nach Budapest. 1937 wurde ich legitimiert, das heißt, die Vaterschaft wurde offiziell anerkannt; ans Heiraten dachten meine Eltern nicht. In Budapest konnten sie als »Herr und Frau Schleußinger« mit ihrem Kind unbelästigt leben, sie waren halt so frei.

Mein Vater wäre sowieso am liebsten Ungar geworden oder Deutsch-Ungar, der Gedichte von Sándor Petőfi übersetzt. Ungarische Dichter, ungarische Freiheitskämpfer, ungarische Künstler waren seine Idole seit er als 20-Jähriger zum ersten Mal nach Budapest gekommen war. Die Weltläufigkeit seiner jüdischen Chefs, die verbliebene Kultur der k. u. k. Monarchie, die Zeitungen und Literaturzirkel hatten ihm ein Leben beschert, das er nie mehr aufgeben wollte. Er unterhielt eine Art Liebesbeziehung zu diesem Land – und eine regelrechte Liebesaffäre zu einer Budapester Lehrerin seit 1926 im Übrigen auch.

Meine Mutter war in ihren 35 Lebensjahren nie aus Bayern hinausgekommen. Gut, die Hochzeitsreise war nach Venedig gegangen, es hatte Ferien am Garda- und am Comer See gegeben und Kuraufenthalte in Karlsbad, aber das waren alles kurze Ausflüge aus dem »goldenen Käfig«. Jetzt war sie auf einmal in einer richtigen großen Stadt, einer fremden, pulsierenden Metropole mit Boulevards und Bars, Cafés und Kabaretts und den von ihr heiß geliebten Operetten. Raus aus dem deutschtümelnden Butzenscheiben-Nürnberg, das in den letzten Jahren zudem immer brauner geworden war. Sie hatte auch mal kurz *»etwas mit einem Goldfasan«* gehabt, wie sie immer sagte, das habe ihr aber gereicht. Da ist sie lieber dem »Zigeuner« nachgezogen mit ihrem Kind. Wie gesagt: Mut hatten sie, meine Eltern, vor allem Mut.

Kriegsschauplatz 1

Düsseldorf – Vollmerswerth/Altes Fährhaus/Anfang 1943. Ich bin sieben Jahre alt.

»Träume zählen«, sagte mein Vater, »schau dir dieses Feuerwerk an! Erinnerst du dich noch an unser Silvester in Wien?« Und wie ich mich erinnerte! An die bunten Räder am Himmel, die glitzernden Sternschnuppen, die auf das dunkle Wasser des Flusses herunterprasselten, die vielen Menschen am Ufer, ihr Lachen, ihre Hochrufe, ihr Händeklatschen …

»Ein solches Freudenfeuerwerk werden wir wieder feiern, ein großes Fest. Das verspreche ich dir.«

Wir liefen oben auf dem Deich über die Rheinwiesen. Es war Nacht, aber taghell. Leuchtkugeln zischten in den Himmel, färbten ihn feuerrot. Dann dieses unheimliche

Dröhnen der nahenden Flugzeuge, das anschwoll, die Luft durchdrang und den Boden zum Zittern brachte. Mein Vater zog mich die Böschung hinunter. Weiße Scheinwerfer bildeten Lichtkegel überm Fluss. Wir krochen unter einen dürren Busch. Vor uns die Luftabwehrgeschütze. Über uns die Bomber. Und alles so hell! Ich war sicher, dass man uns weithin sehen konnte. Es gab kein Entrinnen … Da setzt mein Traum ein, der mich noch jahrelang im Schlaf überfiel: Ich schreie und renne los, zurück über den Deich und auf der anderen Seite die Wiesen hinunter zum Fluss. Dreck spritzt um mich herum. Mein Vater holt mich ein, legt sein Jackett über meinen Kopf. Ich reiße mich wieder los, komme aber nicht von der Stelle, trete von einem Fuß auf den anderen, immer schneller und schneller, wie ich das bei den Tanzbären in Ungarn gesehen habe, die so auf heißen Herdplatten lernen müssen zu »tanzen«, wie mir mein Vater erklärt hatte. Ich will in den dunklen Fluss, wo mich keiner sehen kann, aber vor lauter Schreien habe ich auf einmal gar keine Luft mehr zum Atmen. Wie Schemen sehe ich die Soldaten an der Scheinwerferbatterie, und sie reißen ihr Gerät herum, und jetzt bin ich ganz weiß, weiß und glühend heiß und kalt, und mein Vater schleift mich neben sich her, und am Boden sehe ich lauter Füchse, viele Füchse, und ihre Pelze sind blau. Dann wird es plötzlich dunkel und still …

Am nächsten Morgen ging meine Mutter mit mir in den Ort. Zuerst zu meiner Schule, in der ich Lesen und Schreiben in eckiger Sütterlinschrift lernte: Rauf-runter-rauf-I-Strich-drauf! Die Schule bestand aus einem großen Korridor, der Lehrerwohnung und zwei Räumen. Einer für die Klassen eins bis vier, der andere für die »Großen«. Hier waren nun die Toten aufgebahrt, die in der letzten Nacht umgekommen waren. Auch drei meiner Mitschüler. Ein Trupp Gefangener räumte die Trümmer hinter dem Schulhaus zur Seite. Die Männer sangen. Meine Mutter nahm mich mit ins Rathaus. Dort gab es einen Verbandsplatz. Der Arzt stellte fest, dass die Dreckspritzer, die mein Gesicht und meine Hände bedeckten und sich nicht abwaschen ließen, Phosphorverbrennungen waren. Er gab uns Zinksalbe mit.

An diesem Abend verließen wir unsere Wohnung im »Alten Fährhaus« direkt am Rhein und suchten Zuflucht in einem Bauernhof. Meine Mutter hatte den Kinderwagen bis oben hin vollgepackt mit Kleidung, Decken, Einmachgläsern, Schuhen und ihrem schönsten Hut, einer Filzkappe mit Feder und Schleier. Ich trug meine anderthalb Jahre alte Schwester. Der Vater war in Düsseldorf geblieben. Im Lager der Speditionsfirma, für die er arbeitete. Dort organisierte er den Brandschutz für den Fuhrpark.

In der Küche des Bauernhauses waren noch andere Leute aus der Nachbarschaft. Jeder hatte einen Beutel, einen Sack, einen Koffer oder eine Tasche bei sich. Alle Gespräche drehten sich um die Frage, wo man sicherer sei, wenn die Bomber wiederkommen würden: im Haus oder draußen im freien Feld, oben auf dem Deich in der Nähe der Flak bei den Soldaten oder in der Dorfkirche. Der Angriff in der vorigen Nacht hatte alle überrascht. Sonst waren die Flugzeuge immer weitergeflogen, flussaufwärts oder stadteinwärts. Das war ja auch der Grund, warum mein Vater diese Wohnung hier draußen für uns gesucht hatte, im abgelegenen Fährhaus.

Er hielt diese Gegend für einen »safe haven«, wie er immer sagte, meine Mutter nannte Vollmerswerth »unseren Schutzengel-Ort«.

Als das Dröhnen wieder einsetzte, wurden die Lampen

ausgeschaltet, obwohl alle Fenster dicht verdunkelt waren. Draußen wurde es wieder taghell. Die Gruppe entschied, »vor den Fliegern« ins Rathaus zu fliehen. Dort gab es einen richtigen Keller. Meine Mutter gab mir zwei Wolldecken und ihre Handtasche. »Da ist mein ganzer Schmuck drin«, sagte sie, »pass gut auf, dafür hast du jetzt die Verantwortung!«

Zusammen mit den anderen rannten wir los – mit Baby, Kinderwagen, Wolldecken und Handtasche. Wieder waren die Leuchtkugeln am Himmel, die Scheinwerferkegel, wieder regnete es diese Dreckspritzer, die auf der Haut brannten. Der Rathauskeller war überfüllt. Die Beleuchtung flackerte im Rhythmus der einschlagenden Bomben: hell-dunkel-hell-dunkel-hell-ganz aus. Und dann war da wieder der Gesang der Gefangenen. Sie waren in einer Baracke hinterm Rathaus eingesperrt und sangen wie am Tag zuvor beim Wegräumen der Trümmer. Im dunklen Keller wurde laut gebetet. Einer, den man nicht sehen konnte, sagte: »Jetzt kommt es auf uns zurück – bis ins dritte und vierte Glied!« – »Was ist das dritte und vierte Glied?«, wollte ich von meiner Mutter wissen, aber ich bekam keine Antwort. Ich hatte so einen Satz schon einmal gehört. Als wir noch in Wien wohnten, rief eine alte Frau einem langsam fahrenden Auto mit geöffnetem Verdeck, in dem Männer in Uniformen saßen, hinterher: »Verflucht sollt ihr sein – bis ins siebte Glied!« In dieser Nacht brannte unsere Wohnung im »Alten Fährhaus« aus und auch das halbe Speditionslager in der Stadt. Im Morgengrauen irrten wir zwischen Bauernhäusern und Flakgeschützen, dem Flussufer und der Straße auf dem Deich umher. Die ganze Zeit hielt ich die Handtasche meiner Mutter fest an mich gepresst; ich hatte ja schließlich die Verantwortung. Wir waren grau von Staub, übersät mit Phosphorspritzern und rochen brandig.

Irgendwann fuhr die Straßenbahn wieder, mit der man so bequem in die Stadt und herauskommen konnte.

Mein Vater fand uns und sagte: »Ihr müsst hier weg.« Meine Mutter antwortete: »Wir haben sowieso alles verloren, die ganze Wohnungseinrichtung.« Vollmerswerth war kein »safe haven« mehr, nicht mehr unser »Schutzengel-Ort«.

Vorbei die Nachmittage mit den Schafen auf den Rheinwiesen, die Sonntagsfahrten mit meinem Vater im roten Kanu auf dem Fluss, die Ausflüge in die Stadt, die Wunderabende in den Operetten, zu denen meine Mutter mich mit den Worten mitnahm: »In diesen schweren Zeiten brauchen wir etwas für unsere Seelen!« Ja, wir waren im »Zigeunerbaron« und im »Zarewitsch«, und meine Mutter sang die Melodien zu Hause nach. Das war jetzt alles vorbei.

Kriegsschauplatz 2

Erlangen, Spardorfer Straße 33, Frühjahr/Sommer 1943.

Meine Mutter hatte keine Geschwister, aber eine Cousine, mit der sie wie eine Schwester aufgewachsen war. Sie lebte in Erlangen und nahm uns bei sich auf. Hier schien es noch gar keinen Krieg zu geben. Keine Trümmer. Keine Angriffe. Die Tante war eine fröhliche, elegante Frau, die ihren »Arbeitseinsatz« in der Stadtverwaltung leistete. Ihr Mann war Zahlmeister auf dem Balkan und schickte Pakete mit Speck, Schnaps, Kaffee, Zigaretten, Schokolade und wunderbaren, mit Blumen bestickten Sommerblusen aus feinstem weißem Stoff.

Mit diesen Dingen ließ sich alles beschaffen, was es sonst kaum mehr gab. Eier und Mehl, Marmelade und Bamberger Hörnchen, Sahne und frische Erdbeeren.

Außerdem grenzte an das Wohnhaus in der Spardorfer Straße eine große Gärtnerei. Sie wurde mein Paradies. Ich durfte dort »arbeiten«. Jeden Tag nach der Schule zupfte ich Unkraut, half in den Gewächshäusern beim Umpflanzen der Sämlinge. Wir lebten wie im Schlaraffenland. Nur die Schule machte mir zu schaffen. Ich kam in die zweite Klasse, musste aber mit dem Lesen und Schreiben ganz von vorn anfangen, denn hier galt die Lateinschrift – in Druckbuchstaben. Das war sehr verwirrend. Noch verwirrender war, dass ich mit 36 anderen Mädchen in einem Klassenzimmer saß. Und wie die sprachen? In einem sonderbaren fränkischen Dialekt, den ich kaum verstand, was die anderen wiederum erst recht nicht verstehen konnten.

Am verwirrendsten aber war meine von Gelächter und Getuschel begleitete Vorstellung als »Neuzugang«. Ich stand vor dem Katheder, und die Lehrerin fragte, woher ich denn käme und wieso ich jetzt bei ihnen in Erlangen sei.

»Geboren bin ich in Nürnberg.«

»Davon merkt man aber nichts.«

»Ich bin ja auch schon als kleines Kind nach Budapest gekommen.«

»Nach Budapest? – Dann kannst du also ungarisch?«

»Igen. Jö napot, Köstezsokolon, Mutzikam.«

»Und was heißt das?«

»Guten Tag, Küss die Hand, Liebling.«

In das Kichern und Lachen der Klasse erklärte ich stolz, dass in Budapest genau so geredet würde. Und in Wien übrigens auch, wo die Kellner im Café stets »Küss die Hand, Frau Baronin« zu meiner Mutter gesagt hätten und zu meinem Vater »Herr Doktor«. Das hat mir keine Freundinnen eingebracht. Im Unterricht kam ich nur schwer mit, weil ich die lateinischen Druckbuchstaben nur mit großer Mühe lesen und schreiben konnte – und dann lauter fremdes Zeug erzählte. Von Pferden in der Puszta, Zigeunerkapellen, Tanzbären und riesengroßen Wassermelonen, die man mitsamt den Kernen isst. Oder ich berichtete von den Bombenangriffen auf Düsseldorf und prophezeite, dass die Flugzeuge demnächst auch nach Nürnberg und Erlangen kommen würden. Dabei zeigte ich meine Brandwunden an den Händen und im Gesicht, die manchmal kleine Bläschen auf der Haut bildeten, manchmal richtigen Ausschlag. Bald saß ich ziemlich allein am Rand einer der Schulbänke.

Sonst aber war das Leben leicht und unbeschwert. Wir bekamen neue Kleider. Aus den schönsten Stoffen, die meine Tante besorgte, nähte eine Schneiderin »das Neueste aus dem Modejournal«. Wir gingen ins Kino, in Konzerte im Hofgarten, ins Schloss-Café.

Meine Tante fuhr morgens mit dem Fahrrad zur Arbeit, meine Mutter versorgte den Haushalt und die kleine Schwester. Abends wurde am festlich gedeckten Tisch gegessen, im Radio »Operettenklänge« gehört und mitgesungen, und zum Einschlafen wurden im ganz und gar rosaroten Schlafzimmer der Tante Geschichten von Budapest und Wien erzählt, aus dem »Roman« meiner Eltern.

Kerezstanya / Die Taufpatin

Meine Kerezstanya war Erzsebet (Elisabeth) Nagy, genannt Erzsi. Von ihr lernte ich das Wort *Mutzikam:* Liebling. Mein Hauptsprachschatz in dieser frühen, vage erinnerten Zeit. Alles war *Mutzikam:* ich selbst, Erzsi, Wassermelonen, Musik, das singende Dienstmädchen und vor allem – die Tanzbären, diese possierlichen Pelze, von deren Leid ich nichts begriff. Ich sah nur ihre tollpatschigen Bewegungen, die Tatzen und die schwarzen Augen … so einen *Mutzikam* hätte ich gern gehabt.

An einem kalten Herbstabend 1939 begleitete Erzsi meine Eltern und mich zu einem großen Schiff. Immer und immer wieder umarmte sie mich, bevor wir an Bord gingen. Wir standen oben an der Reling, als das Schiff ablegte. Unten am Kai stand Erzsi und hörte nicht auf zu winken. Mein Vater hielt mich hoch, damit ich besser sehen konnte: die Lichter, die winkende Kerezstanya, die immer kleiner wurde … Ich merkte, dass er weinte.

»Erzsi war zehn Jahre lang die Geliebte deines Vaters«, sagte meine Mutter eines Tages zu mir, »und wenn du nicht dazwischengekommen wärst, hätte er sie wahrscheinlich geheiratet.« »Erzsi war die große Liebe meines orientsehnsüchtigen Lebens«, schrieb mein Vater in sein »Nachtbuch eines alten Mannes«, sie hat mich gelehrt, *extra Hungariam non est vita*, aber ich habe die Lektion zu spät verstanden.«

Und von Erzsi sind zwei Briefe von 1936 erhalten, in denen es heißt: »Was geben würde ich dafür, wenn ich deine Hand noch einmal mit meinen glücklichen Tränen begießen könnte. So sind die Frauen, siehst du … Und die Patenschaft übernehme ich natürlich, wenn du mich damit beehrst … Du weißt, ich liebe alles, was gemeinsam, sagen wir heraus, dass Luci gehört auch mir …«

Donau / Donau-Dampfer / Donau-Dampfschifffahrt / Donau-Dampfschifffahrtsgesellschaft … Erzsi hatte sich in ihrem ungarisch klingenden Deutsch noch über die vielen Schilder und ihre Wortgetüme lustig gemacht. Das war jetzt vorbei. Eine Nacht und einen Tag nach dem Budapester Abschied kamen wir in Wien an. Ich lernte ein neues Wort: *Krieg*. Es war Krieg. Ich hatte keine Ahnung, was das war, aber alle Menschen um mich herum redeten vom Krieg, und alles, was geschah, hatte mit diesem Krieg zu tun.

»Warum sind wir in dieser anderen Stadt?« – »Weil Krieg ist.«

»Warum ist der Vater oft tagelang nicht zu Hause?« – »Weil Krieg ist.«

»Warum weint dieser fremde Herr und schenkt mir eine Porzellanpuppe?« – »Weil Krieg ist. Er muss weg aus Wien und wollte sich bedanken, wir haben ihm beim Umzug geholfen.«

Und warum heiraten meine Eltern am 18. Januar 1940 auf dem Standesamt Wien-Landstraße und nehmen mich »als Brautjungfer« mit, wie meine Mutter geheimnisvoll lächelnd sagt?

»Der Krieg war ausschlaggebend«, hielt mein Vater später fest, »da ich von Anfang an das Schlimmste befürchtete, wollte ich, dass Frau und Kind im Notfall wenigstens so ordentlich abgesichert waren, wie es eben ging.« Die Frage nach dem Grund für die Hochzeit habe ich natürlich gar nicht gestellt. Ich ging mit zum Standesamt und hinterher ins Restaurant, wo ich mich in meinen Onkel Willi verliebte, den älteren Bruder meines Vaters, der als Trauzeuge nach Wien gekommen war, in Uniform, was mich begeisterte. Endlich hatten auch wir einen Soldaten, wie man sie überall in der Stadt sah. Nach der Heirat meiner Eltern erfuhr ich, dass ich eine Halbschwester hatte, die zu Besuch nach Wien kommen würde. Ich konnte mir unter einer »halben« Schwester nichts vorstellen. Wer dann kam, war eine junge erwachsene Frau, die meine Mutter für meinen Geschmack zu oft in die Arme nahm. Meine wunderbare, lustige, elegante, immer fröhliche, heiß geliebte Mutter, die nur für mich ihre Arme ausbreiten sollte, damit ich auf sie zufliegen, mich an ihr festklammern konnte, um von ihr gestreichelt, angelacht und gestupst zu werden, wollte ich mit niemandem teilen, auch nicht mit einer Halbschwester, die aus einer *ersten Ehe* kam, was immer das zu bedeuten hatte. An einem Nachmittag gingen wir zusammen ins Kaffeehaus und anschließend in ein Fotoatelier, um ein Dreierporträt anfertigen zu lassen. Ich war froh, als die fremde Dame abreiste. Jetzt waren wir wieder wir: *Papakam, Mamakam, Mutzikam.*

Die schönste Wiener Erinnerung war unser Silvester. Ich trug ein rosa Taftkleid und schwarze Lackschuhe. Ich durfte mit ins Restaurant. Zwei Zigeunerkapellen spielten abwechselnd. Sektschalen standen auf dem Tisch. Auch mir wurde ein Schluck eingeschenkt. Die Gläser klirrten, wenn man sie aneinanderstieß. Dann gingen wir zum Donauufer. In einer Menschenmenge bewegten wir uns lachend durch den Schnee. Und dann gab es das Feuerwerk: die bunten Räder am Himmel, die glitzernden Sternschnuppen, die auf das dunkle Wasser des Flusses herunterprasselten, Hochrufe, Händeklatschen …

Solche Geschichten aus Wien und Budapest erzählten

wir unserer Tante vorm Einschlafen in Erlangen 1943. Ich wollte für immer bei meiner Tante bleiben, für immer und ewig oder wenigstens bis der Krieg zu Ende wäre und wir alle das große Freudenfeuerwerk wieder erleben würden, welches mein Vater mir versprochen hatte.

Aber dann kam ganz plötzlich der Krieg auch hierher. In einer heißen Augustnacht flogen die Bomber ein, ohne Vorwarnung, und legten halb Nürnberg in Schutt und Asche. Es war wie in Vollmerswerth. Erst das Dröhnen, das den Boden erzittern ließ, dann die Explosionen, der Feuerschein, die »Christbäume« am Himmel, schließlich die Brandwolken. Wir erlebten, wie eine Angriffswelle nach der anderen über uns hinwegrollte. Ja, die Zerstörung fand in der Ferne statt, aber sie konnte jeden Augenblick auch uns direkt treffen. Die schöne Sicherheit der letzten Monate war zu Ende. Zwei Tage lang suchten wir meinen Großvater in den qualmenden und immer wieder lichterloh brennenden Ruinen Nürnbergs. Wir sahen wie Hexen aus – mit verstaubten Haaren, die uns seltsam vom Kopf abstanden. Das Haus, in dem mein Großvater wohnte, gab es nicht mehr – die ganze Straße in der Altstadt war ein Trümmerfeld. Das Hotel, in dem er arbeitete, stand nur noch zur Hälfte. Wir trafen ihn dann zufällig am Bahnsteig, von dem die Züge nach Erlangen abfuhren. Er wollte zu uns.

Kurz darauf kam ein Brief meines Vaters. Wir müssten nicht mehr nach Düsseldorf zurück, las meine Mutter vor, der Vater arbeite jetzt in Frankfurt am Main. Dort wäre er nun dabei, eine schöne Wohnung für uns einzurichten.

Kriegsschauplatz 3

Frankfurt am Main, Kleine Wiesenau 2, ab Herbst 1943.

Diese schöne Wohnung befand sich im 2. Stock einer großen Villa und war voller prächtiger Möbel. Es gab Bilder, Spiegel, sogar ein Kinderzimmer mit Wolkenvorhängen. Und ein Marmorbad – darin hatte mein Vater unsere Küche untergebracht. Gegenüber der Wanne stand der Herd. Abgespült wurde in einem der beiden ovalen Waschbecken. Das Geschirr stapelte sich auf der breiten Fensterbank, die Vorräte im angrenzenden Schlafzimmer. Dafür, dass wir in Düsseldorf *alles verloren hatten*, wirkte diese Wohnung wie ein Wunder.

»Wo hast du das bloß alles her?«, fragte meine Mutter.

»Bei Auktionen ersteigert«, antwortete mein Vater.

So wohnten wir jetzt im Frankfurter-Westend in fremden schönen Möbeln, mit Teppichen, Vorhängen, alten Lampen und einer richtigen Bibliothek. Für mich war es das fünfte Zuhause in siebeneinhalb Jahren.

An Budapest konnte ich mich kaum mehr erinnern, nur an ein dunkles Schlafzimmer und die zärtlichen Anreden: *Papakam, Mamakam, Mutzikam.* Wien – das war ein Gartenhaus, dem Fotoatelier Jobst gegenüber, von Mietshäusern und Torbögen umgeben. In Düsseldorf lag die Wohnung inmitten von Baumkronen über dem Ausflugslokal am Rhein. Dann kam das Mahagoni-und-Damast-Reich der Tante in Erlangen, wo wir unter rosa Daunendecken schliefen. Und jetzt dieses herrschaftliche Haus mit seinem Säulenportal, dem Marmorentree, einem zweiten Treppenaufgang für die Dienerschaft sowie einem Stall und einem Kutscherhaus.

Der Stall war wahrscheinlich der Grund, warum meinem Vater die Wohnung zugewiesen worden war. Denn außer uns mussten noch zwei Speditionspferde untergebracht werden, die den Warentransport der Firma innerhalb der Innenstadt gewährleisteten. Am Ende der Straße gab es ein Parkgrundstück, so groß wie ein ganzer Wohnblock – mit einem Trümmerberg in der Mitte. Der war einmal die berühmte Gontard'sche Villa gewesen, Wohnsitz der Frankfurter Bankiersfamilie, für die Friedrich Hölderlin 1796 als Hauslehrer arbeitete und wo er sich unzulässigerweise in die Hausherrin verliebte. »Nur einen Sommer … / Lebt ich, wie Götter …« Dieses Ruinengrundstück »beschaffte« mein Vater als Pferdeweide und Unterstellplatz für die Fuhrwerke. Und da es im Stall unseres Herrschaftshauses drei Boxen gab und der frühere englische Rasen des Gontard'schen Parks genug Weidefläche hatte, kaufte er ein abgemagertes Panjepferd, das auf einem Auge blind war, und schenkte es mir mit den Worten: »Wenn du es gut pflegst, wird es ein ganz passables Reitpferd.« In seinen Aufzeichnungen aus jenen Tagen hat er die Geschichte so beschrieben: »Ich fand ihn in einer Pferdesammelstelle, zusammengepfercht mit zwanzig anderen Kleinpferden. Er hatte die Frommheit eines Lammes, die Ohren eines ›dummen Augusts‹, die Hinterbeine einer Ziege, aber – das Merkmal aller Steppenpferde – kleine Glockenhufe und eine schwarz wehende Fahne als Schwanz. Die kleine Stirnblesse leuchtete ihm wie ein Stern voran, als er mit staksigen Beinen dem neuen Stall zuging, als dessen Bewohner er zunächst einen Namen bekommen musste. Nomen est omen: er war klein, kam aus dem Reich Peters des Großen und war noch strubbelig. Also hieß er *Peter Struwwel* als Pendant zum Frankfurter Struwwelpeter. Die Einbringung des Kosakenpferdchens zauberte leuchtende Kinderaugen und Stammeln hervor.« So kam ich also mitten im Krieg und mitten in der Trümmerstadt zu einem Pferd. Tagsüber war es eine ziemliche Last. Vor der Schule musste ich jeden Morgen in den Stall: füttern, putzen, ausmisten. Nach der Schule musste ich als Erstes das Pferd auf die Weide bringen und abends wieder zurück in den Stall. Das war der Tag, aber nachts war alles anders. Da galoppierten wir über die Puszta, dass die Hirten nur so staunten und die Gänse kreischend auseinanderstoben. Das Pferdchen war schnell und wendig, hatte glänzendes Fell und eine lange Mähne, und ich konnte es ohne Mühe reiten und hatte keinerlei Angst … dieses halb blinde, geschundene Tier bewegte sich voller Vorsicht durch Straßen, Trümmergelände und den Park. Und mir gegenüber war es behutsam und umsichtig, geradezu zärtlich. Mir konnte gar nichts passieren, wenn ich mit ihm zusammen war. Mein Vater hat damals aufgeschrieben: »Glücklich das Kind, das schon in frühen Jahren vom Pferd beglückt wird. Glücklich der Vater, der das Kind zum ersten Mal auf diesen elastischen Rücken heben und dann – losgelöst von der Longe – auf die Bahn schicken darf, in die Wälder, über die Felder … Was das Kind da lernt? Bewegung ist alles!«

Bewegung, Freiheit, Träume von einem ganz anderen Leben als jenem zwischen Trümmern, Angriffen, Krankheit und Angst ums Überleben … das jedenfalls hat mir dieses Pferd namens *Peter Struwwel* verschafft und natürlich mein Vater, der nicht nur abenteuerliche Ideen hatte und Versprechungen machte, sondern solche Ideen und Versprechungen auch noch wahr werden ließ.

Der Alltag sah natürlich noch anderes vor, Schule zum Beispiel. Wieder wurde ich in die 2. Klasse eingeschult, und wieder gab es eine neue Schrift, diesmal lateinische Schreibschrift: schöne, weiche, ineinanderfließende Wörter.

Hundertmal musste ich das Alphabet abschreiben, erst die kleinen Buchstaben, dann die großen. Niemand fragte mich mehr nach meinen ungarischen Sätzen, nicht einmal der Vater, den meine Antworten früher so stolz gemacht hatten. Langsam gingen die melodischen, lustig klingenden Sprachfetzen verloren.

Um diese Zeit wurde meine Mutter schwer krank. Jeden Morgen und jeden Abend mussten ihre Beine verbunden werden. Die Phosphorverbrennungen hatten große Wunden hinterlassen, die sich nie ganz schlossen. Selbst in der Universitätsklinik wussten sie keinen Rat. Sie gaben meiner Mutter Salben, Mullbinden und Schmerztabletten. Von nun an trug sie dickmaschige Strümpfe, um die Verbände zu kaschieren, und ließ sich im Übrigen nichts anmerken, lief, arbeitete, wanderte mit uns, fuhr Rad. Was waren ihre Verwundungen schon im Vergleich zu den vielen Verletzten, die man überall sah?

Dann erwischte es mich. An einem Märztag 1944 traf mich eine Brandbombe mit Sprengsatz – am helllichten Tag mitten in unserem Garten. Wir Kinder spielten mit unserem Kaninchen. Wir ließen es frei und versuchten es dann wieder einzufangen. Die Sirenen hatten »Vor-Alarm« angekündigt. Aber den nahmen wir schon lange nicht mehr ernst. Meistens kam die Entwarnung hinterher. Diesmal aber fielen blitzschnell kleine Bomben vom Nachmittagshimmel. Ich weiß noch, wie das Kaninchen aus meinen Armen sprang und ich plötzlich mitten in einer Art Sprühregen aus winzigen Feuerwerkskörpern zu Boden fiel. Meine rechte Körperhälfte war taub und blutete. Schmerzen hatte ich keine. Auf einem Liegestuhl wurde ich zum

Verbandsplatz beim Hauptquartier des Gauleiters getragen. Dorthin kam mein Vater, und wir fuhren zusammen in einem Sanitätswagen ins Krankenhaus nach Niederrad. Mein Vater blieb bei mir, bis ich in eine Schleuse zwischen zwei Bunkertüren geschoben wurde und von dort in gleißendes Licht.

»Zählen, zählen, zählen! Atmen, atmen, atmen!«, befahl eine Stimme, und ich fing an zu zählen: »Egy, kettő, három, négy …« und war so froh, dass wir nun doch wieder in Budapest waren. »Öt, hat, hét, nyolc …«, meine Mamakam, mein Papakam und ich. »Kilenc, tíz …« Und wir bestaunten das Feuerwerk mit seinen bunten, sich drehenden Rädern am Himmel, den glitzernden Sternschnuppen, aber plötzlich wurde mir ganz elend und übel und schwarz vor Augen …

Zehn Tage im Kinderbunker. In einem hölzernen Bett an der Wand. Schrecklicher Geruch. Weinen und Wimmern. Über mir schläft ein Junge mit Kopfverband. Mein rechtes Bein ist ganz und gar eingegipst, nur die Zehen schauen hervor. »Glück gehabt«, sagt der Arzt zu meiner Mutter, »sie wird wieder laufen können. Es ist ein Oberschenkeldurchschuss, aber anscheinend sind keine Nerven durchtrennt, und dass keine Hauptader getroffen wurde, ist sowieso ein Wunder.« Meine Mutter will mich sofort mitnehmen, aber das geht nicht. Sie darf noch nicht einmal mehr zu Besuch kommen, nur telefonische Nachfragen sind erlaubt. Ich weine, weine und weine … Jede Nacht diese Angriffe, und nie weiß ich, ob die Eltern überhaupt noch leben. Der Junge mit dem Kopfverband verspricht mir, dass wir immer zusammenbleiben können. Er bringt mich auch am fünften Tag nach oben an die frische Luft und in eine kalte Sonne. Nachts spielen wir Mühle beim Licht der Notbeleuchtung.

Ich glaube, er war meine erste Liebe. Eines Morgens kommt der Gauleiter und hält eine Lobrede auf uns Kinder »wg. großer Tapferkeit«. Es werden Kinder-Verwundeten-Abzeichen ausgeteilt. Am zehnten Tag kommt mein Vater, gegen alle Verbote entschlossen, mich abzuholen. »Auf Ihre Verantwortung«, sagt der Arzt. »Auf meine Verantwortung«, antwortet mein Vater. Zusammen mit dem Jungen bringt er mich nach oben. Dort wartet das Pferdefuhrwerk der Spedition. Ich weine, weine und weine …

Vier Monate später hätte es mich fast noch einmal erwischt, mich und meine Mutter. Wir fuhren mit der Straßenbahn nach Heddernheim zum Hamstern. Diesmal gab es keinen Vor-Alarm, die Tiefflieger kamen ganz plötzlich. Die Straßenbahn hielt auf freier Strecke. Rechts und links lagen Bauernfelder, es gab kaum einen Baum oder Strauch. Wir waren nur wenige Fahrgäste und rannten los und suchten Deckung – so weit weg wie möglich von den Schienen. Auf diese schienen es die Flugzeuge nämlich abgesehen zu haben und auf die Straßenbahn, so schnurgerade schossen sie auf uns zu. Unbeholfen stolperten wir beide mit unseren verwundeten Beinen über den Acker, warfen uns schließlich einfach zu Boden – und die Flugzeuge rasten über uns hinweg.

»Wir sollten schießen lernen – mit Gewehren schießen lernen wie die Männer«, sagte meine Mutter, »dann könnten wir wenigstens zurückfeuern.« Der Straßenbahnschaffner rief: »Schnell einsteigen, bevor sie zurückkommen.« Wir robbten zurück, fuhren bis zur Endstation und gingen auf Betteltour. Am Abend fragte meine Mutter den Vater nach einem Gewehr. Er fand die Idee hervorragend – er würde uns Schießunterricht geben, im Gontard'sehen Park. Morgen schon. Er war richtig stolz auf seine Frau.

»Die Russen kommen«, hatte die Lehrerin in großen Buchstaben an die Tafel geschrieben, dann eine Zeitung aufgeschlagen und uns daraus Folgendes vorgelesen: »Alle Frauen und Kinder werden umgebracht / Babys von Panzern überfahren. / Die Zivilbevölkerung wird an Hauswände gestellt und erschossen oder in den Kellern bei lebendigem Leib verbrannt …«

Ich dachte an den Kinderbunker und meine Phosphorverbrennungen und die toten Mitschüler in Vollmerswerth und wurde völlig überwältigt von Angst. Ich sah das alles vor mir, wie sie uns an eine Hauswand stellen, wie sie uns die Treppen hinunter in den Keller treiben … Und was würden sie wohl mit meinem Pferd machen? Auch erschießen oder schlachten oder vielleicht verschonen, weil es doch ein Russenpferd war, und mich auch verschonen, weil ich es doch so gut aufgepäppelt hatte? … Nach der Schule ging ich jedenfalls nicht nach Hause, sondern zum Güterbahnhof, wo mein Vater sein Büro hatte, um ihm die Schreckensgeschichte sofort zu erzählen. Er musste uns retten, aus der Stadt herausbringen, in den Wald, irgendwohin …

Mein Vater versuchte noch nicht einmal, mich zu trösten. Stattdessen erklärte er mir die große Weltkarte, die die ganze Wand hinter seinem Schreibtisch bedeckte. Auf ihr waren die Länder, die gegen Deutschland Krieg führten, in bunten Farben abgebildet.

Gelb: die kleine Insel Großbritannien mit ihren vielen Kolonien in Afrika und Asien, dazu Kanada und Australien. Rot: Russland, das riesige Sowjetreich. Violett: ein Stück Frankreich und große Teile Nordafrikas. Weiß: Amerika, ein ganzer Kontinent. Dazu im Vergleich ganz klein, schraffiert Deutschland – und weit weg, auch schraffiert, das Inselreich Japan. »Das sind wir«, sagte mein Vater, »und das sind alle anderen. Es ist fast die ganze Welt. Und es stimmt, die Russen kommen, aber die anderen auch: die Amerikaner, die Engländer, die Franzosen. Sie kommen von allen Seiten, und sie werden keine Babys schlachten oder Menschen bei lebendigem Leib verbrennen. Aber sie werden noch viele Bomben werfen, noch mehr und noch schrecklichere Bomben als bisher, und wenn es Kämpfe in der Stadt gibt, kommen sie natürlich mit Panzern und Kanonen, und uns kann Fürchterliches geschehen.«

»Aber die Lehrerin …«, versuchte ich zu erwidern.

»Du darfst nicht alles glauben, was die Lehrer sagen.«

»Aber es stand in der Zeitung, sie hat es uns vorgelesen.«

»Du darfst auch nicht alles glauben, was in der Zeitung steht.«

»Dann werde ich das morgen in der Schule erzählen.«

In diesem Moment wurde mein Vater so ernst, wie ich ihn nie vorher erlebt hatte.

»Das darfst du auf keinen Fall. Das muss ein Geheimnis bleiben zwischen dir und mir. Niemandem darfst du erzählen, was wir beide hier besprochen haben. Man würde mich wahrscheinlich abholen, wenn du der Lehrerin davon etwas sagen würdest.«

Ich war tief erschrocken. Das Wort *abholen* sagte mir Schreckliches. Onkel Barth, der beste Freund meiner Eltern, war *abgeholt* worden und ein Herr aus der Nachbarschaft und der Schwager des Kutschers. *Abgeholt* war mir ein Begriff, der Inbegriff des Schreckens. Und es war ganz klar, dass ich nie, nie und nie etwas tun oder sagen würde, was meinen Vater in die Gefahr bringen könnte, *abgeholt* zu werden. Was er mir also in seinem Büro vor der großen

Weltkarte erzählt hatte, blieb unser Geheimnis. Gleichzeitig habe ich es nie mehr vergessen, den ganzen Krieg hindurch nicht, mein ganzes Leben danach auch nicht.

»Du darfst nicht alles glauben, was die Lehrer sagen!« Und: »Du darfst auch nicht alles glauben, was in der Zeitung steht!«

Die Lektion *Die Russen kommen* war eine der letzten, die in der Schule überhaupt noch stattgefunden hatte. Ende November bekamen wir Zeugnisse und wurden mit den Worten in die Weihnachtsferien verabschiedet, dass »bis auf Weiteres« die Schule geschlossen bleiben würde wie alle Schulen in Frankfurt. Das war vielleicht ein Weihnachtsgeschenk! So glückliche Kinder habe ich nie wieder gesehen. Schulfrei für immer! Der Krieg hatte auch sein Gutes, wer hätte das gedacht.

Ich war endlich in die dritte Klasse versetzt und meine Mutter feierte die ganze Angelegenheit mit mir bei Kuchen und Schokolade auf Sondermarken im Palmengarten.

Ganz anders reagierte mein Vater. Er zwang mich, ein Tagebuch zu führen. Als »Weihnachtsüberraschung« erhielt ich ein dickes, in Wachstuch eingebundenes Heft mit der Order, ab 1. Januar 1945 jeden Tag auf einer Seite aufzuschreiben, was ich erlebte.

Die Begründung war, dass ich verständlicherweise froh darüber sei, nicht mehr in die Schule gehen zu müssen, dass aber eines Tages – in Wochen, Monaten, vielleicht einem Jahr, *wenn alles vorüber ist* – die Schulen wieder geöffnet würden. Und dann käme es darauf an, zu zeigen, dass man in der Zwischenzeit etwas gelernt, sich weiterentwickelt habe. Basta.

Ein zweites Heft für wöchentliche Rechenaufgaben lag ebenfalls auf dem Geschenktisch.

Das Tagebuch

Dieses Tagebuch, das heute noch existiert, wurde mein Albtraum. Jeden Tag aufschreiben zu müssen, was ich erlebte, in säuberlicher Schrift und möglichst fehlerfrei! Wie oft bin ich gar nicht zum Schreiben gekommen, habe vergessen, mit Füllhalter und Tinte festzuhalten, was ich sah und hörte zwischen den Bombenangriffen, Haushaltsaufgaben, Kinderaufsicht, Erwachsenenarbeit. Dann musste ich nachtragen, zurückdatieren, schummeln. Denn samstags verlangte mein Vater das Heft »zur Vorlage«, da konnte passiert sein, was wollte. Ein Albtraum – und aus heutiger Sicht kein Dokument, in dem ich viel von dem wiederfinde, was ich erlebt habe, wenn ich meinen Erinnerungen glaube. Fakten schon, aber wenig Gefühle und Gedanken. Aber vielleicht sind Erinnerungen ja trügerisch. Jedenfalls enthält das Tagebuch die Lebensbeschreibungen eines neunjährigen Kindes in den Zeiten des »Untergangs«. Der erste Eintrag hat noch etwas von einem Poesiealbum. »Es ist Winter, alles ist weiß. Mein Schwesterlein und ich rodelten den ganzen Tag. Am Weiher war alles zugefroren, da rutschen wir nur so hin und her. Das war lustig anzusehen. Fröhlich ging es dann nach Haus. Dann war es erst schön, wir feierten im Stall bei unseren drei Pferden ›Stall-Silvester‹. Es war ein feierlicher Tag.«

Von da an geht es allerdings realistischer zu.

15. Januar: Immer Alarm

Heute ist ein schrecklicher Tag. Es ist von früh bis Abend Alarm. Kaum ist Entwarnung gewesen, da fing es von Neuem an. In der Nacht mussten wir sechsmal wegen Großalarm in den Keller.

25. Januar: Am Schönsten ist der Abend

Wenn der Tag herum ist, mit Helfen der Mutti, Spielen und Rodeln, dann kommt der Abend. Wenn keine Flieger kommen, dann kommt das Schwesterchen ins Bett. Dann ist das Schönste vom Tag da. Ich darf mit den Eltern lesen und Tee trinken und höre Musik im Radio dazu. Gehe dann um neun Uhr glückstrahlend ins Bett.

20. Februar:

Heute Morgen fing es schon an mit Alarm. So ging es bis Nachmittag, da war es etwas ruhiger. Aber gegen Abend so fünf Uhr andauernd Voralarm und Großalarm. Um zwölf Uhr erst kamen wir zum Schlafen. Das wäre gar nicht so schlimm gewesen, wenn wir nicht um drei Uhr früh wieder herausgeschmissen worden wären. Bis fünf Uhr morgens Großalarm.

3. März: Tiefflieger

Heute konnte man überhaupt nicht aus dem Haus. Lauter Tiefflieger schwirrten in der Luft. Schossen auf die Militärautos, auf Leute und schmissen auch vereinzelte Bomben. Ich konnte gerade noch unser Gemüse einholen und Brot. Dann hatten wir von morgens neun Uhr bis abends sechs Uhr Großalarm. Ganz in der Nähe sind Minen, Brandbomben und Sprengbomben gefallen. Wir haben kein Licht, Wasser und Gas.

11. März: Wasserholen

Als Vati heute Morgen zum Volkssturm musste, huschten wir zu Mutti ins Bett. Da las uns Mutti Märchen vor. Dann mussten wir Wasser holen. Vati hatte uns einen Wagen von den Rädern vom Kinderwagen gemacht und zwei

Kistchen obendrauf, und so können wir Wasser holen. Es ist eine Plage, und doch macht uns der Wagen Spaß.

18. März: Schöner Sonntag

Heute ist herrliches Wetter. Wir gingen in den Garten. Spielten Pferdchen, Nachlauf, Versteck, spielten Reif und noch vieles andere. Es ist ein richtiger schöner Frühlingstag.

Tag und Nacht keine Ruhe.

Es ist so schönes Wetter, und so traurig ist alles. Da wir bei Tag und Nacht keine Ruhe haben. Außerdem sind schon die Feinde ganz nah bei Frankfurt. Mutti wollte mit uns fort, aber wohin? So müssen wir tapfer durchhalten, vielleicht hilft uns der liebe Gott.

21. März:

Vati war gestern außerhalb von Frankfurt und schaute sich um, ob wir nicht irgendwo unterkommen könnten. Da hatte er Glück, da uns ein Bauer aufnimmt. Das Dorf, wo uns der Bauer aufnehmen will, heißt Burggräfenrode. Ich freue mich sehr darauf. Es sind jetzt frohe Tage.

25. März: Furchtbare Tage

Wir sind traurig. Erstens haben wir vom Opa keine Nachricht, dann können wir doch nicht fort, denn der Bauer hat abgesagt. Und die Feinde sind nur noch fünfzehn Kilometer vor Frankfurt. Man hört nichts wie Schießen und Poltern, wir konnten heute Nacht gar nicht schlafen, denn die Deutschen haben die Mainbrücken gesprengt. Auch einen Flughafen haben sie gesprengt. Es war und ist furchtbar.

27. März: Sie sind schon da!

Die Feinde sind schon in der Stadt. Man hört Maschinengewehrschießen und Panzerrollen. Es hört sich furchtbar an. Ob sie uns was tun? Frankfurt ist schon zum Teil besetzt. Wir sitzen jetzt den ganzen Tag im Keller außer zwei Stunden am Morgen von acht bis zehn Uhr.

Wir müssen immer unser Leben wagen, wenn wir auf die Straße gehen. Gestern Abend, als ich gerade im Garten war, hörte ich Pfeifen und Zischen und auf einmal einen richtigen Feuerregen …

29. März:

Seit gestern sind in jedem Haus Amerikaner. Bei uns vis-à-vis sind amerikanische Autos, und fast ist das ganze Haus besetzt. Und jetzt gibt es fast nichts mehr zu essen. Mutti wird ganz verrückt vor Kummer und Sorgen.

Stunde null

Die Amerikaner sind in meiner Erinnerung viel dramatischer aufgetaucht als in meinem Tagebuch. Ganz plötzlich waren sie da – zuerst als Einzelkämpfer, die langsam mit ihren Maschinengewehren die ausgestorbene Villenstraße herunterkamen. Dann als Gruppe, die rauchend und diskutierend im Vorgarten des Nachbarhauses stand. Schließlich im schwer bewaffneten Jeepkonvoi vor unserem Haus und dem Gebäude gegenüber … Sie suchten englisch sprechende Bewohner. Mein Vater stellte sich gern zur Verfügung. Sie nahmen ihn in einem der Jeeps mit. Als er Stunden später zu Fuß zurückkam, trug er eine helle Armbinde. Ein geheimnisvolles Wort machte von nun an die Runde: *Government.* Im Namen von *Government* fanden Aus- und Umquartierungen statt, wurden Waffen eingesammelt, Wohnungen durchsucht, auch Dinge eingesteckt und mitgenommen. Zu uns Kindern waren die Amerikaner freundlich und freigiebig mit Geschenken: ich bekam die erste Banane seit Langem, die erste Orange, Schokolade und Chewinggum … »Fangt bloß nicht an zu betteln!«, sagte unsere Mutter.

Ich fand die Amerikaner sehr geheimnisvoll und nett. Geheimnisvoll, weil sie meistens ganz schnell erschienen und ebenso schnell wieder verschwanden. Und nett, weil sie so viel lachten.

Nach einigen Tagen holte ich mein Pferd aus dem Stall, um es auf die Weide in den Gontard'schen Park zu führen. Plötzlich waren die Amerikaner da, hielten mich an, schauten sich das Pferd genau an, lachten, streichelten es und besorgten unvorstellbar weißes Brot zum Füttern, das ich am liebsten selbst gegessen hätte, wenn ich mich vor ihnen nicht geniert hätte. Dann wurde mir mein Pferd weggenommen. Nicht von den Amerikanern – von meinem Vater. Er spannte es vor einen Wagen und fuhr nun kreuz und quer durch die Stadt, vom Westend zum Bahnhof, wo der Schwarzmarkt war, zu seiner Firma, von dort zu den früheren IG-Farben-Hochhäusern, wo das *Government* seinen Sitz hatte. Immer die helle Armbinde sichtbar, wurde er an den Check-Points einfach durchgelassen. Am 4. April geschah dann das Unglück, gar nicht weit von unserem Haus entfernt. Der Einspänner geriet zwischen Militärlastwagen und Jeeps, das Pferd, das ja nur auf einem Auge sehen konnte, scheute, ging durch und stürzte so schwer, das es sich beide Hinterbeine brach. Kinder aus der Nachbarschaft holten mich an die Unglücksstelle …

Ich sehe noch heute, was ich damals sah: wie mein Vater mit zwei amerikanischen Soldaten spricht, gestikulierend auf sie einredet. Ich will zu meinem armen Pferd, das so jämmerlich am Boden liegt. Da kommt mein Vater auf mich zu und dreht meinen Kopf weg, aber ich sehe genau, wie der eine Soldat seine Pistole nimmt, sich ganz nah über den Kopf des Pferdes stellt und zielt. Ich schlage blindwütig auf meinen Vater ein, schreie, trete um mich und bin durch nichts zu beruhigen, bis mein Vater mich brüllend und mit Schlägen nach Hause treibt.

Die Amerikaner füllen in meiner Erinnerung ein ganzes Drama. Aus den Bombenangriffen kamen sie, hatten seltene Früchte und Süßigkeiten dabei, die sie verschenkten. Sie lachten, waren nett und geheimnisvoll und einer von ihnen hatte mein wunderbares Pferdchen erschossen. Auf Bitten meines Vaters hin und »weil es das Beste war«, wie es hieß. Trotzdem: der Soldat hatte es erschossen, und ich hatte es gesehen, und wenn mir mein Vater nicht das Pferd weggenommen hätte, wäre das nie passiert. Wir waren immer so vorsichtig miteinander umgegangen – das Pferd und ich –, hatten stets darauf geachtet, dass dem anderen nichts passiert.

30. März: Schwerer Karfreitag

Wir mussten gestern Vormittag auch unser ganzes Haus räumen. Heute ist Karfreitag, unser größter Feiertag sonst, und jetzt wird überhaupt nicht daran gedacht.

Wir sind jetzt in einer leeren Wohnung untergebracht. Es ist ganz schön, aber wir hängen doch zu sehr an unserer alten Wohnung.

31. März:

Heute habe ich zwei Stunden angestanden, um Brot zu bekommen, und als ich dran war, gab es nichts mehr. Es ist jetzt sehr schwer, bei der heutigen Zeit einzukaufen.

1. April: Ostersonntag

Mutti färbte die letzten zwei Eier in Zwiebelschalen, und Vati hat uns eine Schaukel gemacht. Es war alles so schön trotz der schweren Zeit.

2. April:

Vati fand eine Quelle, aus der ganz reines Wasser fließt, beim Palmengarten. Da nehmen wir unseren Wasserwagen, und ich nehme eine kleine Schüssel mit, damit schöpfe ich das Wasser in die Eimer. Heute kam nach mir eine ganze Menge Leute, und ich schöpfte für die ganzen Leute Wasser.

3. April:

Nur wegen dem ewigen Anstehen bin ich krank geworden. Bei Regen und Sturm musste ich zwei Stunden anstehen. Ich bekam aber dann zum Glück einen Schein, worauf ich morgen Brot bekomme. Dafür bin ich heute den ganzen Nachmittag nichts wie verwöhnt worden.

21. April: Großer Einkauf

Heute ging ich ganz weit in die Stadt. Ich bekam Suppenwürfel, Sauerkraut und Rhabarber. Mutti freute sich sehr. Zur Belohnung darf ich heute eine ganze Stunde lesen.

24. April: Holz sammeln

Da die Amerikaner Vati vom Lager alles Holz geplündert hatten, müssen wir Holz sammeln. Ich habe einen großen Korb auf der Schulter und Bretter unterm Arm. Mutti auch Bretter und eine große Tasche. Ganz kaputt kamen wir heim.

3. Mai:

Unser ganzes Nachmittagsvergnügen ist jetzt immer Holz sammeln. Mutti und das Schwesterchen sammeln oben, und ich gehe in einen ganz tiefen Trichter, wo immer schönes dickes Holz ist. Mit zwei Taschen, einem Korb und noch großen Brettern unterm Arm gehen wir dann heim.

Waffenstillstand

»So wie heute das Wetter ist, sind heute alle Menschen. Denn heute um zwölf Uhr ist im ganzen Deutschen Reich Waffenstillstand. Alle Menschen sind traurig, alle deutschen Herzen bluten. Nur das Einzige ist schön, dass es keinen Fliegeralarm mehr gibt. Es ist heute der schwerste Tag, den ich je erlebte, für Deutschland und alle deutschen Menschen, die ihre deutsche Heimat in ihr Herz eingeschlossen haben. Es ist ein tieftrauriger Tag.«

Wenn ich das heute lese, glaube ich kaum, dass ich es geschrieben habe. Dieses Pathos eines neunjährigen Mädchens. Ob das jemand im Radio gesagt hat? Von meinen Eltern jedenfalls kam so etwas nicht. Mein Vater, das Nichtparteimitglied, hoffte das Ende Deutschlands herbei –

in großer Angst, als Volkssturmmann noch zu irgendwelchen letzten Verteidigungshandlungen herangezogen zu werden. Dem ganzen Krieg hatte er sich mit List entzogen. Einmal waren es Magengeschwüre, die ihn freistellten, dann »kriegswichtige Tätigkeit« als Prokurist einer großen Transportfirma. Nun, 1945, musste er sich mit den letzten, noch nicht zerstörten Fahrzeugen und den Pferden der Spedition immer in Bereitschaft halten. Er informierte sich durch die Sendungen der BBC. Meine Mutter lebte ständig in Panik, dass dieses verbotene Abhören auffiel. Außerdem hatten meine Eltern holländische »Fremdarbeiter« auf dem Dachboden der Villa untergebracht, die nach einem Angriff auf den Güterbahnhof obdachlos geworden waren. Die übrigen Bewohner des Hauses duldeten das stillschweigend. Das alles wusste auch ich. Ich war zu dieser Zeit kein Kind mehr – ich hatte alle Lasten und Sorgen für die Familie mitzutragen, das hatte mich erwachsen werden lassen. Meine Eltern waren meine Eltern, aber vor Bomben, Hunger und Gewalt schützen konnten sie mich nicht. Das war uns dreien klar.

Woher also dieser pathetische Tagebucheintrag? Für meinen Vater war er bestimmt nicht formuliert, für meine Mutter schon eher, die in diesen Tagen in eine tiefe Traurigkeit stürzte. Vielleicht hatte ich doch einfach Aufgeschnapptes aus dem Radio niedergeschrieben – oder gedichtet mit altklugem Gemüt?

Die nachfolgenden Eintragungen vermengen Groß und Klein auf kindliche Weise, die weltbewegende Nachricht geht über ins ganz banale Alltägliche. Am 8. Mai, dem eigentlichen Tag des Kriegsendes, »war schönes Wetter, und Mutti wollte mit uns mal in die Stadt. Wir gingen in den Bahnhof. Dort kamen wir leider zu spät, sonst hätten wir Eis bekommen. Jetzt kommt aber das Allerschönste: als wir mit Mutti am Main entlanggingen, sahen wir eine Fähre, die Leute hinüber- und herüberbringt. Das war eine Freude, als wir auf das Schiff gingen.«

Das war, was ich am 8. Mai erlebt habe. Aber vielleicht hatte ich auch mein Tagebuch vergessen und ein bisschen umdatiert. Unter dem Datum des 9. Mai ist eingetragen: »Frieden ist gegründet. Heute um zwölf Uhr eine Minute nachts durfte in ganz Deutschland kein Schuss mehr fallen. Es ist jetzt Frieden, aber was für ein Frieden? Es wird leider eine große Hungersnot für die deutschen Menschen. Aber wir haben jetzt so viel mitgemacht, jetzt werden wir hoffentlich auch das überstehen.«

Da ist es wieder, dieses Deutsch auf Stelzen. Vielleicht hatte ich es ja doch in meinem Herzen.

Kaum zu glauben, aber schon 24 Stunden später sah die Welt ganz anderes aus: »Mutti musste zum Friseur und ging dann mit uns in die Mai-Andacht.« Es gab zwar kein Freudenfeuerwerk, wie mein Vater es versprochen hatte, aber das Leben normalisierte sich schnell. Es wurde Rhabarberkuchen gebacken, es gab Wurst und Bier, zu Pfingsten ein neues Sommerkleid. Es gab sogar für kurze Zeit ein Ersatzpferd, die Schimmelstute Bella. Der Kaufhof machte wieder auf, und wir kauften dort »Accessoires«: Hutfedern und Seidenblumen. Das Freibad wurde geöffnet, und ab Mitte Juni stand meinem Vater sogar ein Auto zur Verfügung. Damit fuhren wir in den Taunus zu den Bauern. Dort wurde getauscht und gekauft, als wären wir »fliegende Händler«. Interessanterweise taucht in meinem Tagebuch nie das Wort Schwarzmarkt auf, aber ich weiß heute noch die Preise für Butter und Kaffee. Bei den Bauern hieß es: »Für Butter eine Meißner Porzellanvase oder 250 Mark, aber lieber die Porzellanvase.«

Meine Mutter nahm ihren Schmuck auf diese Touren mit und unsere Damasttischdecken mit den großen Servietten. Ich hasste die Bauern, auch wenn ich den Korb Kirschen voller Freude entgegennahm oder die Milch oder die Haferflocken, die mehr Spelzen enthielten, als man runterschlucken konnte … So war das eben. Wir hatten keine Angst mehr, wir hatten Hunger. Und es gab wieder alles, es war nur teuer, und man musste es erjagen. Los, los, los … Ein ganz neues Leben setzte ein, wir waren gierig und voller Optimismus. Darin stimmen schließlich sogar Erinnerung und Tagebuch überein. Am 18. Juni 1945, ganze sechs Wochen nach der Kapitulation, endet mein Albtraum des täglichen Erlebnis-Aufsatz-Schreibens – wahrscheinlich hatte *Government* angekündigt, dass demnächst auch die Schulen wieder ihren Betrieb aufnehmen würden, so wie mein Vater das vorhergesehen hatte. Ich durfte also aufhören, und so schließt mein Tagebuch mit diesem Eintrag:

»Herrliche Autofahrt!

Heute Nachmittag fuhren wir vier mit unserem Auto nach Usingen. Dort kaufte mein Vati ein herrliches Reitpferd, das er morgen holt. Dann fuhren wir nach Oberursel. Wegen Schreibmaschinen, und nun kommt das Schönste, denn wir fuhren nach Eschborn, und da bekamen wir Himbeeren. Unterwegs sahen wir noch was Hochinteressantes, denn wir kamen an einem amerikanischen Flugplatz vorbei. Zwanzig bis dreißig Flugzeuge waren da. Zelte hundert Stück. Auch Kanonen waren da. Das war herrlich anzuschauen. Glücklich fuhren wir heim. Es war ein herrlicher Tag!«

Spätestens jetzt waren die Amerikaner in meinem Herzen angekommen – mit ihren schönen Flugzeugen und den tollen Kanonen. Alles »herrlich anzuschauen, wunderbar und hochinteressant«. Es gab schon *boyfriends* in der Nachbarschaft, auch in unserem Haus bekam eine junge Dame Besuch von einem amerikanischen Soldaten. Und dann war da die amerikanische Radiomusik mit diesem *swing*, den ich für einen besonderen »Schwung« hielt, viel besser eigentlich als die Operetten. Also, das Leben war rasant, fast zu rasant für ein Kind von neun Jahren. Ich hatte nun ein neues Pferd, einen jungen Hengst aus Istrien, fast noch ein Fohlen. Dieses Tier war das genaue Gegenteil von meinem *Peter Struwwel*: wild, bissig und kaum einzufangen. Jeder Ritt war eine Angstpartie. Bis eines Tages ein amerikanischer Soldat mir das Pferd im Gontard'schen Park lachend abnahm, aufsaß – und mir den ersten exklusiven, einmaligen Western-und-Cowboy-Film aller Zeiten in freier Natur vorführte. Er ritt Peter II ein. Einen ganzen endlosen Nachmittag zwang er das Pferd in die verschiedenen Gangarten: Schritt, Trab, Galopp, Versammeln … ohne Sattel, ohne Peitsche, ohne Sporen. Irgendwann, es war schon Abend, ich hätte längst zu Hause sein sollen, stieg er, immer noch lachend, ab, gab mir die Zügel und verschwand. Das Pferd war schweißnass, zitterte am ganzen Körper und ging lammfromm neben mir zurück in seinen Stall. Die Amerikaner waren schon Helden!

Aber auch diese Zeit nach dem Kriegsende enthielt noch ein besonderes Drama. *Government* hatte Aufrufe erlassen, dass niemand mehr irgendwelche Waffen besitzen durfte. Meine Mutter, die tatsächlich ein paar heimliche Schießübungen »in unserem Park« gemacht hatte, sprach meinen Vater darauf an, dass es jetzt höchste Zeit wäre, das Gewehr abzuliefern. Ich erinnere mich an das Gespräch noch heute, denn es war laut und heftig. Mein Vater weigerte sich strikt, den Amerikanern sein Gewehr und im Übrigen auch seine

Pistole zu übergeben. Sein Argument war einfach, das wären Waffen aus dem Ersten Weltkrieg. Er habe sie sein ganzes Leben bei sich gehabt, noch nicht einmal die Nazis hätten Gewehr und Pistole von ihm bekommen – und die Amerikaner bekämen sie auch nicht. Er wäre politisch sauber, sogar Vertrauensperson vom *Government*, für ihn gälte dieser Befehl gar nicht. Basta.

In den nächsten Tagen wurden die Häuser systematisch nach Waffen durchsucht. Und siehe da, in unserem Keller, in einem stillgelegten Kamin, fanden die Amerikaner fünf Gewehre. Mein Vater wurde noch an seinem Arbeitsplatz in der Firma verhaftet. Er erklärte, dass er mit diesen Gewehren nicht das Geringste zu tun hätte, sie gehörten ihm nicht, irgendjemand müsste sie irgendwann ohne sein Wissen im Keller versteckt haben. Diese Beteuerung half ihm gar nichts, er wurde sofort ins Gefängnis gebracht, in die »Klappergass«, die überfüllte Untersuchungshaftanstalt, die am Ende der zertrümmerten Altstadt unversehrt stehen geblieben war. Meine Mutter wurde prompt benachrichtigt, wandte sich sofort an einen Anwalt in der Nachbarschaft, der ebenfalls eine Armbinde trug und als Vertrauensperson des *Government* bekannt war. Zwei Tage später hatte er einen Besuchsschein für meine Mutter und meinte: »Wir werden ihn vielleicht auf Kaution rausbringen, als Nicht-Nazi hat er gute Chancen, versuchen Sie, schon mal 100 000 Mark aufzutreiben«. Meine Mutter war völlig verzweifelt. 100 000 Mark! Woher, wie, von wem sollte sie die je zusammenbekommen? Viertausend Mark waren im Haus, die zählten wir beide immer wieder durch. Bankkonto, Guthaben? Sie war völlig unwissend. Sie selbst hatte ein Sparbuch, aber da waren nur knapp 1200 Mark eingetragen. 100 000 Mark waren für sie eine utopische

Summe. Dann kam der Tag des Besuchstermins. Frau Schleußinger ging zum Friseur, zog sich elegant an, mit Federhut und Handschuhen, steckte ein Foto von ihren Kindern in die Handtasche und machte sich auf den Weg ins Gefängnis.

Geld

Geld war das Gift. Geld war das Gift in der Kindheit und Jugend meines Vaters. Geld war das Gift, das die Existenz des Familienbetriebs zerstörte, dem meine Mutter entstammte. Geldsorgen machten die Ehe meiner Großeltern väterlicherseits zur Hölle. Geldsorgen stürzten meine beiden Großmütter in schwere Krankheit und frühen Tod. Geld war das Gift.

1892: Emma Mayr, die Mutter meines Vaters, einzige Tochter eines reichen Mühlenbesitzers und erfinderischen Kaufmanns, wird mit 24 Jahren mit dem Geometer Andreas Schleußinger verheiratet, der aus ganz armen Verhältnissen kommt und als mittlerer Beamter wenig verdient. Die Braut bringt 200 000 Goldmark mit in die Ehe.

1900: Wilhelmine Neussert, die Mutter meiner Mutter, einzige Tochter eines wohlhabenden Gastwirts, wird mit 20 Jahren mit einem tüchtigen Kellner verheiratet, der von da an als Geschäftsführer die Traditionswirtschaft der Familie übernimmt.

Emma war von den »englischen Fräuleins« erzogen worden, in einem Pensionat für »höhere Töchter«. Sie parlierte französisch, musizierte, malte und schrieb Gedichte, konnte aber weder »haushalten« noch kochen. Wilhelmine war von klein auf in Gasthausküchen aufgewachsen, ihre Schulbildung war rudimentär, sie war Köchin – aus Leidenschaft. Die Lebensgeschichten meiner Großmütter sind Geschichten über Geld: Die Mitgift der Mutter meines Vaters sollte laut Ehevertrag in drei Tranchen bezahlt werden. Erstes Drittel zahlbar am Hochzeitstag, zweites Drittel fünf Jahre später, drittes Drittel nach zehn Jahren. Nach der Hochzeit richtete sich das junge Paar standesgemäß mit Köchin, Hausdiener und Kindermädchen in der Dienstwohnung des königlich-bayerischen Vermessungsamtes ein. Nach fünf Jahren war alles Geld aufgebracht, aber der Schwiegervater zahlte die zweite Tranche der Mitgift nicht und die dritte auch nicht. Seine Geschäfte gingen schlecht, klagte er dem Schwiegersohn, bei ihm wäre nichts mehr zu holen. Von da an muss die Ehe meiner Großeltern eine Hölle gewesen sein.

Emma Schleußinger brachte zwischen 1893 und 1901 acht Kinder zur Welt, von denen fünf ganz jung starben. Sie entließ das Personal und bestellte das Essen in Wirtshäusern. Die Schulden des Paares waren stadtbekannt. Der Geometer hatte vom Geld seiner Frau ein paar heruntergekommene Mietshäuser erstanden, die sich nicht weiterverkaufen ließen, niemand wollte sie haben. Im Alter von zehn Jahren ging mein Vater zusammen mit seiner fünf Jahre älteren Schwester in diesen Armutsquartieren von Tür zu Tür, um die Miete zu kassieren. An diesen Tagen aßen sich die Kinder satt an Kuchen und Süßigkeiten, der Mutter wurden Pralinen und Portwein mitgebracht und zu Hause ein bisschen gefeiert. Der Vater blieb in seinem Amtszimmer. Geld war das Gift.

Geld war das Gift auch für die Ehe der Eltern meiner Mutter.

Der eingeheiratete Schwiegersohn war ehrgeizig. Hotelier wollte er werden, nicht immer einfacher Gastwirt bleiben, dessen Frau Tag und Nacht in der Küche stand. Jahrelang hatte er diesen Plan vor sich hergeschoben und dann nach der Hochzeit mit meiner Mutter wahr gemacht.

Das lukrative Nürnberger Gasthaus wurde verkauft, meine Mutter bekam ihre beträchtliche Mitgift aufs Konto des Ehemannes, und in Coburg wurde der »Patrizier« gekauft, ein Hotel mit Spezialausschank. Aber die Geschäfte gingen schlecht. Die ehemalige Residenzstadt hatte nach dem Krieg allen Glanz verloren. Die Zeit der fürstlichen Bälle und Jagden war vorüber. Meine Großmutter stand Tag und Nacht in der Hotelküche, aber es ging bergab. Und wenn auch die beiden Eheleute diesen Niedergang tapfer gemeinsam durchstanden, so kostete das doch mehr Kraft, als meine Großmutter nach ihrem arbeitsreichen Leben aufbringen konnte. Sie wurde früh eine gealterte, kranke Frau, die ohne Hoffnung weiterschuftete, obwohl sie einen ganz anderen Lebensabend verdient hätte. Geld war das Gift.

Mein Vater war das siebte und jüngste überlebende Kind. Zu seiner Konfirmation, 1914, ging seine Mutter zum letzten Mal aus dem Haus. Sie war 46 Jahre alt und schloss sich von da an praktisch in ihrem Zimmer ein, melancholisch, depressiv, schwer krank. Der älteste Sohn meldete sich schon in den ersten Kriegswochen zum Militär, um der Familienhölle zu entrinnen. Mein Großvater wollte sich scheiden lassen. Aber Vorgesetzte bedeuteten ihm, dass sich das mit dem Ansehen eines bayerischen Beamten nicht vertrage. Also blieb der Scheidungsschriftsatz liegen. Mein Vater fand ihn als 15-Jähriger in einer Truhe zwischen den Familienalben. Er hat später geschrieben: »Meine geliebte Mutter, lieblos verheiratet, acht Kinder zur Welt gebracht, von denen sie fünf im Grab versinken sah und an jedem Christtag beweinte, war eine wunderbare Mama. Es fehlte ihr auch nichts, andere mit ihrem Charme zu beglücken, nicht zuletzt durch ihre aparte Kleidung. So trug sie Hüte, mit Veilchen, Flieder und Maiglöckchen dekoriert, die in unserer Kotzebue'schen Kleinstadt Aufsehen erregten. Als jüngstes Kind war ich ihr ›kleiner Verbündeter‹ und es war mein frühes Leid, als Halbwüchsiger zu erleben, wie sie immer schwermütiger, die Eltern überhaupt immer stiller wurden bis zu dem Punkt, dass mein Vater überhaupt nicht mehr sprach. 1925 starb sie, als ich weit weg in Istanbul war.«

Geld war das Gift. Das ist das Fazit der Lebensgeschichten meiner Großeltern – und auch im »Roman« meiner Eltern. Geld.

»Du musst mir helfen«, sagte meine Mutter, als sie aus dem Gefängnis zurückkam. Es gab keinen Kuss, keine Umarmung wie sonst, keinen Gruß vom Vater. Wir gingen sofort ins Schlafzimmer. Meine Mutter öffnete eine Tür des dreiteiligen Kleiderschranks, zog Schubladen mit Hemden und Unterwäsche heraus. Ich musste in den Schrank hineinsteigen und fand am Boden unter einem Kissen auch gleich mehrere Umschläge, die ich meiner Mutter reichte. Dann machten wir uns gemeinsam ans Zählen. Wir kamen auf 172 000 Mark in vielen Scheinen, kleinen und großen.

»Ich falle gleich in Ohnmacht«, erklärte meine Mutter, »ich habe meinen Ohren nicht trauen wollen, als dein Vater seelenruhig sagte: ›Die 100 000 Mark Kaution sind überhaupt kein Problem, die liegen unten im Kleiderschrank.‹« Die 100 000 Mark waren also kein Problem! Mein sparsamer Vater, dem man jede Ausgabe abringen musste, hatte über die Maßen viel Geld – wenigstens in unserer Vorstellung und für unsere Bedürfnisse. Nur meine Mutter wusste nichts davon.

Das würde sie jetzt allerdings rächen! Wir zählten fein säuberlich 100 000 Mark ab und brachten sie um die Ecke zum Rechtsanwalt. Und dann gingen wir beide ein paar Häuser weiter in die Wohnung einer alten Dame, deren Küche einem amerikanischen Kaufladen glich. Meine Mutter kaufte amerikanischen Dosenkaffee, das Teuerste vom Teuren, Hersheys Schokoladensirup, zwei Stangen Zigaretten, Toastbrot, Milch- und Eipulver, Erdnussbutter und Nylonstrümpfe. Für wen die waren, war nicht klar, denn meine Mutter mit ihren verbundenen Beinen würde sie nicht tragen können. Aber das war ihr in diesem Augenblick wohl egal. Sie hatte die Handtasche voller Geldscheine und zahlte Tausende an diese alte Dame. Dann gingen wir stolz wie die Gänse nach Hause, legten Toastscheiben in die Pfanne, beschmierten sie mit Erdnussbutter und tranken dazu Kaffee und heiße Schokolade. »Von nun an ist Schluss mit der sinnlosen Sparerei«, erklärte meine Mutter strahlend, »und das Haushaltsbuch führe ich auch nicht mehr!« Meine Mutter musste nämlich über die Ausgaben des täglichen Bedarfs Buch führen. Dieses Buch war ein ähnlicher Albtraum, wie es mein Tagebuch gewesen war. Am Monatsersten gab es das Haushaltsgeld, da musste das Haushaltsbuch meinem Vater vorgelegt werden. So war das Ritual. Ich glaube, er hat das Buch nie kontrolliert, sonst wäre ihm aufgefallen, wie meine Mutter geschummelt hat. Wir erfanden jede Menge Ausgaben, hatten »durchgehende Posten« wie täglich Petersilie und Puddingpulver, wöchentlich Salz und Zucker und sonstige Kleinigkeiten. Da habe ich für mein Leben gelernt, wie sich Frauen gegen Männer wehren, von denen sie wirtschaftlich abhängig sind. Auch für die Ehe meiner Eltern galt: Geld war das Gift.

Eine Woche später kam mein Vater aus dem Gefängnis. Die Amerikaner hatten kurzen Prozess gemacht: Die Hälfte der Kaution als Strafe, die Armbinde weg, Schluss mit der Vertrauensstellung beim *Government.*

»Und du hättest noch so viel bei den Amerikanern erreichen können!«, sagte meine Mutter und erlaubte sich außerdem die Bemerkung, dass wir für 50 000 Mark unvorstellbar viele schöne Lebensmittel hätten kaufen können, statt so viel zu hungern.

Klar war, dass die Nachkriegskarriere meines Vaters bei den Amerikanern beendet war. Aber das schien ihn nicht weiter zu stören. Ihn interessierte anderes. Er ging als Erstes ins Schlafzimmer zum Kleiderschrank. Ich hinterher, denn ich war sicher, dass er das verbliebene Geld nachzählen würde. Aber mein Vater öffnete die mittlere, die Spiegeltür des Schrankes, schob seine Anzüge zur Seite – und holte das Gewehr heraus, mit dem meine Mutter auf unserer Pferdeweide versucht hatte schießen zu lernen. Er lächelte mich an, stellte das Gewehr wieder zurück, hängte die Anzüge sorgfältig zurecht und schloss die Tür. Dann ging er zu seinem Nachttisch, machte die Schublade auf und zeigte mir seine Pistole.

»Was machen wir bloß, wenn die Amerikaner wiederkommen?«, fragte ich. »Keine Angst, die kommen nicht wieder«, antwortete er, »sie haben mich ja schon bestraft, übrigens zu Unrecht. Die Gewehre im Keller gehörten mir nicht. Ich habe nicht gelogen. Die muss jemand vor langer Zeit versteckt haben, und wenn ich um sie gewusst hätte, hätte ich sie selbstverständlich abgeliefert.« Dann setzten wir uns an den schön gedeckten Mittagstisch, der zur Feier des Tages sogar Wein offerierte, Bocksbeutel, für viel Geld von meiner Mutter ohne jeden Skrupel erhandelt. Mein Vater erzählte »aus dem Gefängnis«.

»Das muss man sich mal vorstellen«, sagte er, »ein überfülltes Gefängnis, aber *keine Nazis*! Lauter Schieber, Diebe – und sogar Fremdarbeiter habe ich angetroffen, aber *keine Nazis.* Die Fremdarbeiter sollen geplündert haben, aber was heißt schon ›plündern‹, wenn man halbverhungert, totgeschuftet, ohne richtige Kleidung und ohne Geld ist? Fremdarbeiter jetzt wieder einzusperren, nach allem, was ihnen angetan wurde, ist ein Skandal!« Er redete sich in Rage, aber es war auch klar, warum. Er hatte selbst im Speditionsbetrieb Fremdarbeiter beschäftigt. Holländer, Franzosen, Polen. In den letzten Kriegswochen gab es kaum mehr Arbeit für sie, aber sie hatten im Güterbahnhof wenigstens eine Unterkunft, konnten sich Kohlen und Kartoffeln organisieren. Als ein Teil des Speditionslagers zerstört wurde, kamen einige dieser Fremdarbeiter eines Nachts zu uns und wurden auf dem Dachboden untergebracht. Der Kutscher versorgte sie, so gut es ging. Das Schlimmste war, dass sie bei den Bombenangriffen nicht in den Keller durften, das hätte ihre Anwesenheit offiziell gemacht. So wurde ihr Versteck unter dem Dach von den Hausbewohnern stillschweigend geduldet. Kaum waren die Amerikaner da, kamen sie heraus, Elendsgestalten, deren Anblick ich nie vergessen werde. Meine Mutter war in Tränen aufgelöst und gab ihnen an Essbarem mit, was wir hatten, dazu ein paar Kleidungsstücke, Pferdedecken, Schuhe. Jahre später erschienen zwei holländische Herren bei uns zu Hause und brachten Geschenke und einen großen Blumenstrauß für meine Mutter mit. Sie lachten, wenn sie vom

Dachboden sprachen, von den »Muesen«, den Mäusen, die nachts über sie hinweggesprungen waren und die sie wahrscheinlich in ihrer Not sogar gegessen hätten, wenn der Krieg noch länger gedauert hätte … »Also Fremdarbeiter im Gefängnis aber *keine Nazis* – das ist ein Skandal«, wiederholte mein Vater, »und die Wärter sind auch die von vorher! Das war mir das Unheimlichste: Ich war jetzt ihr Gefangener, und sie waren immer noch dieselben. Schöne neue Zeit!«

Schöne neue Zeit

»Was heißt schöne, neue Zeit?«, fragte zwei Tage später Emil Barth meinen Vater, jener Onkel Barth, den sie *abgeholt* hatten und der nun, abgemagert und auf einen Stock gestützt, bei uns Station machte. Seine Familie wartete in Rotterdam auf ihn, von dort wollten sie nach Amerika auswandern. Onkel Barth, der beste Freund meines Vaters, war Ingenieur und hatte in New York, Wien und Moskau gearbeitet. Sein ältester Sohn war in den USA geboren und hatte die amerikanische Staatsbürgerschaft, seine Tochter war in Moskau auf die Welt gekommen und der Jüngste, Roland, in Deutschland. »Also, was heißt schöne neue Zeit in Deutschland?«, wiederholte unser Besuch, »Die Deutschen werden sich nie in einer Demokratie zurechtfinden, die brauchen einen starken Mann, der ihnen keine Wahl lässt … die Russen übrigens auch.«

»Aber das kannst du doch nicht wollen … Du warst doch im Lager, du weißt doch, wohin das führt – eine Diktatur«, entgegnete mein Vater. »Ich wünsche es mir ja auch nicht, aber ich fürchte, dass es anders nicht geht, das heißt, ich bin davon überzeugt, dass es anders nicht geht, eben weil ich im Lager war«, war die Antwort. Mein Vater wollte wissen, wie es war im Lager. »Kann man nicht erzählen, kann man einfach nicht erzählen, es fehlen die Worte«, sagte sein Freund, »das Schlimmste ist die Bereitschaft zur totalen Gewalt von so vielen ganz ›normalen Menschen‹, so viel Rohheit ist nicht zu beschreiben …« Dann schickten mich die beiden Männer aus dem Zimmer.

Im September 1945 setzte *Government* eine erste hessische Regierung ein, in der vier zugelassene Parteien vertreten waren: SPD, CDU, die Liberalen (LDP als Vorgänger der FDP) und die Kommunisten (KPD). Oberste Entscheidungsgewalt aber behielt der amerikanische Gouverneur, der »land-commissioner« Dr. Newman, ein Collegelehrer. Überhaupt bestand die Führung der amerikanischen Militärregierung aus vielen Lehrern und Professoren, die darauf drängten, dass vor allem die Schulen wieder aufmachten. *Government* sorgte also dafür, dass der Unterricht wieder begann – in zwei Schichten, eine Woche morgens von acht bis eins, die andere Woche von eins bis sechs.

Und *Government* sorgte auch für die Verpflegung. Gegen Mittag wurde aus einem großen Kessel Maisbrei oder Haferflockensuppe ausgeschenkt. So bekam jedes Schulkind einmal am Tag eine warme Mahlzeit. Lernen fiel mir jetzt leicht. Meine Klassenlehrerin hieß Frau Feuerriegel, war aber eine Seele von einer Pädagogin, und es wurde endlich nicht in einer neuen Schrift unterrichtet.

Nach der Angst, dem Hunger kam jetzt die Kälte. Der Winter 1945/46 war eisig, wir kamen aus unseren Mänteln nicht mehr heraus. Die Schule blieb ungeheizt, und zu Hause hockten wir dicht am Küchenherd in unserem vornehmen Marmorbad. In die Betten legten wir in Zeitungspapier eingewickelte Ziegelsteine, die vorher auf der Herdplatte erhitzt worden waren. Aber es gab neue Bücher, neue Zeitungen, die Bücherhallen machten wieder auf, amerikanische Musik im Radio … An meinem zehnten Geburtstag kam ein Klavier ins Haus. Eine alte Dame, die uns gegenüber in der Bach'schen Villa wohnte, Frau Geheimrat Drescher, eine Enkelin des Frankfurter Mundartdichters Friedrich Stoltze, hatte sich angeboten, mir Unterricht zu geben. Vor allem meine Mutter war begeistert, sie hoffte, dass ich ganz schnell alle Operettenmelodien, die sie so liebte, spielen würde. Ich kam aber über die Czerny-Etüden kaum hinaus. Mein Kindertag war ausgefüllt: Schule, Pflege des Pferdes, Reitstunden, Einkäufe und Arbeit im Haushalt, um der Mutter, die nie mehr gesundete, einen Teil der Last abzunehmen, Schulaufgaben, Klavierunterricht – und lesen, lesen, lesen, denn ich war auf den riesigen Kontinent der Romane geraten und in die verwirrende Welt der Sagen und Mythen. Und dann war da noch meine Bande. Wegen des Pferdes hatte mich eine Gruppe gleichaltriger Jungen aus der Nachbarschaft als Späherin und Rächerin zu ihren Räuber-und-Gendarm-Spielen zugelassen. Ich war »Lucie mit dem Pferd«, ein gefürchtetes Überfallkommando für befeindete Cliquen in den Straßen um den Gontard'sehen Park.

Im August 1946 starb in Nürnberg der Vater meiner Mutter, Georg Kreß, im Alter von 72 Jahren. Der gescheiterte Hotelier arbeitete bis zuletzt als Kellner. Ich habe ihn in Erinnerung als kleinen Mann im speckig-schwarzglänzenden Anzug, beflissen von Tisch zu Tisch watschelnd und mit einem Lächeln Bestellungen aufnehmend und Geld kassierend. Er war mein einziger Großelternteil, den ich kannte – die anderen drei waren vor meiner Geburt schon nicht mehr am Leben. Welch eine Generation von fleißigen, ehrgeizigen, hart arbeitenden, eingezwängten und schließlich vielfach betrogenen Untertanen und bürgerlichen Geistern! Hatten es die Männer schon schwer genug, so waren vor allem die Frauen die Betrogenen.

Meine Mutter erzählte von einer feierlichen Beerdigung auf dem Nürnberger Johannisfriedhof, von vielen Herren mit großen Kränzen am Grab – und einer ganz und gar armseligen Hinterlassenschaft. Nichts sei übriggeblieben von dem komfortablen Wohlstand ihrer Kindheit und Jugend. Ein paar Fotos, ein paar Goldmünzen, ein paar weiße Hemden, der Ehering, noch nicht einmal ein zweites Paar Schuhe. Erbärmliches Ende eines Menschen, der von seinem 14. Lebensjahr bis drei Tage vor seinem Tod gearbeitet, nein, geschuftet hat und sich nie irgendwas anmerken ließ von seiner Not … Und dann zog meine Mutter ein Fazit aus diesem Ende ihres Vaters: sie würde sich wieder um Arbeit bemühen, der »Kaiserkeller« sollte demnächst wieder aufmachen, ein renommiertes Frankfurter Lokal. Da würde sie sich vorstellen mit ihren Referenzen aus Nürnberg. Es wäre an der Zeit, dass sie eigenes Geld verdienen würde. Mir wurde angst und bang, dass meine Mutter nicht mehr zu Hause wäre oder kaum mehr oder nur noch selten und sie mir schrecklich fehlen würde mit ihren ausgebreiteten Armen, mit denen sie mich stets empfing, ihren Küssen und ihrem Lachen. Ich hatte immer sofort Sehnsucht nach meiner Mutter, wenn sie mal nicht da war. Gerade jetzt, als sie in Nürnberg war, hatte ich mich in den Kleiderschrank unter ihre Sachen gesetzt und gebetet, dass sie bloß bald wieder zurückkäme, und es hatte so lange gedauert, eine schreckliche Zeit. Besonders auch wegen meiner Schwester, im Tagebuch stets – wie auf Befehl – *»Schwesterlein«* genannt oder *»Schwesterchen«*, für die ich in diesen Fällen zu sorgen hatte. Was ich hasste. Einmal war die Schwester nicht einfach zu versorgen, vor allem aber weil ich nie aufgehört hatte, sie als einen Eindringling in unser herrliches Dreierleben von *Papakam, Mamakam* und *Mutzikam* zu sehen. Ja, ich war eifersüchtig vom ersten Augenblick an und immer noch. Als mein Vater mich in Düsseldorf nach der Entbindung in die Klinik mitnahm, wollte ich als Erstes ins Bett zu meiner Mutter und von da nie wieder weg. Ich durfte sogar zwei Nächte im Krankenhaus übernachten. In dieser Zeit versuchte ich alles, um meine Mutter davon zu überzeugen, dass sie das »Baby« unbedingt in der Klinik bei den Krankenschwestern lassen sollte. Zu Hause könnten wir gar nichts mit dem schreienden Wurm anfangen, *ich* war doch das Kind meiner Eltern, ich verstand nicht, wieso ich nicht genügte, wozu sie ein zweites brauchten. Es waren die gleichen Gefühle wie damals der »halben« Schwester in Wien gegenüber. Nur dass diese nach zwei Tagen verschwand, während Mimi Rose, geboren 1941, blieb. Auch war ich beladen mit Schuld. Ich hatte nämlich eines Tages in Vollmerswerth den Kinderwagen von der Deichstraße die Böschung zum Flussufer hinuntergestoßen. In voller Absicht, das »Baby« loszuwerden, ein für alle Mal. Der Wagen kenterte nach ein paar Metern. Meine Mutter hatte alles gesehen ... Der Schwester war nichts passiert. Mich sperrten sie in dieser Nacht in einen Verschlag unterm Dach. Dort suchte mich der Krampus auf. Mitten im hellen Herbst kam der Wiener Knecht Ruprecht zu mir, mit Rute und dem teuflischen Krampus in Ketten, und sie schlugen mich und fesselten mich und wollten mich in den dunklen Sack stecken und fortschleppen zur Strafe, Strafe, Strafe … Diesen Traum hatte ich immer noch in mir und die Last der Schuld auch.

Frühling, Sommer, Herbst 1946 waren Jahreszeiten einer schwierigen Kindheit, und dann begann auch noch *der Ernst des Lebens.* Es war schon seltsam, irgendwie hatte ich das Gefühl, dass ich *den Ernst des Lebens* bereits erfahren hätte, aber meine Eltern waren da anderer Meinung. *Er* käme erst jetzt, mit der Aufnahmeprüfung für die »Höhere Schule«. Viktoria Oberschule für Mädchen. Zwei Tage Prüfung in einer Ruine. Die Viktoriaschule, Baujahr 1906, war vor ihrer Zerstörung eine Art Schloss gewesen mit Turm, Rundbögen, Giebeldach, Festsaal, pompöser Aula und einem Anbau großer, heller Klassenräume über drei Stockwerke. Das Schloss war jetzt ein Trümmerhaufen mit einem Turmstumpf, aber die Aula und der Trakt der Unterrichtsräume standen noch. Mehr als 2000 Schüler und Schülerinnen waren hier täglich zwischen 1946 und 1948 untergebracht, zwei Gymnasien und eine Volksschule. Zur Aufnahmeprüfung kamen über hundert Mädchen. Diktat, Rechenaufgaben, mündliche Antworten auf strenge Fragen. Eine Chance für jedes Kind. Setzen! An einem Montagmorgen hingen im Korridor die Listen mit den Namen derjenigen Mädchen aus, die die Prüfung bestanden hatten. »Lucie Schleußinger« – zum ersten Mal in meinem Leben las ich meinen eigenen Namen auf einem öffentlichen Papier. Dabei war das nur mein Rufname, denn mein richtiger Name war Lukrezia. Mein Vater hatte ihn bewusst gewählt, »um die Nazis zu provozieren«. 1936 nannte man seine Töchter Sieglinde, Gertrud, Ortrud oder wenigstens Ingeborg. Meine Mutter hatte es nicht leicht, den Nürnberger Standesbeamten zum Eintrag zu bewegen. »Wie kommen Sie bloß auf diesen undeutschen Namen?« – »Es ist ein römischer Name, er heißt die ›Lichtbringerin‹.« – »Dann nehmen Sie doch einen nordischen Namen für ›Lichtbringerin‹: Luzie oder Lucia.« – »Nein, mein Mann will Lukrezia.« – »Ist der Mann Italiener?« – »Nein, er ist Deutscher, aber er bewundert die Lucrezia Borgia.« – »Auch das noch, das war doch ein ganz schlimmes Weib.« – »Mein Mann sagt: ›Nein, eben nicht. Sie war eine schöne, kluge und sogar fromme Frau, eine bedeutende Gestalt ihrer Zeit.‹«

Meine lebenslustige blonde Mutter verstieg sich anno 1936 in der Amtsstube des Nürnberger Geburtenregisters in die großartige wilde Geschichte der Papsttochter Lucrezia Borgia im Übergang vom 15. ins 16. Jahrhundert so lange, bis sich der Standesbeamte geschlagen gab, die Urkunde ausstellte, aber ihr den dringlichen Rat mitgab, das »arme Kind bloß nicht mit diesem Namen vor anderen zu rufen! Luzie oder Lucia, das geht gerade noch.« … Meine Mutter nannte mich nie Lukrezia, mein Vater nur, wenn es ernst wurde zwischen uns. Ich hatte von Anfang an diese zwei Namen, den von mir geliebten, geheimnisvollen richtigen und den alltäglichen für die anderen. Vor dem ersten Schultag in der Viktoriaschule klärte mich mein Vater über seine Grundsätze auf: »Du bekommst von mir keine Aussteuer, merk dir das schon heute. Aussteuer ist etwas für Mädchen ohne Rechte. Wie deine Großmutter Emma, meine Mutter oder auch meine Schwester Luise, deine Tante, die in ihrem ganzen Leben nichts geleistet hat, obwohl sie klug und gebildet ist. Du kannst Abitur machen, studieren … und jeden Beruf ergreifen. Das werden wir alles bezahlen, komme was wolle. Allerdings, es gibt keinen Nachhilfeunterricht, und repetiert wird auch nicht! Du musst schon beweisen, dass du die Ausbildung verdienst. Außerdem kannst du immer zu mir kommen, ich helfe dir gern.« Worte eines Mädchenvaters 1946. Sie waren nicht abgesprochen, stimmten aber vollkommen mit dem Credo der Lehrer der Viktoriaschule in dieser Zeit überein: »Ihr seid die Elite – geistige Zucht ist nicht möglich ohne Strenge gegen sich selbst.«

Und: »Frauen sollen die Zukunft mitgestalten, aufrecht und aktiv leben, selbständig denken.«

Was alles fehlte an dieser Schule, war legendär: Fachräume, Lern- und Lehrmittel, Physik- und Chemiesammlungen, regendichte Klosettanlagen, Fenster, eine Turnhalle, ein Lehrerzimmer, selbst die Kleiderhaken … Dafür aber herrschte ein über alle diese Mängel erhabener pädagogischer Geist. *Government* hatte 1945 den Nazi-Direktor, SA-Oberscharführer, Gauschulungsredner und Kreisbeauftragten des Rassenpolitischen Amtes, Gerber, entlassen und interniert. 1946/47 übernahm Gertrud Fucker, die seit 1925 an der Viktoriaschule unterrichtete, die Leitung und versuchte mit einigen früheren Kolleginnen und Kollegen, an die demokratische Tradition der Schule aus den zwanziger Jahren erinnernd, den »Geist der Freiheit und Ehrfurcht« wieder lebendig werden zu lassen.

Das war meine Schule für das nächste Jahrzehnt. Ich war gerade in der Sexta, da ordnete *Government* die Änderung des Namens an. Schluss mit »Viktoriaschule«, diesem monarchistischen Namenspopanz, der weiterhin Untertanengeist schaffen würde! Ein neuer Name sollte her, der Demokratie und der Freiheit verpflichtet.

Die Schulleitung machte einen wohlbegründeten Vorschlag: Bettina-Schule – nach Bettina von Arnim, geborene von Brentano, Frankfurterin, Goethe-Verehrerin, unabhängiger Geist, Schriftstellerin, politisch engagiert und auch noch Ehefrau und Mutter von sieben Kindern. Wenn das kein Frauenvorbild für die deutsche Mädchengeneration der amerikanischen *Reeducation* nach dem Krieg war, wer sonst?

Der vom *Government* eingesetzte Magistrat war begeistert und genehmigte die Namensänderung. Nur mein Vater hielt dagegen. Die Viktoria Kaiserin Friedrich, nach der die Schule 1898 benannt worden war, war in seinen Augen eine moderne Monarchin, die sich viel mehr für die Emanzipation der Frauen und der Deutschen insgesamt eingesetzt hatte als »dieser frivole, eigensinnige, schwarzlockige Zwerg« Bettina von Arnim. Hätten doch diese aus England stammende Kaiserin und ihr Mann bloß lange und richtig regieren und vor allem ihren größenwahnsinnigen Sohn als Regenten verhindern können! Dann wäre aus Deutschland vielleicht ein Staat wie Großbritannien geworden … Keine zwei Weltkriege. Keine Diktatur. Kein Elend. Keine Verbrechen! Das war nun wieder typisch für meinen Vater – und brachte mir in der Klasse keinerlei Sympathien ein. Die Geschichtslehrerin hielt eine kurze »Bettina-von-Arnim-Lektion« und erklärte, dass wir allen Grund hätten, uns über die Umbenennung der Schule zu freuen. Meine Gegenrede stieß auf Unverständnis und Ablehnung. Dabei hatte ich das Schlussargument meines Vaters: »Die Amerikaner kennen solche Feinheiten der europäischen Geschichte eben nicht!« schon lieber gar nicht erwähnt.

Ende 1946 ließ *Government* die Hessen wählen und in einer Volksabstimmung über eine neue Verfassung abstimmen. Und diese Verfassung vom 1. Dezember 1946 hatte es wahrhaft in sich. Sie las sich – und liest sich heute erst recht – wie eine Ode an die Demokratie. Ein paar Zitate:

Artikel 1: Alle Menschen sind vor dem Gesetz gleich, ohne Unterschied des Geschlechts, der Rasse, der Herkunft, der religiösen und politischen Überzeugung.

Artikel 2: Der Mensch ist frei. Er darf tun und lassen, was die Rechte anderer nicht verletzt …

Artikel 9: Glauben, Gewissen und Überzeugung sind frei.

Artikel 10: Niemand darf in seinem wissenschaftlichen oder künstlerischen Schaffen und in der Verbreitung seiner Werke gehindert werden.

Artikel 28: Die menschliche Arbeitskraft steht unter dem besonderen Schutz des Staates.

Jeder hat nach seinen Fähigkeiten ein Recht auf Arbeit und, unbeschadet seiner persönlichen Freiheit, die sittliche Pflicht zur Arbeit.

Wer ohne Schuld arbeitslos ist, hat Anspruch auf den notwendigen Unterhalt für sich und seine unterhaltsberechtigten Angehörigen.

Artikel 33: Die Frau und der Jugendliche haben für die gleiche Tätigkeit und gleiche Leistung Anspruch auf gleichen Lohn.

Artikel 38: Die Wirtschaft des Landes hat die Aufgabe, dem Wohle des ganzen Volkes und der Befriedigung seines Bedarfs zu dienen. Zu diesem Zweck hat das Gesetz die Maßnahmen anzuordnen, die erforderlich sind, um die Erzeugung, Herstellung und Verteilung sinnvoll zu lenken und jedermann einen gerechten Anteil an dem wirtschaftlichen Ergebnis aller Arbeit zu sichern und ihn vor Ausbeutung zu schützen.

Artikel 45: Das Privateigentum verpflichtet gegenüber

der Gemeinschaft. Sein Gebrauch darf dem Gemeinwohl nicht zuwiderlaufen.

Artikel 56: Ziel der Erziehung ist, den jungen Menschen zur sittlichen Persönlichkeit zu bilden, seine berufliche Tüchtigkeit und die politische Verantwortung vorzubereiten zum selbständigen und verantwortlichen Dienst am Volk und der Menschheit durch Ehrfurcht und Nächstenliebe, Achtung und Duldsamkeit, Rechtlichkeit und Wahrhaftigkeit.

Artikel 59: In allen öffentlichen Grund-, Mittel-, höheren und Hochschulen ist der Unterricht unentgeltlich. Das Gesetz muss vorsehen, dass für begabte Kinder sozial Schwächer gestellter Erziehungsbeihilfen zu leisten sind.

Das war der Geist der neuen Zeit – und das war insbesondere auch die Sprache der neuen Zeit. Der Artikel, den ich am meisten bewunderte, war Artikel 69, der in zwei knappen Sätzen festhielt: »Hessen bekennt sich zu Frieden, Freiheit und Völkerverständigung. Der Krieg ist geächtet.«

»Der Krieg ist geächtet« – ein für alle Mal. Daran glaubten wir, davon waren wir überzeugt, das prägte uns. Wir dachten tatsächlich, dass nach dem Zweiten Weltkrieg keine Kriege mehr geführt, dass es so etwas wie humanen Fortschritt auf der Welt geben würde, keine Folter mehr, keine staatlichen Verbrechen. Von nun an würde es besser werden, sicher nicht von heute auf morgen, aber tendenziell und dem Prinzip nach. Mein Vater, der Schülersoldat von 1918, dem 1935 »Im Namen des Führers und Reichskanzlers« das Ehrenkreuz für Kriegsteilnehmer verliehen worden war, hielt diesen Satz aus der Verfassung Hessens hoch wie ein Symbol. Für mich stellte er Schriften von und über Bertha von Suttner zusammen. »Die Waffen nieder!«, das war die Utopie einer bewunderten Frau. Jetzt stand der Satz in der Verfassung: »Der Krieg ist geächtet«. Das war unsere Zukunft. So glaubten wir jedenfalls in dieser Gründungszeit, als Verfassungstexte eine große Rolle spielten, über die sogar abgestimmt wurde. Also, die Hessische Verfassung vom Dezember 1946 hatte es wahrhaft in sich – und die neu gewählte Regierung war auch nicht übel. Sie hatte fünf SPD-Minister, vier von der CDU und einen Kommunisten. Die Mehrzahl dieser Männer verband ein Leben im Widerstand gegen die NS-Herrschaft: Berufsverbot, Flucht, Gefängnis, Untergrunddasein, Lager … Der stellvertretende Ministerpräsident Hilpert (CDU) und der Chef der Staatskanzlei Brill (SPD) waren zusammen im KZ Buchenwald gewesen. Über den kommunistischen Arbeitsminister Oskar Müller schrieb der damalige Justizminister und spätere langjährige Ministerpräsident Georg August Zinn, auch ein Verfolgter der Hitler-Diktatur: »Müller, ein ehemaliger preußischer Landtagsabgeordneter seiner Partei und langjähriger Häftling in Nazi-KZ-Lagern, hat sich vor allem den Fragen der Sozialpolitik und der Flüchtlingsbetreuung angenommen. Auf beiden Gebieten hat er durch seine menschliche Anständigkeit und sein Geschick viel Gutes bewirken können und sich in der hessischen Landespolitik einen Namen gemacht.«

Warum ich das so ausführlich erzähle? Weil mein Vater 1946/47 mit der KPD in Frankfurt sympathisierte, KPD wählte und mich zu Informationsveranstaltungen der Partei mitnahm.

Meine Mutter war entsetzt: »Du und die Kommunisten«, sagte sie, »du hast doch immer über politische Parteien geschimpft!«

Mein Vater verteidigte sich damit, dass es während der

Nazi-Herrschaft die Männer der »Bekennenden Kirche« und die Kommunisten gewesen seien, deren Haltung und Widerstand er zutiefst bewunderte. Als Atheist könne er jetzt schwerlich in die Kirche eintreten, also engagiere er sich bei den Kommunisten. Basta.

»Und was soll unser Kind dort?«, setzte meine Mutter nach. »Lernen, Informationen erhalten über das Dritte Reich, die jetzt schon wieder verschwiegen werden.«

An die KPD-Versammlungen erinnere ich mich kaum, nur an einen Film über Kinder im Konzentrationslager. Dessen Bilder verfolgten mich vorm Einschlafen, sie überlagerten meine Albträume von der eigenen Angst, die mich immer noch nachts heimsuchten. Die vielen blauen Füchse, links und rechts neben mir, denen ich zu entfliehen suche, die aus immer anderen schwarzen Höhlen kommen in einer immer unübersichtlicher werdenden Gegend, die ich nicht kenne, bis ein Stacheldrahtzaun auftaucht und Baracken … Ein Teil meiner Kindheit blieb schwarz.

Um es vorwegzunehmen: Sympathie und Engagement meines Vaters für die Kommunisten endeten abrupt. 1952 fand in Prag der Slánský-Prozess statt. Die Angeklagten sollten Spionage für die Amerikaner betrieben haben. Wieso mein Vater die Schauprozessfarce durchschaute, weiß ich nicht. Ich weiß nur, wie er sich empörte: »Slánský-Prozess – übelster Stalinismus – das hat mit meinem Bild von Kommunismus nichts zu tun!« So lauteten seine Argumente. Und er brachte sie auf einer dieser Versammlungen der KPD vor, zu der er mich mitgenommen hatte. Er wandte sich dabei an Leo Bauer, mit dem er schon öfter gesprochen hatte. Leo Bauer war in Frankfurt einer der bekanntesten Kommunisten. Ich konnte die Auseinandersetzung nicht verstehen, aber Jahre später habe ich mich gefragt, ob Leo Bauer, der dann als Chefredakteur des Berliner Rundfunks, in den Ostsektor der Stadt verschleppt, wegen angeblicher Spionage vor Gericht gestellt und für lange Zeit nach Sibirien verbannt wurde, sich irgendwann an die heftige Diskussion mit meinem Vater erinnert hat. »Slánský-Prozess – übelster Stalinismus – das hat mit meinem Bild von Kommunismus nichts zu tun!« An die Stelle des Namens Slánský brauchte er ja nur seinen eigenen zu setzen – und jene abertausend anderen Namen von Männern und Frauen, die auf die gleiche Weise verfolgt worden sind. Mein Vater hat das Schicksal von Leo Bauer weiterverfolgt – mit einer Mischung aus Selbstgerechtigkeit und Mitleid. Er jedenfalls war »mit dem Kommunismus durch«, wie er meiner Mutter sagte, »und mit den politischen Parteien auch«.

Es gab ein Gespräch beim Abendessen, das habe ich nie vergessen: »Endlich«, sagte meine Mutter, »das war auch nix für das Kind.« »Wieso? Das Kind hat viel gelernt, und im Übrigen bleibt der Sozialismus die richtige Idee von einer humanen Welt.«

»Bis Stalin kommt …«

»Stalin missbraucht diese Idee, so wie die Päpste ja auch das Christentum als Idee missbraucht haben. Du glaubst doch nach wie vor ans Christentum, obwohl so viele Verbrechen, so viel Unrecht im Namen des Christentums begangen worden sind.«

»Ich glaube an Gott – und an Martin Luther.«

»Die protestantische Kirche hat auch nicht immer christlich gehandelt.«

»Ich lass mir meinen Luther nicht nehmen – und führe mein Leben mit Gott.«

»Und ich lass mir den Sozialismus nicht ausreden. Der

ist gerade mal hundert Jahre in der Welt, was bedeuteten hundert Jahre schon für eine große Idee?«

So waren meine Eltern – vor allem mutig. Jeder hielt an seinen Grundsätzen fest, und auf diese Weise haben sie mir sehr Unterschiedliches für mein Leben mitgegeben.

Währungsreform

Unvergesslich der erste Tag. Meine Mutter hielt strahlend die neuen Geldscheine hoch. Wir gingen als Erstes ins Kino. Am Hauptbahnhof gab es *Goldrausch* mit Charlie Chaplin. Der Titel passte schon ganz gut in die Zeit – und dann die Szene mit der Schuhsohle … Dann wechselten wir zu einer nagelneuen Hähnchenbraterei in der Kaiserstraße. Im Schaufenster drehten sich die nackten Hühnerkörper an einem Metallspieß. Das fanden wir so schrecklich, dass wir sofort weiterzogen. Zur Hauptwache. In ein Café. Die Speisekarte war noch druckfrisch. Und was es alles gab! Frankfurter Würstchen, die »Originalen«, und Birne Helene zum Nachtisch …

Die neuen Geldscheine rauschten geradezu weg, wenn meine Mutter mit uns in die Stadt ging. Aber ihr machte das gar nichts aus. Sie arbeitete jetzt an drei Tagen in der Woche im alten wiedereröffneten Restaurant »Kaiserkeller« – und verdiente das neue Geld selbst. Über das Haushaltsgeld, das mein Vater gab, musste allerdings nach wie vor Buch geführt werden.

Aber für Ausgaben aller Art hatte meine Mutter stets beste Begründungen. Vor allem wenn es um uns Kinder ging – und um die »schönen Künste« wie sie das nannte.

Theater, Opern, Operetten natürlich, Kino, Konzerte … alles war lebenswichtig für uns, da es das ja nun auch alles wieder gab. Bücher kamen aus der Leihbibliothek. »Und was machen wir heute?«, fragte meine Mutter an ihren arbeitsfreien Tagen. Nie ließ sie sich anmerken, wie elend es ihr in Wirklichkeit erging. Sie trug siebenachtellange Kleider und Röcke über ihren dick verbundenen Beinen – und lachte und nahm uns in die Arme, drückte und herzte uns und unterstützte alle Abenteuer, die diese neue Zeit des neuen Geldes bot. Das heißt, *alles* unterstützte sie nicht. Sie war dafür, dass ich Fototermine für die auf Deutsch übersetzten Billy-Jenkins-Hefte wahrnahm. Das waren Cowboy-Groschen-Romane für Jugendliche, die sich sofort großer Beliebtheit erfreuten. Für verschiedene Titelblätter wurde ich in ein Cowgirl-Kostüm gesteckt und posierte mit meinem Hengst Peter II in wilden Sprüngen. Meine Mutter war auch dafür, dass ich am *Großen Drachenstich* im Frankfurter Zoo teilnahm. Da wurde ich in ein Ritterkostüm gesteckt und versuchte mit meinem scheuenden Pferd und eingelegter Lanze den aus Furth im Wald importierten feuerspeienden und mit Farbbeuteln behängten Pappdrachen zu attackieren. Wir waren sechs »Ritter«. Ich war das einzige Mädchen und mit Abstand die Jüngste.

24 000 (!) Besucher verfolgten das Spektakel. Als Preis erhielt ich eine chinesische Höckernasen-Ente vom Zoodirektor. Die lebte wochenlang bei uns in der Wanne des Marmorbades-mit-Küche. Schließlich tauschte sie mein Vater bei einem Bauern gegen eine fette Weihnachtsgans ein.

Dann erschien die Anzeige des Städtischen Opernballetts: »Elevinnen gesucht!« Ich meldete mich, bestand die

Aufnahmeprüfung und ging nun an zwei Tagen in der Woche zum Ballettunterricht.

Auch das befürwortete meine Mutter. Aber dann kam die Geschichte mit dem Zirkus Althoff. Dort führte ich eines Morgens in der Manege auf einem gutmütigen, gemächlich galoppierenden Braunen meine Reitküste vor. Mein Vater hatte das arrangiert – wie die anderen Unternehmungen auch. Der »Herr Direktor« war äußerst angetan, und ich war vom »Herrn Direktor« derart hingerissen, dass ich auf der Stelle bereit war, für immer im Zirkus zu bleiben, zwischen den Löwenkäfigen, den Clowns, der Musikkapelle, den Elefanten und den über sechzig Pferden! In meinem eigenen Zirkuswagen würde ich kreuz und quer durchs Land fahren und die absolute Favoritin des »Herrn Direktors« sein. Dieser hatte am Morgen meiner Vorführung leider nur wenig Zeit und schlug daher vor, dass wir zwei Tage später wiederkommen sollten, nach der Nachmittagsvorstellung, Ehrenkarten anbei. Dann könnte man alles in Ruhe besprechen.

Da war allerdings bei meiner Mutter Schluss. »Jetzt soll das Kind also Zirkusprinzessin werden!«, schrie sie, ja, sie schrie, meine herzensgute, fröhliche Mutter, »dafür habe ich es nicht großgezogen. Sie geht aufs Gymnasium, sie soll später einen richtigen Beruf haben. *Das* haben wir doch gewollt! Ich sage euch beiden: der Zirkus kommt überhaupt nicht in Frage!«

Mein Vater schwieg. Ich weinte. Wir gingen nicht zurück zum »Herrn Direktor«, noch nicht einmal in die Nachmittagsvorstellung, obwohl wir diese wunderbaren Ehrenkarten hatten.

Ich träumte von nun an von »meinem Herrn Direktor« und dem verbotenen Zirkusleben. An einer Stelle träumte ich mich sogar in eine Selbstmordphantasie hinein. Ich wollte mich umbringen, um meine Mutter in tiefes, selbst verschuldetes Leid zu stürzen. Ich sah sie mit schwarzem Schleierhut, wie sie völlig gebrochen hinter meinem Sarg herging … aber dann fiel mir ein oder auf, dass ich von diesem Schmerz meiner Mutter gar nichts sehen würde und erleben könnte, weil ich ja tot war – und damit war ein für alle Mal Schluss mit der Todessehnsucht. Aber mein Zirkuswagen fuhr noch lange durch meine Träume, und inmitten von sechzig schwarzen, weißen, fuchsroten und gescheckten Pferden schwebte ich auf dem breiten Rücken des gemächlich galoppierenden Braunen durch die Manege …

Vernehmung im Lehrerzimmer, Montag Mittag. Die Direktorin fragt: »Also, was willst du später werden, Schleußinger?«

»Journalistin.«

»Wie kommst du darauf?«

»Weil ich das schon immer wollte. Zeitungen finde ich das Allerwichtigste auf der Welt.«

»Na ja …«

»Doch. Noch wichtiger als Bücher. Weil sie informieren, sie müssen den Menschen die Wahrheit mitteilen, schnell, in aller Welt, millionen-, nein, milliardenfach und jeden Tag neu. Informationen sind das Allerwichtigste in der Demokratie …«

»Nehmen wir einmal an, dass das stimmt. Wie willst du dann eine Journalistin werden?«

»Ich schreibe Geschichten, Reportagen, die schicke ich an die Zeitungen. Dann mache ich Abitur und ein Praktikum und studiere Germanistik oder Geschichte …«

»Da hast du ja allerhand vor. Deine Noten in Deutsch sind nicht hervorragend, und in Latein und Mathematik hapert es auch. Wenn du studieren willst, musst du in diesen Denkfächern viel besser werden.«

» Ich will mich auch besonders anstrengen.«

»Vor allem musst du die Schule ernster nehmen als bisher, nicht so viele andere Sachen machen. Bist du dir im Klaren, warum wir dich hierherbestellt haben?«

»Weil ich am Reitturnier auf der Landespferdeausstellung teilgenommen habe und ohne Erlaubnis dem Unterricht ferngeblieben bin.«

»Wir haben heute ein Foto von dir zusammen mit deiner Mutter in der Zeitung gesehen, das dich als Siegerin zeigt, und mussten feststellen, dass du am Samstag unentschuldigt gefehlt hast.«

»Ich habe mich nicht getraut, wegen des Reitturniers um Befreiung zu bitten!«

»Jetzt hast du eine Entschuldigung deines Vaters dabei?«

»Ja.«

»Mit welcher Begründung?«

»Krankheit, fiebrige Erkältung …«

»Eine glatte Lüge!«

»Nicht ganz, ich war ein bisschen erkältet …«

»… und konntest aber gut am Turnier teilnehmen! Du weißt, dass dies ein Grund ist, dich von der Schule zu weisen. Wir werden das im Kollegium beraten. Bitte, teile das deinem Vater mit.«

»So, so: ein Collegium abeundi …«, kommentierte mein Vater die Geschichte. »Ich werde die Verantwortung übernehmen. Ich habe verlangt, dass du an diesem Reitturnier teilnimmst – ich werde mich entschuldigen. Sie können die Geschichte nicht an dir auslassen.«

Das haben sie dann auch nicht. Ich erhielt einen Eintrag ins Klassenbuch und die Verwarnung, wenn so etwas noch einmal vorkommen würde, gäbe es kein Pardon mehr.

Von da an fing der *Ernst des Lebens* wirklich an. Schule, Schreiben, Schreiben, Schule … Lesen, Lernen, Lernen, Lesen …

Die Kindheit, ein Land, das lange zögert, ehe es untergeht, wie es bei Rilke heißt, meine Kindheit mit den vielen von meinen Eltern ausgedachten und ermöglichten Frankfurter Nachkriegsabenteuern war vorbei.

Im Dezember 1950 wählten die Hessen wieder, diesmal eine rein sozialdemokratische Regierung, und ihr Ministerpräsident wurde Georg August Zinn. Der war gerade mal 49 Jahre alt, hatte aber bereits ein langes politisches, kämpferisches Leben hinter sich. Im Dritten Reich war er Anwalt und jüngster sozialdemokratischer Stadtverordneter in Kassel, mutiger Gegner von Roland Freisler, Schutzhäftling, Frontsoldat, Offizialverteidiger und nach 1945 Mitverfasser des Grundgesetzes und seit 1946 hessischer Justizminister. Er war gegen die Wiederbewaffnung, für die Verstaatlichung von Großindustrien, Energie- und Verkehrsunternehmen, wollte Frankfurt zur Bundeshauptstadt machen, Mädchen und Arbeiterkindern den vollen Zugang zu allen Bildungsmöglichkeiten verschaffen, führte die Lernmittelfreiheit ein und tat alles, um aus Hessen ein Gegenmodell zur restaurativen Bonner Adenauer-Republik zu machen. Seine Regierungserklärung vom Januar 1951 hatte etwas von einem Donnerhall – Donnerhall einer neuen Demokratie: »Wenn die Bildung einer rein sozialdemokratischen Regierung in manchen Kreisen ein Gruseln verursacht, so möchte ich dazu feststellen, dass diese Regierung frei von Vorstellungen und Lehren eines vergangenen Jahrhunderts ist. Unser Konzept ist ein *Freier Sozialismus*, der die schöpferische Initiative des Einzelnen, das selbstständige Handeln nicht nur nicht hindern will, sondern zur Voraussetzung hat. Um dem Bolschewismus entgegenzuwirken, muss man das Leben des Menschen lebenswert machen, also mit einem Wort Martin Niemöllers, einen *echten Sozialismus* praktizieren. Dieser Begriff des Sozialismus umfasst Werte, die über das Materielle weit hinausgehen. Sie müssen dem Individuum nahegebracht werden, um jene geistigen und seelischen Kräfte zu wecken, ohne die eine wirkliche Erneuerung des Lebens undenkbar ist. Vorstellungen von einem Sozialismus, der nur eine andere Verteilung des Sozialproduktes erstrebt, müssen durch einen *Sozialismus der produktiven Arbeit* ersetzt werden, dessen Ziel der Aufbau eines neuen sozialen Landes ist, in ihm muss das Arbeitsethos das Profitethos ersetzen.«

Freier, echter Sozialismus, Sozialismus der produktiven Arbeit – unter diesem Motto ging es mit dem Wiederaufbau in Hessen los. Das lasen wir in den Zeitungen, das hörten wir im Radio, das lernten wir in der Schule. Und als die Abstimmung über die Bundeshauptstadt stattfand, befanden wir uns in Frankfurt wie in einem Fieber. Eine großartige Hauptstadt hatten wir zu bieten – wild, amerikanisch, sozialistisch, modern, allem Fortschritt aufgeschlossen, trotzdem gemütlich und kulturell im Sinne Goethes ... Meine Eltern und ich krochen fast in den Radioapparat, als die Auszählung der Stimmen übertragen wurde – und als es dann nichts war mit Frankfurt, sondern Bonn den Sieg der Mehrheit davontrug, haben wir dieses Bonn und diesen Adenauer richtig gehasst. Das war wieder typisch für diese Bundesregierung: eine verschlafene Kleinstadt am Rheinufer zur Hauptstadt zu machen anstelle unseres tollen Frankfurt. Am liebsten hätten wir alle eine Unabhängigkeitserklärung unterschrieben wie die amerikanischen Gründungsväter. Da das leider nicht ging, pflegten wir unseren gerechten Groll und machten uns auf den Weg zum sozialdemokratischen Modelland Hessen.

Junges Europa

Und wieder ein vollgeschriebenes Heft, das heute noch existiert, 320 Seiten, mit kleinen Zeichnungen durchsetzt und einem Titelblatt, auf dem ein melancholischer Pierrot eine lächelnde Frauenmaske in der Hand hält. Die letzte Seite enthält einen eingeklebten Briefumschlag mit einem alphabetisch geordneten Inhaltverzeichnis und der Angabe: »Der Inhalt dieses Heftes besteht aus fast einhundert eigenen Tagebuchaufzeichnungen (bzw. Theater- und Filmkritiken), die ich vom Juni 1951 bis September 1952 geschrieben habe.« Die Filme »Orphée« von Jean Cocteau, »Sunset Boulevard« von Billy Wilder, »Fahrraddiebe« von Vittorio de Sica, die Theaterstücke »Cocktail Party« von T. S. Eliot, »Der Steinerne Engel« von Tennessee Williams, »Das Verhör des Lukullus« von Brecht u. a.

Mit Namensnennung sind die Artikel ab Sommer 1952 dokumentiert, und zwar unter dem Kürzel -luc-. Ich hatte mir nämlich einen *pen name* zugelegt. Weder Lucie noch Lukrezia Schleußinger schienen mir als Autorenname angemessen, außerdem befürchtete ich, dass meine Lehrer an der »Zeitungsschreiberei« Anstoß nehmen könnten. *Junges Europa* war ja speziell für eine junge Leserschaft konzipiert, um den Europagedanken bei Schülern, Studenten und in Jugendorganisationen zu verbreiten. Es wurde hauptsächlich über Abonnements verkauft und lag auch im Amerika-Haus aus. Also, lieber nicht mehr Lucie oder Lukrezia, sondern schön neutral und abgekürzt -luc-.

So gezeichnet in der Juninummer des *Jungen Europa* die Besprechung eines »Films, der uns angeht: Le Journal d'un curé de Campagne«.

Ich hatte jetzt auch einen Presseausweis und bekam für Theater- und Kinobesuche stets zwei Freikarten, konnte also die Verhältnisse umdrehen: So wie mich früher meine Mutter oder meine Eltern in die herrliche, furchterregende, vergnügliche, überwältigende Welt der Kunst mitgenommen hatten, lud ich sie nun ein. Der Kulturkalender 1952 in Frankfurt am Main hatte einem neugierigen Mädchen, das unbedingt Journalistin werden wollte, viel zu bieten, und ich nahm alles mit. Auf der vorletzten Seite des Heftes ist die enthusiastische Besprechung der Gastspielaufführung des Pariser Théâtre National Populaire mit Pierre Corneilles *Le Cid* in der Inszenierung von Jean Vilar eingeklebt.

Frankfurt war zwar eine amerikanisierte Stadt, aber französische Filme, Theaterstücke, Bücher spielten eine große Rolle. Es war die Zeit des Existenzialismus, der meine Freunde und mich in den Bann zog. Wer waren meine Freunde? Martina Kischke, genannt Maris oder auch »Kischbert«, die später die *Frauenseite der Frankfurter Rundschau* redigierte, und Michael Haerdter, genannt Michi, Sohn des bekannten *Gegenwart*-Redakteurs Robert Haerdter. Michi studierte nach dem Abitur Theaterwissenschaften, gründete und leitete das Kulturhaus *Bethanien* in Berlin. Unsere Lieblingsfarbe war Schwarz. Wir beteten Juliette Gréco an und hatten unsere Eltern davon überzeugt, dass wir Hausaufgaben am besten abends in einem griechischen Weinlokal oder noch besser in der *American Bar* in der Freßgass' erledigen konnten. Wir Mädchen taten nach der Schule alles, um mindestens fünf Jahre älter auszusehen. »Mein Gott, Kind – wie siehst du bloß wieder aus?« war ständiger Kommentar meiner Mutter, wenn ich loszog. Als ich sie dann aber einlud, mit mir nach Paris zu fahren, meine Honorare und Ersparnisse reichten für eine Sieben-Tage-Busreise für uns beide, verstand sie: So sah eben die neue, weltstädtische Jugend Europas aus: schwarz gekleidet, weiß geschminkt, mit glatten Haaren, sonnenbebrillt, »vergeistigt« und ein bisschen übernächtigt. Wir kauften schwarze Rollkragenpullover im Kaufhaus *Lafayette,* enge schwarze Hosen und schwarze Slipper, gingen jeden Abend ins Theater, anschließend in eine Bar – und kamen überglücklich zurück nach Frankfurt. Einmal noch hatte ich meine wunderbare geliebte Mutter ganz für mich.

Junges Europa war mehr als nur eine Zeitschrift, für die ich Theater- und Filmkritiken schreiben durfte. *Junges Europa* ermöglichte mir journalistische Volontariatsarbeit. Die Redaktion bestand aus dem fest angestellten Chefredakteur und freien Mitarbeitern, hatte ihren Sitz in der Freßgass', gar nicht weit von der *American Bar,* und ließ das Blatt von einer Druckerei in Darmstadt herstellen. So lernte ich, was Umbruch bedeutet. Ich las Korrekturen, kümmerte mich um das Layout der Kulturseite, versuchte mich in Artikelüber- und Bildunterschriften und bewunderte die Setzer, die alles konnten, alles wussten, was mit einer Zeitung zu tun hatte. Außerdem war *Junges Europa* auch Lebensstil. Ich nahm an Jugendkonferenzen teil, Arbeitsferienlagern und traf Franzosen und Italiener, ab und zu Engländer, die aber äußerst zurückhaltend waren, und einmal einen Holländer, der aber mit uns Deutschen kein einziges Wort sprach. Wir waren immer auf dem Sprung,

»Grenzen einzureißen«, ganz praktisch, indem wir uns an Schlagbäumen trafen und »hinüber-und-herüber« diskutierten und dann natürlich abstrakt, indem wir »Grenzen in unseren Hirnen und Herzen« einrissen, wie das so schön pathetisch hieß. Ich hatte gerade damit überhaupt keine Probleme, ich war von meinen Eltern ganz in diesem Sinn erzogen worden. Mein Vater wollte allerdings auch die Grenzen zu den Ländern im Osten Europas einreißen. Nach Ungarn wollten wir wieder und auf den Balkan. Davon träumten wir. Meine Keresztanya Erszy hatte geschrieben, sie wollte uns einladen, sie wollte uns wiedersehen, wir hatten große Sehnsucht nach Budapest. Ach, Mutzikam, wäre das schön! Mein Vater versuchte Visa zu bekommen. Er fuhr sogar nach Wien – kam aber ohne Visa zurück und war tief deprimiert. Meine Mutter war überzeugt, dass sich »die beiden« in Wien getroffen hatten.

Mein Hessen

Am 1. Mai 1952 saß die Familie wieder einmal vorm Radio und hörte sich die offizielle Ansprache des hessischen Ministerpräsidenten Georg August Zinn an, in der er einen Friedensvertrag und Verständigung mit dem Osten forderte.

»Wetten, dass daraus nichts wird«, war der Kommentar meines Vaters. Trotzdem gaben Abertausende, vielleicht sogar Millionen Bundesbürger diese Hoffnung damals nicht auf. Und gerade die in Hessen nicht. Da wurde gegen die Wiederbewaffnung protestiert und demonstriert, da ging die Landesregierung vors Bundesverfassungsgericht, weil sie den Deutschlandvertrag einschließlich der Notstandsgesetze als verfassungswidrig ansah. Leider vergebens. Da wurden die Nazis in der Regierung offen kritisiert. Da gab es machtvolle Kundgebungen der Gewerkschaften. Da war der Begriff »Sozialismus« kein Schandwort.

1952/53 waren Hessen und die Adenauer-Republik wie zwei politische Planeten. Während in Hessen die Sozialdemokraten 1952 die Wahlen haushoch gewannen, sprach Adenauer allen Ernstes vom »Untergang des Abendlandes« im Falle einer »sozialdemokratischen Machtübernahme« – und damit waren die Bundestagswahlen 1953 gemeint. In den katholischen Kirchen wurden »Hirtenbriefe« verlesen, die ebenfalls die SPD verteufelten, und der Mainzer Bischof Stohr, zuständig auch für viele hessische Katholiken, hielt Wahlen für »keine staatliche Angelegenheit«.

Das waren nicht nur Themen der Erwachsenen. Die Jugendlichen und Schüler mischten mit – wenigstens ein Teil von ihnen. Es gab ein Schülerparlament, einen Stadtschülerring und Stadtjugendring und natürlich die Studentenvereinigungen. Nach einer Debatte um den Widerstand im Dritten Reich, in der es darum ging, ob Widerstandskämpfer Verräter des Vaterlandes gewesen seien, entschlossen sich diese Organisationen, eine »Große Gedenkfeier der Frankfurter Jugend für die Geschwister Scholl« zu veranstalten.

Am 19. Februar 1953, abends um 20 Uhr, im Festsaal des Senckenbergmuseums. In großen Gruppen kamen die jungen Leute von der Bockenheimer Warte und den Hörsälen ins Museum. Das Jugend-Sinfonie-Orchester und der Knabenchor auf der Bühne ... ich werde den überfüllten Raum nie vergessen, auch nicht, dass ich zitterte vor Angst. Man hatte nämlich bewusst auf »hohe Festredner« verzichtet. »Wir nehmen das selbst in die Hand«, hatten wir entschieden, und so sprachen Günther Schnetz: »Wer sie waren …«, Lucie Schleußinger: »… was sie wollten« und Heiner Halberstadt über »… unsere Verpflichtung«.

Es war meine erste öffentliche politische Rede.

Government hatte sich ein besonderes Umerziehungsprogramm für die jungen Deutschen ausgedacht namens *Reeducation.* Höhepunkt dieses Unternehmens waren Stipendien für Schülerinnen und Schüler, die ein Jahr lang in amerikanischen Familien leben und amerikanische Schulen besuchen durften. Die Überfahrt und ein Taschengeld bezahlte *Government*, den Aufenthalt in Schule und Familie finanzierten und organisierten Kirchen oder NGOs, wie man heute sagen würde, nichtstaatliche Organisationen. Mich musste *Government* eigentlich nicht umerziehen, ich war schon »katholisch«, was die Werte der neuen Zeit betraf. Aber nach Amerika wollte ich natürlich gern, vielleicht sogar genau deswegen.

Der Familienrat stimmte schweren Herzens zu, die Schule auch, nicht schweren Herzens, sondern mit dem Vorbehalt, dass mir »nichts geschenkt« würde; in meine Klasse könnte ich wahrscheinlich nicht zurück. »Darauf wollen wir es mal ankommen lassen«, meinte mein Vater.

Das Auswahlverfahren war äußerst streng und typisch amerikanisch. 1953 wurden von über 700 schriftlichen Bewerbungen mit Referenzen der Schulen siebzig Schülerinnen und Schüler nach Frankfurt ins Amerika-Haus zu einer »persönlichen« Bewerbung für die dreißig zu vergebenden Plätze eingeladen. Alle mussten einen Aufsatz in Englisch zum gleichen Thema schreiben und wurden anschließend in Vierergruppen von einer Jury geprüft. Extemporary speaking war wichtig. Bei jedem Prüfling ging es um seine Beweggründe. Warum will man für ein Jahr in die USA?

Ich erinnere mich noch genau an dieses »Interview« – und dass mir alle guten Gründe dieser Welt einfielen: Erstens wollte ich unbedingt *The american dream, democracy and the american way of life* vor Ort kennenlernen. Zweitens wollte ich erforschen, wie sich *The pursuit of happiness,* das Streben nach dem persönlichen Glück, das Glücklichsein in einer Gesellschaft verwirklichen ließe, das zu meiner großen Ver- und Bewunderung in der amerikanischen Verfassung versprochen wird. Da hakten meine Prüfer nach, aber zu ihrem Erstaunen ging ich einfach den Verfassungstext mit ihnen durch und auch noch ein bisschen Tocqueville und George Hamilton ... Ich durfte fahren.

Das hieß erst mal Abschied nehmen – Abschied von den Eltern, von der Schwester, was zum ersten Mal richtig schwerfiel, von meinem Pferd, von der Schule, von den Freunden, auch von einem Mann, viel älter als ich, Bankangestellter mit Hausbauplänen, der mich als eine Art Verlobte betrachtete – und ich mich in gewisser Weise auch –, und überhaupt Abschied von Frankfurt mit all seinen herrlichen Filmen, Theaterstücken, Opern, Museen, Vorträgen, Bars und Festen. Dieser Abschied war schrecklich, aber schließlich wollte ich unbedingt in die *Neue Welt.*

Amerika, Amerika

Ein großer weißer Ozeandampfer im Hafen von Genua. Meinen Kofferanhänger habe ich heute noch: *Hicog Student* Lucie Schleußinger, Cabin No. 670/D, Vessel: *Saturnia/Ita-*

lian Line from Genova to New York, Sailing Date 19. August 1953. Die Reise begann wie in einem meiner bewunderten italienischen Filme: schwarz-weiß, neoveristisch, kurz vor Mitternacht. Italienische Auswanderer gingen an Bord. Die dritte Klasse der *Saturnia* hatte eine Art Zwischendeck, das sich mit jungen Männern füllte, deren Familien in großer Zahl am Kai zurückblieben, weinten und klagten und zu singen anfingen, als das Schiff langsam ablegte. Auch die Männer an Bord sangen und die Matrosen – die dunkle Stadt verschwand schnell, mich packte entsetzliche Angst: *Worauf hatte ich mich bloß eingelassen?*

Zunächst auf einen klassischen Schiffsreiseroman wie aus dem 19. Jahrhundert. Eine Drei-Klassen-Gesellschaft an Bord. Unter uns das Zwischendeck mit den großen Schlafsälen und einem Speisesaal direkt über den Maschinen, das uns strikt verboten war zu betreten. Erst bei der Ankunft in New York, beim Verlassen des Schiffes konnten wir die Räumlichkeiten sehen. Über uns die ausgedehnten Luxusdecks und Salons für ein paar Dutzend Passagiere, die wir nur in Begleitung des Pursers »besuchen« durften. Wir reisten 2. Klasse, schliefen in Viererkabinen und tafelten in einem mondänen Speisesaal, dass uns Augen und Mägen übergingen. Zweisprachige Menükarten standen mittags und abends auf den weiß gedeckten Tischen. Jeden Tag hatten ihre Titelseiten neue Motive: italienische Landschaften, italienische Trachten, italienische Früchte ... Es gab Cocktails, Vorspeisen, Suppen, Pasta, Hauptgericht, Nachtisch und Kaffee, dazu offenen Tischwein – auch für uns Schüler. Wir schwelgten in einem Fressparadies.

Und wir schwelgten in einem Erlebnisparadies. Die Reise ging zunächst nach Marseille und Barcelona, dann die Küste von Tarragona entlang, ganz nah am Felsen von Gibraltar vorbei und schließlich nach Lissabon. In Barcelona und Lissabon hatten wir jeweils einen ganzen Tag Aufenthalt und durften auf eigene Faust an Land. Ich machte Fotos von schwerbeladenen Eseln auf den Ramblas und eleganten Schaufensterauslagen daneben. In Lissabon fuhr eine Gruppe von uns ständig mit der Straßenbahn durch die Altstadt – und kam aus dem Staunen nicht mehr heraus. Die Fahrt nach Amerika begann erst mal mit einer Fünf-Tage-Kreuzfahrt durch Europa, ganz altmodisch und unvergesslich schön. Die Ankunft glich dann einem meiner bewunderten amerikanischen Filme. Mit Sirenengeheul fuhr die *Saturnia* an der Freiheitsstatue vorbei, genauso hatte ich mir das in meinen Träumen von Amerika vorgestellt. Übermüdet, noch halb seekrank, verschüchtert gingen wir an Land. Die Italiener sangen. Auf mich wartete die ganze Familie Barth: Onkel, Tante, die erwachsenen Kinder. Sie hatten Briefe meiner Mutter und meiner Freunde dabei, nahmen mich in die Arme, weinten und meinten, sie wären immer für mich da, wenn ich sie brauchte.

Es war ein furchtbares, großartiges, überwältigendes, schmerzhaftes, beglückendes, grausames, ganz und gar erhellendes, unvergessliches Jahr … und *furchtbar*, weil mir alles so fremd war. Ich kam in eine Kleinstadt im Mittleren Westen, nach Cedar Rapids, Iowa, wo nach einem populären Sprichwort den Leuten der Mais zu den Ohren herauswächst. Dort geriet ich in einen Alltag, der mit allem brach, was mein bisheriges Leben ausgemacht hatte. Meine Gastfamilie waren Donald und Reva Burgess mit ihren vier Kindern zwischen vierzehn und vier Jahren. Sie hatten gerade ein neues Holzhaus am Stadtrand bezogen. Donald besaß eine kleine Druckerei und einen türkisfarbenen Buick. Zentral für das Familienleben war ihre

Kirche, *The Church of the Brethern*, eine fromme Brudergemeinde, die einen umfangreichen Sündenkatalog kultivierte. Außer den Zehn Geboten galten die Verbote: Alkohol, Fluchen, zu schnelles Autofahren, Fehlen im Gottesdienst … Wenn ich gesagt hätte, dass mein Vater Atheist ist, hätten sie mich wahrscheinlich sofort zurückgeschickt.

Großartig, weil mich eine Schule aufnahm, die mir die Welt der modernen amerikanischen Künste erschloss: Musical, Jazz, zeitgenössische Malerei, Werken, freie Rede, News Writing, Tanzen, Short Storys, Feste, Bälle, Partys … *Roosevelt Highschool* war eine Welt für sich, ein Kosmos für 1600 Schüler, ganztägig geöffnet, mit Mensa, Riesenorchester und Chor, Werkstätten, einer Schauspielabteilung, über einem Dutzend Clubs und allen Sportmöglichkeiten, die man sich nur denken kann, Reiten inklusive. *Roosevelt Highschool hat mich amerikanische Identität gelehrt.* Man ist oder war ein Roosevelt-Schüler sein Leben lang – ob gut oder schlecht, ob elitär oder populär. Meine Schule, meine Stadt, mein Staat, mein Amerika! Ich stand fassungslos bei den Morgenappellen vor der Fahne, wenn selbst die Kleinsten die rechte Hand ans Herz hielten, während sie die Nationalhymne sangen. In meiner Klasse erzählte ich, in Deutschland hätten wir gelernt, dass man Kinder nicht um eine Fahne versammelt. Das hätte in der Hitler-Diktatur zum Schlimmsten geführt. Lehrerin und Mitschüler waren nun ihrerseits fassungslos. Fast wäre mein Einspruch wieder einmal ein Fall für ein Collegium abeundi geworden. *Roosevelt Highschool* hat mich auch amerikanische Geschichte und Literatur gelehrt und die Musik des »amerikanischen« Kurt Weill. Die Schüleraufführung 1954 war *One touch of Venus*, viermal vor Eltern und interessierten Zuschauern gespielt, mit Orchester, Chor, Tanzgruppe, Schauspiel- und Gesangsklasse und 5000 Dollar Reinerlös. »The curtain decends, everything ends, too soon, too soon …« Auf dem Programmzettel, den ich heute noch habe, ist zu lesen: »Dance Ensemble, Sweet hearts: Lucie Schleußinger, Betty Shobes.«

Überwältigend, weil ich die Erlebnisse und Erfahrungen, allein wie ich war, kaum verarbeiten konnte.

Zum Beispiel das Fernsehen. Im Haus meiner Gastfamilie durfte das Gerät nur selten angemacht werden. Wahrscheinlich war das ein weiteres Gebot der *Church of the Brethern.* »Lassie« für die Kinder war erlaubt, und Reva Burgess sah Ratgebersendungen für Hausfrauen. Mein Gastvater erlaubte sich spätabends bisweilen Box- oder Ringkämpfe. Eines Tages gab es stattdessen die Übertragung der Vernehmungen eines parlamentarischen Untersuchungsausschusses aus Washington. Vernommen wurde Senator McCarthy. Der »Hexenjäger«, wie wir ihn in Frankfurt genannt hatten. Dort war er uns durchaus ein Begriff als der Mann, der stets behauptete, die amerikanische Bundesregierung sei von Kommunisten unterwandert. Und nicht nur die Regierung, auch Universitäten, Gewerkschaften, Medien, Parlamente, Bundesbehörden und schließlich sogar die CIA und die Army. 1950 hatte er seine Kampagne begonnen mit der Aussage: »Ich habe hier die Namen von 250 Kommunisten, die allein im Außenministerium tätig sind.« Diese Namen hat es nie gegeben wie auch alle anderen nicht, die er von Jahr zu Jahr ankündigte. Seine Methode war ganz einfach: »Jemanden einen Kommunisten nennen, der sich später auch als einer erweist!« Und wenn er sich nicht »als einer« erweist, macht es auch nichts. Wenigstens nicht für McCarthy. Aber nun, nach vier endlos langen Jahren der Hexenjagd modernen Stils, wurde er vom Parlament zur Rede gestellt, in den »Army-McCarthy-Hearings«. Und diese wurden im ganzen Land, von Küste zu Küste, übertragen, zeitgleich oder zeitversetzt. In Iowa war das spätabends.

Ich saß neben Donald Burgess im Wohnzimmer des weißen Holzhauses am Stadtrand von Cedar Rapids und erlebte, wie dieser Senator McCarthy, der Hexenjäger, nun seinerseits ins Kreuzverhör genommen wurde, wie er sich wand und log und ins Schwitzen geriet und wie seine Hände zitterten. Die Kamera zeigte das ganz genau! Tagelang bzw. nächtelang ging das so, und man sprach darüber in den Familien, in der Schule, sogar sonntags nach dem Gottesdienst. Ich hatte eine derartige Entlarvung von Politik und Politiker noch nie erlebt und war davon überzeugt, dass dies, was sich hier zeigte, die Zukunft der wahrhaft demokratischen Gesellschaft sei: die Macht des unbekannten neuen Mediums Fernsehen. Eine Woche lang drehte sich alles um die düsteren Machenschaften des Senators. Dann war er erledigt und ab sofort kein Thema mehr. Es gab wieder Boxkämpfe oder Ringkämpfe im Fernsehen und dann und wann die Übertragungen von flammenden Reden des Predigers Billy Graham. »God bless America!«

Schmerzhaft, weil die Trennung von zu Hause so total war. Nur in Briefen, die meist über eine Woche brauchten, um hinüber- oder herüberzugelangen, konnten wir miteinander kommunizieren. Und es war zwar wunderbar, wenn meine Mutter schrieb: »Du, meine Lucie, weißt das andere Leben schon zu meistern. Bist *nie* im Handeln und Fühlen allein; bin immer mit dir.« Aber ich war eben doch schrecklich allein und weit davon entfernt, dieses andere

Leben zu meistern. Nachts kamen die Träume aus dem Kinderbunker wieder. Die Eltern waren verschwunden, alles untergegangen in brennenden Häusern. Nur dieser liebe Junge mit dem Kopfverband blieb bei mir und streichelte mich …

In Wirklichkeit wurde geknutscht und gefummelt. *Dating and Petting* hieß das. Ich wusste ja gar nicht, wie mir geschah. Wildfremde, gut aussehende Jungs fragten mich, ob ich mit ihnen ausgehen wolle. Selbstverständlich wollte ich, ich fühlte mich geschmeichelt. Denn verglichen mit den vielen modisch strahlenden Beauties der *Roosevelt Highschool,* war ich außenseiterisch hässlich, ohne Dauerwelle, sonderbar gekleidet und irgendwie tantenhaft erwachsen. Aber vielleicht war es das Verständnis von Gastfreundschaft der Jungen oder ein gewisser exotischer Reiz, der sie bewog, mich einzuladen. Also erschienen sie in den Straßenkreuzern ihrer Väter vorm Haus meiner Gastfamilie, und dann ging es ins Drive-In-Kino. Und mitten im Film und nach vielleicht einem halben Dutzend Small-Talk-Sätzen wurde losgefummelt. Es hatte etwas Sportliches, als wäre ein bestimmtes Punkte-System zu absolvieren. Wenn ich mir das nicht gefallen ließ, wurde ich ganz schnell wieder zu Hause abgeliefert und mit einem Zwangskuss vor der Haustür verabschiedet. Die Verschärfung von *Dating and Petting* war das *Blind Date.* Das wurde meistens von einem Mädchen arrangiert. Nach der Devise: »Du, mein Freund hat einen Freund, da möchten wir dich gern zu einer Viererparty einladen …« So viel Peinlichkeit aus freien Stücken war mir nie vorher und im Übrigen auch nie mehr danach untergekommen wie in dieser Kleinstadthölle mit ihren prüden Sex-Ersatzübungen. Ich wäre vielleicht gar nicht abgeneigt gewesen, mich mit dem einen oder anderen der Strahlejungs vom Fußballteam oder dem Speaker's Club einzulassen, aber diese Masturbationsspiele zu zweit oder viert waren nun einfach nicht mein Fall. Gelernt habe ich allerdings, was gemeint ist, wenn es heißt: »We didn't have sex.« Hatten wir auch nicht. Der Traum von romantischer Liebe und jungfräulicher Eheschließung blieb unberührt.

Beglückend, weil ich Freiheit erfuhr. Freiheit durch Größe und Weite des Landes und in ihr enthalten die Bewegungsfreiheit des Einzelnen.

Während der Schulferien hatte ich gearbeitet, um Geld für eine große Reise zu verdienen. Am Geschenkpacktisch im Kaufhaus, am Fließband in der Lebensmittelfabrik *Quaker Oats*, in der Damenoberbekleidungsabteilung von *Smulekoff's*. Der Verdienst wurde in eine *Greyhound Busreise* kreuz und quer durch ein halbes Dutzend Staaten investiert. Von Iowa nach Utah, Texas, New Mexico, Kalifornien, Nebraska, Wyoming und wieder zurück. Ich hatte fast zwei Monate Zeit und viele Interessen. Las Vegas wollte ich sehen und Los Angeles, die Wüste und den Pazifik, vor allem aber Indianer-Reservate. Ich war geradezu besessen, etwas über das Leben der Indianer zu lernen, das wirkliche Leben, das Leben von 1953/54.

Nur zwanzig Kilometer von Cedar Rapids entfernt lebten Meskwaki-Indianer. Ich hatte meine Gasteltern und einige Lehrer um Informationen gebeten. Wer lebte dort? Wie lebte es sich da? War das ein Reservat? Wovon lebt man in einem Reservat? Wie viele Einwohner hat es? Warum haben wir keine indianischen Roosevelt-Schüler?

Die Antworten waren abweisend und desinteressiert: »Die Indianer wollen unter sich bleiben. Die Kinder gehen auf eigene Schulen. Die Regierung stellt Häuser und Gemeindezentren zur Verfügung. Es gibt einen Gesundheitsdienst. Nicht-Indianer haben dort nichts zu suchen.« Also: off limits. Ich ließ nicht locker, fragte immer und immer wieder – die Kunstlehrerin, den Pfarrer, die Bibliothekarin, aber ich kam nicht weiter. Dann fand ich heraus, dass es im Innenministerium in Washington ein *Office for Indian Affairs* gab. Dorthin schrieb ich, und von dort bekam ich einige Broschüren, die im Grunde dasselbe sagten wie meine Gewährsleute in Cedar Rapids. Alles ist bestens – und off limits. Aber ein paar Adressen von Reservaten in New Mexico und Texas waren in dem Material enthalten. Und siehe da, fast zur gleichen Zeit stellte die *Church of the Brethern* den Kontakt zu einem Missionar der *Church of the Nazarenes* her. Ja, einem MISSIONAR, der von Albuquerque aus mehrere Reservate von Navajos- und Hopi-Indianern »betreute«. Also legte ich meine *Greyhound Busreise* so an, dass es mehrere Tage Aufenthalt in Albuquerque gab – und der Missionar nahm mich tatsächlich auf eine Tour mit. Da fuhren wir also mit einem Jeep durch Western-Landschaften, und schließlich ritten wir sogar die letzte unwegsame Strecke. Meine Reitjahre in Frankfurt kamen mir sehr zugute. Mich erfüllte ein Glücksgefühl, welches ich so vorher nie verspürt hatte – so viel Freiheit! Ich konnte sie atmen, sie beschleunigte meinen Herzschlag, ich hatte nur einen Wunsch: weiter, voran, vorwärts, Bewegung, Bewegung, Bewegung … das war das wirkliche Leben! Hätten wir bloß nie haltgemacht – das Glück der Freiheit wäre ewig geblieben. So aber hielten wir in einer Indianersiedlung.

Grausam, weil ich so oft in diesem Jahr erlebte, wie die Freiheit wieder verspielt wurde, unkenntlich gemacht durch bornierte Brutalität und Intoleranz. Wellblechhütten, Staub, ein General Store, ein Betonblock, unverputzt, eine schmucklose Kapelle mit Jesus-Kitschbildern – das war das Zentrum des Reservats.

Kinder umringten den Missionar. Wunderbar aussehende großäugige Kinder mit den schönsten schwarzen Haaren auf der Welt. Sie sangen, sie beteten mit dem Missionar, sie malten Bildchen, die er für Spendensammlungen in seine Kirche mitnahm. Er sprach nur mit wenigen Erwachsenen. Und die blieben abweisend. In einer Teppichwerkstatt übergab er einen Umschlag mit Geld. Ich raffte meine Ersparnisse zusammen und kaufte eine Pferdedecke. Da gab es ein kleines anerkennendes Lächeln. Wenn man sich umschaute, fiel die Lethargie auf: die Männer zugedröhnt, die Frauen müde, nur ein paar junge Mädchen schäkerten herum. Ich habe damals notiert:

»Schwarz ist die Farbe der einst so farbenfrohen Indianergewänder. Sie tragen fast alle diese dunklen Wollüberhänge – und stumm und steinern sind die hochmütigen Gesichter. Sie sehen, dass ihre Lebensweise im industriellen und zivilisierten Amerika nicht mehr möglich ist, aber ›wir sind zu müde, um uns zu ändern‹, sagen sie. So leben sie als ›Betttuch-Indianer‹ in den Reservaten von den Trinkgeldern der Touristen oder gehen auf Baumontage als Arbeiter in die Wolkenkratzer-Städte. Einige ziehen noch heute mit ihren Tausenden Schafen über die unfruchtbaren Prärien und überwintern nur in den monotonen Barackensiedlungen. In den oasenähnlichen Gras-und-Busch-Inseln lassen sie die Totempfähle ihres Stammes als Besitzzeichen zurück. Tausende ihrer Kinder sterben jedes Jahr, und sie müssen ohnmächtig zusehen. Der ›Große Geist wird seinen Kindern eine neue Welt schaffen, in der sie wieder leben können, eines Tages!‹, glauben die Alten – und die Jungen lachen und gehen ins *Odeon* tanzen. ›Wir sind ein totes Volk.‹

Ins *Odeon* konnte man nicht gehen, man musste fahren. Es lag außerhalb des Reservats, im Süden, an einer Asphaltstraße neben einer Tankstelle. Hier floss der Alkohol, der im Reservat verboten war. Auch hier versuchte der Missionar seine Botschaft zu verbreiten. Gleichgültig ließ man ihn gewähren. Man war woanders.

Der Mann war ehrlich in seinem Bemühen, er wollte retten – auf seine Weise, aber retten. Er kritisierte die offizielle Indianerpolitik scharf: Das Verhalten diesen Menschen gegenüber ist eine Sünde.«

Das war also der »Schmelztiegel« der Nationen! Ich war ständig auf der Suche nach »meinem Amerika«, meinem angelesenen, vorgestellten, erträumten Bild vom freien, demokratischen, die Würde des Menschen und sein Streben nach Glück achtenden Amerika. Oh, ich hatte die Texte von Jefferson im Kopf, die berühmten Artikel der Verfassung, die Postulate von Walt Whitman und Lincolns Reden. Was ich aber sah, hatte oft nichts damit zu tun. Und dabei hatten meine Gasteltern und die Organisatoren des Austauschprogramms vorsichtshalber eine Reise in die Südstaaten untersagt. »Zu riskant« für ein allein reisendes Mädchen, hieß die Begründung. Aber das Leben zwischen Mehrheit und Minderheiten in den USA habe ich auch so kennengelernt. So viel davon jedenfalls, dass es das Hauptthema meiner späteren Studien und meines Schreibens wurde.

Ganz und gar erhellend, weil ich einen doppelten Aufklärungsprozess mitmachte.

Meine *Reeducation* wurde gewissermaßen *reeducated.* Ich, Frankfurter Nachkriegsjugendliche und »überzeugte«

Demokratin, lernte die Widersprüche dieses großen Landes kennen.

Beispiel einerseits: Die beeindruckende Christlichkeit meiner Gasteltern und ihrer Gemeinde hatte enge Grenzen. Wenn ich zum Beispiel den Gottesdienst der kleinen Baptistenkirche in Cedar Rapids besuchen wollte, schon wegen der großartigen Gospelgesänge und der ungewohnten Singsang-Predigten, wurde dies als ein Verstoß gegen den Komment angesehen – und kühl untersagt. »We don't go there« hieß nichts anderes als »in eine Schwarzenkirche gehen wir nicht«. Man musste es noch nicht einmal so ausdrücken, um verstanden zu werden.

Und Iowa war nicht Tennessee oder Mississippi.

Die große, tolle *Roosevelt Highschool* hatte so gut wie keine Minderheitenkinder, obwohl es in Cedar Rapids eine Black Community gab und das Indianer-Reservat in der Nähe.

Beispiele andererseits: Zum Schulabschluss beteiligte ich mich an einem staatlichen Rhetorikwettbewerb in der Sparte »Politik und Zeitgeschehen«. Aparterweise lautete das Thema »Welche Außenpolitik sollten nach Ihrer Meinung die USA gegenüber der Sowjetunion und den anderen Staaten des kommunistischen Blocks betreiben?«

Unerschrocken zog ich gegen Aufrüstung, Vorurteile und Verurteilung der Gegenseite zu Felde, plädierte für internationale Verständigung und Einsatz aller diplomatischen, kulturellen und politischen Mittel. Das Urteil der sechs Juroren der Staatsuniversität von Iowa war einstimmig: Note 1/Hervorragende Thesenpräsentation und Diskussion. *Siegerbeitrag* in diesem Gebiet. Ja, wer hätte das nun wieder gedacht? Ich erhielt eine Auszeichnung, »meine« Schule war stolz, die regionale Presse berichtete ausführlich, und Donald Burgess schüttelte nur den Kopf über den Kuckuck in seinem typisch amerikanischen Mittelklasseheim.

Die Universität in Iowa City veranstaltete »Senatssitzungen«, in denen Vertreter der Abschlussklassen mit Einübungen ins parlamentarische Regelwerk brillierten. Der Präsident des Schülerparlaments von *Roosevelt*, Garland Hoskin, brachte einen Gesetzentwurf zum Schutz von Kindern gegen Armut und Unbildung ein, der sich gewaschen hatte. Der Senat wurde mit Fakten konfrontiert und einer Argumentationskunst, die zur Annahme geradezu zwang. Am Abend desselben Tages wurde im Theater der Universität Truman Capotes »Grasharfe« aufgeführt, in Anwesenheit des Autors, der anschließend mit jungen Leuten über zeitgenössische amerikanische Dramatik diskutierte. Das war eben auch Amerika, selbst in Iowa, dem Staat, in dem es angeblich außer Mais und in jedem Präsidentschaftswahlkampf einer wichtigen Vorwahl in Des Moines nichts, aber auch gar nichts gab.

Unvergesslich also diese Widersprüche: diese Größe und Weite, die Freiheit, der Ansporn zur Leistung, die Übereinstimmung mit sich selbst, genannt Patriotismus, das Missionarische in der Politik, die Dominanz des Kirchlichen, die journalistischen Kampagnen, die in großen Wellen über den Kontinent schwappen mit Nachrichtenflut und Nachrichtenebbe, die Macht des Fernsehens, die Übermacht des Konsums, die Freundlichkeit im Umgang miteinander, der Zwang zur Anpassung, die Entspanntheit, der Schönheitskult, die kritische wie die vollkommen unkritische Haltung zum eigenen Land, die Gastlichkeit, der besondere Familiensinn … alles unvergesslich.

Zurück ins Alte

Nach einem Jahr Amerika war ich äußerlich völlig verändert. Dauerwelle, falsche Perlenkette, Twinsets aus leichter heller Wolle, zwanzig Pfund abgenommen. Zwei große Koffer voller Klamotten, Modeschmuck und Kosmetika – so machte ich mich auf den Weg nach Hause. Den langen, atemberaubenden Heimweg. Zunächst im türkisfarbenen Buick meiner Gasteltern bis Ohio. Nach einem bewegenden, ganz und gar herzlichen Abschied weiter im schneeweißen Lincoln Continental eines Pfarrers der *Church of the Brethern* nach Washington. Dort kam der *Jahrgang 54* aus allen Teilen des Landes zu einem dreitägigen Abschlussseminar zusammen. Ich hatte den Eindruck, wir wären alle zehn Jahre älter geworden. Übrigens wurde von einigen viel Kritik am Austauschprogramm geübt. Ich war ganz verwundert, konnte und wollte nur Positives vortragen. Schließlich hatte Cedar Rapids seine sechs Austauschschüler zum Schluss auch noch zu Ehrenbürgern gemacht, und als Ehrenbürger kann man keinesfalls etwas Negatives über seinen Aufenthalt sagen.

Von Washington ging es für zwei Tage nach New York. Dort traf ich mich mit »meinem« Onkel und »meiner« Tante Barth. Er sah hager, müde und abgehetzt aus und schrecklich traurig. Die Tante war fröhlich wie immer. Alle Kinder waren aus dem Haus – bei der Army, auf der Universität, im Job. Sie würden alle Karriere machen, meinte die Tante stolz. Den Onkel interessierte, wie ich das »Jahr Amerika überstanden« hätte. – »Gut«, sagte ich, »manchmal allerdings war ich auch verzweifelt und sehr einsam.«

Da wurde der Onkel grundsätzlich und meinte: »Amerika ist ein schreckliches, borniertes, brutales Land. Die Freiheit hier ist brutal. Für uns Europäer ist das eigentlich keine Heimat. Aber solange wir bei uns in Europa mit der Unterdrückung, der Armut, der Feigheit, der Habgier und der Dummheit nicht fertigwerden, ist Amerika immer noch eine Hoffnung. Und es nimmt uns auf. Das dürfen wir nie vergessen.«

Die Tante gab mir Geschenke für die Eltern mit, nahm mich in den Arm und meinte: »Der Emil ist heimwehkrank, richtig krank vor Heimweh, kaputt, zerbrochen. Sag das deinem Vater, er soll ihm viel und oft schreiben, er hat sonst kaum noch Freunde.«

Am frühen Morgen des nächsten Tages stieg unsere Gruppe in den *Laurentian*, einen Luxuszug, der uns von New York nach Montreal brachte. Das war eine Reise von gut 250 Meilen, den Hudson entlang und dann, dem Westufer des Champlain Sees folgend, zur kanadischen Grenze. Die Pullmanwagen hatten verstellbare Sessel, es gab Getränke und für jeden Fahrgast eine kleine Geschichtsfibel, die von Station zu Station erklärte, durch welch historisches Terrain wir da fuhren. Ein reines Kriegsgebiet. Französische, englische, amerikanische Heere waren hier übereinander hergefallen und alle drei über die Indianer, die sich erbittert gegen den Raub ihres Landes wehrten. Lauter Massakergeschichten, lauter Fort-Reste, wenn man aus dem Fenster schaute: Fort Edward, Fort Ann, Fort Ticonderoga und Häfen und Inseln und Wälder, die niemals aufzuhören schienen ... 1812 bis 1814 tobte hier der Britisch-Amerikanische Krieg, gerade mal 140 Jahre war das her. Als der Zug in die Windsor Street Station in Montreal einfuhr, hatten wir das Gefühl, fast schon in Europa angekommen zu sein.

Der Bahnhof sah aus wie eine Filmkulisse aus Windsor

Castle und Westminster Parliament, und auch das Rathaus, die Denkmäler und kleinen Parks hätten sich in England gut gemacht. Und dann erst Quebec, wo die *Castle Felice* auf uns wartete! Quebec glich französischen Ansichtskarten: hier ein Château, dort ein Moulin Rouge und eine Hafenpromenade am Sankt-Lorenz-Strom wie aus einem schottischen Bilderbuch. Ich schrieb damals in mein Tagebuch: »Auf außereuropäischem Boden gibt es eine Zauberin: Quebec. Sie gaukelt uns eine Stadt vor, die ganz woanders entstanden ist und nun durch einen Trick hier liegt, im französischen Kanada.«

Viel Zeit für Quebec hatten wir nicht, am 12. August 1954, fünf Uhr nachmittags, legte die *Castle Felice* ab und manövrierte sich vorsichtig den mächtigen Strom hinunter. Die *Castle Felice* war auch ein italienisches Passagierschiff wie ein Jahr zuvor die *Saturnia*, aber diesmal gab es keine Drei-Klassen-Gesellschaft. Das Promenadendeck mit Swimmingpool, die Salons, die Bibliothek, selbst die Speisesäle standen allen Passagieren zur Verfügung. Nur die Kabinen waren geräumiger oder kleiner, fensterlos im Innern oder mit Blick aufs Meer außenbords. Wieder unvorstellbar das Essen der italienischen Köche! Zum Dinner am »13. August auf See« gab es: Consommé oder Gemüsesuppe, Fischfilet à la Colbert, Lammbraten mit verschiedenen Gemüse, Torte »Bon Voyage«, frische Früchte, Kaffee, Tee. Wir hatten eine glanzvolle Musiktruppe unter uns: Klavierspieler, Geiger, ein Barber Shop Quartet, Solisten, Choristen und einen Dirigenten und Zeremonienmeister – und sie zeigten, was ihnen in ihren amerikanischen Schulen beigebracht worden war. Also wurden jeden Abend Scharaden aufgeführt, Sketche, kleine Konzerte und schließlich am Schluss der Reise eine große Show, die mit

Some enchanted evening anfing und mit der Mondscheinsonate aufhörte. Dazwischen sangen alle »Micky war ein Seemann«, hörten Händel und Csárdás und fielen reihenweise in den Swimmingpool. Parole: Das haben wir in den USA gelernt. Damit würden wir in Zukunft unsere Eltern und Lehrer, unsere ganze altmodische, zurückgebliebene deutsche Umgebung konfrontieren, die ja keine Ahnung von einem wirklich modernen Leben hatte. So viel war ganz klar.

Am 23. August kamen wir frühmorgens im kalten, grauen Rotterdam an. Mit dem Zug ging es weiter nach Düsseldorf. Dort löste sich die Gruppe unter vielfachem Liebeskummer auf – ein kleines Trüppchen »Hessen« fuhr nach Frankfurt.

Wie habe ich mich auf meine Eltern gefreut – und wie war ich erschrocken, als sie mich auf dem Bahnsteig in ihre Arme nahmen.

Meine Mutter: aufgedunsen, krank, ihr schönes blondes Haar zum großen Teil ausgefallen, der Federhut konnte das kaum kaschieren, mit tränennassem Gesicht. Mein Vater: gealtert, sein Lächeln nicht stolz, wie ich es sonst kannte, sondern wehmütig. Nur mein »Schwesterchen« sah blendend aus, ein hübscher Teenager mit Löwenmähne, schlank, modisch, der nicht mehr von meiner Seite weichen wollte.

Zu Hause hatte ich jetzt ein großes Zimmer ganz für mich. Auf dem Schreibtisch stand ein Blumenstrauß und ein Foto meiner Mutter mit dieser Inschrift auf der Rückseite: »Mein Luc, Es wob das Schicksal mir ins Leben bunte Stunden, doch eine goldene, da ich dich entbunden. Mutti. Willkommen, Ehrenbürgerin von Cedar Rapids!«

Wir feierten eine Art Weihnachtsfest im August. Geschenke für mich: Bücher, Schallplatten, Fotos. Geschenke von mir: Konsumrausch aus zwei überdimensionalen Koffern. Lippenstifte, Make-up und die modischsten Slacks für das »Schwesterchen«, Aftershave, Nylonhemden und Hawaiihemden für meinen Vater, Twinsets und ein Kostümkleid aus dem New Yorker Schlussverkauf für meine Mutter, die indianische Pferdedecke für Peter II, Badeanzüge aus Kalifornien … Es war wie in einem Warenhaus der guten Laune. Wir veranstalteten Modeschauen mit Tanzeinlagen. Zwei Tage lang wurde gefeiert. Die Freunde kamen und staunten, was man als *Weltreisende* alles erzählen, berichten, vorlesen, vorzeigen konnte. Dann fing *der Ernst des Lebens* wieder an.

Meine Schule stellte kein Willkommensschild auf. Von wegen Ehrenbürgerin von Cedar Rapids, High-School-Abschluss oder besondere Auszeichnungen. »Das hat uns alles nicht zu interessieren, Schleußinger«, sagte die Direktorin knapp, »Ihre Mitschülerinnen haben in der gleichen Zeit viel gelernt: Mittelhochdeutsch, das Pensum eines ganzen Jahres. Sie müssen das alles nachholen, wenn Sie in Ihre Klasse zurückkehren wollen. Wir geben Ihnen Zeit bis zu den Weihnachtsferien, dann wird entschieden.« Das hieß, in drei Monaten musste ich »versetzbar« sein. Was ich in Cedar Rapids gelernt hatte, interessierte nicht, es war nicht kompatibel. Was ja auch stimmte. Also gaben mir meine Freunde Nachhilfeunterricht in Latein und dem Albtraum Mathematik, einen Kompaktkurs Nibelungen, Sonderlektionen in Geschichte. Ich lernte mit einer schönen Wut im Bauch, mit dem Gefühl, ich würde es dieser Schule schon zeigen. Aber ich hätte es nie geschafft, wenn ich nicht eine so großartige Klassenlehrerin gehabt hätte.

Fräulein Dr. Ruth Flad unterrichtete uns in Deutsch, Geschichte und Gemeinschaftskunde. Sie gehörte noch zu den Lehrerinnen der alten Viktoriaschule, wirkte alterslos, war aber 1954 sicher schon an die fünfzig.

Und Fräulein Dr. Ruth Flad war neben meiner Mutter – von Wesen, Bildung, Auftreten vollkommen anders als sie – mein wichtigstes Frauenvorbild. Eingebrannt in mein Gedächtnis für immer ist ihre Lektion über die *Gleichberechtigung.*

»Ihr Mädchen seid die erste Generation, die Ausbildung und einen guten Beruf mit Ehe und Familie verbinden kann«, sagte sie, »das wird zwar nicht einfach sein, aber wenn ihr es wollt, ist es möglich.« Dann fragte sie nach den Biografien unserer Mütter und Großmütter. Berufstätig waren die wenigsten, gearbeitet, ja geschuftet haben sie alle. Was haben sie gelernt? Wie hat sich ihr Leben verändert in dem Moment, als sie heirateten? Wie lebten sie im Alter? Ich dachte an meine beiden Großmütter, die ich nie kennengelernt hatte: die Wirtsfrau Wilhelmine Kreß und die Mutter von acht Kindern Emma Schleußinger – und an meine Mutter, die Hotel-Hausdame, Staubsaugervertreterin und jetzt Restaurant-Annonceuse, hatte ihre Abhängigkeit, ihre Ausweglosigkeit vor Augen …

Dann wurde Fräulein Dr. Ruth Flad sehr persönlich – und das war der ganz und gar unvergessliche Teil der Geschichtslektion in Sachen Frauenemanzipation: »Wisst ihr, wie es einer Akademikerin und leidenschaftlichen Lehrerin in den vierziger Jahren noch ergangen ist? Zum Beispiel mir? Ich lernte einen Kollegen kennen, wir wollten heiraten. Ich wurde vor die Alternative gestellt: Heirat oder Beruf. Als Studienrätin hatte ich meine Arbeit aufzugeben, sobald ich durch eine Beamtenehe ›versorgt‹ war. Da hatte ich mich angestrengt, als eines der wenigen Mädchen das Abitur zu machen. Meine Eltern taten alles, damit ich studieren konnte. Und ich bekam eine Stellung als Beamtin auf Lebenszeit in dieser großartigen Schule. Und dann das! Was sollten wir bloß machen? Ich habe mich für den Beruf entschieden. Es war die schmerzlichste Entscheidung meines Lebens. Und deshalb verlange ich von euch, dass ihr die Opfer der vorangegangenen Frauengenerationen bedenkt und ehrt, indem ihr die Chancengleichheit, die ihr heute grundsätzlich habt, auch lebt.«

Das war die Botschaft meiner verehrten, gefürchteten, leidenschaftlichen Klassenlehrerin!

Neben ihr und meiner Mutter gab es allerdings noch eine dritte Frau, die in dieser Zeit großen Einfluss auf mich hatte: Ulla Illing, die Leiterin des »Seminars für Politik« in Frankfurt. Heute würde man sagen, Ulla Illing veranstaltete »Workshops« – Seminare für Jugendliche und junge Erwachsene über Demokratie, Völkerverständigung und die deutsche Vergangenheit. Ulla Illing hatte zwei Räume in der Westend-Synagoge bezogen, die die Pogromnächte und die Bombenangriffe wie durch ein Wunder wenigstens teilweise überstanden hatte, und lehrte uns, was zu dieser Zeit gar nicht »mehr« selbstverständlich war: wie es zur schrittweisen Vertreibung jüdischer Bürger Frankfurts während der Hitler-Diktatur gekommen war. Zur Vernichtung dieses reichen, kultivierten, urbanen Lebens, das in der Stadt so viele Museen, Stiftungen, einen Teil der Universität, Kunstsammlungen, Krankenversorgung, Wissen, Fleiß, Unternehmertum, akademische Intelligenz geschaffen hatte – und nun ausgelöscht war. Und zwar unter Teilnahme, Mithilfe, tatkräftiger Denunziation und Bereicherung der Mehrheit der Frankfurter, also unserer Eltern, Nachbarn, Freunde und Bekannten. Ulla Illing legte großen Wert darauf, dass wir dieser Schuld nachgingen. Und ich wurde die Frage nicht mehr los: Waren an dieser Schuld auch meine Eltern beteiligt? Ihre Freunde, unsere Nachbarn, die Bekannten?

Mein Vater stellte klar: »Widerstand haben wir nicht geleistet. Ich habe versucht, zu helfen, wenn ich konnte. Und ich habe versucht, uns durch diese Zeit zu bringen ohne aktives Mitmachen, aber Widerstand war das nicht! Da müssen wir ehrlich sein. Wir wohnen zum Beispiel in diesem Haus, Kleine Wiesenau 2. Das hat einer jüdischen Familie gehört, die emigrierte. Mir wurde die Wohnung vom Amt des Gauleiters zugewiesen. Wir leben seit Jahren in den weggenommenen Räumen von Vertriebenen. Deswegen müssen wir heute dieser Schuld, die unser aller Schuld ist, nachgehen, sie aufdecken. Das ist jetzt die Aufgabe. Nicht vergessen!«

Insofern begrüßte er die politischen Seminare von Ulla Illing, bestärkten sie ihn doch darin, dass nicht nur er von der Schuld Deutschlands sprach. Er war damit mehr und mehr isoliert. Einsamer überhaupt. Wir sprachen über den Onkel Barth in New York.

»Wir schreiben uns immer dasselbe«, sagte mein Vater, »wir sind zwei Unzeitgemäße geworden. Ja, zwei, die aus der Zeit gefallen sind.«

Der Verfolgte und der listige Regimegegner, der sich durchlaviert hatte. Der Häftling und Exilant und der Nonkonformist, der nach 1945 so voller Enthusiasmus auf die neue Zeit, das neue Land, die Demokratie setzte. Sie störten nur in dieser Zeit des Kalten Krieges, der Wiederbewaffnung, der Restauration. Der eine war in Amerika krank vor Heimweh nach Deutschland und wollte doch auf keinen Fall zurück. Der andere hatte Fernweh nach seinem geliebten Ungarn, das für ihn unerreichbar hinter dem Eisernen Vorhang lag.

Meine Eltern waren jetzt 53 und 54 Jahre alt und hatten so viel erlebt, gelitten, geholfen. Wo war der Stolz auf die eigene Lebensleistung geblieben, der Mutwille zu neuen, anderen Taten?

Vielleicht hatte ich mich in diesem Jahr Amerika mehr verändert, als ich wahrnahm oder wahrnehmen wollte, aber meine Eltern schienen mir so anders geworden zu sein. Angeschlagen, gebrochen, überhaupt nicht mehr so mutig wie stets zuvor.

Auch die äußeren Umstände hatten sich geändert. Zwar gab es immer noch die schöne Wohnung in der Kleinen Wiesenau, aber der Stall hinterm Haus war umgebaut, die braven Speditionspferde abgeschafft worden. Peter II stand weit weg in Niederrad am Rand eines Gestüts. Mein Vater hatte seine alte Firma verlassen und war jetzt Prokurist bei einem Branchenneuling. Da verdiente er mehr, war aber todunglücklich. Der Betrieb setzte ganz aufs schnelle Geld und Lastwagen. Die Eisenbahntransporte kreuz und quer durch Europa, die mein Vater immer so kunstvoll organisiert hatte, gerieten mehr und mehr aus der Mode.

Das Schlimmste aber war die fortschreitende Krankheit meiner Mutter. Ihre Beine waren übersät mit offenen Wunden. Und dann stand diese Frau während der Arbeit in der heißen Restaurantküche und dirigierte die Abgabe der Gerichte an die Kellner. Sie lebte mit Schmerztabletten, ließ sich aber so gut wie nichts anmerken. Wir beide gingen nachmittags ins Café Laumer und so oft wie möglich gemeinsam ins Kino oder ins Theater. Und dann gab es immer noch die Sonntagsausflüge mit Pferd und Fahrrädern in den Stadtwald. Aber ich hatte immer weniger Zeit für

Gemeinsamkeiten. Der Amerikaaufenthalt wurde in viele Zeitungsreiseberichte umgesetzt. Die Schule samt Aufholarbeit und Nachhilfeunterricht durch die Freunde nahm die übrige Zeit des Tages voll in Anspruch. Aber zu Weihnachten hatte ich es geschafft und meinen Platz in der Unterprima zurückerobert, zwar mit Hängen und Würgen, aber immerhin.

Also wurde über die Festtage groß gefeiert: Theater, Oper, Karpfen blau, Schwarzwälder Kirschtorte und abends zum Wein Popcorn (!), weil ich in Iowa gelernt hatte, wie man dieses Partyfutter zu Hause fabriziert.

Was ich nicht mehr auseinanderhalten kann, ist das tatsächliche Silvester 1954/55 und meinen Traum davon. Da war wieder das Feuerwerk, und wir standen am Ufer eines Flusses zwischen zwei Brücken. Es wurde gelacht und mit Sektgläsern angestoßen. Onkel Barth war auf einmal da und sagte: »Endlich sind wir wieder in Moskau!« »In Moskau?«, erwiderte mein Vater, »wir sind doch in Budapest!« »Ihr seid komische Vögel!«, hielt meine Mutter ihnen entgegen. »Wir sind doch in Wien! Ihr macht mich noch ganz verrückt mit eurem Moskau und eurem Budapest …« Ich wollte besserwisserisch »Frankfurt« nennen, aber kam nicht dazu, weil aus den weißen Sternschnuppen am Himmel plötzlich Bomben fielen und ein Feuer mit großer Wucht auf uns zukam, wir wegrennen wollten, aber meine Mutter konnte nicht mitlaufen, sie blieb einfach stehen, an ein Geländer gelehnt, und schaute mich an, ihr Gesicht tränennass wie auf dem Bahnsteig beim Wiedersehen. Ach, wenn ich doch wenigstens hätte schreien können, die anderen zurückrufen, aber da war keine Luft zum Atmen, und alles wurde schwarz …

Also, da gab es G., den stets spöttisch lächelnden Bankangestellten mit Auto, besten Manieren und eleganten Anzügen. Er hatte inzwischen für seine Eltern und sich das Haus in einer Neubausiedlung in Sprendlingen gebaut. Er brachte für meine Mutter stets Blumen mit, wenn er mich abholte zu gemeinsamen Theater- oder Kinobesuchen. Seine Eltern, die in Eisenach eine große Villa und eine Fabrik zurückgelassen hatten, begutachteten mich mit freundlicher Höflichkeit, hinter der sich kalte Ablehnung verbarg. Der arme junge Mann hatte nicht die richtige Wahl getroffen, hielt aber eisern daran fest, dass wir beide füreinander bestimmt wären. Ich war mir nicht so sicher.

Wie ich überhaupt recht unsicher im Umgang mit Männern war. Einerseits ließ ich mich gern ausführen, zu Bällen und Festen oder Tanzpartys in die neuen Frankfurter Bars. Andererseits wollte ich während dieser Abende und Nächte auch interessante Gespräche mit den Herren führen, was die aber ganz und gar überflüssig fanden. Also waren sie nach ein oder zwei Rendezvous für mich »gestorben«, wie ich meiner Mutter erklärte, die die Interessenten dann am Telefon abwimmeln und trösten musste. »Gestorben« wurde zwischen uns ein Spiel …

»Ist der auch schon ›gestorben‹?«, fragte meine Mutter, »immerhin hat er dir eine Orchidee mitgebracht und dich zum Palmengarten-Ball eingeladen.« Ja, aber dort wollte er mit mir nicht über Churchill und Tito sprechen, er wurde deswegen sogar wütend. Also ist er »gestorben«. Am schönsten war es immer mit Michi Haerdter, dem »Klassenkameraden« im Jungengymnasium sozusagen. Wir gingen ins griechische Weinlokal, und er versuchte mir lateinische

Grammatik am Beispiel von Trinksprüchen beizubringen. Er hatte einen schwarzen Mischlingshund, den wir überallhin mitnahmen und als des Pudels Kern vorstellten. Michi studierte kleine Stücke von Hugo von Hofmannsthal an seiner Schule ein, und ich durfte eine weibliche Nebenrolle spielen. Und wir flanierten im Bahnhofsviertel die Kaiserstraße hinauf und hinunter, er auf der rechten, ich auf der linken Seite, und zählten, wer von uns wie oft »angesprochen« wurde. Amerikanische Soldaten zählten doppelt, wenn die Military Police in der Nähe war, gab es drei Punkte. Auch setzten wir uns mit dem Hund auf die Hauptwache und versuchten zu betteln oder in Äppelwoikneipen Gedichte in Frankfurter Mundart vorzutragen. Wir hatten Ähnliches in Cocteau-Filmen gesehen und hielten uns für die geborenen *Enfants terribles.*

Mein Idol war Peter Lorre. Immer stand auf meinem Schreibtisch eine signierte Autogrammkarte von ihm als »Der Verlorene«, uraufgeführt im Frankfurter Turmpalast 1951.

Mein Vater fragte schon mal, ob er sich meinetwegen Sorgen machen müsse. So eine hässliche Visage auf dem Schreibtisch eines jungen Mädchens! Meine Mutter meinte, hässlich sei der Mann schon, aber auch sehr faszinierend. Im Übrigen hatte ich die liberalsten Eltern der Welt, was Männerbekanntschaften und nächtliches Ausgehen anging. Ich sollte nur sagen, wann ich zurückkäme, und mich daran halten. Nie habe ich meinen Vater oder meine Mutter wachend oder wartend erlebt. Dazu waren sie von ihrem Tagewerk zu sehr erschöpft. Andererseits konnte ich mit meinen Eltern über alles sprechen, was die *Männerfrage* anging, wie das Thema allgemein bei uns genannt wurde.

Abendfüllend war das allerdings nicht. Abendfüllend waren die politischen Themen.

Im Sommer 1955, ich war in die Oberprima versetzt, feierte meine Schule ihr hundertjähriges Bestehen. 18. Juni 1855/18. Juni 1955 hieß die Parole der Erinnerung. Und in der Tat. Welch eine Geschichte hatte diese Bildungsanstalt! Von der Bürgerschule für Knaben und Mädchen, zur höheren Töchterschule von Bockenheim, zum Viktorialyzeum und schließlich zur Bettina-Schule nach zwei Weltkriegen und der Hitler-Diktatur. Dicht gedrängt saßen und standen wir mit unseren Eltern in der Aula und erhielten von der Direktorin einen Geschichtsunterricht besonderer Art.

»Wie soll ich dich anreden, dich, liebe Schule?«, begann Doktor Gertrud Fucker ihre Rede. »Bettina? Damit ein Wesen vor unseren Augen entsteht, das, ähnlich wie seine romantische Patin, romantisch sich bietet in Ruinen? Aber Ruinen, die man, das versteht sich für das Jahr 1955, fein säuberlich nun zubereitet und eingegittert hat, damit sie einen ›ordentlichen‹ Eindruck machen? … Oder soll ich Viktoria zu dir sagen? Damit beschwöre ich den Geist einer Zeit herauf, die in Verehrung des Kaiserreichs und insbesondere Ihrer Majestät der Kaiserin Friedrich gedachte, die diese Namenspatin aussuchte. Würde, Respekt, stolzes Nationalbewusstsein als Lebensatmosphäre des doch im Ganzen liberalen Großbürgertums dieser Stadt Frankfurt am Main kennzeichnen diesen Zeitgeist. Gut fünfzig Jahre hast du diesen Namen aus einer ›stolzen Zeit‹ geführt. Aber zwei Fünftel dieser Zeit waren von einem ganz anderen Geist erfüllt: es war die Zeit der Weimarer Republik mit ihren Wirren, kühnen Plänen und hoffnungsvollen Anfängen und die des Dritten Reiches mit seinem bitteren Ende.«

Ganz einfach so: »Die Zeit des Dritten Reiches mit seinem bitteren Ende?« War das alles, was der Direktorin zu dieser Zeit einfiel? War es nicht, aber das machte die ganze Geschichte nur noch schlimmer. Kein einziger Satz findet sich in ihrer langen Rede über die jüdischen Schülerinnen der Viktoriaschule – und das waren um 1930 an die 200 Mädchen! Ausgerechnet Gertrud Fucker, die seit 1925 »mit Haut und Haar« – wie sie selbst sagte – Lehrerin dieser Schule war, also erlebt haben muss, wie eine jüdische Schülerin nach der anderen aus den Klassenzimmern »verschwand«, nennt in ihrer Rede eine ganz sachliche Statistik: Nach 1934 sei die Zahl der Schülerinnen von »550 auf 350 gesunken und später wieder etwas angestiegen«. Ja, so war das eben.

Ausgerechnet Gertrud Fucker, die nicht in der Hitler-Partei gewesen war und nach 1945 als Einzige aus dem Kollegium den Mut hatte, im Spruchkammerverfahren gegen den Gauredner und Nazi-Direktor Gerber auszusagen, erinnert zwar an das Schicksal der Direktorin Anna Hoffa und drei weiterer Mitglieder des Kollegiums, die 1934 die Schule verlassen mussten, allerdings mit dem neutralisierenden Hinweis »auf Grund des Gesetzes zur Wiederherstellung des Berufsbeamtentums«. Ja, es werden ihre hervorragenden Leistungen, ihre treue Arbeit, die Lauterkeit ihrer Charaktere und ihre Toleranz erwähnt und auch der »Undank des Staates«, der sie entlässt. »Undank des Staates?« Kein Wort fällt über den wirklichen Grund: die Rassenverfolgung, den Genozid. Die Tatsache, dass die Zwangspensionierten und Davongejagten Juden waren, wird nicht einmal erwähnt. Ganz zu schweigen ihr weiteres Schicksal. Und ausgerechnet Gertrud Fucker sagt über die Jugend im Dritten Reich: »Die Jugend war lenksam wie eh und je, die Ideologien lockten sie mit ihrem verführerischen Glanze. Und viele glaubten an die Kraft des Hasses und verachteten die Liebe, die ihnen als Schwäche hingestellt wurde.« Hass statt Liebe – als ob es darum gegangen wäre in der Hitler-Diktatur! Welch eine ablenkende Formel. Welch eine Vertuschung der Wahrheit.

Elf Jahre nach Kriegsende. Und die Vertuschung funktionierte. Ich bewunderte und verehrte diese Direktorin, und sie verpflichtete mich auf das Humane. Sie ließ mich in Unwissenheit über die Vergangenheit. Das war die eigentliche Schizophrenie dieser Zeit. Das Verschweigen des Vergangenen ging einher mit der Aufforderung, sich für den neuen Staat, die neue Zeit, die neue Gesellschaft einzusetzen. Wie viel aber der neue Staat, die neue Zeit, die neue Gesellschaft vom Alten enthielt, wurde wiederum verschwiegen.

Wirklich klar wurde mir dies alles erst fünfzig Jahre danach. Und zwar auf den Tag genau: am 18. Juni 2005. Da feierte die Schule ihr 150-jähriges Bestehen mit einem »Ehemaligentreffen«. Ich war eine der ältesten »Ehemaligen«. Die Namen meiner Lehrer und Lehrerinnen kannte kaum mehr jemand. Und auch aus meiner Klasse war sonst niemand gekommen. Es war auch ein anderer, moderner Schulbau, in dem gefeiert wurde, mitten im Westend, nicht mehr an der Senckenberganlage. Dort, wo früher die Schule gestanden hatte, erhob sich jetzt das hässlichste Uni-Hochhaus der ganzen Republik. Nichts mehr erinnerte an die frühen Nachkriegszeiten. Und das hieß auch: die Schule hatte sich endlich ihrer Vergangenheit gestellt. Es traf mich wie ein Schlag an diesem heißen Junitag. Eine kleine Mauer am Ende des Pausenhofes – voll beschrieben mit Namen. 183 Namen von jüdischen Mädchen, die ab 1933 die

Schule verlassen mussten. Vertrieben, emigriert, verfolgt, in Lager gebracht, ermordet. Nicht die Schulleitung, nicht die Lehrer, eine Gruppe von Bettina-Schülerinnen hatte sich in den neunziger (!) Jahren auf die Spurensuche gemacht. Sie hatten alte Schulakten gefunden – mit den akribisch verzeichneten »Abgängen«. Nicht alle Schicksale ließen sich aufklären, aber viele. Und die Namen aller wurden – wenigstens symbolisch – zurückgeholt in die Schulgemeinschaft und in mein Gedächtnis ganze sechzig Jahre nach Kriegsende. Nichts habe ich gewusst, als ich in den gleichen Klassenzimmern saß, an den gleichen Schulpulten wie die jüdischen Mädchen, die vertrieben, verjagt, vernichtet wurden. Nichts habe ich in den Jahrzehnten danach erfahren, als ich immer wieder nach Frankfurt zurückkam – als »Panorama«-Reporterin, die über den Häuserkampf im Westend berichtete, als Chefredakteurin des Hessischen Rundfunks, als Kandidatin für die PDS im Wahlkampf 2002 …

Jetzt, da ich das alles aufzeichne, schreiben wir das Jahr 2010, und das Buch über das Auswärtige Amt und seine Nazi-Verstrickungen ist gerade erschienen, und die Nachrichten über die Vergangenheit des Finanzministeriums machen die Runde. Hätten wir, hätte ich das nicht doch alles wissen können? Die FAZ druckt eigene Artikel aus dem Jahr 1952 wieder ab. Da ist der Fall Rademacher genau beschrieben: der Beamte, der seine Reisekosten Posten für Posten abrechnet unterm Rubrum »Juden-Vernichtung«. Ein Dokument, das jetzt, fast 60 Jahre später, Furore macht – im Sinne: »Das hätte man ja nie für möglich gehalten!« Nie? Es war bekannt, aber wir haben keine Kenntnis davon genommen. Selbst wenn man einen Vater hatte wie ich und eine Aufklärerin wie Ulla Illing zur Seite. Die

Wahrheit über die Vergangenheit – wann kennen wir sie wirklich? In Bruchstücken nur erfahren wir sie, und diese Bruchstücke müssen wir uns selbst zusammenfügen. Bis zu diesem Junitag 2005 hatte ich meine Schule immer als beispielhaft aufklärerisch empfunden – wegweisend in die demokratische, freiheitliche Zeit. Sie hat mir Büchner ins Leben mitgegeben, die Hessische Verfassung, einen Unterricht über die verschiedenen Weltreligionen, Kafka und Camus, den Existenzialismus, die Vorstellung, dass für Frauen Studium, Beruf und Familie von nun an verwirklicht werden können, und die Vorstellung, ja Verpflichtung, dass sich jeder, jede einzumischen habe in die öffentlichen Angelegenheiten – das Politische also. Insofern hatte der 18. Juni 2005 eine doppelte Bedeutung. Einmal, weil ich mit der Wahrheit über die Vergangenheit meiner stets als Erziehungsvorbild dienenden Schule konfrontiert wurde, zum anderen, weil die Einmischung in die Politik plötzlich wieder zu einem ganz konkreten Thema wurde.

Ich ging von der Schulfeier in der Feuerbachstraße zum Opernplatz und traf mich mit Olaf Weichler, dem Geschäftsführer des Landesverbandes der PDS in Hessen. Die rot-grüne Regierung war am Ende, der Kanzler spielte ganz großes Roulette: Neuwahl. Ich hatte angeboten, im Wahlkampf zu helfen.

Mit Olaf Weichler hatte ich 2002 meine »Wahl-Weltreise durch Hessen« gemacht – von Offenbach nach Sprendlingen, nach Neu-Isenburg, nach Mörfelden, nach Bad Homburg, nach Marburg … und wieder zurück. »Wahl-Weltreise«, weil ich von Journalisten immer gefragt wurde: »Warum machen Sie anstelle dieses aussichtslosen Wahlkampfes nicht eine schöne Weltreise?«, und meine Antwort stets hieß: »Ich mache eben eine Weltreise in Sachen Demokratie.« Wir waren mit Olafs Kleinwagen unterwegs und froh, wenn in den Hinterzimmern unauffälliger Gasthäuser ein halbes Dutzend Interessierte erschien und wir in den Fußgängerzonen nicht nur angepöbelt wurden. Wir fanden damals, dass wir einen guten Wahlkampf gemacht hatten, wir waren ein prima Team und konnten die Niederlage am Wahlabend 2002 kaum fassen. Die PDS blieb unter der Fünfprozentmarke, erhielt nur zwei Direktmandate in Berlin.

Deshalb traute ich meinen Ohren nicht, als Olaf mich an diesem Abend des 18. Juni 2005 auf dem Opernplatz fragte: »Willst du nicht noch einmal antreten – in Thüringen? Du weißt ja: die Brücke West-Ost! Die Genossen haben großes Interesse, es muss ja jetzt alles ganz schnell gehen.«

Ich traute meinen Ohren nicht, war aber wie elektrisiert. »Ich bin inzwischen noch älter geworden«, war der erste Einwand, der mir einfiel. »Das macht nichts, im Gegenteil: wir brauchen Personen mit deinen Erfahrungen, gerade jetzt, denn diesmal könnte es wirklich gelingen, die Brücke von West nach Ost zu schlagen und die von Ost nach West«, sagte Olaf, der in Schmalkalden geboren wurde, in Thüringen aufwuchs und nach der Wende nach Hessen gekommen war. Dachte ich damals auch nur für einen Moment: »Der Junge spinnt, dir solch eine Frage zu stellen«, oder: »Du spinnst selber, wenn du das jetzt ernst nimmst«? Dachte ich sonderbarerweise nicht, und so wurde aus dem Frankfurter »Ehemaligentreffen« am 18. Juni mein besonderes Wahljahr 2005, in dem noch zweimal das Datum des 18. eine große Rolle spielte.

Am 18. September war Wahlsonntag. Ich stand im Erfurter Wahlquartier mitten im Jubel. Wir hatten 8,7 Prozent der Stimmen erhalten. Diesmal war es gelungen, die

Brücke von West nach Ost und Ost nach West zu schlagen. Die Idee, dass es eine Partei links von den Sozialdemokraten in Deutschland geben müsste, um der Gerechtigkeit und des Friedens willen, fing an, sich durchzusetzen.

Unauslöschlich in meiner Erinnerung die sogenannte »Elefantenrunde« im Fernsehen. Zu erleben, wie Bundeskanzler Schröder die Kontrolle über sich verliert, über seine Gesichtszüge, über sein Lachen, über seine Gesten, über seine Worte …

Sturz aus der Macht. Und dies zu erleben in einem Moment, in dem feststeht, dass ich Mitglied des Bundestages sein werde.

Sehe ich dieses öffentliche Schauspiel einer Abwahl immer noch mit meinen »journalistischen« Augen oder schon mit »politischen«? Die versteinerte Miene der Herausforderin, das müde Einmischen des Außenministers, der genussvoll hohe Ton des liberalen Chefs, das zufriedene Gesicht von Lothar Bisky … Beobachte ich das mit »journalistischem« oder »politischem« Blick?

Ich weiß nur, dass ich dachte: wie gut, dass es eine Verfassung gibt, ein Parlament, feste Regeln, die sich Geschäftsordnung nennen.

Und meine Neugier auf die politische Arbeit in diesem Rahmen einer Demokratie – meine Neugier wuchs in dieser Nacht.

Der Machtwechsel in dieser Nacht war Ausgangspunkt für unsere politische Arbeit – und wir waren der Ausgangspunkt für diesen Machtwechsel. Die Zeit der alten Blöcke war vorbei.

Und der Brückenschlag von West nach Ost und Ost nach West hatte stattgefunden.

Am 18. Oktober konstituierte sich das neu gewählte Parlament. Fünf Fraktionen waren jetzt im Bundestag – und wir waren noch nicht einmal die kleinste, das waren die Grünen. Die Verwaltung hatte große Probleme, mit dieser Situation fertigzuwerden. Es gab zunächst keinen Fraktionssaal für uns. Und es gab für die beiden Fraktionsvorsitzenden Gregor Gysi und Oskar Lafontaine auch keine zwei Sitzplätze in der ersten Reihe des Plenums. Trotzdem: die Zeit des Katzentischs war vorbei – 54 Abgeordnete von uns nahmen ihre Plätze am linken Rank des Halbrunds ein.

Zur Konstituierung des Parlaments gehört das Ritual des Aufrufs aller 614 Mitglieder des Hohen Hauses – in alphabetischer Reihenfolge.

Jochimsen hat da einige Zeit zum Warten – und Wundern.

Wie bin ich eigentlich hierhergekommen in diesen blauen Sessel unter der Reichstagskuppel? In meinem 69. Lebensjahr? Nach einem Berufsleben als Journalistin, das zwar von Politik geprägt war, aber immer Distanz zu Parteien hielt. Nie hatte ich mich von einer Partei vereinnahmen lassen – wobei der Andrang auch nicht besonders groß gewesen war. Für die CDU/CSU kam ich mit meinen »linken« Positionen, aus denen ich nie einen Hehl gemacht habe, sowieso nicht in Frage. Die FDP zeigte in ihren linksliberalen Zeiten manchmal Interesse an meiner Arbeit, nannte sie »im weitesten Sinn liberal«, aber diese Zeiten gingen schließlich vorüber. Für die Grünen war ich »zu sozialdemokratisch« und für die Sozialdemokraten »zu unzuverlässig« – so übermittelte es mir in einem Gespräch einer meiner Chefredakteure. Ich hielt das übrigens für ein Kompliment. Wenn ich als Journalistin eins auf keinen Fall sein wollte, dann zuverlässig für eine Partei.

Wie also bin ich hierhergekommen in diesen Plenarsaal

im Jahr 2005 – Mitglied der PDS, Mitglied der Fraktion Die Linke, Mitglied des Bundestages?

Wahrscheinlich fing die Geschichte 1994 an – mit meiner Berufung als Chefredakteurin Fernsehen des Hessischen Rundfunks nach Frankfurt. Ich kam aus London, wo ich seit 1985 mit einer Unterbrechung von zwei Jahren als ARD-Korrespondentin gearbeitet hatte. Den Zusammenbruch der DDR und die Vereinigung unseres Landes hatte ich gewissermaßen »von außen« erlebt. Und ich war bei meiner Rückkehr nach Frankfurt vor allem gespannt, auf das neue, das andere, das vereinte Land. Ich stellte mich darauf ein, dass das Land, in das ich jetzt käme, ein anderes wäre als das, welches ich Jahre zuvor verlassen hatte.

Dann lernte ich in Frankfurt am Main recht schnell, dass sich dort überhaupt nichts geändert hatte. Es gab zwar manchmal den Satz: »Auch der Westen wird sich verändern müssen!« – eine Art publizistische Beschwörungsformel im Futurum, das heißt auf eine unbestimmte Zeit datiert, die in ziemlicher Ferne lag.

Der Westen hatte sich jedenfalls nicht geändert und änderte sich auch nicht. Zwar gab es die »neuen« Bundesländer, aber die waren in Frankfurt mehr oder weniger Terra incognita. Dann gab es innerhalb der ARD zwei ostdeutsche Sender, von westdeutschem Personal geführt. Und dann gab es drittens eine neue Partei, die PDS. Die war sozusagen das Einzige, was sich nicht im Verhältnis eins zu eins in den bundesrepublikanischen Maßstab umsetzen ließ. Und deshalb auch schrecklich störte. Das heißt »schrecklich« eigentlich auch wieder nicht, da alles getan wurde – von den Politikern wie von Journalisten –, um diesen Störfaktor zu verschweigen, zum Nullum zu machen.

Die Bonner Bundestagsdebatten zeigten eine Art Spießrutenlauf, wann immer PDS-Abgeordnete das Wort ergriffen. Und ARD-Konferenzen erklärten die PDS zur »Regionalpartei«, der in der medialen Umsetzung keinerlei nationale Bedeutung zuzubilligen sei. Ein Argument, das für die CSU übrigens nie gegolten hat. Aber das war ja eben etwas anderes.

»Sie wollen doch die CSU nicht mit der SED-Nachfolgepartei gleichsetzen, Frau Kollegin!« Wollte ich auch nicht. Ich hatte aber eine andere politische Kultur vor Augen. Die Kultur der Westminister-Demokratie, die Fairness zum Fundament der parteipolitischen Auseinandersetzungen macht – bei aller Härte der Gegnerschaft. Und wehe, die Politiker missachten die Gebote der Fairness! Dann kommt die Presse ins Spiel. In Bonn und in Frankfurt am Main war das 1994 ganz anders: Da hielten Presse und Politik klebstoffartig zusammen, wenn es um die Diffamierung und Ausgrenzung der PDS ging. »Am besten gar nicht zu Wort kommen lassen!«, hieß die Parole, »dann sind die bald weg vom Fenster.«

Ich war neugierig auf die PDS. Mich interessierte ihr Programm, mich interessierten ihre Leute. Hatten Sozialisten – auch gerade Staats- und Einheitssozialisten einer Diktatur – nicht das Recht, sich zu reformieren, umzudenken, demokratisch zu werden in unserer Demokratie?

1989, als in Berlin die Mauer fiel, war ich in Budapest, um eine ARD-Dokumentation über den »ungarischen Weg in die Demokratie« zu drehen. Sie trug den optimistischen Titel *Ein Fest für die Freiheit.* Damals machte ich ein langes Interview mit Außenminister Gyula Horn. Der war lange Minister einer Diktatur gewesen. Er stellte sich freien Wahlen und verlor, wurde Oppositionspolitiker und vier

Jahre später Ministerpräsident des freien demokratischen Ungarn. Ihm haben wir immer rote Teppiche ausgerollt, hohe Orden verliehen ... Recht auf Reform? Aber klar doch! Warum aber für ungarische, polnische, exsowjetische Diktatursozialisten – und unsere, denn das waren sie ja nun, wenn man die Einheit des Landes ernst nahm –, unsere Ex-DDR-Sozialisten also nicht?

Wäre das im Übrigen nicht eines der spannendsten Themen im vereinten Land gewesen? Bleibt etwas vom Sozialismus? Und wenn ja, was könnte das im Einzelnen sein? Die Bildungspolitik, die Gesundheitspolitik, die Rolle der Kultur?

Während ich warte, werden lauter Namen an diesem Vormittag des 18. Oktober 2005 aufgerufen, die ich gut kenne:

Volker Beck, Günther Beckstein, Rainer Brüderle, Hans Eichel, Joseph Fischer ... Alle waren Gäste unserer politischen Gesprächssendung »3, zwei, eins« im Hessischen Fernsehen. Es war eine Sechzig-Minuten-Sendung mit drei Moderatoren, zwei Politikern und einem Thema. Etwas gegenläufig zum gängigen Trend, zugegeben, aber spannend. Denn die drei Moderatoren bezogen ganz unterschiedliche Positionen. Am Anfang Michel Friedman, Holger Weinert und ich – da passte nichts zusammen. Später dann Hugo Müller-Vogg, Manfred Bissinger und ich – da war es auch nicht viel anders. Aber: das Frage-und-Antwort-Spiel war unsere gemeinsame Sache.

Und auf Anregung und in Abstimmung der jeweils drei sehr unterschiedlichen Moderatoren luden wir fast alle PDS-Politiker zur kontroversen Diskussion ein. Nicht nur Gregor Gysi und Lothar Bisky, auch André Brie, Dietmar Bartsch, Helmut Holter, Petra Pau, Gabi Zimmer usw. usw. Oskar

Lafontaine und Gerhard Schröder natürlich auch und Müntefering und »Pfarrer« Hintze, auch Dagmar Schipanski, als sie für das Amt des Bundespräsidenten kandidierte, Guido Westerwelle, Rainer Brüderle, die Innenminister Schily und Beckstein … mindestens die halbe Gästeliste von »3, zwei, eins« kommt zum konstituierenden Aufruf für den 16. Deutschen Bundestag. Und mittendrin dann auch Dr. Lukrezia Jochimsen, ziemlich schnell gefolgt von Dr. Franz Josef Jung, fast gleichzeitig geben wir unsere Stimmkarten ab.

Auf dem Weg zurück zu meinem blauen Sessel begegne ich Angela Merkel und einer Entourage von CDU-Abgeordneten. Die Blicke gehen bewusst an mir vorbei. Dabei ist das nicht immer so gewesen. Eigentlich hätten wir stehen bleiben können und uns begrüßen – wie in den Jahren zuvor. Und ich hätte auch in diesem Moment, kurz bevor Angela Merkel Kanzlerin werden wird, eine hübsche Anekdote parat gehabt:

»Erinnern Sie sich noch an den 10. April 2000, als Sie zur CDU-Vorsitzenden gewählt wurden, Frau Merkel? Da kommentierte ich dieses historische Ereignis – eine Frau an der Spitze der konservativen christdemokratischen Volkspartei – in den Tagesthemen so:

›Herzlich willkommen, Trümmerfrau Angela Merkel! Die CDU hat Sie zur Vorsitzenden gewählt. Das zeigt, wie schlecht es um sie steht. Der machtbesessene Männerbund übergibt einer Frau die Verantwortung in einem Moment, da die Partei in Trümmern liegt. Das ist typisch. Nun können Sie aufräumen und wieder aufbauen und vor allem das Vertrauen der Wähler zurückholen. Aber passen Sie gut auf! Wenn Ihnen das alles gelingen sollte, dann sind die Männer wieder auf dem Plan.‹«

Das war meine ernst gemeinte Botschaft im April 2000, und im Oktober 2005 konnte man bzw. frau durchaus meinen, die Adressatin habe diese auch ernst genommen. Von Trümmerfrau jedenfalls keine Spur …

Aber es waren natürlich nicht die Sendungen oder Kommentare, die mich zur PDS und in die Politik gebracht haben. Es war die Politik selber. Genauer gesagt, die Politik der rot-grünen Regierung. Mit welchen Hoffnungen habe ich 1998 SPD gewählt! 16 Jahre Kohl endlich vorbei. Ein Parteiregime, versinkend im Sumpf von Spendenskandalen ohne Vergleich. Aber dann, was machte die neue Regierung? Ich wurde schon stutzig, als der Kanzler sagte: »Wir machen nichts anders – nur einiges besser.« Wieso eigentlich nicht anders? Was bedeutet Wechsel in der Demokratie, wenn die zur Regierung berufene Opposition keine andere Politik macht? Abgang Lafontaine. Kriegseinsatz auf dem Balkan. Das politische Programm von »new labour«, übertragen auf die Bundesrepublik …

Was war 2001 aus der Sozialdemokratie geworden, die meine Kindheit und über sie mein ganzes Leben geprägt hatte? Sie hatte sich total entsozialdemokratisiert. So bin ich, um die Geschichte zunächst zu verkürzen, auf das Programm der PDS gekommen und unter die Gysi-Bisky-Bartsch geraten an diesem 18. Oktober 2005. Und das war keine normale Angelegenheit.

Das machte gleich das nächste Ritual dieser konstituierenden Sitzung des Parlaments klar: Wahl des Präsidiums, sprich, des Bundestagspräsidenten und seiner Stellvertreter. Es gab klare Absprachen: Sechs Vizepräsidenten sollte es geben. DIE LINKE hatte Lothar Bisky benannt – und es hatte keinerlei Einwände gegen diese Nominierung gegeben. Wir stimmten entsprechend den Vorschlägen der anderen ab. Es war gewissermaßen unser erstes Lehrstück als Fraktion, eine Lektion der besonderen Art.

Lothar Bisky bekam keine Mehrheit. Im ersten Wahlgang nicht. Im zweiten Wahlgang nicht. Im dritten Wahlgang nicht. Dann wurde die Kür des 6. Vizepräsidenten vertagt.

Das Spießrutenlaufen der PDS im Bonner Parlament, so wie ich es nach 1994 von der Pressetribüne aus verfolgt hatte, war nicht vorbei, es lief nur in anderen Formen ab. Da stellte sich dieser 64 Jahre alte Mann, ehemaliger Rektor der Filmhochschule, der sich im Auflösungsjahr 1989 von seinen Studenten per Wahl im Amt bestätigen ließ, später Parteivorsitzender der PDS und vielfach gegauckter Vizepräsident des Brandenburger Landtags, dreimal zur Wahl – und eine Mehrheit des Parlaments erklärte ihn kalt als unwählbar ohne Nennung von Gründen und Vorwürfen. Einfach so – unwählbar eben, eine Unperson. Diese Lektion machte aus unserer »bunten Truppe«, auch »Gemischtwarenladen« genannt, innerhalb weniger Stunden eine Fraktion, eine zusammenhaltende Gemeinschaft. »Es ist schon in Ordnung«, sagte Lothar Bisky zwischen den Wahlgängen, »mir macht das nichts aus, ich bin es gewöhnt.« Das war übrigens der Moment, in dem mich ein so heißer und stolzer Zorn erfüllte wie wahrscheinlich selten zuvor. Über alle Fassungslosigkeit und Ohnmacht hinweg herrschte das Gefühl: so viel hinterhältige Ablehnung hat ihren Grund. Sie fühlen sich bedroht von uns, weil wir auf ihre Defizite hinweisen. Insofern ist genau richtig, was wir wollen – und ich bin auf der richtigen Seite. Und mit diesem Gefühl hatte ich wohl genau in diesem Augenblick die Linie überquert, die den Journalismus von der Politik trennt. Jetzt war Schluss mit Analyse und Kommentar, jetzt galt es den politischen Fehdehandschuh aufzunehmen und zu versuchen, politisch zu handeln – allen Widerständen von allen Seiten zum Trotz.

Das Jahr 1956

Am 1. März 1956 entließ mich die Bettina-Schule »ins Leben«. Nachmittags um 17 Uhr kam ich als Letzte aus der mündlichen Prüfung. Abitur bestanden, Schule ausgestanden, überstanden ... es war mein zwanzigster Geburtstag. Meine Klassenlehrerin schenkte mir ein schmales Insel-Bändchen, »Lenz« von Georg Büchner, mit knapper Widmung »Für meine Schülerin«. Mein Vater war ganz begeistert. Wir kannten Büchners Theaterstücke, diesen Text aber nicht. Er las uns abends vor. Seite 1:

»Den 20. Jänner ging Lenz durchs Gebirg. Die Gipfel und hohen Bergflächen im Schnee, die Täler hinunter graues Gestein, grüne Flächen, Felsen und Tannen. ... Am Himmel zogen graue Wolken, aber alles so dicht – und dann dampfte der Nebel herauf und strich schwer und feucht durch das Gesträuch, so träg, so plump. Er ging gleichgültig weiter, es lag ihm nichts am Weg, bald aufwärts, bald abwärts. Müdigkeit spürte er keine, nur war es ihm manchmal unangenehm, dass er nicht auf dem Kopf gehn konnte. ... es drängte in ihm, er suchte nach etwas, wie nach verlornen Träumen ...«

»Verlorne Träume«, sagte mein Vater, »verlorne Träume sind furchtbar, weil sie in uns sind, aber gleichzeitig verloren. Verlier nie deine Träume! Du weißt ja unser Motto.«

»Träume zählen«, antwortete ich schnell.

»Ja, Träume zählen. Ist vielleicht besonders wichtig, daran zu erinnern an einem Tag wie heute.«

Im Übrigen war mein Vater sehr stolz. »Mädchen können also Abitur machen«, sagte er trocken, »Studiere, mach was draus!« Studieren war klar, allerdings sollte das Studium Grundlage für den journalistischen Beruf sein. Und dafür kam weder Germanistik noch irgendeine Sprachwissenschaft in Frage, sondern vor allem Geschichte und dann diese neue Wissenschaft »Soziologie«, in deren Bann die Jugend Frankfurts sowieso stand. Die Götter lehrten ja hier: Adorno und Horkheimer. Schon als Schülerin hatte ich einige Vorlesungen gehört. Im Abiturjahr drifteten wir zwischen Schule, Uni und dem Institut für Soziologie an der Senckenberganlage hin und her – es war ja alles Nachbarschaft.

Aber dann kam ein Rundbrief der Hicog-Studenten, der ehemaligen Austauschschüler, mit einem verlockenden Angebot. »Kostenlos nach New York? Wer hat Interesse zwischen Mai und September auf dem Truppentransporter ›General W. C. Langfitt‹ ehrenamtliche Betreuung von Auswanderern zu übernehmen? Voraussetzungen: Basic English und Kurzreferate über Einbürgerungsbedingungen. Das Schiff verkehrt zwischen Bremerhaven und New York. Die Überfahrt dauert jeweils zehn Tage. Die Rückreise ist aufgabenfrei und kann wahlweise später angetreten werden. Bewerbungen an …«

Das war ja eine grandiose Idee und typisch amerikanisch: Betreuung von Auswanderern als Ferienjob. Mit dem Studium konnte ich eh erst im September beginnen. Also: bewerben! Auf diese Weise könnte ich auch nach Chicago fahren. Die University of North Western hatte mir nämlich ein Stipendium angeboten. Es bezog sich allerdings nur auf die Studiengebühren und freies Wohnen auf dem Campus. Den Rest konnten meine Eltern und ich mit meinen kleinen Zeitungshonoraren aber nicht finanzieren. Ein Dollar kostete 4 DM! Das war völlig ausgeschlossen. Aber vielleicht ließ sich durch persönliche Gespräche – Härtefallregeln und so – eine Aufstockung erreichen. Denn Adorno hin, Horkheimer her – »Sociology in Chicago« erschien mir attraktiver. Meine Bewerbung für den Auswanderer-Betreuungsjob wurde angenommen.

»Sailing date May 20th Columbuskaje Bremerhaven.« Wie sich das schon las! Columbuskaje Bremerhaven. Das versprach Aufbruch in die Neue Welt, ganz klar. Der Plan war der: Fahrt nach New York, eine Woche bei den Barths in Newark, liegt ja direkt um die Ecke vom Hafen, von dort Exkursionen nach New York: Versuch, ein Interview mit Lotte Lenya zu bekommen. Die Lenya trat am Broadway mit Brecht / Weill-Songs auf und war mein weibliches Idol-Pendant zu Peter Lorre (auch wenn mein Vater befand: »lauter hässliche Fratzen!«). Dann Fahrt nach Chicago, Gespräche in der Universität – und im Juli wieder mit dem leeren Truppentransporter zurück nach Bremerhaven. Das war der Plan. »Mir ist ganz schwer ums Herz«, sagte meine Mutter, »hoffentlich bleibst du nicht drüben«.

Das Schiff lag grau, schmal und schon schwer beladen am Columbus-Kai, als ich eintraf. Ich wäre fast zu spät gekommen. Eine Blaskapelle spielte »Auf Wiedersehen! Auf Wiedersehen!«, und aus dem Lautsprecher dröhnte es im breitesten Navy-Slang: »All ashore is going ashore! All ashore is going ashore! Last call!«

Ich wurde von einem goldigen jungen Mann an der Gangway in Empfang genommen. »Wir haben schon auf Sie gewartet. Denken Sie daran, bei Schiffsabfahrten darf man nie so spät kommen!« Dabei sollte die Abfahrt erst in einer Stunde sein. Aber der Kapitän hatte anders entschieden. Alle Passagiere an Bord – Ablegen! Den Passagieren musste diese Blaskapelle mit ihrem »Auf Wiedersehen! Auf Wiedersehen!« geradezu höhnisch vorkommen. Da standen sie grau und armselig an der Reeling, genau 1043 an der Zahl. Jeder hatte ein weißes Papierschildchen mit seiner Nummer »sichtbar« zu tragen. Sie hatten keine Namen, nur Nummern für die Besatzung. Sie standen fast reglos und starrten auf das Abfahrtsland, das ihnen ein Wiedersehen blies, zu dem es wahrscheinlich nie kommen würde, das sie sich wahrscheinlich auch gar nicht wünschten, sie, die letzten Flüchtlinge, Vertriebenen, Abgeschobenen Osteuropas, die DP's, die Displaced Persons, denen durch ein Sondergesetz Aufnahme in den Vereinigten Staaten gewährt wurde.

Sie kamen von der Wolga, vom Balkan, aus Riga und Griechenland, die meisten von ihnen hatten jahrelang in Aufnahmelagern gelebt und auf diesen Tag gewartet, den Aufbruch in die Neue Welt. Sie waren 1043 von insgesamt 200 000 und von 35 000, die der ausgediente Truppentransporter im Auftrag des Zwischenstaatlichen Komitees für Europäische Auswanderung auf 26 Fahrten von Bremerhaven nach New York schipperte.

Ich war kaum an Bord, da kam von der Brücke der Befehl zum Ablegen: Kleine Schlepper drängten gegen die Trossen und zogen das Schiff langsam herum. Die Musik hörte auf, ganz plötzlich. Man konnte noch sehen, wie sie drüben ihre Instrumente einpackten und wie sich die kleine Gruppe von Winkenden langsam auflöste.

Die hinter der Reeling gingen in den lärmerfüllten »Bauch« des Marinetransporters über stumpfrote Decks und Eisenleitern – in den Schlafsaal auf dem vierten Deck, in dem 268 Betten standen, nebeneinander und übereinander ins trübe Licht geschichtet, in die Viererkabinen auf dem zweiten Deck mit den Kinderbetten, Müttern und Familien vorbehalten, in den großen Aufenthaltsraum mit der

Kinoleinwand, in die Cafeteria, wo es Essen auf flach aufgestanzten Leichtmetalltabletts gab.

Ich bezog eine geräumige Offizierskabine auf dem ersten Deck und fing erst mal fürchterlich zu weinen an. Und seekrank fühlte ich mich auch schon, obwohl vom offenen Meer noch nichts zu sehen war. Desinfektions- und Essengeruch überlagerten sich auf penetrante Weise. Und das sollte nun zehn Tage dauern?

Um die Ecke auf dem ersten Deck befand sich mein Einsatzort, ein Büro mit grauen Militärspinden, Kurzwellenempfänger, einer Hektografiermaschine, Telefon und zwei Schreibmaschinen, die das Meersalz bereits ziemlich angefressen hatte. Dort trafen wir drei ehrenamtlichen *assistensts* unseren *director of education and recreation*. Das war der goldige junge Mann von der Gangway. Er legte uns für jeden Tag das Programm und Hintergrundinformationen zurecht. Wir hatten einen Kindergarten zu organisieren. Tanzveranstaltungen und Vortragsstunden. Amerikanisches Alltagsleben: Was muss ich wissen, wie finde ich mich zurecht …?

Wunderbar war die Lektion 1: Geld! Wir bekamen Centstücke und Dollarscheine zum Herumreichen und Einprägen, dazu Preislisten für Grundnahrungsmittel, Busfahrkarten, die *Subway*…

In Lektion 4 ging es um Versicherungen – *blue shield* und *green shield*.

Lektion 6 war ein Publikumsknaller: Führerschein und das eigene Auto.

Alles praktisch, leicht verständlich, rund und gut – typisch amerikanisch eben. Wir verfertigten auch eine Bordzeitung, in der sich alle diese Hinweise und Tipps nachlesen ließen. So war für alles gesorgt. Und half den Passagieren trotzdem nur wenig. Das merkte ich an den Gesprächen nach den Vorträgen. Da ging es dann um ganz andere Fragen. Wie sind die Menschen in Amerika wirklich? Wie wird man uns aufnehmen? Das fragte ein Arzt aus Riga, der drei Examina gemachte hatte und dem man in New York nur eine Stelle als Pfleger in einem Krankenhaus angeboten hatte. Das fragte ein Ehepaar mit zwei kleinen Kindern, die bisher nur in Lagern gelebt hatten, noch nie in eigenen vier Wänden. Das fragte ein ungarischer Politiker, der nach Wien geflohen war.

Die Einzigen, die nicht weiterfragten, war eine Roma-Großfamilie aus Polen. »Wir werden Musik spielen«, sagten sie, »die hört man überall auf der Welt gern – und wir sind auch sehr gute Jazzer, Zigeuner-Jazz, haben Sie das schon mal gehört?« Und in der Tat, wenn sie auftraten im großen Aufenthaltsraum, dann waren Passagiere und Besatzung aus dem Häuschen, obwohl solche »Fraternisierung« nicht erlaubt war, und Punkt 23 Uhr war sowieso *curfew* – Zapfenstreich.

Für uns im Offizierskasino galt das natürlich nicht. Da schickte Pop, der Sandwichman, noch ein paar Brote herein, und der Kapitän politisierte. An der Stirnwand der Messe hing eine große verblasste Fotografie. Sie zeigte ein glattes Gesicht und darunter eine kurze Erklärung: »General William Campbell Langfitt. Befehlshaber der Pioniere im kubanischen Krieg und im Ersten Weltkrieg. Träger der Ehrenmedaille des Kongresses.« Kubanischer »Krieg« und Erster Weltkrieg ... ich hatte mal gelernt, dass es 1913 und 1917 Aufstände gegen die US-Herrschaft und vor allem gegen die Übermacht der amerikanischen Wirtschaft auf Kuba gegeben hatte. War das ein Krieg, den die USA da führten, als sie die Aufstände niederschlugen? Viel zu komplizierte Frage, entschied der goldige junge Mann, als ich das mit dem Kapitän und seiner Crew diskutieren wollte. Außerdem hätte Langfitt ja auch im Ersten Weltkrieg gekämpft – da sollten wir Deutschen besser unseren Mund halten, sagte er – und da hatte er wirklich recht.

Wie er überhaupt oft recht hatte, viel wusste, er war als Student ein Jahr in den USA gewesen, in West Virginia, jenem Süden, in den ich nie gekommen war ... und über den ich mir nun zu gern berichten ließ, wenn mich nicht gerade die Seekrankheit erwischt hatte. Übrigens: bei Seekrankheit empfahl der *director* Coca-Cola und Salzstangen und Spaziergänge auf dem Deck, bei denen er mich gern begleitete – und ich mich auch gern begleiten ließ, unter anderem um ihm zu erklären, dass ich keine Coca-Cola trinken würde – aus ideologischen Gründen.

»Auch nicht im Fall einer Krankheit?« – »Auch nicht im Fall einer Krankheit, ganz abgesehen davon, dass Coca-Cola sowieso nicht hilft.« – »Hilft doch!«

Na ja, irgendwie bahnte sich da was an. Das war mir klar und auch nicht klar. Ich sagte aber zu, dass wir uns in New York treffen könnten, an einem meiner Ausflugstage von Newark.

Fünf Wochen später war ich verheiratet. Nein, ich bin nicht nach Chicago zu Stipendiengesprächen gefahren. Nein, ich habe auch kein Interview mit Lotte Lenya geführt. Ich habe noch nicht einmal Lotte Lenyas Show am Broadway gesehen, obwohl sie doch eines meiner am meisten bewunderten Idole war und darüber hinaus absehbar, dass es solche Gelegenheiten wie diesen Live-Auftritt nicht mehr oft geben würde. Ich habe mich mit dem goldigen jungen Mann, der so jung gar nicht war, sondern sechs Jahre älter als ich, in New York getroffen. In Greenwich Village zum Abendessen in einem italienischen Restaurant, in dem die Kellner Opernarien sangen. Und am nächsten Tag haben wir uns wieder getroffen, in Cloisters, einer »so gut wie echten Kopie« eines mittelalterlichen europäischen Klosters hoch über der Stadt. Und am dritten Tag sind wir auf den Rummel nach Long Island gefahren. Als ich von da nachts zu meiner Tante Barth zurückkam, fragte sie ziemlich erschrocken: »Wie siehst du denn aus? So blass und ernst?!« »Ich habe mich verlobt«, antwortete ich und war zu müde, um irgendetwas zu erklären. Mein wunderbar zynischer Onkel Barth rief mir noch nach: »Verlieb dich oft, verlob dich selten, heirate nie.« Ich kann mich ja wieder scheiden lassen, war mein letzter Gedanke vorm Einschlafen.

Also, Hanno Jochimsen, 26, Diplom-Volkswirt und *director of education and recreation* des Hicog-Programms auf der »General W. C. Langfitt«, hatte mich davon überzeugt, dass wir unbedingt heiraten müssten, jetzt sofort, um eines wunderbaren gemeinsamen Lebens willen, welches aus Studieren, Arbeiten und Reisen bestehen würde. Alle Möglichkeiten stünden uns doch offen: er wolle promovieren, deshalb habe er den Job auf dem Schiff angenommen, 400 Dollar wurden jeden Monat bezahlt bei freier Unterkunft und Verpflegung, das waren 1600 Mark – und das war 1956 viel Geld. Ich würde studieren und journalistisch arbeiten wie bisher. Aber bitte nicht in Chicago, sondern in Hamburg. In Hamburg habe er eine schöne Einzimmerwohnung, da könnten wir fürs Erste gut zusammen wohnen …

Ich konnte einfach nicht nein sagen. Der Mann nahm irgendwie mein Schicksal in die Hand. Und dann hatte er auch noch die Idee, dass uns gleich auf der Rückfahrt der Kapitän trauen könnte, amerikanische Kapitäne hätten dieses Recht. Das war allerdings ganz nach meinem Geschmack, so eine Run-away-Hochzeit à la Las Vegas, nur noch ein bisschen aparter. Trauung auf hoher See mitten in schwerem Sturm. Die Braut seekrank. Der Militärgeistliche gibt den Segen in der ökumenischen Schiffskapelle, und der Cheffunker schickt Telegramme an die betroffenen Eltern und Freunde: »Just married.«

Eine überwältigende Idee, ein überwältigender Mann. Also verabschiedete ich mich von den Barths schon am fünften Tag nach der Ankunft und fuhr direkt mit Hanno Jochimsen auf dem leeren Truppentransporter wieder nach Bremerhaven zurück. »Was werden bloß die Eltern sagen?«, fragten die Barths mich und sich. Darüber hatte ich noch gar nicht nachgedacht. In den Romanen waren die Eltern meistens froh, wenn eine Tochter »unter die Haube« kam. Meistens, aber nicht immer. Die Barths versicherten, die Geschichte jedenfalls als Geheimnis zu betrachten, bis Post aus Frankfurt käme.

Hanno Jochimsen hatte übrigens – wie später so oft – recht und doch nicht recht. Amerikanische Kapitäne dürfen auf ihren Schiffen Trauungen vornehmen – allerdings nur von amerikanischen Staatsbürgern. Insofern wurde nichts aus der atlantischen Hochzeit. Herr Jochimsen und Fräulein Schleußinger fuhren strikt getrennt in ihren Einzelkabinen in die Heimat zurück – darauf achtete das prüde Navy-Schiffsregiment genau.

Was wir hatten, waren zehn Tage für gegenseitiges Erzählen.

Meine Eltern sind sehr bürgerlich. Meine Eltern sind überhaupt nicht bürgerlich. Die ganze Familie ist norddeutsch. Wir sind Franken. Mein Vater war im Krieg Oberstudiendirektor und Leiter des Internats in Niebüll und in der Partei. Mein Vater hasste den Krieg und die Nazis. Mein Vater verlor nach dem Krieg seine Stellung und wurde erst später als Mitläufer eingestuft. Bis dahin verdiente er Geld mit Nachhilfestunden. In der Familie ist das ein Tabuthema. Bei uns in der Familie gibt es eigentlich keine Tabuthemen. Meine Mutter stammt aus einer Hamburger Kaufmannsfamilie, die sich noch kurz vor 1919 adeln ließ. Als Freiin heiratete sie den Bauernsohn Jochimsen, der Lehrer geworden war. Meine Mutter hat mit 19 Jahren einen Fabrikantensohn geheiratet, sich mit 30 scheiden lassen und vier Jahre mit meinem Vater »in wilder Ehe« zusammengelebt. Ich bin unehelich geboren. Ich liebe Dänemark, ich würde am liebsten in Kopenhagen leben. Die Dänen haben uns so viel voraus: sie sind liberal und wirklich demokratisch. Ich liebe Jugoslawien, ich bin voriges Jahr die kroatische Küste entlanggefahren, mit dem Postschiff von Riejka über Zadar und Split nach Dubrovnik. Das ist meine Traumstadt. Mit 19 Jahren bin ich in die CDU eingetreten. Um Gottes willen! Wir in Frankfurt sind gegen die CDU, diesen Adenauer, diese ganze Adenauer-Republik mit ihrer Wiederbewaffnung und dem Kulturkampf in den Schulen …

Über Liebe haben wir auch gesprochen, und als wir in Bremerhaven ankamen, haben wir Eheringe gekauft und sie einander auf die Finger gesteckt, noch im Juweliergeschäft, lachend. Dann bin ich nach Frankfurt gefahren und Hanno Jochimsen wieder zurück nach New York.

Beim Wiedersehen mit meinen Eltern hielt ich ostentativ die linke Hand mit dem dicken Goldring hoch. Irgendwann müsste er ihnen doch auffallen, dachte ich. Aber es geschah nichts dergleichen. Also musste ich alles erzählen. Von Anfang an und wie es gekommen ist.

»Und dafür hast du Abitur gemacht?« war alles, was meine Mutter sagte.

Und mein Vater war vollkommen versteinert. »Dieser Mann hält es noch nicht einmal für notwendig, sich bei uns vorzustellen!«

»Er ist ja wieder auf dem Weg nach New York.«

»Hast du wenigstens einen Brief von ihm dabei?«

Hatte ich nicht. Es war zum ersten Mal so, dass zwischen meinen Eltern und mir geschwiegen wurde, tagelang. Dann versuchte ich von Neuem, die Situation zu erklären, mich zu erklären, diesen hochfliegenden Lebensplan zu erklären: gemeinsames Studieren, Arbeiten, Reisen … Mein Vater blieb versteinert. Dabei musste er eine schriftliche Einverständniserklärung für diese Eheschließung unterschreiben. Ich war ja nach damaligem Recht noch minderjährig. Zwei Tage lag der Vordruck auf seinem Schreibtisch. Dann unterschrieb er wortlos. Später erklärte er kalt, wenn wir schon so eine lustige Studentenehe zu führen gedächten mit »Studieren, Arbeiten, Reisen«, dann müssten wir die auch selbst finanzieren. Eine Ehe wäre ja kein Spaß. Von nun an wäre ich selbst für mich verantwortlich bzw. mein Mann. Und zur Hochzeit käme er nicht.

»Aber ich kann das Kind doch an diesem Tag nicht allein lassen«, sagte meine Mutter. Und so fuhren meine Mutter und ich am 1. Juli 1956 – genau vier Monate nach meinem Abitur – mit dem Zug von Frankfurt nach Bremerhaven. Dort sollte die »General W. C. Langfitt« am 2. Juli nachmittags einlaufen, und für den 3. Juli morgens elf Uhr war die Hochzeit geplant im Standesamt Bremerhaven.

Mein Vater brachte uns zum Zug. Stand vor dem Abteilfenster und zog den Hut, als wir losfuhren. Meine Mutter weinte, ich weinte, und ich hätte was drum gegeben, wenn der Zug stehen geblieben oder in eine andere Richtung gefahren oder umgekippt oder einen Abhang runtergestürzt oder sonst was wäre … »Noch kannst du zurück«, sagte meine Mutter. Aber das wollte ich auch nicht. »Ich kann mich ja später wieder scheiden lassen«, war meine Antwort.

Meine Mutter war meine Trauzeugin. Der Bräutigam brachte einen Gewährsmann vom Schiff mit. Dann erschienen plötzlich als Überraschungsgäste meine Halbschwester Elfie und ihr Mann. »Um der Mama eine Freude zu machen«. Elfie brachte ein großes Rosenbukett mit – auf diese Weise hatte ich sogar einen Brautstrauß. Niemand hatte daran gedacht. Der Standesbeamte redete salbungsvoll vom Schutz des Staates für Ehe und Familie, machte aber im Übrigen recht kurzen Prozess. Nach gut einer halben Stunde war alles vorüber. Meine Mutter hatte unser Familienbuch dabei, hielt die Hand immer über die Seite mit den Eintragungen aus Wien. »Was verdeckst du denn da?«, fragte ich.

»Deine uneheliche Geburt.« – »Weiß er längst, meinst du, das hätte ich verschwiegen? Wir waren doch immer so stolz darauf!«

Im Fischrestaurant am Kolumbuskai gab es eine Art Hochzeitsschmaus. Unten lag das Auswandererschiff. Elfie und ihr Mann nahmen meine Mutter im Auto mit. Zum Abschied steckte sie mir eine Postkarte zu: die »Briefleserin« von Vermeer mit diesem Text: »Mein Kind! Lass mich Dir sagen, dass Du Dir vornehmest, wie das Herz es Dir weist. Gott helfe Dir dabei. In großer Liebe Deine Dich tiefliebende Mutti.«

Hanno Jochimsen und ich fuhren nach Hamburg in seine

Einzimmerwohnung im Graumannsweg 8 und am nächsten Tag nach Flensburg zu meinen Schwiegereltern. Am Bahnhof sehen wir einander zum ersten Mal.

– Na, Mutter.

– Na, Hanno.

– Na, Vater.

– Na, Hanno.

– Na, Reimut. Na, Uli. Na, Gunnar …

Der Jochimsen-Clan hatte ein Grundwort für gemeinsame Kommunikation: »Na.« Das konnte ganz viel oder ganz wenig heißen, wie:

– Ja, liebe Mutter, schau mal, was ich da anbringe …

– Aber Sohn, du machst vielleicht Sachen.

– Ja, Vater – hoffentlich gefällt sie dir.

– Warum musste das denn alles so schnell gehen?

– Na, Brüder, da staunt ihr, was? Und so weiter und so weiter.

Der Jochimsen-Clan begegnete mir vom ersten Moment an zugewandt, überrascht, freundlich. Aber fremd war ich ihnen schon – wie sie mir übrigens auch immer fremd blieben. Ich kam in ein Haus mit vier erwachsenen Geschwistern und einer bewundernswerten Großmutter, der Mutter meines Schwiegervaters, einer Bäuerin. Ihr hatte man als Kind und Frau verboten, Bücher zu lesen – mit Ausnahme der Bibel. »Verdirbt den Charakter einer Frau«, sagten die Bauern. So war sie nach dem Tod ihres Mannes in den Haushalt des zweiten Sohnes gekommen – der Bücher wegen. Meine Schwiegereltern verfügten über eine das ganze Haus füllende Bibliothek. Und die Großmutter saß stets in einem Sessel und las. Las und diskutierte mit ihrem Sohn über die Bücher. Eine stille kleine Frau inmitten ihrer lauten Kindeskinderfamilie, zu der ich nun auch gehörte. Na …

»Was bringen Sie mit?«, fragte mich Professor von Weizsäcker beim sogenannten Vorstellungsgespräch. Eine Frage, die mich verwirrte. Ja, was brachte ich mit?

»Haben Sie sich in der Schule mit Philosophie beschäftigt?«

»Ein bisschen mit Kant.«

»Ein bisschen mit Kant«, lächelte er, »das ist gar nicht so schlecht. Wie Sie wissen, beschäftigen wir uns in diesem Semester mit Wittgenstein. Da geht es um Logik, um seine ›Abbildtheorie‹, und da werden Sie Widersprüche kennenlernen gerade zu Kants Erkenntnistheorie. Sie haben die Texte gelesen?«

Ich nahm meinen ganzen Mut zusammen und verneinte. »In der Staatsbibliothek waren die Titel für Monate bereits ausgeliehen.«

Darauf Weizsäcker ungerührt: »Zur Befähigung akademischen Arbeitens gehört, dass Sie sich die Literatur beschaffen. Fragen Sie in Ihrer Familie nach, durchsuchen Sie Antiquariate …«

Damit war das Vorstellungsgespräch beendet.

Mein Schwiegervater konnte tatsächlich helfen. Er hatte den »Tractatus logico-philosophicus« von 1922 in seiner Bibliothek.

Erinnerung an das Seminar: Wir machten »Sprachspiele«, in denen die Umgangssprache einen breiten Raum einnahm. Und wir lernten, dass bei Wittgenstein Worte nur durch ihren Gebrauch Bedeutung erhalten.

Schelsky war ganz anders. Das Vorstellungsgespräch bei ihm begann so:

»Erstsemester und schon verheiratet! Dann wollen Sie

die Uni nicht als Heiratsmarkt nutzen, sondern ernsthaft studieren. Aber warum dann Soziologie?«

Alles übrigens zigarrepaffend hinterm Schreibtisch.

Ich war noch nicht einmal brüskiert, sondern erzählte von den Vorlesungen Adornos in Frankfurt, wobei er keine Miene verzog, und ging dann sehr schnell über zu meinen Entdeckungen in Cedar Rapids und Iowa City: die Soziologieseminare dort und das Kennenlernen der Lebensverhältnisse von Minderheiten, den Indianern in der Reservaten, den Farbigen in den Vororten …

»Gute Grundlage«, sagte Schelsky, »dann kommen Sie mal nicht nur in die Vorlesungen, sondern auch ins Seminar. Da werden Sie übrigens die einzige Frau sein.«

Das war tatsächlich so, und das blieb auch so bis zur Promotion und darüber hinaus. Ich war die einzige Frau im Mittelseminar, Oberseminar, Doktorandenkreis. Um mich herum die späteren Soziologieprofessoren Clausen, Dankwerts, Krysmanski. Unter uns herrschte fröhliche Gleichberechtigung. Ich war ja auch keine Wettbewerberin. Ich wollte weder eine Assistentenstelle noch Platz in der Institutshierarchie. Mich interessierte die Soziologie als Fundament für meinen journalistischen Beruf. Insofern war ich Außenseiterin – und eben die einzige Frau, aber schon verheiratet.

Auch während der nächsten Jahre war ich ziemlich allein unter Männern, sowohl in der Universität als auch in der NDR-Redaktion, für die ich parallel zu arbeiten begann.

Ich musste und wollte Geld verdienen. Hanno Jochimsen hatte zunächst seinen Hicog-Vertrag zu erfüllen und pendelte weiter mit der »General W. C. Langfitt« zwischen Bremerhaven und New York hin und her. Von seinem Monatsgehalt wurde die Miete für die Einzimmerwohnung im

Graumannsweg bezahlt. Aber für meinen Lebensunterhalt kam ich selbst auf. »Studieren und arbeiten«, wie ich es den Eltern versprochen hatte. Ein Redakteur des Hessischen Rundfunks hatte mir eine Adresse beim Hamburger Sender genannt: Heinz-Günter Deiters. Er leitete die damals schon legendäre Feature-Abteilung, für die unter anderen Siegfried Lenz, Peter von Zahn, Axel Eggebrecht, Thilo Koch, Wolfgang Weyrauch, Ernst Schnabel und Erich Kuby schrieben. Und ab 1956 auch ich.

Am 2. November, einem Freitag, wurde von 18.15 Uhr bis 18.45 Uhr auf UKW mein erstes Radiofeature gesendet: »Die Fugger des Nordens. Ein Besuch im Renaissance-Schloss Ahrensburg«. Honorar: unvorstellbare 700 DM. Davon konnte ich gut zwei bis drei Monate leben.

Die Featureabteilung verantwortete zwei Sendereihen, eine »Norddeutsche« von jeweils dreißig Minuten pro Woche auf UKW und die »Große« von jeweils 45 oder 60 Minuten pro Woche auf UKW und der Mittelwelle zu besten Abendsendezeiten. Honorar: bis zu 2000 DM – ein Vermögen.

Das waren regelrechte Inszenierungen, die im großen Hörspielstudio innerhalb einer Woche produziert wurden. Es gab ausführliche Programmvorberichte und Rezensionen nach der Sendung in den Zeitungen und Programmzeitschriften.

Ein- oder zweimal im Jahr gab es bei Heinz-Günter Deiters ein Autorentreffen. Als ich die erste Einladung bekam, ging ich zum ersten Mal in eine Hamburger Modeboutique und kaufte mir ein sündhaft teures Kleid. Farbe: lila. Die Herren waren überrascht. Bisher hatte es eine einzige Frau in ihrem Kreis gegeben: Charlotte Rothweiler. Jetzt kam da auf einmal eine zweite hinzu. Dabei sollte es dann aber auch fast zehn Jahre lang bleiben. An die sechzig Sendungen habe ich zwischen 1956 und 1966 für die Featureabteilung des NDR-Hörfunks geschrieben. Zuerst Feuilletons, dann Sozialberichte, schließlich kritische Gesellschaftsbilder.

»Studieren und arbeiten« war möglich. Meine wirtschaftliche Unabhängigkeit ebenfalls.

Allerdings, allerdings ging das nur, das war meine feste Überzeugung, ohne Kind oder gar Kinder. Und so habe ich mich schuldig gemacht. Als ich schwanger wurde, habe ich abgetrieben. Unter entwürdigenden Bedingungen. Natürlich heimlich, natürlich illegal. Bei einem Arzt in Wandsbek, der mir ein Quellholz einsetzte und zwei Tage später dann eine Ausschabung vornahm. Alles auf eigenes Risiko selbstverständlich. Schlimmer als die Angst und die Schmerzen war die Auseinandersetzung mit meinem Mann über meine vollkommen feststehende Entscheidung. Hanno Jochimsen wünschte sich Kinder, am liebsten vier, so wie er es in seinem Elternhaus erlebt hatte. Und weil ich ihn liebte und weil ich ihn heiraten wollte, habe ich ihn vor der Hochzeit belogen. Ich habe nicht gesagt, dass ich gar keine, sondern nur, dass ich so früh, so schnell, so am Anfang des Studiums und der Ehe keine Kinder wollte. Das fand er vollkommen in Ordnung. Aber als ich dann schwanger war, wollte er von einer Abtreibung nichts wissen. Im wahrsten Sinn des Wortes nichts. Er redete mit mir nicht über die Situation. Er ließ mich vollkommen allein.

Die Adresse, das Geld, die Gänge zum Arzt, das Warten zu Hause ... Er schaute mich bloß wortlos an, vorwurfsvoll, tieftraurig. Jeden Tag telefonierte ich heulend und schluchzend mit meiner Mutter. Sie tröstete mich: »Der Mann kann nicht anders«, sagte sie, »er erlebt ja auch einen Verlust. Du kannst nicht auch noch erwarten, dass er dir hilft. Den Weg musst du schon allein gehen. Ich weiß, wovon ich spreche. So einmalig ist deine Geschichte nicht. Hör dich bei anderen Frauen um, du wirst dich wundern, wie viele dasselbe durchmachen mussten.« Meine wunderbare Mutter. Ganz überzeugt sagte ich ihr: »Wenn das alles vorüber ist, beginne ich ein neues Leben. Mit der Liebe ist Schluss, das sage ich dir aber!« – »Das wollen wir mal abwarten«, soll mein Vater gesagt haben, der alle Gespräche mit anhörte. Dann kramte er in seinen Büchern und schickte mir eine zerfledderte, nicht mehr ganz vollständige Ausgabe von »Cyankali«, dem Abtreibungsdrama von Friedrich Wolf.

»Arbeiten und studieren«, »Liebe und wirtschaftliche Unabhängigkeit«, das ließ sich verwirklichen, aber der Preis war hoch. Über unserer Ehe lag von nun an ein Schatten. Und so fröhlich und draufgängerisch, so euphorisch und unbekümmert wie zuvor wurden wir nie mehr. Wir zogen aus der Einzimmerwohnung im Graumannsweg in eine Zweieinhalbzimmer-Etage eines Hauses an der Alster. Die Reisen mit den Auswandererschiffen hörten auf. Hanno bewarb sich auf eine Referentenstelle beim Wirtschaftssenator und bekam sie. Verantwortlich für Europa-Aufgaben. Uns ging es wirklich gut. Meinen Eltern nicht. Sie waren von Frankfurt nach Würzburg gezogen. Die Arbeitsverhältnisse meines Vaters verschlechterten sich mit jedem Firmenwechsel. Meine Mutter war inzwischen so krank, dass sie nicht mehr arbeiten konnte. Finanziell abhängig von meinem Vater, der immer weniger verdiente, kam sie sich wie eine Bettlerin vor. Und wurde auch wie eine Bettlerin behandelt. Eine Schreckensgeschichte, die sich mir wie ein Brandzeichen einprägte. In diese »Ehefalle«, in der das Geld alles vergiftet – in diese Falle würde ich nie gehen.

Dazu gab es noch einen weiteren Familienfall. Meine Schwester hatte sich mit noch nicht einmal 17 Jahren in einen wirklich blendend aussehenden 18-Jährigen verliebt, war schwanger, stand kurz vor der Hochzeit und dem Umzug ins Haus der Schwiegermutter. Alle waren unglücklich. Meine Mutter, weil ihr »Sonnenschein« nun aus dem Haus war. Die Schwiegermutter, weil meine Schwester ihr den heiß geliebten bildschönen Sohn »weggenommen« hatte. Der junge Mann, weil er mit der Ehe und der Vaterschaft überhaupt nichts anfangen konnte. Und meine Schwester, weil sie sich das alles ganz anders vorgestellt hatte. Die Schwiegermutter drangsalierte die überforderte Kinderfamilie, wo sie nur konnte. Als die Tochter Andrea zwei Jahre alt war, beschlossen Hanno und ich kurzerhand, die drei nach Hamburg zu holen.

Zusammen mit den Würzburgern wurde ein Plan aufgestellt und umgesetzt: eine Stelle für den Schwager bei der Werft Blohm & Voss, Abendschule für die Qualifikation vom technischen Zeichner zum Ingenieur, einen Job für meine Schwester im Blumenladen am Rathausmarkt, den Krippenplatz für das Kind, eine Neubauwohnung über Blohm &Voss in Altona. Nun waren wir eine Familienfiliale in Hamburg. Mir half das über mein Heimweh hinweg. Heimweh nach Frankfurt, nach dem Süden, nach der so ganz anderen Art des Umgangs miteinander. Hamburg war schön, war weit, war offen – ließ einen gewähren, aber nahm einen eigentlich nicht auf. Das merkte ich überall. Selbst im Familienclan und bei der ferneren Verwandtschaft meines Mannes. Man war und blieb »Neuzugang«, mit dem nett und angenehm umgegangen wurde, aber das war's dann auch.

Die »Neuzugänge« in Hamburg waren allerdings viele –

vor allem in der Universität. Da kam dann Herzlichkeit, Selbstironie, Humor zusammen – stets vermisste Gefühle sonst. Mein Heimweh bin ich nie ganz losgeworden.

Die Eltern

Meine Eltern zogen von Würzburg nach Fürth. Dorthin wollte neuerdings auch Onkel Barth wieder zurückkehren, sobald er von seiner amerikanischen Firma in den Ruhestand geschickt würde. Fürth, Vacherstraße 8, in das Haus, das ihnen vor der Nazi-Herrschaft gehört hatte. »Wisst ihr eigentlich, warum so viele Juden in Fürth gelebt haben?«, hat er einmal gefragt, »weil ursprünglich in Nürnberg keine Juden wohnen durften – im schönen deutschen Nürnberg. Und wisst ihr auch, wer diese Story immer erzählt? Henry Kissinger, der bei uns um die Ecke aufgewachsen ist …«

In Fürth arbeitete mein Vater als Disponent einer Spedition am Güterbahnhof. Weiter absteigen konnte er nicht. So hatte er als ganz junger Mann nach dem Ersten Weltkrieg in Wien und Triest angefangen. Jetzt war er 59 Jahre alt und fühlte sich degradiert. »Degradiert«, das war sein Ausdruck, der Militärsprache entliehen. »Degradiert« hatte etwas mit verlorener Ehre zu tun; Status, Ehre aberkannt. Der Mann sprach fünf Sprachen, hatte Firmen geleitet und ging nun jeden Morgen in eine Außenstelle am Güterbahnhof. »Ich weiß nicht, wie lange ich das noch machen kann«, sagte er mir, »mein Hirn ist so müde. Ich mache immer Vorschläge für Transporte in den Osten, aber niemand in der Firma will sie aufnehmen. Dabei wäre das ein gutes Geschäft.« Wo lag die Schuld für seine ständige »Degradierung« in dieser Aufstiegs-Nachkriegszeit? In seinen Tagebüchern taucht immer wieder der Satz auf: »Wir sind Pilger der Neuzeit – ruhelos und gequält bis zum letzten Atemzug.« Die Einstellung zum Leben war schuld, dass mein Vater nicht »vorankam« wie die anderen um ihn herum. Er konnte nicht einfach mitmachen, ohne Fragen zu stellen. Er hatte eine andere Vorstellung vom Leben nach allem, was er erlebt hatte. Das neue schnell verdiente Geld als Maß aller Dinge, die Schönfärberei aller Schuld, die absichtsvolle Dummheit … das alles konnte, wollte er nicht mitmachen – und fiel deshalb aus dieser Zeit.

Einen Trost gab es. Mein Vater hatte als Wohnung ein Gartenhaus mitten im Grünen in Dambach gefunden. Da konnte meine Mutter, die kaum mehr die Kraft hatte, das Haus zu verlassen, den Garten genießen. Und Peter II, mein Pferd, das nach meinem Weggehen das Leben meines Vaters begleitete, stand in einem großen Reitstall in der Nähe. Für meinen Vater war das die Zeit der großen Ausritte, sogar an Jagden nahm er teil. So gesehen brauchte man sich um ihn keine Sorgen zu machen. Er war ein Überlebenskünstler, hatte mindestens drei Welten, in denen er zu Hause war: Bücher und seine Tagebücher, die Reiterei und außerdem diverse »Damenbekanntschaften«, wie meine Mutter sagte. Er hatte immer Freundinnen gehabt, Brieffreundinnen, Reisebekanntschaften, Besuchsfreundinnen … Meine Mutter wusste das und tat so, als mache ihr das nichts aus. Vielleicht war das früher auch so gewesen, als sie so strahlend, stark und selbstbewusst war. Jetzt war das anders. »Mein Leben ist grau und elend«, schrieb sie mir. Um sie machte ich mir Sorgen. Für sie wollte ich alles tun, gerade in dieser Zeit, in der es mir so gut ging und ihr so schlecht. Da war eine unbändige Angst in mir, dass meine Mutter nicht mehr lange leben würde. Zu ihrem 58. Geburtstag habe ich ihr ein Gedicht und einen Brief geschrieben, den ich Jahrzehnte später in ihrem Nachlass wiederfand:

»Meiner innigst geliebten Mutter eine große Handvoll Glück!

Für dieses Jahr, das kommt
und alle Jahre später …
Nur diese große Handvoll Glück
Und Lachen!
Lachen, das bis in mein Herz reicht – und weiter – Lachen, das uns verbindet – über Weiten hinweg –
Lachen, wie ich es aus den Erinnerungen blättern kann,
Aus den Erinnerungen:
Wir waren damals so glücklich.
Deswegen die Handvoll Glück
und das Lachen,
Weil beides die Seligkeit der Liebe ausdrückt,
Die uns umfangen hält
… Für immer …

Meine heiß geliebte Mutter-Schimmelin, weißt Du, wie sehr ich Dich lieb habe? Ich möchte es Dir gern hundertmal sagen und Dich dabei ansehen und streicheln. Heute kommt von uns nur ein kleines Geschenk, und ich hoffe, es reicht aus, dass Du Dir dafür etwas kaufen kannst, was Dir eine große Freude auf dem Geburtstagstisch macht. Ich will dieses kleine Geschenk auch bald etwas vergrößern – gelt, das glaubst Du mir – bald, wenn wir uns wiedersehen, denn ich rechne ganz stark mit einem langen Wiedersehen in Partenkirchen. Das kleine Gedicht gehört ganz Dir, mein viel geliebter Schimmel, und ein großes Stück aus meinem Herzen und viele Wurzeln meiner Seele auch. Ich habe Dich so lieb. Gleichzeitig mit diesem Brief geht heute auch ein großes Kuvert mit zwei Sendungen für Euch ab – eins für den großen Geburtstag und eins für den kleinen Geburtstag …«

Doktorarbeit

»Von Ihnen wünsche ich mir eine Doktorarbeit zur Situation der berufstätigen Frau in der Bundesrepublik«, sagte Schelsky zu mir nach einer seiner Vorlesungen über die »Wandlungen der deutschen Familie in der Gegenwart«.

»Ich bitte um Verzeihung, aber das mache ich auf gar keinen Fall«, erwiderte ich.

»Und warum nicht?«

»Ich will mich nicht auf Frauenthemen spezialisieren.«

»Aber Sie sind doch die einzige Frau hier.«

»Gerade deswegen.«

»Haben Sie denn ein anderes Thema?«

»Ja, ein Minderheitenthema: die Lebensverhältnisse der Zigeuner in Deutschland. Da lässt sich die Diskriminierung übrigens noch schärfer herausarbeiten als bei den Frauen.«

»Da könnten Sie recht haben. Aber das Frauenthema ist wichtiger.«

»Aber ich bin nicht die richtige Wissenschaftlerin dafür, ich bin zu parteiisch.«

»Zu parteiisch? … Schade, dann wenden Sie sich den Zigeunern zu.«

So kam es zum Doktorthema zwischen Tür und Angel. Ich wusste gar nicht, wie mir geschah. Dass ich nicht über die Berufstätigkeit der Frauen schreiben musste, war eine große Erleichterung. Aber wie war ich ausgerechnet auf die Zigeuner gekommen als Gegenvorschlag? Das hatte eine Vorgeschichte, die sich gerade ein paar Wochen vorher ereignet hatte, genauer gesagt, am 16. Februar 1959.

Ich war als junge Rundfunkreporterin dabei, als der letzte große Aussiedlertransport aus Polen in Büchen eintraf. Fast 80 000 Deutsche aus den Oder-Neiße-Gebieten reisten zwischen 1956 und 1959 mit Hilfe der »Aktion Familienzusammenführung« des Deutschen und des Polnischen Roten Kreuzes in die Bundesrepublik. Und am 16. Februar 1959 kam der letzte Sonderzug mit 700 Menschen in der kleinen Bahnstation Büchen an der Zonengrenze an. Es war eine bewegende Szene: Ein Posaunenchor spielte »Nun danket alle Gott«. Helferinnen des Roten Kreuzes teilten Kaffee und Schokolade aus. Ein Herr aus Bonn richtete Willkommensgrüße aus. Ein anderer sprach von Freiheit. Und ein evangelischer und ein katholischer Geistlicher beteten. Aber dann passierte etwas Sonderbares, etwas, was in diese Szene überhaupt nicht hineinzupassen schien: Eine Hundertschaft Bundesgrenzschutz marschierte auf. Die Lokomotive wurde an den Schluss des Zuges versetzt. Die Türen der letzten drei Eisenbahnwagen wurden verschlossen. Und während der katholische Priester sein Gebet über den scheppernden Bahnhofslautsprecher rief, wurden die drei letzten Wagen vom übrigen Zug getrennt und von der Lokomotive aus dem Bahnhof gezogen – in Richtung Zonengrenze.

Und warum? Weil es sich – wie der Kommandant des Bundesgrenzschutzes erklärte – »bei den Insassen der letzten drei Eisenbahnwagen um Zigeuner handelt, die von den polnischen Behörden sozusagen abgeschoben worden sind und die wir nun unsererseits sozusagen wieder abschieben, da sie keine Einreisegenehmigung für das Gebiet der Bundesrepublik Deutschland nachweisen können.«

»Sozusagen«, denn diese Einreisegenehmigung hatten die anderen 400 Aussiedler auch nicht. Aber das war auch nicht das Entscheidende. Das Entscheidende war: diese 300 waren Zigeuner. Zigeuner! Die Leute auf dem Bahnsteig verloren ihre schmerzlich gefasste Feierlichkeit und zeigten Entrüstung. Unwillige Unruhe breitete sich unter den Weinenden und Winkenden aus. Und ein älteres Ehepaar, das neben mir stand und bis zu diesem Augenblick noch ganz erfüllt war vom Geist der Brüderlichkeit und Willkommensrührung, wandte sich empört an mich mit lautstarkem Klagen: Also, das ist doch eine Unverschämtheit von den Polen! Uns diese Zigeuner auf den Hals zu laden. Die sind natürlich heilfroh, dass sie sie los sind. Und wir sollen jetzt sehen, wie wir mit dem Gesindel fertigwerden. Die sollen sie bloß wieder dahin schicken, wo sie hergekommen sind. Wäre ja gar nicht auszudenken, was die alles anstellen würden, wenn man sie plötzlich auf unsere Bevölkerung losließe. Was da wieder alles gestohlen würde. Wir wissen doch, wie es früher war. Und die Wiedergutmachungsgelder, die die kassieren möchten, weil irgendeiner von ihnen mal im KZ war.

Diese Stimmen ließen sich nicht einfach abtun, denn sie lieferten den Kommentar für eine ganz und gar unwürdige Szene, die sich vor meinen Augen abspielte. Denn während ich sie reden hörte, die Leute auf dem Bahnsteig, sah ich, wie die Zigeuner – Männer, Frauen, viele Kinder – aus den Fenstern des fahrenden Zuges sprangen, den Kordon der Uniformierten durchbrachen, über die Lichtung neben dem Bahndamm rannten; sah ich, wie die Männer in Uniform ihnen nachsetzten, sie einholten und zum Bahndamm zurücktrieben; sah ich eine ratlose Menschenmenge, von einem doppelten Ring Soldaten umstellt, am Rande des Bahnhofs zusammenrücken, stehen bleiben – und warten, während die leeren Eisenbahnwagen langsam wieder in Richtung DDR zurückrollten.

Und in diesem Augenblick des 16. Februar 1959, zwanzig Jahre nach den »Erfassungen« des Dritten Reiches, 14, 13 und wie viel Jahre sonst nach den KZ-Transporten, all den Verschleppungen, Ausweisungen, Repatriierungen, Abschiebungen … in einem Moment des endgültigen Abschieds von der schlimmen Völkerwanderungszeit nach dem Krieg erschien diese Szene doppelt schmerzlich und alarmierend. War das ein Rückfall in gerade jetzt überwunden geglaubte Unmenschlichkeit? Oder der Anfang neuer Gefahr? Was eigentlich machte die Zigeuner zu den ewig Ausgestoßenen?

Die 300 Zigeuner aus Polen hatten es geschafft. Der Zug fuhr leer zurück. Sie gehörten jetzt zu uns.

Als ich den Bahnhof verließ, wartete auf dem Vorplatz eine Gruppe Zigeuner aus Hamburg. Sie wollten die Aussiedler aus Polen abholen. Einer von ihnen, ein alter Mann in einem dunklen Anzug, kam auf mich zu und sagte: »Ich habe gesehen, dass Sie protestiert haben dagegen, wie man unsere Leute behandelt hat. Aber wissen Sie, das hier ist nur ein auffälliges Beispiel, weil es gegen so viele geht und die Gewalt offen zeigt. Aber das Schlimme ist, dass man uns immer und überall abschiebt. Jeden Tag schiebt man uns ab. Arbeit? Hau ab, Zigeuner! Wohnung? Bloß weg mit euch Zigeunern! Schule? Wir wollen keine dreckigen Zigeunerkinder! Und ich sage Ihnen: Das ist heute vielleicht schlimmer als zu Zeiten des Kaisers. Ich bin in die Schule gegangen. In Hamburg-Altona. Meine Eltern haben dort gewohnt. In einer richtigen Wohnung. Und gearbeitet als Besenbinder. Wir waren arm, aber wir hatten unseren Erwerb und eine Unterkunft – und ich habe eine Schulbildung. Heute leben wir in Lagern. Niemand gibt uns richtige Arbeit. Und die Kinder können nicht lesen und schreiben. Man schiebt uns einfach ab. So wie hier. Und es geht, weil niemand es merkt, weil niemand es weiß. Das sollten Sie sich mal ansehen!«

Das war die Vorgeschichte. Sie enthielt, wenn man die Interdependenz von »Studieren und Arbeiten« ernst nahm, die Botschaft, nachzuforschen. Nachzuforschen, wie es um die Lebensverhältnisse der Zigeuner stand – 14 Jahre nach Kriegsende, nach den Verbrechen des Dritten Reiches, in der Wiederaufbau-Bundesrepublik. Das habe ich versucht.

Der Wohnwagenplatz der Zigeuner liegt am Rande der Stadt.

Wenn man vom Bahnhof die Hauptstraße hinuntergeht bis in den Vorstadtbezirk, kommt man an eine Stelle, wo ein doppelter Bahndamm die Stadt von den Schrebergärten und ersten Feldern trennt – dort liegt ein Behelfsslum, ein Depot grauer Steinbaracken, wo die Ärmsten der Stadt wohnen: die Kinderreichen, die Arbeitsscheuen, die chronischen Trinker, die ständigen Fürsorgefälle. Und dann, noch ein Stück weiter – wie um das soziale Gefälle des totalen Abstiegs auch räumlich zu markieren –, liegt das Wohnwagenlager der Zigeuner. Es ist ein eingezäunter Platz, dessen Tor allerdings offen steht. Ein Getto wohl – aber Tag und Nacht geöffnet. In der Mitte steht ein steinernes Waschhaus. Daneben ein umgebauter Möbelwagen, der eine Art Gemeinschaftsraum darstellt: Gottesdienste, Kinderstunden, Erwachsenenabende werden hier abgehalten. Nebenan im

Barackenlager wohnt der Diakon, der dort eine Art Sozialzentrum mit Kindergarten, Wäscherei, Beratungsstunden leitet. Wenn es seine Zeit erlaubt, kommt er zu den Zigeunern herüber, um ein bisschen nach dem Rechten zu schauen. Um den »Kirchwagen« des Diakons herum gruppieren sich die Wohnwagen. Das heißt 33 Behausungsformen aller Art: sechs richtige Holzwohnwagen oder Zirkuswagen, fünf Campinganhänger mit modernen Einbauten, acht ausgediente Omnibusse, acht umgebaute Möbelwagen, auf Steinen aufgebockt, drei irgendwie zurechtgebastelte Kleintransporter ohne Räder und zwei primitive Hütten aus Omnibuskarosserien und Holzwänden. Und neben diesen »Wohnwagen« stehen die Autos. 22 Autos. Darunter drei fast neue Limousinen, zwölf neue und ältere Mittelklassewagen, ein Kombiwagen und zwei Kleinwagen. Diese Autos sind der große Stolz der Zigeuner.

In diesem umzäunten Getto, dessen Tor allerdings stets unverschlossen blieb, habe ich versucht, die Lebensverhältnisse und Lebensgeschichten von 37 Sinti-und-Roma-Familien (183 Personen) zu beschreiben und auch darzustellen, wie wir als Mehrheitsgesellschaft mit dieser Minderheitengruppe umgehen – nach über 550 Jahren Zusammensein in Deutschland, Hunderten von Verfolgungen, kontinuierlicher Diskriminierung, dem Genozidversuch im Dritten Reich …

Schelsky hat in seinem Vorwort zu der 1963 als Buch veröffentlichten Arbeit unter anderem festgestellt:

»Erstens wird deutlich, wie auch in unserer westdeutschen Gesellschaft ethnisch bedingte Minoritätsgruppen durch die Verwaltung, soziale Praxis und die öffentliche Meinung als »Randexistenzen« der modernen Gesellschaft festgehalten werden. Ihnen gegenüber werden grundsätzliche Staatsbürgerrechte und Staatsbürgerpflichten wie etwa die Freizügigkeit oder die Schulpflicht der Kinder praktisch außer Kraft gesetzt, ohne dass man diese erheblichen Beschneidungen der rechtlichen vollen Staatsbürgerschaft als solche zur Kenntnis nimmt.

Zweitens halte ich es für außerordentlich aufschlussreich, dass diese Untersuchung die deutsche Sozialpolitik in ihrer ideologischen Phase einmal an einem extremen Beispiel offenlegt. Dass soziale Unterstützungsleistungen wie z. B. Fürsorge oder das Kindergeld zur Hauptexistenzgrundlage einer ganzen Sozialgruppe werden, die andererseits durch eine Konzeption ihres angeblich unaufhebbaren nomadischen Sozialcharakters an der Eingliederung in die moderne Gesellschaft gehindert wird, scheint mir im Extremfalle eine durchaus allgemeingültige Gefahr der Sozialpolitik in unserer Gesellschaft zu kennzeichnen.«

Sein Fazit: »So bietet die Untersuchung einer ›Randgruppe‹ der Gesellschaft Aufschlüsse über diese Gesellschaft selbst.«

Ich weiß auch nicht, wieso ich immer wieder in die »Schattenreiche« dieses Landes geriet, in seine dunklen Zonen der Ausgrenzung, Missachtung der Verfassungsrechte, Ausbeutung, Verachtung der Würde des Einzelnen.

Im Wohnlager der Roma und Sinti in Hildesheim wurde die Doppelmoral unserer Gesellschaft, die Diskrepanz zwischen Verfassung und Verfassungswirklich besonders offenkundig, aber später dann in den Barackenlagern der Gastarbeiter, auf den Fluren der Sozialämter, bei »Abtreibungsfahrten« nach Holland, bei den jämmerlichen Wiedergutmachungsprozessen, in den überfüllten Grundschulen der ärmlichen Stadtviertel ergab sich das gleiche Bild: Westdeutschland war eine Mehrheits- und Minderheitsgesellschaft, der soziale Gerechtigkeit immer weniger wichtig wurde, je wohlhabender und angesehener sie sich entwickelte.

Das Jahr 1961

So vieles wurde anders. Ich lebte jetzt teilweise in Münster, in einer kleinen Hotel-Pension. Schelsky hatte 1960 einen Ruf an die dortige Wilhelms-Universität angenommen. Mit dem Lehrstuhl war die große Sozialforschungsstelle in Dortmund verbunden, damals wahrscheinlich das größte Institut für empirische Soziologie. Blendende Aussichten für seine Schüler. Trotzdem hatten wir Doktoranden panische Angst vor dem Umzug vom liberalen Hamburg in das durch und durch katholische Münster. Die Kommilitonen lachten sich halbtot. »Fahrt bloß nicht ohne Rosenkränze, und denkt dran: in der Mensa wird vorm Essen gebetet.« Das stimmte übrigens.

Aber abgesehen davon, war die Stadt angenehm, lebensfroh bis süffig, hatte ein interessantes Theater, und wir »Schelskyianer« führten sowieso unser Eigenleben. In der Kuppel des Hauptgebäudes gab es einen großen Dachboden, dort hatten wir unsere Schreibtische, eine Tischtennisplatte, Bücherberge aus der Bibliothek und führten ein privilegiertes Studiendasein. Ich habe den Soziologen Schelsky bewundert und verehrt. Seine Vorlesungen und Bücher über die »Wandlungen der deutschen Familie«, die »Arbeitslosigkeit und Berufsnot der Jugend«, die »Soziologie der Sexualität«, »Die skeptische Generation« und die »Industriesoziologie« handelten von den Problemen und Konflikten »meiner« Gesellschaft. Sie analysierten und prognostizierten hellsichtig die Veränderungen – zum Guten wie zum Schlechten. Das war augenöffnend und in der damaligen Zeit äußerst progressiv. Darüber hinaus war dieser einflussreiche Wissenschaftler und Erfolgspublizist auch ein großartiger Lehrer. Er führte uns durch die Materie seines Fachs. Ich habe jedenfalls durch ihn genau das erhalten, was ich in diesem Studium suchte: ein Wissenschaftsfundament – Eckdaten über den Zustand unserer Gesellschaft.

Und trotzdem hat er uns damals betrogen und belogen. Das heißt, belogen eigentlich nicht, denn wir haben ihn ja nie gefragt. »Herr Professor, was haben Sie im Dritten Reich gemacht?« Wir sind auf diese Frage gar nicht gekommen. Für uns war Helmut Schelsky ein Mann der neuen Zeit. Im Krieg Student bei Arnold Gehlen, Soldat, verwundet, nach 1945 Gründer des »Suchdienstes des Roten Kreuzes«. Dass er mit zwanzig Jahren in die SA, dann in den Nationalsozialistischen Deutschen Studentenbund und 1937 in die NSDAP eintrat, verschwieg er – wie auch seine monströsen Texte zu Zensur und Zwangssterilisation. Das alles kam erst 1969 heraus, acht Jahre nach meiner Promotion.

Da war er Gründungsrektor der Reformuniversität Bielefeld und Vorsitzender des Planungsbeirats Nordrhein-Westfalen für die Entwicklung des Hochschulwesens. Als die Wahrheit über seine NS-Vergangenheit herauskam, trat er von allen Ämtern zurück; wurde allerdings ein Jahr später wieder zurückgeholt und neu installiert. Eine zweite Chance.

Uns aber, seine vielen Schüler der frühen Jahre, die er vorbildlich habilitierte und promovierte, hat er schrecklich betrogen. Die Nazis in der Regierung, an den Gerichten, in den Firmen, das wussten wir. Aber auch unser eigener Lehrer? Ein Wissenschaftler, der so ganz und gar die neue Zeit vertrat! Wie habe ich den »Stern«-Chefredakteur Henri Nannen bewundert, der offen bekannte: »Ich war Hitlerjunge, ich war Nazi …, und weil ich weiß, was das heißt und wie es dazu gekommen ist, deshalb will ich als Journalist alles tun, dass sich so etwas nicht wiederholt in unserem Land!« Das Wissen um die Verstrickung, die Schuld versetzte meine Generation doch erst in die Lage, das Neue zu wollen, das Neue aufzubauen und uns dafür einzusetzen. Alles andere war Betrug und Ausnutzung unserer Gutgläubigkeit. Trotzdem funktionierte es interessanterweise auch andersherum. Der berühmte Soziologieprofessor Schelsky der frühen Nachkriegsjahre forschte und lehrte so, dass von seiner Vergangenheit nichts zu bemerken war. Er war wahrscheinlich der perfekte »Wendehals«. Es wäre bloß anständiger gewesen, wenn wir es gewusst hätten.

Die mündliche Prüfung fand am Mittwoch, dem 26. Juli 1961, statt. Ich erinnere mich an glühende Hitze, und ich erinnere mich, dass es auch um Marx ging, Max Weber und Marx, und Schelsky leicht zynisch kommentierte: »Bei Marx hätte ich etwas mehr von Ihnen erwartet, da müssen Sie aber noch einiges nachholen.« Der Protokollant schaute ernsthaft auf, als wäre ihm nicht so klar, was er jetzt aufschreiben sollte. Etwa: Nachholbedarf bei Marx? An der Wilhelms-Universität Münster im Sommer 1961. Das Ergebnis war: magna cum laude. Der Dekan gratulierte. Schelsky paffte Zigarre. Anschließend feierte das Oberseminar, also die jungen Herren aus dem Kuppeldachboden, die angehenden Doktoren und Professoren die Promotion der einzigen Frau. Das dauerte bis nachts um drei, und ich schwebte in irgendwelchen akademischen Himmeln.

Am nächsten Tag fuhr ich von Münster nach Freiburg.

Dort versammelte sich der Jochimsen-Clan zu einem Familienfest. Kurz vor Mitternacht, mitten im Rausch höchster Ausgelassenheit, versackte ich in eine Art Ohnmacht. Am nächsten Tag war mir nur schwarz vor Augen. Dann machten Hanno und ich uns auf den Weg zu meinen Eltern nach Fürth.

Zu meinen Eltern, zu meinen Eltern! Das war ein unbändiger Wunsch. »Muss unbedingt Krautwickel essen!«, hatte ich telegrafiert. Das sollte ein Wiedersehen werden – wie lange nicht. Wir würden die Eltern ausführen. Wir würden gemeinsam im Garten sitzen, nichts könnte uns stören, ängstigen, die Freude nehmen ... Und so war es dann auch, wenigstens im ersten Moment. Aber dann ... Dann sagte mein Vater, dass er jetzt arbeitslos sei. Die Firma hatte nicht abgewartet, bis er selbst nicht mehr wollte oder konnte, sie war ihm zuvorgekommen und hatte ihm gekündigt. Meine Mutter sagte nichts, saß einfach da und schaute mich immer nur an und streichelte meine linke Hand. »Das macht doch nichts«, sagten wir, »es gibt auch andere Firmen«, und prosteten uns zu, tranken Steinwein aus grünen bauchigen Flaschen und lachten und ließen uns nichts anmerken.

Mein Vater sagte, sein Arzt hätte ihm dringend geraten, eine mehrwöchige Kur zu machen. Er wäre ja nur noch Haut und Knochen und in einem bedenklichen Zustand. Er würde eine solche Kur sofort bei der Krankenkasse beantragen, und dass sie genehmigt würde, daran gäbe es gar keinen Zweifel.

»Und was machen wir mit dem Pferd?«, fragte ich.

»Das Pferd geht mit in die Kur«, sagte meine Mutter.

»Klar, das Pferd geht mit in die Kur«, lachten wir und schenkten uns weiter Wein ein.

»Ich reite von hier nach Bad Kissingen in zwei bis drei Tagen«, sagte mein Vater, »dort gibt es sicher Bauern, wo ich das Pferd unterstellen kann – gegen gutes Geld.«

»Und wenn du die Anwendungen hinter dir hast, gehst' reiten«, sagte meine Mutter, »kuren allein ist sowieso langweilig.«

»Und was machen wir mit dir, Schwiegermutter?«, fragte Hanno.

»Dich nehmen wir nach Hamburg mit«, sagte ich schnell, »wir haben gerade ein neues Zimmer auf unserer Etage dazugemietet als Arbeitszimmer für Hanno, der an seiner Doktorarbeit weiterschreiben will. Aber vorher kommst du zu uns.«

»Ich kann nicht mehr reisen«, sagte meine Mutter leise.

»Wir nehmen dich im Auto mit«, sagte Hanno.

»Und in Hamburg wird ein Rollstuhl angeschafft, damit wir dich gut die Treppen rauf- und runterschaffen können«, fügte ich hinzu.

»Lieber will ich sterben«, sagte meine Mutter, »ein Krüppel im Rollstuhl, das ist ja eine Zumutung für alle.«

»Ist es nicht, ist es überhaupt nicht! Es ist einfach notwendig, und es wird jetzt gemacht!«, schrie ich, geradezu außer mir vor Angst und Schrecken, was nun kommen würde, bald kommen würde, nicht mehr abzuwenden war, nicht mehr zuzulachen war … und sackte wieder weg in eine Art Ohnmacht.

Als wir zu Hause ankamen, war mir so elend, so hundeelend wie nie zuvor. Ich bekam hohes Fieber, musste ständig erbrechen. Zehn Tage später hatte ich die Gewissheit, dass ich schwanger war.

Diesmal verlief die Geschichte anders. Ich ging zu unserem seit Jahren vertrauten Hausarzt. Er hörte mir zu, schrieb eine Adresse und ein paar Zeilen auf ein Rezeptformular und klopfte mir wie gewohnt auf die Schulter. Geschrieben hatte er »Lieber Herr Kollege, Patientin hat gerade magna cum laude promoviert und ist körperlich und seelisch völlig am Ende ihrer Kräfte.« Die Frauenarztpraxis war in Eppendorf, groß und hell. Die Untersuchung war behutsam, das Gespräch verständnisvoll. Ich bekam zwei Tage später einen Termin, eine Valiumspritze, vom Eingriff selbst merkte ich nichts. Diesmal war alles ganz anders. Diesmal suchte mein Mann das Gespräch.

»Wenn das so weitergeht, fühle ich mich um alle Hoffnungen betrogen.«

»Ich weiß, aber ich kann nicht, ich kann einfach jetzt nicht.«

»Wann wird das anders sein?«

»Ich weiß es nicht, jetzt jedenfalls nicht. Jetzt muss ich für meine Mutter sorgen. Dann habe ich den Forschungsauftrag …«

»Wann?«

»Ich weiß es nicht. Wir können uns ja scheiden lassen.«

»Nein, das können wir nicht.«

»Wieso: das können wir doch jederzeit.«

»Weil wir es nicht wollen, können wir es nicht.«

Das war Mitte August. In Berlin wurde die Mauer gebaut. In meinen Aufzeichnungen und Briefen kein Wort dazu. Auch in meiner Erinnerung keine Spur. Fehlstelle. Wo doch sonst politische Ereignisse immer im Vordergrund standen. Wahrscheinlich hatte der Hausarzt richtig diagnostiziert: »körperlich und seelisch am Ende der Kräfte«.

Gebannt im Privaten, spielte das Politische keine Rolle. Schwangerschaft und Todesangst um meine Mutter beherrschten alle meine Sinne.

Tod und Leben

Mitte September wollte meine Mutter zu uns kommen und mein Vater in die Kur reiten. Das Zimmer war eingerichtet, aber meine Mutter zu schwach für die lange Fahrt. So hieß es. Am 28. September rief mich mein Vater an: »Mutter ist im Krankenhaus, du musst ganz schnell kommen.« Wir setzten uns noch am Nachmittag ins Auto, fuhren die halbe Nacht durch. Hanno musste sowieso zu einer Konferenz nach München. In Erlangen nahm ich den Zug nach Fürth. Das Krankenhaus ist ein großer Neubau über der Stadt. Im Schlafsaal im 3. Stock sehe ich meinen Vater – und meine Mutter, obwohl sie kaum mehr zu erkennen ist. Vogelhaft klein, liegt sie in ihrem Bett, die Nase groß, der Mund offen, die Augen tief, tief in ihren Höhlen. Ich rutsche mit dem Stuhl so nah, wie es irgend geht, an dieses vom Tod gezeichnete Wesen heran, das sich aufrafft, mich anstarrt und sagt: »Bist nicht mehr krank, Herzele? Konntest also doch kommen …« Es wurde ein kleines Zimmer gefunden, eine Art Abstellkammer. Ihr Bett ging hinein, und eine Krankenpritsche konnte man danebenstellen. Zuerst war es wunderbar. Meine Mutter redete und redete, vieles konnte ich nicht verstehen. Wien, Budapest, der Russo, das Mimile, die Brandbomben, der schöne Garten in Dambach … alles ging durcheinander. Aber es war fast heiter, und vom »Zarewitsch« war auch immer die Rede, der Lieblingsoperette meiner Mutter. Auf dem Nachttischchen stand ein kleines Radio, und wir hörten Musik. Aber dann kamen die Schmerzen wieder, es wurde geradezu höllisch. Meine Mutter schrie und wand sich und hustete und rang nach Luft. Ich holte die Nachtschwester. Sie bot an, ein starkes Schmerzmittel zu spritzen. Aber meine Mutter lehnte ab. Sie wollte auf gar keinen Fall diese Spritze. »Ich habe Angst, dass ich dann nicht mehr aufwache«, sagte sie ganz klar und bestimmt. Also ging die Nachtschwester, und ich blieb mit meiner Mutter und ihren Qualen allein. Eine Stunde, zwei Stunden. Gegen Mitternacht konnte ich es nicht mehr aushalten. Ich holte die Nachtschwester zurück. Wir redeten beide auf meine Mutter ein. Sie war so geschwächt, so verzweifelt, so voller Angst. Es ging hin und her, schließlich willigte sie ein. Sie bekam ein frisches Kopfkissen. Ich trocknete ihr schweißnasses Gesicht. Wir lagen nebeneinander. Ich hielt ihre abgemagerte Hand. »Jetzt geht's mir schon besser«, sagte sie und atmete etwas ruhiger. »Lässt mich nicht allein?« – »Nie, nie.«

Erinnerungen, Erinnerungen und Namen, Lieder und Gebete … Irgendwann dann redete sie wieder ganz schnell und viel. Und ich konnte einfach nicht mehr wach bleiben, nicht mehr zuhören, unter ihrem Wortschwall fiel ich in einen tiefen Schlaf, der mich weit wegführte. Ich schreckte auf, weil die Tür geöffnet wurde. Ich meinte einen Seufzer meiner Mutter zu hören. Es war schon hell.

Die Schwester stand am Fußende des Bettes. Ich fuhr von meiner Pritsche auf. »Ihre Frau Mutter ist tot«, sagte die Schwester, »mein herzliches Beileid.«

Wie es dann weiterging, weiß ich nicht mehr – meine Schuldgefühle erdrückten alles. Die Spritze … sie wollte sie nicht und ich hab ihr zugeredet ... Wir haben sie ihr gegen ihren Willen gegeben ... Ich bin schuld, dass sie nicht mehr aufgewacht ist.

Jahre, jahrzehntelang blieben diese Schuldgefühle. Gespräche mit Ärzten, mit Pfarrern halfen mir nichts, obwohl in ihnen klar wurde, dass es aus einer solchen Situation keinen Ausweg gibt, keinen glücklichen jedenfalls, nur den Weg der Qualen und Schmerzen zum Ende – früher oder später. Aber es bleibt die Schuld: ich habe meine Mutter in der schwersten Stunde ihrer Todesangst entmündigt, ihr die Selbstbestimmung genommen, weil *ich* das Leiden nicht mit ansehen konnte ... Diese Schuld bleibt.

So habe ich mit 25 Jahren meine Mutter verloren. Anna Barbara Schleußinger, geschiedene Beierl, geborene Kreß. Eine Frau des 20. Jahrhunderts, die zwei Weltkriege mitgemacht, drei Töchter geboren und goldene Zeiten erlebt hat. Die weit vor ihrer Zeit selbständig und emanzipiert war, voller Mut und von einmaliger Liebesfähigkeit und Güte. Die, durch Kriegsverletzungen schwer versehrt, fast zwanzig Jahre lang das Leben bewältigen musste: Ehe, Arbeit, Kinder. Die nichts dafür bekam: keine Rente, keine Anerkennung der Gesellschaft. Ihr Nachlass bestand aus ein paar Kleidern und Hüten, einer Handvoll Schmuck und Hunderten von Briefen.

Und selbst um ihr kirchliches Begräbnis musste gekämpft werden. Mein Vater, der Atheist, hatte selbstverständlich nie Kirchensteuern gezahlt. Meine Mutter, die seit den Frankfurter Jahren kein Einkommen hatte, wurde in den Papieren als »ohne Religionszugehörigkeit« geführt. Davon hatte sie natürlich gar nichts gewusst, die fromme Frau, die sich zeitlebens als Protestantin verstand und sich

»ihren Luther von niemandem nehmen ließ«, wie sie stets betonte, wenn es um Religionsfragen ging.

Auch ich und meine Schwester waren nicht konfirmiert. »Ja, wer von den Hinterbliebenen gehört denn zur Kirche?«, fragte der Pfarrer. Meine Halbschwester Elfi, Gott sei Dank! »Habt ihr den Pfarrer eigentlich bezahlt?«, fragte mein Vater. Hatten wir.

Feuerwerk, Feuerwerk, Feuerwerk! Am 6. Mai 1964 feierte Hamburg seinen 775. Hafengeburtstag, angeblich das größte Hafenfest der Welt. Hunderttausend oder mehr Menschen versammelten sich am Elbufer, und das Feuerwerk ging wie ein gigantisches Gewitter über der Stadt nieder.

Selbst im Kreißsaal der Frauenklinik Finkenau ließ sich das bemerken. Vor allem daran, dass so gut wie kein Personal anwesend war. Die Hebamme meinte, da hätte ich mir eben einen unglücklichen Moment ausgesucht. Alle wären auf dem Dach, um das Feuerwerk zu bewundern.

Ich verlangte trotzdem nach dem Arzt. Alle Hebammenbeschwörungen, »aber das schaffen wir beide doch auch allein«, halfen nichts. Ich wollte und konnte nicht allein weitermachen. Ich hasste diese deutsche Geburtsschinderei. In Amerika hatte ich erlebt, wie Frauen ihre Kinder zur Welt bringen können mit Schmerzmitteln, Vakuumextraktionen, spinalen Injektionen. Irgendetwas dieser Art wollte ich jetzt auch hier, und zwar sofort! Die Hebamme schaute mich verächtlich an, holte aber schließlich den Arzt vom Dach. Der war vollkommen meiner Meinung, setzte eine Spritze und holte das Kind per Saugglocke auf diese Welt.

Feuerwerk, Feuerwerk, Feuerwerk! Im Hafen war es wahrscheinlich bereits verloschen, aber in mir stieg es auf – irgendwie in Form von lauter strahlenden Christbäumen, die immer größer und ausladender wurden. Blaue Füchse liefen drunter her, meine Mutter kam auf mich zu – lächelnd, ich stand an einer Schiffsreling, das Feuerwerk explodierte jetzt überm Meer, mein Herz raste, lauter Splitter flogen auf mich zu, alles zwischen Glück und Panik. Solche Sensationen hatte ich überhaupt noch nie erlebt.

»Ein Sohn«, sagte der Arzt, »wollen wir den Vater verständigen?«

Ein Kind mit lauter schwarzen Haaren legten sie mir auf meinen Bauch und hielten mir den Telefonhörer hin. »Wir haben ein Kind, einen Sohn.« Mein Mann sah schlecht aus und sagte auch als Allererstes, dass er vollkommen übermüdet von der Reise nach Bonn zurückgekommen sei. Dann überreichte er mir fünf Narzissen. Fünf Narzissen, die er »schon mal vorsorglich« am Bahnhof am frühen Abend gekauft habe – »die Auswahl war nicht groß«. Unterirdisch, unterirdisch, unterirdisch … das war alles, was ich in diesem Augenblick dachte und auch sagte, aber es war mir irgendwie auch egal, ich war zu erleichtert, zu aufgedreht. Sonst hätte ich die fünf armseligen Blumen wahrscheinlich zerfetzt und sie dem Mann ins Gesicht geworfen. So aber blieb es bei ein paar belanglosen Sätzen und einem schnellen Abschied, bei dem ich allerdings sagte: »Die fünf Narzissen werd ich dir nie verzeihen.«

Am nächsten Morgen wurde ich in mein Zimmer verlegt, der Schwarzkopf wurde hereingetragen und sperrte den Mund weit auf. Gleichzeitig brachte eine Krankenschwester einen gigantischen Blumenstrauß: Flieder, Narzissen, Tulpen, Schneeballen, Hyazinthen. »Vom Zweiten Bürgermeister, hat der Fahrer gesagt«, meinte sie und gab mir ein kleines weißes Kuvert mit Visitenkarte und »Herzlicher Gratulation!« Der Zweite Bürgermeister war der Chef und Förderer von Hanno Jochimsen, von mir bewundernd Don Edgar genannt. Wirtschaftssenator Edgar Engelhard, FDP. Er hatte Hanno auf seine großen Dienstreisen nach Latein- und Südamerika mitgenommen und anschließend dafür gesorgt, dass er stellvertretender Leiter der Senatspressestelle wurde. Hanno hatte jetzt seinen Traumjob. Kommunikation von Wirtschaftspolitik, Stadtpolitik, Politik überhaupt – und das von sicherer Warte aus, da war er ganz in seinem Element. Er hatte also seinen Traumjob, wir hatten ein Kind, ich hatte meinen »Bauchladen« als freiberufliche Autorin. Artikel, Radiosendungen mittlerweile überall. Besser konnte es uns kaum gehen. Das große Krankenhauszimmer füllte sich mit Blumen und Geschenken. Meine Schwiegermutter kam aus Flensburg angereist, um ihren ersten Enkel in Augenschein zu nehmen. »Und dass es ein Sohn ist, ist doch doppelt so schön«, sagte sie zu mir – ein Satz der mich überhaupt nicht mehr losließ. »Doppelt schön«. So etwas sagt eine Frau zu einer Frau und meint es liebevoll und anerkennend. Wenn wir Frauen das nicht überwinden, wird es nie etwas mit der Gleichberechtigung, dachte ich.

Hofstaat Hamburg

Auf eine gewisse Weise gehörten wir ab 1964 zum Hamburger »Hofstaat«. Den durfte man allerdings auf keinen Fall so nennen, weil dies ja allen hanseatischen Traditionen widersprach. Aber ein Hofstaat war Hamburg trotzdem, wenn auch ein sozialdemokratischer und mit einer dezidierten Antihaltung zu Bonn. Adenauer wirkte hier immer noch nach: seine Pläne, die Bundeswehr atomar aufzurüsten – in Hamburg protestierten 150 000 Gegner vor dem Rathaus, und Bürgermeister Brauer initiierte eine Massenbewegung »Kampf dem Atomtod«.

Die »Spiegel«-Affäre: Inhaftierung von Rudolf Augstein und Razzia in den Redaktionsräumen ... aus Hamburg schickte Bürgermeister Nevermann eine öffentlich Protestnote: »Das Erscheinen der Zeitschrift ist zu sichern!«

Der Rücktritt der FDP-Minister aus Protest gegen den Verteidigungsminister Strauß ... in Hamburg regierte seit 1957 eine sozial-liberale Koalition, und die FDP-Senatoren begrüßten diesen »politischen Wechsel«.

Der Stadtstaat Hamburg verstand sich als Gegenmodell zur Bonner Republik. Das war wie in Hessen. Die Bürgermeister waren Verfolgte und Verjagte des Dritten Reichs gewesen und hatten diese Zeit einfach nicht vergessen – wie viele Politiker anderenorts.

Das Rathaus war rot und die Medien kritisch: »Spiegel«, NDR, »Zeit«, »Stern«, »Hamburger Morgenpost«, »Konkret« ... Das war für eine junge Journalistin ein spannendes Terrain, und es gab herausragende Vorbilder. Eines dieser Vorbilder war der neue Chef meines Mannes: Senatsdirektor Erich Lüth, der Chef der »staatlichen Pressestelle«. Erich Lüth war ein alter Pressehase, aber darüber hinaus ein geradezu legendärer Verfechter der Presse- und Meinungsfreiheit. 1950 hatte er in und von Hamburg aus zum Boykott gegen einen gerade herausgebrachten Film von Veit Harlan aufgerufen, dem Regisseur von »Jud Süß«, der – entnazifiziert – wieder ins deutsche Filmgeschäft eingestiegen war, als wäre gar nichts gewesen.

Vor und in den Kinos kam es in Hamburg, München, Frankfurt zu Protesten.

Die Filmproduktion Veit Harlans verklagte Lüth daraufhin auf 110 000 Mark Schadensersatz. Eine horrende Summe, die Lüth niemals aufbringen konnte. Die Wirtschaft wollte dem Querulanten aus dem Hamburger Rathaus zeigen, was es heißt, sich mit ihr anzulegen.

Lüth verlor den Prozess und ging in Berufung. Die Summe stieg um enorme Prozesskosten, und Lüth verlor auch in der nächsten Instanz. Spenden aus Universitäten, Zeitungen und von überall trafen ein, damit er weitermachen konnte.

Diese Zeit, die der Journalist Willi Winkler einmal »die besonnten 50er« genannt hat, »als die guten Onkel Adenauer und Erhard Wohlstand, Glück und seliges Vergessen für alle brachten«, diese Zeit wollte einem solchen Boykott kein Recht zusprechen. Lüth ging bis zum Bundesverfassungsgericht. Und dort bekam er 1958 – also acht Jahre später – Recht. In einem spektakulären Urteil zum Grundrecht der Meinungsfreiheit. Da hieß es unter anderem: Lüth habe die Sorge bewegt, dass das Wiederauftreten Harlans so gedeutet werden könne, als habe sich im deutschen Kulturleben gegenüber der Nazi-Zeit nichts geändert. Es sei aber von großer Wichtigkeit, dass sich die Erkenntnis durchsetze, das deutsche Volk habe sich von der nationalsozialistischen Geisteshaltung abgewandt und verurteile nicht aus politischen Opportunitätsgründen, sondern aus der durch eigene innere Umkehr gewonnenen Einsicht in ihre Verwerflichkeit.

Nicht aus Opportunitätsgründen, sondern durch innere Umkehr. Welch ein Text!

Prägend für alle nachfolgenden Jahre war: Die Meinungsfreiheit hat Vorrang und vor allem: die Grundrechte gelten für *alle* Teile des Rechts und nicht nur für das Verhältnis zwischen Staat und Bürger, sondern auch gerade für die Wirtschaft.

Erich Lüth personifizierte den demokratischen Bürgergeist, der damals den Hamburger Hofstaat beherrschte. Und zu diesem Hofstaat durfte auch ich mich zugehörig fühlen, denn nach einem ungeschriebenen Gesetz gehörten auch Ehefrauen zum »protokollarischen Personal«. Hanno Jochimsen rangierte als stellvertretender Pressechef des Senats irgendwo auf den unteren Plätzen der Repräsentationsrangfolge, und wenn er »amtierte«, rückten wir auf. Ich erhielt nun also Einladungen zu Empfängen, Staatsbesuchen, Banketten und lernte Protokollregeln: Empfang, Wagenreihe, Begrüßung, Anzugordnung, Aufstellung an der Fensterseite, Defilée, Namenskarte, Führkarte, Tischordnung, Tischreden.

Der Hamburger Hofstaat erwies sich geradezu als besessen von traditionellen Protokollregeln und seiner internationalen Gastgeberrolle. Es war ja die Zeit des »Wir sind wieder wer!« – und Hamburg bestand darauf, ein ganz besonders vorzeigbares »Wir« und »Wer« zu sein.

Im Mai 1965 war die Stadt im »Queen-Fieber«. Königlicher Staatsbesuch am 28. Mai! Das war repräsentativ das Höchste, was der Stadtstaat erreichen konnte. Wann hatte es dergleichen zuletzt gegeben? Zu Kaisers Zeiten, aber daran erinnerte man sich schließlich ungern.

Also, Hanno Jochimsen hatte lauter Sondersitzungen zu bewältigen. Empfang am Flughafen, Fahrt durch die Stadt zum Rathaus, Fahrt zum Gästehaus des Senats, großes Bankett. Man konnte sich gar nicht einkriegen vor Aufregung.

Dann platzte eine Art Bombe. Erst intern und dann in der Bild-Zeitung. Die »Gattin des Ersten Bürgermeisters«, Grete Nevermann, würde als Begleit-Gemahlin für den Staatsbesuch nicht zur Verfügung stehen! Schlimmeres konnte nicht passieren, sah doch das Protokoll vor, dass Staatsbesuche vom Ersten Bürgermeister *und* seiner Ehefrau zu empfangen seien.

Ein Krisenstab wurde gebildet: die Bürgermeister, das Protokoll, die Pressesprecher.

Erste Idee: Krankheit als Entschuldigungsgrund.

Aber die Bild-Zeitung zeigte am nächsten Tag Grete Nevermann quietschgesund in Westerland auf Sylt in der Sonne und schrieb etwas von »getrennten Wegen«, die das Ehepaar seit Längerem ginge.

Zweite Idee: Nevermann erkrankt, und der Zweite Bürgermeister samt Gattin übernimmt die Ehrenpflicht. Das aber wollte Nevermann auf keinen Fall, hatte er sich doch so auf die Queen gefreut.

Dritte Idee: Nevermann empfängt die britische Königin, begleitet von der Gattin des Zweiten Bürgermeisters. An dieser Stelle soll Engelhard – Hanno zufolge – eine vierte Variante ins Spiel gebracht haben: Nevermann und er empfangen die Queen. Das wäre doch die amüsantere Version, für die die Briten, insbesondere Prinz Philip, ein gewisses Verständnis aufbringen könnten. Man müsste sie nur vorher behutsam darauf vorbereiten und natürlich alles mit Bonn abklären.

Das war typisch Don Edgar, half aber in der Situation nicht wirklich weiter. Die Queen wurde nicht vom Männer-Duo Nevermann-Engelhard empfangen. Die Engelhards sprangen ein, und alles lief aufs Glanzvollste ab. Roter Teppich, ein Meer von Blumen und Kerzen, das pompöse

Ratssilber und Porzellan, die livrierten Ratsdiener. Ein Hofstaat ohne Fehl und Tadel und mitten drin diese wunderschöne junge Königin: eine Taille, Leute, eine unbeschreibliche Taille!

Aber Nevermann musste zurücktreten. Die Bild-Zeitung machte aus dem Staatsbesuch eine »Scham-und-Schande-Nummer für Hamburg«. Es tobte tagelang ein Meinungsstreit. Dann soll Herbert Wehner ein Machtwort gesprochen haben: »Schaden von der Partei abwenden!«, und Nevermann gab sein Amt ab. Dieser mutige linke Kämpfer, der sich aus kleinsten Verhältnissen hochgearbeitet hatte, als Anwalt in der Weimarer Republik immer auf der Seite der politisch Verfolgten stand, dann selbst Verfolgungen im Dritten Reich ausgesetzt war und seit der Stunde null in Hamburg ein wichtiges politisches Amt nach dem anderen übernommen und Wahlen haushoch gewonnen hatte, dieser mutige SPD-Bürgermeister musste wegen einer protokollarischen Lappalie sein Amt abgeben. Die Queen war nach ihrem Deutschland-Besuch gerade wieder in London, da hatte Hamburg einen neuen Ersten Bürgermeister und Ministerpräsidenten: Herbert Weichmann.

So verloren »wir« unseren Bürgermeister Nevermann. Und nur ein Jahr später dann auch Don Edgar. Der SPD hatte die Schmutzkampagne interessanterweise nicht geschadet. Bei der Bürgerschaftswahl 1966 gewann Herbert Weichmann, der jüdische Remigrant, Freiwilliger im Ersten Weltkrieg, Sozialdemokrat seit 1920, Jurist, Journalist, im Dritten Reich Flüchtling in Prag, Paris, Spanien, Portugal und zuletzt New York, 59 Prozent der Wählerstimmen. Nun war Schluss mit der sozial-liberalen Koalition.

Ein paar Leute saßen am 27. April im Chefbüro der

Wirtschaftsbehörde, als Engelhard sich entschied, den wartenden Journalisten seinen Rücktritt bekannt zu geben.

»Was wollen Sie den Journalisten denn sagen?«, fragte ihn Hanno Jochimsen, »wollen wir uns das nicht vorher noch einmal genau überlegen und mit der Partei abstimmen?«

»Am liebsten würde ich den Journalisten ganz einfach sagen: Ich höre auf und eröffne einen Puff in Algier«, antwortete der Noch-Zweite-Bürgermeister, »nur um deren Gesichter in diesem Moment zu sehen.« Das war eben typisch Don Edgar, auch wenn die Journalisten dann draußen vor der Tür etwas anderes erfuhren, das offizielle »Bla bla bla«. Ich habe diesen Mann bewundert.

Hanno ging davon aus, dass er nun seinen Posten auch räumen müsste, er war ja gewissermaßen auf einem »FDP-Ticket« dorthin gekommen. Aber die neu gewählte SPD-Hofstaat-Regierung behielt ihn auf seinem Posten.

Ode an mein Kind

Mein Kind konnte ich nur bewundern. Es futterte vom ersten Augenblick an. Es schlief, sobald wir wieder zu Hause waren, die Nächte durch. Letztes Mahl kurz vor Mitternacht. Weckruf am nächsten Morgen gegen sieben Uhr. Es wurde selten krank – und machte alles mit. Es gab eine Art Großfamilie. Meine Schwester und Andrea nahmen das Baby oft an Wochenenden zu sich. Dann gab es Frau Riedel, die Brei und Säfte kochte und Bouillon aus Rinderknochen. Und es gab »Dippi«. »Dippi« wohnte bei uns um die Ecke, war 64 Jahre alt, verwitwet und kinderlos. Sie übernahm eine Mutter-Großmutter-Stelle für zehn Jahre.

Mit ihnen und bei ihnen wuchs das Kind auf, wann immer die Eltern fehlten. Und die Eltern fehlten oft. Wenn wir aber zusammen waren, kam ich aus dem Staunen nicht heraus. Was man alles von einem Kind lernen konnte! Blicke, Lächeln, stürmische Bewegungen, seltsame Laute und diesen ganz und gar überwältigenden Prozess des Sichaufrichtens und Gehens und Laufens und Sprechens und Jubelns … Janko Jürgen Hanno Jochimsen, mein bewundernswertes Kind.

Schon mit einem halben Jahr brachte es uns in den Schoß der evangelischen Kirche. Und das kam so: Wir wollten das Kind taufen lassen in unserer Nachbarkirche vom Heiligen Georg. Beim Taufgespräch stellte sich heraus, dass wir nicht kirchlich verheiratet, ja noch nicht einmal konfirmiert waren. Ich war aus dem Konfirmandenunterricht in Frankfurt wegen politischer Unbotmäßigkeit geflogen, und Hanno war, spätes Geständnis, zur nationalsozialistischen Jugendweihe gegangen. »Ein Kind solcher Eltern kann man nicht taufen«, erklärte der Pfarrer. Ich fand das unerhört. Das arme Kind konnte schließlich nichts für seine Eltern. Der Pfarrer meinte listig: »Sie können auch den anderen Weg gehen. Wir feiern in einer schönen Zeremonie ihre Konfirmation und Hochzeit nach und dann die Taufe des Kindes.« Also, das war ja nun wieder ein Angebot, das wir kaum ausschlagen konnten und mir eigentlich gut gefiel, denn ich hielt mich für gläubig, betete und liebte Kirchen. Wieso sollten wir dann nicht auf diese Weise mit der Kirche ins Reine kommen?

So fand am 31. Oktober 1964, Reformationstag, in der Turmkapelle von St. Georg unsere Konfirmation-Hochzeit und die Taufe von Janko Jürgen Hanno statt. Unsere Trauzeugen und zugleich Taufpaten waren die wunderbaren

Freunde Adelheid und Andor Koritz aus Berlin, die wir seit 1961 kannten und mit denen uns eine jahrzehntelange Freundschaft verband, mit Reisen und Festen. Mit diesen Pateneltern und seiner Großfamilie war das Kind hervorragend ausgestattet, und das musste es auch sein, weil die Mutter schrieb und schrieb und viele Reisen unternahm.

Reisen nach Osten

Vilnius, Riga, Leningrad, Moskau, Kiew, Jerewan, Tiflis … das waren meine Reiseziele. Nichts interessierte mich so sehr wie die Sowjetunion. Wie war das Leben dort? Der Alltag? Was konnte man sehen, erfahren? Mit wem sprechen? Mein Mann und ich hatten viele unterschiedliche Vorstellungen und Einstellungen, in einem waren wir uns allerdings vollkommen einig: die Aufgabe unserer Generation sahen wir darin, für Frieden, Verständigung, Aussöhnung einzutreten. Die USA und den Westen kannten wir ja recht gut, nun betrieben wir unsere private »Ost-Politik«, indem wir gemeinsam oder allein hinter den Eisernen Vorhang reisten, Gespräche führten, Erfahrungen sammelten und sie nach Hause zurückbrachten. Hanno hielt Vorträge über das »deutsch-polnische Verhältnis«. Ich schrieb Reportagen: »Riga – Hamburg, Versuch einer Verständigung«, »Bei den Kollegen von Radio Jerewan. Acht Ansichten von Armenien«, »Sozialismus im Schatten der Arche. Tagebuch einer unverhofften Reise durch Georgien«.

Wie kamen diese Reisen zustande in den Jahren 1966/67? In Hamburg gab es den CVJM, den Christlichen Verein Junger Männer. Sein Leiter, Gerhard Weber, ein FDP-

Freund von Hanno, hatte ein Jugendaustauschprogramm mit der Komsomol-Organisation der Sowjetunion vereinbart. In Hamburg war so etwas möglich. Andere Jugendorganisationen fuhren in die USA, der CVJM reiste – natürlich nicht nur – in die Sowjetunion und lud im Gegenzug ab und zu ein paar Komsomolzen in den Westen ein. Und da »Jugend« in der Sowjetunion offenbar ein weiter Begriff war, vor allem für Funktionäre, fiel es nicht weiter auf, wenn in den CVJM-Reisegruppen auch der stellvertretende Senatssprecher und seine Frau mitfuhren.

In Tiflis schien es alles zu geben, wonach man in Moskau anstehen musste. Das Warenangebot war vielfältig. Es gab 24 verschiedene Sorten Tee, Kognak, Wein, Sekt, Cafés und Restaurants, selbst Privatwagen auf den breiten Straßen. Es schien wie die sozialistische Ausgabe eines »Wirtschaftswunderlands«. Und man erklärte uns das so: Erstens wäre Moskau weit weg, zweitens hätte es mit Import und Export zu tun und drittens mit Korruption. Womit? Mit Korruption in der Vergangenheit, die aber gerade schwer geahndet würde.

Der neue Innenminister Eduard Schewardnadse würde jetzt rücksichtslos durchgreifen, Minister seien schon verhaftet worden, auch Leute vom KGB. Wir Hamburger sahen uns an, als wir das hörten, und sagten: »Das glaubt uns doch keiner, wenn wir das zu Hause erzählen.«

Wir führten Gespräche in der Universität über »marxistisch-leninistische Ästhetik«. Wir verbrachten Stunden im Nationalmuseum und sahen Kunstwerke Alexanders des Großen, Mosaiken, Miniaturen und schließlich in einem neuen Flügel die Bilder von Niko Pirosmani, der so malte wie der Zöllner Rousseau, nur orientalischer. »Er ist 1918 gestorben«, erzählte der Museumsführer, »er hat sich leider totgesoffen. Der Malerverband hat versucht, ihm zu helfen. Er hatte immer große Bewunderer gerade unter den Künstlern, und heute wissen wir: er ist der größte Maler Georgiens.«

Wir fuhren auf der grusinischen Heerstraße nach Mzcheta, der alten Hauptstadt, und besichtigten die riesige Kathedrale mit den vorbyzanthinischen Löwen, Greifen, Adlern und Stierköpfen aus Malachit. »Das ist das Land des Goldenen Vlieses«, sagte die Dolmetscherin stolz. Ach, arme Medea! Hier hast du also gelebt und geliebt, hast das Goldene Vlies gestohlen für den geliebten Mann, der dich dann verraten und verlassen hat ... Georgien war Kolchis ...

Das Unvergessliche an dieser Tiflis-Reise waren die Unterhaltungen, die Abendgespräche an festlich gedeckten Tischen, die sich fast bogen unter der Last der Schüsseln und Teller und immer neuer Speisen. Es waren Gespräche in einer ganz beengten kleinen Wohnung und am nächsten Tag in einem Villen-Erdgeschoss. Sie fanden statt am Vorabend und am Feiertag des 8. Mai, des Sieges der Sowjetunion über Nazi-Deutschland. Wir hatten uns eigentlich vorgenommen, im Hotel zu bleiben und nicht weiter aufzufallen. Aber daran war gar nicht zu denken. Unsere Gastgeber ließen das einfach nicht zu. Es gab zwei Einladungen ganz privat, wie es hieß. Hier ein paar Ausschnitte aus meiner Radioreportage von 1967:

»Tiflis feierte den 8. Mai. Die Straßen waren laut von Festtagsstimmung und Feuerwerk. Und wir erlebten das zweite Gastmahl in einer Wohnung, die einer Innenarchitektenzeitschrift zu entstammen schien: drei ineinander übergehende Räume mit Bücherwänden, flachen skandinavischen Möbeln, Stereoanlage und Vorhängen wie aus

Kopenhagen. Auf dem Sideboard unter einem riesigen Barockspiegel lag die letzte Nummer von ›Vanity Fair‹. Der Gastgeber begrüßte die eintretenden Damen einschließlich der fast zu Stein erstarrten Dolmetscherin mit Handkuss. Auf einem Mosaiktisch waren aufgebaut: Champagner, Mokka in kobaltblauen Tässchen, eingemachte Kirschen, Zitronen und grüne Mirabellen. Dazu gab es Hi-Fi-Twist, Shake und Watussi.

Der Gastgeber war übrigens Zahnarzt. Voller Stolz zeigte er uns sein Behandlungszimmer. ›Instrumente aus den USA‹, sagte er, ›für meine Privatpatienten.‹ Im Krankenhaus bin ich Arzt im Dienst des Volkes. Hier habe ich meine Privatpraxis. In Georgien ist alles möglich.

Unsere Dolmetscherin erklärte ganz offen, dass diese Party, diese Villa, dieser Zahnarzt typisch seien für die ›Korruption‹ in Georgien. Es geht alles mit ›Korruption‹, immer schon. Der Innenminister Schewardnadse kämpfe gegen diese Korruption, Tausende wären im Gefängnis, die meisten von ihnen Parteigenossen, aber es ginge weiter und weiter. Neulich sei er, als Bauer verkleidet, mit einem Lastwagen voller Tomaten über die Grenze gefahren – ohne Ausfuhrlizenz, also illegal. Anschließend seien Hunderte Zöllner und Grenzpolizisten entlassen worden. Manche meinten allerdings, die ›Korruption‹ wäre der Grund, warum die Wirtschaftsverhältnisse in Georgien die besten in der ganzen Sowjetunion wären. Schwarzer Markt, grauer Markt, Handel und Wandel, Vetternwirtschaft … Georgien geht es gut, weil alles möglich ist.«

Als wir wieder in Hamburg waren, meldete sich bei mir ein Herr vom Verfassungsschutz. Ob er mal mit einem Kollegen zu einem Gespräch kommen könnte. »Was wollen Sie denn von mir wissen?« – »Ihre Reiseerfahrungen in der Sowjetunion interessieren uns.« Als die beiden Herren mir gegenübersaßen, sagte ich ihnen gleich: »Meine Reiseerfahrungen können Sie nachlesen, ich habe sie mehrfach veröffentlicht.« – »Das wissen wir«, antwortete der eine, »aber wir denken, dass Sie noch mehr gesehen und gehört haben.« Und der andere fiel ein: »War eigentlich Ihr Reiseleiter, Herr Gerhard Weber, die ganze Zeit bei der Gruppe oder ist er eigene Wege, zu eigenen Gesprächen gegangen?« Das war ja nun ziemlich dreist und dumm zugleich von den beiden.

»Sie glauben doch nicht wirklich, dass ich solch eine Frage beantworte«, war mein Replik. Sie versuchten es dann noch mehrfach andersherum, bis ich ungeduldig wurde und das Gespräch mehr oder weniger von mir aus beendete. »Mir geht es bei diesen Reisen um Frieden, Verständnis und Aussöhnung, verstehen Sie?«, sagte ich. »Schade«, sagte der, der angerufen hatte. Und der andere: »Wir dachten, Sie könnten uns helfen. Vielleicht melden wir uns einfach bei Ihnen noch ein andermal.« Das taten sie aber nicht.

Vierzig Jahre später reiste ich als Delegationsmitglied des Bundestagsausschusses für Kultur und Medien wieder nach Georgien, nach Tiflis und Kachetien.

Heißer Frühherbst. Alles ganz anders und gleichzeitig genauso wie vor vierzig Jahren.

Genauso: die Gastfreundschaft, die Tische, die sich unter den Speisen und Getränken biegen, die Trinksprüche und die Gespräche über die Korruption. Als stünden wir immer noch im Wohnzimmer des reichen Zahnarztes mit seiner Privatpraxis mitten im Sowjetzeitalter, gibt es nur ein Thema: »Das Land ist durch und durch korrupt, wie immer, wie früher. Nur die Formen haben sich geändert. Amerikanisches Geld stützt Militär und Polizei. Aber der Staat ist schwach.«

Das war er vierzig Jahren zuvor natürlich nicht. Insofern ist das jetzt ganz anders, und ganz anders ist auch: das Marriott Hotel an der Rustaweli-Avenue, renoviert zum Besuch des amerikanischen Präsidenten, ein Hotelpalast à la London oder Paris. Ganz anders sind auch die Kirchenneubauten überall in der Stadt und die Fußgängerzonen mit dem Luxuswarenangebot aller Fußgängerzonen dieser Welt – und dann die Gespräche über Arbeitslosigkeit, Minigehälter, Hungerlöhne, Renten, von denen niemand leben kann. Reich und Arm, heißt es, hat es hier immer gegeben, aber wie sich das jetzt entwickelt, das kennen wir nicht.

»Gedanken über Vergangenheit und Zukunft« oder Besuch bei Eduard Schewardnadse

Der Mann, der einmal der große Wirtschaftsreformer und Antikorruptionsheld Georgiens war, der berühmte UdSSR-Außenminister und Zwei-plus-Vier-Architekt, der bekannteste und beliebteste Sowjetpolitiker neben Gorbatschow, 1995 Präsident des unabhängigen Georgien, 2004 gestürzt wegen Wahlbetrug, Vetternwirtschaft und Korruption, hinweggefegt von der »Rosen-Revolution«, bewohnt immer noch die Regierungsresidenz Krtsanisi an einem Berghang außerhalb Tiflis'. Schon der Park und die Zufahrt sind streng bewacht, und je näher man der Residenz kommt, desto mehr bewaffnete Posten stellen sich einem in den Weg. Auch am Eingang der Bungalow-Villa sind wir umstellt von Soldaten, wie auch der alte Mann von Wachen flankiert ist, als er uns freundlich begrüßt und über einen ganz und gar mit moderner Kunst geschmückten Treppenaufgang in den Empfangssalon bittet. Diese Posten haben nichts von einer Ehrenwache. Alles sieht nach Hausarrest in luxuriöser Abgeschiedenheit aus.

Es ist halb elf Uhr vormittags. Die Tischchen zwischen den Samtsofas und Sesseln biegen sich unter den Kristallgläsern und Karaffen mit Wein und Kognak, Kaffeetassen, Süßigkeiten.

»Trinken Sie, trinken Sie!«, fordert der Gastgeber, einen großen Kognak-Schwenker in der Hand, uns auf. »Wenn Deutsche mich besuchen, dann ist das ein Besuch von Freunden.« Er prostet uns zu und bittet um Verständnis, dass er zu aktuellen politischen Problemen seines Landes nichts sagen wird. Die Botschafterin der Bundesrepublik Deutschland klappt ihr Notizheft zu. Jemand fragt nach dem Verhältnis zu Gorbatschow. »Wir waren einmal zwei Menschen, die eng zusammen waren, nicht nur in der politischen Arbeit, sondern überhaupt. Dann hörte das abrupt auf. Seit Jahren haben wir nichts mehr miteinander zu tun. Wir reden auch nicht miteinander. Das ist sehr schade.«

Die Botschafterin schlägt ihr Notizheft wieder auf. Die Kristallgläser machen immer schneller die Runde. Man hat uns nur eine Stunde Zeit für dieses Treffen eingeräumt. Einer der Wachposten öffnet schon mal ganz ungeniert die Tür und schaut kurz herein. Die Fenster zum Garten sind geöffnet. Der Salon wird beherrscht von Porträtbildern und Fotos einer schönen Frau. »Meine geliebte verstorbene Frau«, sagt Schewardnadse, »wir haben sie im Garten gleich unterhalb der Terrasse begraben. Der Metropolit hat es gestattet. Jeden Morgen gehe ich als Erstes an ihr Grab und halte Zwiesprache.« Nun drängt die Botschafterin auf Beendigung der Unterhaltung. Es dürfen aber noch Fotos gemacht werden, Gruppenfotos, Zweierporträts. Jetzt kann man auch in die angrenzenden Räume blicken: das Esszimmer mit einer Riesentafel, die Bibliothek. Als wir nebeneinanderstehen für ein Foto, sagt Schewardnadse: »Thank you for your visit. I am a lonely old man.« Er gibt mir die Hand zum Abschied. Ich erschrecke: Wie viel Blut? Wie viel Blut klebt an der Hand des ehemals Mächtigen, des Tyrannen? Und du nimmst diese Hand und gibst deine? Die Wachen vor dem Empfangssalon bleiben auf ihren Stühlen rechts an der Wand sitzen, die Gewehre auf ihren Knien. Sie stehen auch nicht auf, als wir durch die große Bilderhalle über die Freitreppe hinunter zum Portal gehen. Dort hat sich eine andere Gruppe von Bewaffneten versammelt, die uns beim Einsteigen in die Autos umringt. Vorgebeugt steht der alte Herr in der offenen Tür seiner Residenz. »Grüßen Sie meinen Freund Genscher!«, ruft er uns zu, während wir schon losfahren.

»Wissen Sie, wie viel Attentatsversuche Schewardnadse überlebt hat?«, fragt die Dolmetscherin, »nach offiziellen Angaben mindestens drei. Und einmal trafen Panzerabwehrraketen seine Wagenkolonne hier in Tbilisi mitten in der Nacht – das war 1995.«

Wir fahren eine lange Baumallee hinunter. Am Ende des Parks werden die Gittertore kurz geöffnet, um unseren Konvoi durchzulassen.

HELTER SKELTER

Im Riesenrummel des Seebades Brighton stand sie, steht sie, die turmhohe Rutschbahn für die »rasenden Fahrten vom Gipfel nach ganz unten«.

Abwärts. Aufwärts. Allein. Zu zweien. Und immer dasselbe Spiel: Wenn man unten angekommen ist, rast man wieder nach oben: Helter Skelter.

Der Beatles-Song erschien im Herbst 1968. Er war der Song dieser Zeit, auch meiner Zeit. Wie das Jahr anfing? In der Silvesternacht in Budapest! Auf einer gleißenden Saufspur aus Sowjetschampus, ungarischem Rotwein und Aprikosenschnaps im Ballsaal des Hotels am Lenin körút. Wieder spielten zwei Zigeunerkapellen abwechselnd zum Tanz, ich flog geradezu übers Parkett, und gegen Mitternacht kamen meine Eltern an unseren Tisch und meine Taufpatin Keresztanya und die Tanzbären, und das Feuerwerk überstrahlte alles, alles, alles.

Jó, Mamám!

Gegen fünf Uhr morgens im Hotelzimmer bekam Hanno panische Angst. »Ich erbreche lauter Blut«, weckte er mich, die Halbtote. »Du musst einen Arzt holen!« Dazu war ich nicht in der Lage, aber das Blut war auch lauter Rotwein, Egri Bikavér, Erlauer Stierblut, ha, ha …

Der Neujahrstag fiel jedenfalls total aus. Keine Spurensuche im Bahnhofsviertel, wo mein Vater gearbeitet hatte, auch nicht am Vörösmarty tér, wo meine Eltern die kleine Wohnung gehabt hatten, auch keine Kaffeehausbesuche im Gedenken an meine wunderbare Mutter. Schwarzfilm – und am übernächsten Tag verkaterte Rückreise. So fing dieses Jahr 1968 an – und ungefähr so ging es dann auch weiter.

Go-ins, Sitzstreiks in der Hamburger Universität, die sich jetzt »Kritische Universität« nannte. Sprechchöre »Enteignet Springer« in der Stadt. Fahrten zu amerikanischen Kasernen mit Flugblättern: »Haut ab, Boys, bevor sie euch nach Vietnam schicken!« Vietnam-Kongress in Berlin und »Vietnam-Diskurs« von Peter Weiss in Frankfurt, uraufgeführt von Harry Buckwitz. Hanno und ich agierten in zwei Welten. Er im Krisenstab des Senats. Ich immer unterwegs, meistens mit Tonbandgerät, bei den Demonstranten, Blockierern, »Ausschreitern«. Zwei Welten. Zwei Lager. Er war Establishment. Ich stand auf der Seite der APO, der Außerparlamentarischen Opposition. Ich beobachtete, begleitete sie, ich gehörte nicht dazu, aber ich stand auf ihrer Seite, den Presseausweis stets dabei. Ich hörte Rudi Dutschke, »diese ungewaschene, verlauste, verdreckte Kreatur«, wie der CSU-Bundestagsabgeordnete Unertl zu sagen beliebte. Dutschke sagte: »Die Konfrontation mit diesem Staat muss gesucht und geleistet werden!« Diesen Aufruf fand ich vollkommen richtig. Gegen »diesen Staat« der geplanten Notstandsgesetze, der Polizeiaktionen gegen Demonstranten und vor allem gegen »diesen Staat« unter Einfluss der Hetzmaschine Springerpresse musste die Konfrontation geleistet werden. Und zwar in Hamburg wie in Bonn! Meine bisherige Einteilung: Mist-Bonn / Gutes-Hamburg trug nicht mehr. Die sozialdemokratischen Landes- oder Stadtregierungen machten im Kern keine andere, bessere Politik. Das war die bestürzende Erkenntnis, die die neuen Oppositionsformen ans Licht brachten.

Was schrieb die Bild-Zeitung am 7. Februar 1968: »Man darf auch nicht die ganze Drecksarbeit der Polizei und den Wasserwerfern überlassen.« Was war damit gemeint? Sollte ein Lynchmob gegen die Demonstranten vorgehen? Die Bundeswehr? Eine »Legion Springer« vielleicht? Und was heißt hier »Drecksarbeit«? Damit waren junge Menschen gemeint, die von ihren Rechten der Versammlungs- und Meinungsfreiheit Gebrauch machten. Kurz, dieser seit Jahrzehnten verlogene und jetzt gewalttätig werdende Staatsapparat hatte für mich nichts mehr mit der Demokratie zu tun, die wir nach dem Krieg herbeigesehnt hatten und aufbauen wollten. Mein Vater gab mir da vollkommen recht. Mein Mann hielt dagegen: »Du verdankst doch dieser Bundesrepublik so viel: Bildung, Meinungsfreiheit, berufliche Erfolge. Gewalt darf niemals ein Mittel der Auseinandersetzung sein.«

Diese lächerliche Gewaltdiskussion! Gewalt gegen Sachen/Gewalt gegen Personen. Was war eigentlich mit der Gewalt des gedruckten Wortes, die da millionenfach jeden Tag verbreitet wurde, menschenverachtend, demokratieverachtend, ja staatsverachtend? Ich habe nie Steine geworfen. Ich habe versucht, die politischen Ereignisse aus der Nähe so konkret wie möglich zu dokumentieren, das war mir wichtig. Und ich habe viel staatliche Gewalt gegen Personen in diesen Wochen und Monaten erlebt, meistens übrigens ausgeübt ohne Not.

Diese »Wochen und Monate« bedeuteten: »Prager Frühling«, Dutschke-Attentat an Ostern, Studentenrevolte in Paris … die Welt war ziemlich aus den Fugen.

Helter Skelter. Abwärts. Aufwärts. Auseinander. Miteinander. Eine Liebesaffäre brachte mein ganzes bisheriges Leben zusätzlich durcheinander. Jeden Tag Telefonanrufe. Jeden zweiten Tag einen Brief. Kurze gemeinsame Reisen. Berlin, Frankfurt, Zürich, Straßburg, Baden-Baden. Nicht heimlich. Ich habe die Geschichte meinem Mann sehr schnell offenbart samt meinem schon oft geäußerten Angebot: »Wir können uns ja scheiden lassen.« Hanno Jochimsen wollte an dieser Ehe festhalten um fast jeden Preis. Auch um den »zwei Welten, zwei Lager«-Preis. Was er am meisten fürchtete, war die Bild-Schlagzeile: »Frau des Hamburger Pressesprechers als Steinewerferin entlarvt!« Aber selbst dann würde er zu mir stehen, war seine Versicherung.

»Ich werfe keine Steine«, erwiderte ich, »obwohl mir manchmal danach zu Mute ist.«

Zwei Welten, zwei Lager. Hanno hätte nie demonstriert. Er lebte konsequent da, wo er arbeitete.

Ich war da keineswegs so konsequent, ich wechselte zwischen den Lagern. So bin ich am 1. Mai nach 23 Uhr, am Ende eines langen Demonstrationstages, als der Polizeieinsatz nur noch einen absurden Eindruck machte, wie ich notierte, zu Fuß über die Lombardsbrücke, am strahlenden Hotel Atlantik vorbei in die Wohnung An der Alster 44 gegangen. Zu Mann und Kind. Und am nächsten Tage habe ich über andere Themen geschrieben: »Die Revolution im Kinderzimmer«, »Das hässliche Auto«, »Die Sprache der Tränen«.

Das verdiente Geld ließ mich sorglos leben mit Haushaltshilfe und Kinderfrau. Ich hatte ein »Schreibzimmer« um die Ecke gemietet. Ich fühlte mich frei. Ich wählte mal diese, mal jene Seite auf der großen Rutschbahn. Abwärts. Aufwärts – je nachdem.

Ulrike Meinhof hat mir das in einem nächtlichen Gespräch in Baden-Baden, wo wir beide mit Sendeproduktionen beschäftigt waren, sie Fernsehen, ich Hörfunk, zum Vorwurf gemacht. Es war übrigens unser einziges Zusammentreffen in dieser Zeit. »Was du schreibst, ist nicht schlecht«, sagte sie, »aber es ist dir nie ernst genug. Sonst würdest du an einem Thema dranbleiben und zur Handelnden werden, aktiv Konsequenzen ziehen aus dem, was du siehst. Aber genau das machst du nicht, sondern wendest dich dem nächsten Thema, dem nächsten Projekt zu.« – »Ich bin Journalistin«, erwiderte ich. »Ja, das ist eben das Nuttige an diesem Beruf«, sagte sie darauf, »das macht euch alle zu Mitläufern und Opportunisten der besonderen

Art – unterm Deckmäntelchen ›kritisch‹ seid ihr letztlich Stützen des Staates.« Betroffenes Schweigen in der Runde der Redakteure, die sich selbst auch für kritisch hielten und auch kritisch waren.

Ich hielt meinen Weg sehr selbstgerecht für richtig, habe die Vorwürfe aber nie vergessen.

Am 11. Mai – mitten in der Zeit der Revolten – ging es mit dem Bus nach Bonn zur Anti-Notstands-Demo. Morgens um vier Uhr Abfahrt. Rauf auf die Autobahn, ein Konvoi von bunt beklebten Bussen. Unsere Aufkleber verkündeten: »Notstandsgesetze sind Vorbereitung zum Staatsstreich. Notstandsgesetze bringen Kommandogewalt für Unternehmer. Kurt Georg Kiesinger: Erst NS-Propagandist, jetzt Notstandsplaner.«

Ziel war die Hofgartenwiese in Bonn. Als wir nach stundenlanger Fahrt und einstündigem Fußweg von der anderen Rheinseite über die autofreie Brücke dort eintrafen, waren schon Hunderttausend versammelt. Und immer mehr Menschen strömten von allen Seiten heran. Das war Demokratie! Das war wie ein Riesenfest. Fehlte eigentlich nur noch ein gigantisches Feuerwerk am helllichten Tag. Die große Familie der Opposition gab es, und »Bewegung« war möglich. Wir würden diesem Staat schon »Beine machen«. Ein schönes Gefühl.

Da konnte man danach ohne weiteres in die Ferien fahren, an die Costa Brava, nach San Feliu de Guíxols. Janko lernte schwimmen. Das ging ganz einfach. Er hatte Schwimmflügel an den Oberarmen, und wir schwammen aneinandergeschmiegt in einer kleinen Felsenbucht einfach hinaus, hinaus, hinaus aufs Meer. So ging das drei Wochen lang. Ich trug eine Badekappe aus rosa Blütenblättern, aus der am Hinterkopf ein blonder Pferdeschwanz aus Plastikhaaren herabfiel. Mein Sohn fand Blondinen viel schöner als Frauen mit braunen Haaren. Ihm wäre am liebsten gewesen, ich hätte diese Badekappe den ganzen Tag über getragen. Hier war alles harmonisch. Keine zwei Welten. Keine zwei Lager. Selbst die Ehemisere halb so schlimm, trotz der fremden Liebesbriefe jeden zweiten Tag. Ich fand, das könnte alles so weitergehen. Helter Skelter. Ich hatte mich im Abwärts/Aufwärts eingerichtet. Der Mann, der wie ein Komet in meinen Alltag eingeschlagen war, hatte parallel zwei oder drei alte und neue andere Beziehungen. Auch ganz offen. Da gab es sowieso kein Entweder/Oder. Und das hatte auch sein Gutes.

Kaum zurück, überraschte mich ein Telegramm:

»Das Präsidium des ADAC hat beschlossen, Ihnen den Hans-Bretz-Preis zu verleihen. Bitte teilen Sie umgehend mit, ob Sie am 19. Juli zur Preisverleihung nach Köln kommen können.«

Das war eigentlich ein Witz. Der ADAC wollte seinen Präsidenten zum 75. Geburtstag ehren – mit einer Preisverleihung für besondere publizistische Arbeiten. Und da waren die Preisrichter ausgerechnet auf meine Reportage vom »Hauptverbandsplatz der motorisierten Gesellschaft« gekommen – eine ganz und gar Auto-kritische Geschichte über Verkehrsunfälle und ihre Folgen. Aber so war die Zeit. Die »Kritiker« wurden ausgezeichnet. Ich flog nach Köln: die Haare hochgesteckt, brandneues Sommerkostüm, und nahm meinen ersten Preis entgegen samt 5000 DM, einem kleinen Vermögen! Mein Vater schrieb, ich sei nunmehr eine »etablierte Frau«.

Das wurde Anfang August allerdings wieder ganz anders.

Luc Jochimsen fuhr als offizielles Mitglied des Deutschen

Bundesjugendringes (mit immerhin 32 Jahren!) zu den Weltjugendfestspielen für Solidarität, Frieden und Freundschaft nach Sofia. Diese Delegation bestand aus »Falken«, Pfadfindern, Friedensaktivisten, Kommunisten, Trotzkisten und einigen Leuten des Christlichen Vereins Junger Männer. Ein Tross, der dem Verfassungsschutz große Freude gemacht haben muss. Ich hatte eine Radioredaktion überredet, mir ein Tonaufnahmegerät und Dutzende Bänder zur Verfügung zu stellen, und im Gegenzug versprochen, eine »Reportage von unten« von den Jugendspielen mitzubringen. Außerdem Eindrücke aus Sofia, in das man aus dem Westen so gut wie nie kam.

Es gab immerhin eine Chartermaschine für die Delegation, und Sofia war herausgeputzt, dass alle staunten. Monatelang mussten die Malerkolonnen durch die Stadt gezogen sein, so frisch angestrichen war alles. Außerdem überall Rosen, diese blutroten, duftenden Balkanrosen. Lokale waren geöffnet, die offenbar vorher niemand kannte, und Bars und Nachtbars außerdem. Unsere Delegation wurde am Flughafen mit Blumen begrüßt, dann ging es ab in unser Quartier im »Jugendstädtchen«, das waren für den Sommer geräumte Studentenwohnheime am Rande der Stadt. Umzäunt, allerdings mit offenen Toren. Besonders auffallend waren die großen Lautsprecher an den Hausecken für dröhnende Durchsagen aller Art und vor allem für die morgendliche Weckaktion. Punkt sechs Uhr ging es los: mit Parteichorälen und Marschliedern. Wir waren in Vierbettzimmern untergebracht, getrennt nach Männern und Frauen. Und da in unserer Delegation nur ganz wenig Frauen vertreten waren, waren wir nur zu zweit. Die Adresse lautete: Boulevard Lenin 125, Block III, 2. Stock, Zimmer 206. Post kam anstandslos an.

Wir hatten Glück, denn neben uns logierte die Prager Delegation. Und die Prager Delegation war sozusagen die Hauptattraktion des Festivals. Und was waren die selbstbewusst und optimistisch! Ihr Land würde es allen zeigen, in Ost wie West. Ein neuer Sozialismus war möglich. Das »menschliche Antlitz« war kein Märchen. Diese nächtlichen Diskussionen wirkten wie Elektroschocks auf die dicht gedrängten Zuhörer. »Ihr wisst, dass alles mitgeschrieben wird, was ihr sagt?«, warnten Polen und Jugoslawen. »Ist uns egal, sollen sie doch alles aufzeichnen, dann verbreiten sich unsere Ideen umso schneller«, sagten sie und verteilten hektografierte Kopien des »Manifestes der 2000 Worte«.

Für die Veranstalter müssen diese tschechoslowakische und die bundesdeutsche Delegation der reine Horror gewesen sein, wenn auch aus ganz unterschiedlichen Gründen. Die Prager waren politisches Dynamit. Wir waren einfach nicht festivalgeeignet. Wir hatten keine einheitliche Delegationskleidung oder -uniform. Wir hatten keinen prominenten Athleten, Künstler oder Funktionär als Anführer. Die Frage »Wer trägt die Fahne ins Stadion?« führte zu Tumulten innerhalb der Gruppe. Niemand wollte die Fahne »dieses Staates« schwenken, kein Individuum, keine Gruppierung. Die Veranstalter blieben hart. Die Statuten sahen vor: Einmarsch der Delegationen ins Stadion hinter Namenstransparent und Fahne – oder kein Einmarsch. Das aber wollte die Mehrheit dann doch nicht, dafür waren wir schließlich hierhergekommen, um zu demonstrieren, dass wir bei »Solidarität, Freundschaft und Frieden« dabei sind. Schließlich wurde per Los entschieden. Trotzdem war unser Auftritt bei der gigantischen Eröffnungsfeier eine reine Lachnummer. Weder Reih noch Glied. Jeder kam angezogen angeschlurft, wie man damals eben angezogen angeschlurft kam. Ein paar rote Fahnen mittendrin, zog unser mickriges Häuflein zu bombastischer Musik in das über und über geschmückte Riesenstadion. Hurra! Die Delegation der FRG – der Bundesrepublik Deutschland! Alphabetisch gar nicht weit entfernt von der Delegation der GDR – der Deutschen Demokratischen Republik, die mindestens zehnmal so groß war und geordnet natürlich und in ganz neuen Ost-Schick-Uniformen, die zwar mit denen der Polen und Ungarn nicht mithalten konnten, aber immerhin. Ja, FRG und GDR – einen größeren Unterschied konnte es kaum geben. Es gab auch kaum Kontakte zwischen uns. Wir hatten andere Interessenpartner: neben den Pragern die Polen, Ungarn und Jugoslawen. Das Nachtleben war rauschend. »Tiger« Tom Jones war Herrscher der Tanzbars mit »Delilah«. Da hörten alle politischen Diskussionen auf. Allerdings nur für kurze Zeit. Es war so viel zu erfahren, zu bereden. Eine Aufbruchstimmung erfüllte die Stadt, auch eine vibrierende Nervosität auf der Gastgeberseite. Überall war stets mindestens ein interessierter Bulgare dabei, tat sich hervor mit holprigen Witzen über den Ministerpräsidenten. »Also, da wird neulich nachts einer der Leibärzte zu Schiwkow in sein Arbeitszimmer gerufen. Der Ministerpräsident streckt ihm jammernd seine rechte Hand entgegen. ›Ja, was haben wir denn da, einen großen Holzsplitter! Ja, wie ist der denn in den Finger gekommen, Genosse Schiwkow?‹ – ›Ich habe nachgedacht und habe mich wohl an der Stirn gerieben.‹« So ein mutiger politischer Witz! Die Zuhörer winkten ab.

Vermittelt durch Tom Jones' »Delilah«, machte ich auf dem Tanzparkett die Bekanntschaft des Kultursekretärs der jugoslawischen Botschaft, von den anderen von nun an »mein persönlicher Diplomat« genannt. Look out! Helter

Skelte! – He was a dancer. Aber er war vor allem auch ein hochinteressanter Nachrichtenvermittler. Es gab Gerüchte, Todor Schiwkow würde gerade jetzt, die Erfahrungen mit der »Jugend der Welt« vor der eigenen Haustür im Blick, den Kreml drängen, das Abenteuer in Prag sofort zu beenden. Die tschechoslowakische Delegation aber lachte nur, lachte auch dann noch, als Jugoslawen andeuteten, dass die Rückkehr nach Prag vielleicht ganz anders ausfallen würde als die Verabschiedung vorige Woche. Alles würde sich schnell ändern, und sie sollten eher vorsichtiger sein. All diese Gespräche zogen sich durch die Tage und vor allem die Nächte. Und am vorletzten Tag bin ich überhaupt nicht mehr in mein Quartier am Lenin-Boulevard gegangen, sondern blieb in einer Wohnung mitten in der Stadt, in der Dutzende Leute ein großes Abschlussfest gaben: essen, trinken, reden, tanzen, reden, trinken, essen – für Solidarität, Freundschaft und Frieden natürlich.

Als mich mein persönlicher Diplomat morgens um sechs Uhr mit dem Dienstwagen ins Quartier zurückfuhr, dröhnten zwar die Lautsprecher wie gewohnt, die Zimmer unserer Delegation waren aber alle geräumt, nur noch meine Sachen lagen in der Nummer 206 und ein Zettel auf dem Bett. »Achtung! Abflug 6.30 Uhr statt 10 Uhr!« Das war's dann. Wir sind zwar noch zum Flughafen gerast, aber die Maschine war weg, eindeutig weg. Mein persönlicher Diplomat ließ gar keine Angst meinerseits aufkommen. »Ich fahre Sie mit dem Auto nach Belgrad. Von dort gibt es jeden Tag eine Verbindung nach Frankfurt.« – »Und wie komme ich über die bulgarische Grenze nach Jugoslawien – ich habe ja nur ein Gruppenvisum für Sofia?« Lächeln: »Diplomaten-Auto, Diplomaten-Pass – das ist an unserer Grenze kein Problem.« War es auch nicht.

Bei Dimitrowgrad wurde der Wagen tatsächlich durchgewinkt – und auf der jugoslawischen Seite auch –, als hätte es eine Voranmeldung gegeben. »Hat es eine Voranmeldung gegeben?«, fragte ich. Lächeln. »Kann sein, muss aber nicht sein.«

Ich wäre am liebsten geblieben. Aber ich hatte ja nun schon genug Erklärungsnot der Delegation, meinem Mann, meinem Kind gegenüber. Mit drei Tagen Verspätung kam ich zu Hause an. Belgrad unvergessen.

Wahrscheinlich waren noch nicht mal alle Delegationen der Spiele »Für Solidarität, Freundschaft und Frieden« in ihre Heimatländer zurückgekehrt, als die Sowjetarmee mit kräftiger Unterstützung der Bulgaren in die Tschechoslowakei einmarschierte. Die Ungarn und die Polen waren allerdings auch dabei – in einem Heer von fast einer halben Million Soldaten.

Helter Skelter. »In rasender Fahrt zum Boden.« Endgültig abwärts. Und dann Stille. Grabesruhe. Die schönen Tage von Sofia waren vorbei.

Und bei uns? In mir? Schockstarre. Gruppenkater. Haschisch. Haschisch sollte helfen. War ja alles eh wurscht. War Kokain nicht noch sehr viel besser als Hasch? Also, Kokain sollte helfen. War ja alles eh wurscht. Mit dem Kokain wurde alles sofort ganz klar: die Politik ein Trugschluss; das Einmischen in die Gesellschaft vollkommen sinnlos. Wichtig nur das eigene Glück. Liebe, Leidenschaft, Lachen … Helter Skelter. Aufwärts. Abwärts.

Das Telefon riss mich aus diesen ganz klaren Gedanken. »Wo bist du?«, fragte Hanno Jochimsen. »Wie geht es dir? Du wolltest gestern zurück sein.« – »Gestern? Heute Abend um 22 Uhr mit dem Zug«, antwortete ich. – »Das war gestern Abend, ich war am Bahnhof. Danach konnte ich dich nicht erreichen. Im Hotel warst du noch nicht.«

»Wie viel Uhr ist es jetzt, und was für ein Tag ist heute?

Es stellte sich heraus, dass ich einen ganzen Tag überschlafen hatte. Er war weg. Ausgefallen, gewissermaßen. Leerstelle. Als ich mich langsam gesammelt hatte, war mir klar: Nie wieder! Nie wieder würde ich mich auf dieses wunderbare, hellsichtig machende Kokain einlassen. Es würde mich in ein ganz anderes Leben führen, zu einem Bruch mit allem, was mir bisher wichtig war. Das wollte ich auf gar keinen Fall. So betörend die Flucht auch war, die Entscheidung war eindeutig – und wurde nie revidiert.

Am 30. August 68 fällt eine Ansichtspostkarte aus Buchara in meinen Briefkasten. Abgebildet ist das Chashma Ayub Mausoleum aus dem 14. Jahrhundert.

Die Postkarte kommt aber aus Tjøme in Norwegen und ist von Hans Magnus Enzensberger. Er schreibt: »L. macht mich auf Ihre Arbeit über die Rolle der Frau aufmerksam (Minoritätsverhalten einer Majorität). Das könnte fürs *Kursbuch* interessant sein …«

Ein Auftrag fürs Kursbuch! Helter Skelter. Aufwärts. Aufwärts. Aufwärts. Dabei hatte ich gar kein fertiges Manuskript. Nur eine Ideenskizze. Eine These – und die hieß: Frauen, die Mehrheit unserer Gesellschaft, werden nicht nur von den Männern wie eine Minderheit behandelt und unterdrückt, sondern sie verhalten, ja empfinden sich selbst wie eine Minderheit. Vielleicht war das eine Erklärung für die ganze Gleichberechtigungsmisere.

Helmut Schelsky hätte sich gefreut. 1968 fing ich an, mich mit dem Thema zu beschäftigen, auf das er mich schon Jahre vorher ansetzen wollte: der Frauenfrage. Wochenlang saß ich im Herbst 1968 in der Universitätsbibliothek, ging zurück zu den soziologischen Quellen. Die Frauen haben eine doppelte Biografie: Biografie I ist scheinbar gleichberechtigt; Biografie II findet im unveränderten Minderheitengetto namens »Ehe und Familie« statt. Dort arbeitet die Frau dann fleißig an der Reproduktion ihrer Unterdrückung, indem sie die nächste Frauengeneration in die Welt setzt und für ihre Doppelrolle erzieht.

Beate Klarsfeld 1

Andere Frauen waren da anders in dieser Zeit. Beate Klarsfeld zum Beispiel. Die in Berlin geborene Tochter eines Wehrmachtsoffiziers und Ehefrau eines französischen Juden, dessen Vater im KZ ermordet wurde. Wie ein Blitzgewitter erschien ihre Aktion im Herbst dieses Jahres 1968. Mitten auf dem CDU-Parteitag in der Berliner Kongresshalle stand sie plötzlich hinter Kurt Georg Kiesinger, dem Kanzler, und ohrfeigte ihn vor aller Augen. »Nazi.«

Nie mehr habe ich diese Szene vergessen. So eine schöne, junge Frau, so mutig. Eine antike Rachegöttin mitten in unserer modernen Zeit. Ja, wenn frau so sein könnte, öfters, überall in diesem immer noch braun versifften Land!

Fast zehn Jahre »jagten« Beate Klarsfeld und ihren Mann Serge den ehemaligen SS-Obersturmbannführer Kurt Lischka.

Von 1940 bis 1943 war er Gestapo-Chef in Paris und verantwortlich für die Deportation von 76000 Menschen nach Auschwitz, 1950 in Paris in Abwesenheit zu lebenslanger Haft verurteilt, lebte und arbeitete er 1971, 26 Jahre nach Kriegsende, 21 Jahre nach seiner Verurteilung, ganz ungeniert in Köln. Als Prokurist einer Getreide-Großhandelsfirma. Bewohner eines Einfamilienhauses in Köln-Holweide mit dem Namensschild »Lischka« an der Türklingel.

Beate und Serge Klarsfeld spürten ihn auf, wollten ihn nach Frankreich entführen, um ihn dort seinen Richtern zuzuführen. Der Versuch misslang. Die deutsche Polizei kam Lischka zur Hilfe. Wer ins Gefängnis kam, war Beate Klarsfeld. Allerdings nur für zwei Wochen. Und allerdings: Acht Jahre später, tatsächlich, acht Jahre später, wurde Lischka in Köln tatsächlich der Prozess gemacht! Urteil 1980: Zehn Jahre Haft.

»Macht es denn Sinn?«, fragten Journalisten damals Beate Klarsfeld, »nach so langer Zeit einen so alten Mann vor Gericht zu stellen, 35 Jahre nach Kriegsende?«

»Ja, um des Prinzips der Gerechtigkeit willen«, antwortete Beate Klarsfeld, »und weil es eine Frage der Moral ist.«

Anstiftung zur Veränderung

1969/70 war mein Mutter-und-Kind-Jahr. Wer hätte das gedacht! Ich, die ich mich nie mit der Frauenfrage beschäftigen und keine Kinder haben wollte, hatte nun ein einziges Thema: Frau-Familie-Gesellschaft und eben Kinder. Es war ganz offensichtlich, dass das Frauenthema nicht zu trennen war vom Thema Kinder – und auch nicht zu lösen ohne dieses. Es war offensichtlich, aber erkannt hätte ich es nicht ohne Janko. Der Vierjährige, für den es keinen Kindergarten gab, der Fünfjährige, für den es keine Vorschule gab, und der Sechsjährige, der dann in eine Schule eingeschult wurde, die diesen Namen nicht verdiente, war mein Lehrmeister. Und er lehrte mich Fürchten und Ohnmacht und Zorn. Und wenn ich schon keine Revolution wollte aus Angst vor den Revolutionen der Geschichte und Gegenwart, dann wollte ich wenigstens Reformen, Reformen und nochmals Reformen für dieses Kind und alle Kinder. Im Bildungswesen, beginnend bei den Anfängern, für die jede Chance des Lernens so lebenswichtig war und jede verweigerte Chance erst recht. »Was wir unseren Kinder schuldig bleiben«, hieß die ARD-Fernsehdokumentation, die ich für den WDR in deutschen Kinderzimmern, Kindergärten und Klassenräumen, auf Spielplätzen und Schulhöfen drehte – und dann in der Nähe von Malmö gleich nochmal an denselben Orten, die aber ganz anders waren. Für Janko, der die Dreharbeiten mitmachen durfte – der Film war schließlich ein »Reformprojekt«, da musste sich ein Fernsehteam mit Kinderwünschen und -ansichten auseinandersetzen – war Malmö ein Paradies. Er wollte jeden Morgen in die Schule mit ihren Kleingruppen, ihren Spielflächen, ihren Ruheräumen. »Können wir nicht nach Schweden ziehen?« – »Können wir nicht, wir können kein Schwedisch.« – »Können wir dann unsere Schulen schließen, damit ich da nicht hingehen muss?« – »Das geht eben auch nicht.« – »Warum?« – »Weil ihr Kinder dann gar keine Schule hättet.« – »Aber ein Jahr schulfrei – und dann alles so wie in Schweden, das wär doch was!« – »Das wär wohl was.«

Also Reformen. Reformen von unten nach oben. Die Zeichen der Zeit standen nicht schlecht. 1969 war Wahlkampfjahr. Die CDU/CSU-Herrschaft sollte endlich gebrochen werden. Schluss mit der Adenauer-Erhard-Kiesinger-Ära. An die Stelle des Nazi-Propagandisten der Remigrant Willy Brandt. Es gab eine politische Bewegung für diesen Wechsel – auch unter den Frauen. Nicht nur in den Städten und unter den Jüngeren, sondern auch auf dem Land und gerade unter den Müttern. Aus einem Kaff in Niedersachsen erhielt ich einen Brief: »Wir sind fünf Mütter und wollten mit unseren Kindern nur einen Spielkreis einrichten. Dabei wurde uns mehr und mehr die Misere der Kinder klar. Wir fragten den Gemeinderat: ›Wo ist eigentlich der seit 1964 geplante Kindergarten?‹ Der Gemeinderat stellte die Gegenfrage: Ob sich denn die modernen Mütter gar nicht mehr selbst um ihre Kinder kümmern wollten? Jetzt überlegen wir, politisch aktiv zu werden. Bei den nächsten Gemeinderatswahlen müssen Frauen kandidieren, das ist uns ganz klar geworden …«

Das war die Stimmung unter den Frauen vielerorts. Reformen, eine neue Regierung, eine andere Republik. Dann wurde gewählt. Dann wechselte tatsächlich die Regierung. Und die neue Regierung gab eine in der Geschichte der Bundesrepublik neue Devise aus, die lautete: »Die Schule der Nation ist die Schule.«

Die Schulreform, versprach dieser Satz, wird kommen. »Die Schule muss verändert werden, wir alle wissen es, und jetzt wird sie verändert.«

Mein Vater schrieb: »Sei bloß nicht so gutgläubig. Die Sozis versprechen viel und halten wenig, das kennen wir doch.«

Im Herbst 1970 wurde Janko in Hamburg-St. Georg eingeschult.

Wir hatten große Hoffnungen. Die Schule war ein Neubau, hatte helle Klassenzimmer und eine große Turnhalle, einen umsichtigen Leiter und junge Lehrerinnen. Aber dann gehörten 36 Schüler in die Klasse 1a und 37 in die 1b, und es gab gerade mal 18 Wochenstunden Unterricht für die Anfänger. Janko hatte 35 Mitschüler, ein Drittel von ihnen stammte aus »Gastarbeiterfamilien« und sprach Italienisch, Spanisch, Portugiesisch, Griechisch, Türkisch als Muttersprache. Der Unterricht begann morgens um acht Uhr. Um sieben Uhr saßen wir beide stumm am Frühstückstisch, konnten kaum etwas essen. Kurz vor elf war der Schüler schon wieder zu Hause. Jetzt, wo er hellwach, lernbegierig, neugierig auf alles war, war Schluss mit Lernen. Ach ja, es gab das Lesebuch. Da stand: Tut, tut, tut … ein Auto. »Was ist denn das für eine Sprache«, meinte der Sechsjährige, »wer redet denn so?«

Diese Schule hätte mein Kind fast zerstört. Es konnte mit neun Jahren kaum leserlich schreiben, weigerte sich, zu lesen, war zu einem störrischen Cliquenführer geworden, der jeden erdenklichen Unsinn mitmachte. Von schöner Toleranz gegenüber Kindern aus anderen Ländern war auch nichts zu spüren. Der Traum von der Reformschule im bunt gemischten Wohnviertel hinterm Hamburger Hauptbahnhof war eine selbstbetrügerische Illusion. Die berufstätige Mutter suchte und suchte 1971/72 eine Ganztagsgrundschule, die gab es aber nicht. Dann suchte ich einen Hort, der das Kind nach der Schule aufnahm. Den gab es 1971/72 in Hamburg auch so gut wie nicht. Eine Ausnahme war eine Modelleinrichtung der Universität. Dort sollte im Rahmen der Erzieherinnenausbildung getestet werden, ob solch eine Einrichtung überhaupt »ging«. Mit viel Überredungskunst gelang es, Janko dort unterzubringen. Nie werde ich vergessen, wie ich einmal vollkommen abgehetzt eine Viertelstunde zu spät zum Abholen kam. Die Erzieherin erklärte mir aufgebracht, dass sie dieses eine Mal noch gewartet hätte. Das nächste Mal stünde Janko auf der Straße. Sie hätte schließlich eine feste Dienstzeit. Ich war so fassungslos, dass ich gar nicht dazu kam, ihr in diesem Moment zu erwidern: »So sollten berufstätige Frauen nicht miteinander umgehen, Sie wissen doch, dass ich nicht vom Friseur komme, sondern von der Arbeit.« Aber das war typisch für diese Zeit – selbst viele professionelle Erzieherinnen wollten die Ganztagseinrichtungen für Kinder nicht. Nicht nur Kirchen, Politiker und Hausfrauen waren dagegen, auch der pädagogische Berufsstand hielt das Credo hoch: Höchstens halbtags dürfen Kinder von Mama weg, und Mama soll eben sehen, wie sie das auf die Reihe kriegt. Meine Konsequenz nach diesem Vorfall: Wir organisierten einen Taxidienst. Janko wurde von nun an Punkt Viertel vor fünf vom Modell-Hort mit einem Taxi abgeholt. »Ja, wer das Geld hat«, hieß es zynischerweise im Hort.

Ja, wer das Geld hat! Ich nahm das Geld eben von meinem Verdienst: das Geld für die Kinderfrau, das Geld für den Taxidienst und anschließend das Geld für eine Privatschule. Am Anfang ging mehr als die Hälfte dessen, was ich verdiente, für die Betreuung des Kindes weg. Und mein Mann stellte die berühmte Frage: »Lohnt sich das eigentlich? Wäre es nicht besser, du würdest zu Hause bleiben? Wenigstens die nächsten Jahre?« Der liberale, gebildete Hanno Jochimsen, der öffentlich stets für die Gleichberechtigung eintrat, vertrat diesen Standpunkt – wie Millionen Männer dieser Zeit. »Drei Leben hat die Frau« – hieß die Parole damals –, »das erste Leben gehört der Bildung und einer Berufsarbeit, das zweite Leben dient der Familie, und das dritte Leben führt zu einer Rückkehr in den Beruf!« Das war das offizielle Credo. Nur in der Realität ging das mit den »drei Leben« schief. Es gab keine adäquate Rückkehr nach der Familienzeit, und die Familienzeit als Ziel und Sinn des Frauenlebens beherrschte Entscheidungen über Bildung und Ausbildung auf verhängnisvolle Weise. Eltern und auch die Mädchen selbst suchten die schnellen, kleinen Ausbildungswege in die »untere« oder »mittlere« Arbeitswelt. Und Frauen ließen sich so als minder qualifizierte, niedrig bezahlte Berufsgruppen flexibel einsetzen – oder auch nicht. Je nachdem, wie die Arbeitsmarktlage war.

Nach der Grundschule und allen vergeblichen Versuchen, ein staatliches Ganztagsgymnasium zu finden, schickte ich Janko auf eine Privatschule in Blankenese – gegen 400 Mark Schulgeld pro Monat – ohne Essenskosten.

Das war der einzige Ausweg. Der Junge stieg am Hauptbahnhof in die S-Bahn, fuhr nach Blankenese und kam spätnachmittags nach Hause. Diese Campus-Schule mit zwanzig Schülern pro Klasse und dem Wechsel zwischen Unterricht und Arbeitsgemeinschaften war die Rettung. Sie ließ sich nur mit Geld erkaufen. Und was war mit jenen Kindern, deren Eltern das Geld nicht hatten? Die hatten eben Pech im reichen sozial-liberalen Reformdeutschland West. Was konnte ich machen? Ich habe mich gerächt und das Anti-Schul-Pamphlet »Hinterhöfe der Nation« geschrieben. Anfangssatz: »Die Einschulung sechsjähriger Kinder in der Bundesrepublik ist so feierlich, verfassungstreu, systemerhaltend, gewalttätig, verlogen und unmenschlich wie eine große Gangsterbeerdigung in Chicago.«

Dafür gab es keinen Preis und von meinem Vater eine schallende Ohrfeige. Das ganze Reformschulgeschwafel wäre vollkommener Blödsinn und Janko altklug, verweichlicht und mutterfixiert. Da helfe keine Reformschule, sondern eine Kadettenanstalt alten Stils, in der Körperertüchtigung, Unterweisung in den alten Sprachen und eiserne Disziplin … usw. usw.

Ich hätte meinen verehrten, geliebten, in allen Lebenslagen befragten Vater, dem ich so viel verdankte, glatt erwürgen können in diesem Moment. Was fiel dem versteinerten, tyrannischen alten Mann ein? Wir gingen, ohne noch irgendeinen Satz miteinander zu sprechen, auseinander.

Bloß jetzt nicht weiterreden, dachte ich, am Ende hat er vielleicht sogar recht. Janko erklärte, nie mehr mit »diesem Großvater« allein sein zu wollen. Die beiden hatten gerade ein »Reiter-Wochenende« hinter sich – und der Enkel war einfach abgehauen.

Zwei öffentliche Augenblicke im Jahr 1971:

Erstens: Am Abend des 12. März im Stadttheater von Marl. Grimme-Preis-Verleihung. Katharina Focke, Parlamentarische Staatssekretärin im Bundeskanzleramt, überreicht den Sonderpreis der Bundesregierung für den Film »Was wir unseren Kindern schuldig bleiben«.

Die Trophäe nimmt Peter Scholl-Latour für den WDR entgegen. Zurück auf seinem Sitzplatz, überreicht er sie mir. Ich gebe sie an Janko neben mir weiter. Schließlich wäre ich ohne ihn nie auf dieses Thema gekommen.

Zweitens: Mittags am 14. Juni in der Hamburger Hauptkirche St. Jacobi. Im Rahmen eines »Kritischen Gottesdienstes« wird über die Reform des Strafgesetzes bei Schwangerschaftsabbruch, den § 218, diskutiert. Pastor Paul Schulz hatte viele Frauen aufs Podium eingeladen. Sonst redeten vor allem immer Männer über dieses Thema. Die Kirche war brechend voll. Es war die Zeit der Selbstbezichtigungen, der Sammlung von Unterschriften, der staatsanwaltschaftlichen Ermittlungen, der Razzien bei den Protestgruppen und der flammenden Aufrufe in den katholischen wie evangelischen Kirchen, den Strafparagraphen bloß nicht zu ändern.

So am Tag vorher Bischof Hans-Otto Wölber in der anderen Hauptkirche St. Nikolai: »In der Frage der Ehrfurcht vor dem Leben gibt es nur ein unabdingbares Entweder-oder, das uns die Bibel im 5. Gebot sagt. Und eine Gesellschaft, die nicht die Unabdingbarkeit aufrichtet, begibt sich an den Rand des Unheils und der Katstrophe.« Diese Bischofsworte, die denen der meisten Ärzte, Politiker und auch Juristen ähnelten, noch in meinen Ohren, vertrat ich auf dem Podium von St. Jacobi folgende drei Thesen:

»Ich bin für die Abschaffung des § 218, weil ich für den Schutz des Lebens bin anstelle des Schutzes werdenden Lebens. Schluss mit Kriegen, Armut und ungerechten Lebensbedingungen für Kinder!

Ich bin für die Abschaffung des § 218, weil ich für Mutterschaft bin anstelle des Gebärzwanges. Mutterschaft heißt ein Kind auf die Welt bringen in Verantwortung und Liebe – und nicht das Austragen einer Leibesfrucht um jeden Preis.

Ich bin für die Abschaffung des § 218, weil ich für die Menschwerdung der Frau bin anstelle eines Brutkörpers ohne Freiheit.«

Meine Worte gingen unter in einem nicht mehr aufhörenden Beifall. So etwas war mir noch nie passiert. In der »Hamburger Morgenpost« hieß es am nächsten Tag: »Vor allem die Thesen von Luc Jochimsen waren es, auf die die etwa 800 Menschen in der berstend vollen Kirche mit tosendem Applaus antworteten.«

Nun war die »Hamburger Morgenpost« Partei in diesem Kampf um gesellschaftliche Veränderung. Eine Woche vorher hatten 18 Redakteure des Blattes öffentlich bekannt: »Ich habe gegen den § 218 verstoßen« und unter der Überschrift »Halbe Nation hängt in der Sache drin« Leser zur öffentlichen Selbstbezichtigung aufgerufen.

Auffallend viele Journalisten haben in dieser Auseinandersetzung die Rolle der Beobachter, der Chronisten aufgegeben und sind zu Unterstützern geworden. So ja auch ich. Was machte mich so militant, so radikal in dieser Sache? Zunächst die Erinnerung an die beiden Abtreibungen, zu denen ich mich selbst entschlossen hatte, die erniedrigende voller Angst und Schmerzen wie die verständnisvolle ohne Qual. Dann aber die vielen ähnlichen Erfahrungen von Frauen, die mich nach der öffentlichen Selbstbezichtigung im »Stern« anriefen, ansprachen, anschrieben ... Welche Geschichten! Dann auch ein Telefongespräch mit meinem Vater, bei dem wir beide bitterlich weinten: »Deine Mutter hat auch abgetrieben ...« – »Ich weiß.« – »... es war aber vor unserer Zeit. Aber Erszy hat, glaube ich, auch abgetrieben. Sie hat es mir allerdings nie gesagt, nur angedeutet. Insofern habe auch ich mich schuldig gemacht.« So weit mein ehrlicher, unbarmherziger Vater.

Es war eine kämpferische Zeit. Jeden Samstag wurden abertausend Unterschriften in den Städten gesammelt. Nicht nur in den großen, auch in den kleinen, in Pinneberg zum Beispiel kamen innerhalb von zwei Stunden allein rund 700 Unterschriften zusammen. »Weg mit dem § 218«, Adressat: der Bundesjustizminister.

Der Kampf gegen den § 218 ging noch jahrelang weiter. Erst 1974 entschied eine knappe FDP-SPD Mehrheit im Bundestag für die Straffreiheit in den ersten drei Monaten der Schwangerschaft, gegen den Willen des Justizministers und gegen den Willen des Kanzlers. Willy Brandt verließ bei der Abstimmung das Plenum mit dem Argument: »Ich bin ein uneheliches Kind.« Im Grunde mit der fürchterlichen Unterstellung, seine Mutter hätte wohl abgetrieben, wenn es nicht den Strafparagraphen gegeben hätte.

Damit war aber der Kampf noch lange nicht zu Ende, denn das Bundesverfassungsgericht kassierte 1976 das Reformgesetz.

Und Kirche, Ärzteschaft und Politiker von CDU/CSU, kräftig unterstützt von BILD, starteten eine Kampagne gegen die geltende Indikationsregelung.

»Mord« und »Massenmord« hieß die Parole – und es dauerte bis zur Wende, 1990, dass alles anders wurde.

Erschrocken stellten die bundesrepublikanischen Vereiniger fest, dass in der DDR seit 1972 die Fristenregelung Gesetz war. Was nun? Am schönsten wäre ja gewesen, die DDR-Bürgerinnen würden von diesem staatssozialistischen Recht ablassen. Taten sie aber nicht. Also blieb in diesem einen heiklen Fall nichts anderes übrig, als die Fristenregelung für das vereinte Deutschland verbindlich zu machen. Welch eine Ironie der gesamtdeutschen Geschichte! Jetzt ging es auf einmal – und das Abendland überlebte.

Wie hatte mein Vater gewarnt: Trau bloß den Sozis nicht. Sie werden im entscheidenden Moment die Reformen nicht durchsetzen, die sie versprechen. Halbherzig machen sie es, könnte man sagen, oder auf halber Strecke bleiben sie oft stecken.

Das traf im Übrigen auch auf die groß angekündigte Bildungsreform zu. Ach, es fehlte am Geld, und schließlich musste man sich »pragmatisch« verhalten – die sogenannte

»Realität« blieb übermächtig. Aber die Zeiten waren wild und Hoffnungen groß. Und: Frauen fanden endlich zusammen. »Frauenaktion 70«, »Aktion § 218«, das waren Initiativen von Hunderttausenden von Frauen aus allen Schichten, mit allen Berufen, aller Altersgruppen auch, wie sie zum ersten Mal zusammenkamen und gemeinsame Interessen erkannten und vertraten. Das änderte vieles unterhalb der Gesetzgebung und außerhalb der politischen Strukturen. »Unkraut ins Parlament« hieß die Bewegung, die sich aus diesen Initiativen später entwickelte. Frauen kandidierten von nun an in Städtchen und Städten, Kreistagen und Landtagen. Mit Frauen musste auf einmal gerechnet werden.

Zwei ganz private Augenblicke 1971:

Erstens: Termin bei einem bekannten Scheidungsanwalt in Hamburg.

»Ich möchte mich scheiden lassen.«

»Wie lange sind Sie schon verheiratet?«

»15 Jahre«.

»Kinder?«

»Ein Kind, 7 Jahre alt.«

»Was werfen Sie Ihrem Mann vor?«

»Dass er mich vollkommen allein lässt in der Sorge um das Kind. Er hatte sich unbedingt Kinder gewünscht, aber seit der Sohn auf der Welt ist, habe ich praktisch alles allein zu leisten, was sein Aufwachsen, seine Erziehung angeht.«

»Ihr Mann hat einen sehr anstrengenden, exponierten Beruf.«

»Und ich?«

»Das kann ich nicht beurteilen. Aber wie dem auch sei: Ihr Vorwurf Ihrem Mann gegenüber ist kein Scheidungsvorwurf. Alkohol ist ein Vorwurf, Ehebruch ...«

»Wir gehen schon lange getrennte Wege.«

»Wieso will sich dann Ihr Mann nicht scheiden lassen?«

»Er will eben nicht. Wir führen einen erbitterten Streit darüber. Das Einzige, was er dann sagt, ist: Hau doch ab! Und genau das möchte ich jetzt. Aber in geordneter Weise. Gerade um des Kindes willen.«

»Aber wenn Ihr Mann sich weigert, gibt es rechtlich zur Zeit kaum eine Möglichkeit für Sie. Einer muss schuldig sein – und wenn Sie die Schuld auf sich nehmen, dann verlieren Sie alle Anrechte aus der Ehe: Versorgungsansprüche, Unterhalt ...«

»Ich verdiene meinen Lebensunterhalt von Anfang an selbst.«

»... aber auch das Sorgerecht für das Kind.«

»Sie meinen, obwohl sich mein Mann so gut wie nicht um das Kind kümmert, würde mir das Kind nicht zugesprochen?«

»Solange nach dem Schuldprinzip geschieden wird, nein. Wenn wir demnächst ein neues Scheidungsrecht bekommen sollten und nur noch die Zerrüttung zählt, ist das anders.«

So weit dieses dezente Anwaltsgespräch in einer Hamburger Kanzlei. Also keine Scheidung. Nur neue Hoffnungen auf die sozial-liberale Regierung und ihren Justizminister. Vielleicht würde er ja demnächst eine Scheidungsreform hinkriegen. Im Übrigen richtete ich mir am Tag dieses Gesprächs mein erstes eigenes Bankkonto ein. So viel Unabhängigkeit wenigstens sollte sein. Anno 1971. Nach 15 Jahren Ehe. Bisher hatte es nur ein Hanno-und/oder-Luc-Jochimsen-Konto gegeben.

Zweitens: Am Grab meiner Mutter am 29. September 1971, ihrem zehnten Todestag. Jedes Jahr schrieb mein

Vater an diesem Tag uns Kindern besondere Briefe im Gedenken an unsere Mutter. Dieses Mal hatten wir uns auf dem Johannisfriedhof verabredet. Mir ging es darum, meinen inneren Frieden mit dem Vater zu machen. Ich war ihm seit Jahren gram, weil er so schnell nach dem Tod seiner Frau sein Leben mit seinen »Damenbekanntschaften« intensivierte. Er hatte zwei feste Freundinnen, die eine sorgte für ihn, mit der anderen besuchte er Vorträge, öffentliche Konzerte, Museen. Dazu gab es Reiterinnen-Bekanntschaften und Kur-Rendezvous und »Briefverkehr«, wie er das ironisch nannte. Mein Verstand sagte mir: ist doch in Ordnung. Wer bist du, dass du deinem verwitweten Vater Einsamkeit verordnest? Hat er nicht ein Recht auf Gemeinsamkeit und Zuwendung? Das sagte mein Verstand. Aber mein Herz, mein Herz tobte voller Eifersucht auf »diese Frauen«, und mein Herz nannte das Ganze »Verrat an meiner Mutter«. Jetzt aber, am zehnten Todestag, wollte ich mich mit meinem Vater aussöhnen, mit seinem Leben aussöhnen, sein Leben akzeptieren. Er war allein gekommen, hatte Astern dabei, wir umarmten uns heftig, heftig, heftig, und es blieb offen, warum wir weinten, um der Mutter und Frau oder um unserer selbst willen. Dann gingen wir ins »Barockgärtle« neben dem Friedhof und trafen Frau Springenzaun. »Die Nr. 1«, wie mein Vater zu sagen pflegte. Und ich konnte ihr zum ersten Mal in die Augen schauen und mich für sie interessieren. Aber dann schoss es mir durch den Kopf: Was würde meine Mutter bloß sagen in diesem Moment? »Ist schon gut, Herzele!« Nie und nimmer würde sie das sagen, wenn sie uns jetzt so zu dritt da sitzen sehen würde in ihrem geliebten Kaffeehaus. Ich musste aufstehen vom gemeinsamen Tisch, musste einfach gehen, konnte nicht bleiben. Der Schmerz war zu groß, zu lebendig die

Todesnacht vor zehn Jahren. »Du musst schon wieder weg?«, fragte mein Vater – ich nickte und verabschiedete mich artig.

Radikalenerlass

Dieses Jahr ging nicht zu Ende ohne eine besondere Überraschung aus dem Arsenal sozialdemokratischer Politik. Die Ostpolitik, gut, die hatten Brandt und Bahr durchgesetzt. Hut ab! Aber im Inneren war von Reformen oder gar »Mehr Demokratie wagen!« nichts zu verspüren. Am 23. November erklärte der Hamburger Senat, links- und rechtsradikale Lehrer würden an Hamburger Schulen nicht mehr geduldet. »Links- und rechtsradikale Lehrer?« Was sollte diese Gleichsetzung? Um wen ging es wirklich? Ohne irgendeine Information über Vorfälle, Aktivitäten, Verstöße im öffentlichen Dienst oder gegen das Hamburger Beamtengesetz wurde diese Grundsatzentscheidung gefällt mit den Stimmen von SPD – und CDU natürlich. Der Erste Bürgermeister Schulz erklärte am 9. Dezember ganz pauschal:

»Wir alle wissen, dass Gegner unserer demokratischen Grundordnung sich anschicken, das vom Grundgesetz der Bundesrepublik umschriebene und geschützte System freiheitlicher Demokratie auszuhebeln, und zwar durch das Einwirken innerhalb staatlicher Positionen.«

Ich schrieb damals zurück: »Mit Verlaub: wir alle wissen das nicht! Wir können das zwar meist jede Woche im ›Bayernkurier‹ lesen, und dann ist damit die Außenpolitik der Bonner Regierung gemeint oder eine Rede von Willy Brandt oder eine Handlung von Herbert Wehner, aber wir haben solche unbewiesenen Vorurteile bisher weder mit Wissen verwechselt noch als Informationen akzeptiert.«

Was war geschehen? Hatten tausend kommunistische Lehrer das Hamburger Schulsystem unterwandert – oder wenigstens einige hundert? Kein Stück. Unter 15 000 Hamburger Lehrern zählte man zwischen zwanzig bis dreißig Kommunisten – fünfzig wären 0,3 Prozent gewesen! Nach rechtsradikalen Lehrern wurde interessanterweise gar nicht erst gesucht, kein Zahlenmaterial vorhanden. Es war also so, wie es immer schon war: Die rote Gefahr ließ sich gut beschwören. Vor allem in Zeiten einer Reformbaisse, da fast alle Versprechungen nicht gehalten, fast alle Hoffnungen der Wähler betrogen worden waren. Aber ausgerechnet von einem SPD-Senat? Ja, ausgerechnet und mit voller Zustimmung von CDU und FDP.

Es gab eine geradezu gespenstische Debatte am 15. Dezember 71 in der Hamburger Bürgerschaft, dem Parlament. Ein einziger Abgeordneter spricht gegen den Beschluss: Gerhard Weber von der FDP. Übrigens jener Geschäftsführer des CVJM, des Christlichen Vereins Junger Männer, der seit Jahren die Reisen in die Sowjetunion organisiert und ganz offensichtlich unter Beobachtung des Verfassungsschutzes steht. Gerhard Weber redete als Einziger gegen einen Tumult von Zwischenrufen an, als er sagte:

»Der Staat wird nicht gefährdet durch ein paar linke Lehrer. Er kann aber gefährdet werden, wenn wir uns selbst den Freiheitstraum, den wir uns gegeben haben als Demokraten, durch eigene Beschlüsse einengen.« Eine Kaskade von Schmährufen setzte an dieser Stelle ein, man konnte die Rede kaum weiterverfolgen, in der es noch hieß, dass das Beamtengesetz völlig ausreiche, die Hamburger Universität keineswegs davor stünde, durch einen Staatsstreich von links übernommen zu werden, und mehr Zutrauen in die Demokratie zu wünschen sei. Danach herrschte eisiges Schweigen im »Hohen Haus«. Kein Beifall, auch von der eigenen Fraktion nicht. Ein Außenseiter ging an seinen Platz zurück, missachtet von allen. Das war ein paar Tage vor Weihnachten.

Im Januar 1972 schlossen sich die übrigen Bundesländer der Hamburger Initiative an. Mit dieser Grundsatzentscheidung begann eine Säuberungswelle gegen linke Beamte – ob nun Lehrer oder Briefträger, Verwaltungsinspektoren oder Referendare. Was es seit der Gründung der Bundesrepublik nie in Sachen Alt-Nazis oder NPD-Anhänger gegeben hatte, wurde nun ausgerechnet von den Sozialdemokraten an »Linken« exekutiert. Ein »Radikalenerlass« verfolgte von nun an vor allem sogenannte Linksextremisten im ganzen Land.

Meine Weihnachtsferien fielen aus. Zusammen mit Erich Frister, dem GEW-Vorsitzenden, stellte ich eine rororo-Streitschrift zusammen: »Wie links dürfen Lehrer sein? Unsere Gesellschaft vor einer Grundsatzentscheidung«.

Die Grundsatzentscheidung fiel eindeutig aus: Lehrer dürfen überhaupt nicht links sein. Und wenn sie es waren, dann erhielten sie Berufsverbot. Der militante Antikommunismus bekam sein bundesweites staatliches Gütesiegel. Das letzte Berufsverbot wurde im Herbst 2007 aufgehoben!

Gleich im Januar 1972 lud mich Klaus Simon, der Chef der Hauptabteilung Zeitgeschehen des WDR, zu einem Gespräch nach Köln. Man hätte gern zwei weitere Filme fürs Erste Programm zum Thema Kinder und Schulreform. »Die Diskussion muss unbedingt fortgesetzt werden.«

Ich hätte alle Freiheit, Drehmöglichkeiten im In- und Ausland, gute Produktionszeiten, bewährte Teams, ich könnte die Filme auch allein machen, als Autorenfilme ohne Regisseur. »Das ist sowieso das Modell der Zukunft – der Autorenfilm.«

Stopp! Das war ja alles überwältigend, aber nicht machbar. Alles noch in diesem Jahr, ich hatte noch andere Aufträge. Und vor allem: gerade mal zwei Fernsehproduktionen hatte ich als Autorin mitgemacht. Mir fehlte das Fernsehhandwerk. Artikel, Hörfunksendungen, Bücher waren mein Metier. Und dass Fernsehen ganz anders funktionierte, das hatte ich inzwischen allerdings gelernt. Die Gegenseite hielt sich nicht lange mit meinen Einwänden auf und schlug vor, die Projekte dann eben mit einem erfahrenen Regisseur zu realisieren. Auch da hätte ich alle Freiheit, könnte Vorschläge machen. »Wir können natürlich nicht jeden kriegen, aber wir werden uns bemühen.«

Da schnappte die Schicksalsfalle zu, ohne dass ich das wusste, ohne dass die Redaktion das ahnte, ja ohne dass dies dem Betroffenen bewusst sein konnte. Ich sagte nämlich: »Ich würde gern mit Lucas Maria Böhmer zusammenarbeiten. Von ihm habe ich neulich eine Reportage über die Kunsttage in Hannover gesehen. Ich glaube, da könnte ich lernen, was mir fehlt.«

»Stopp!«, sagte jetzt Klaus Simon. Böhmer würde seine Filme meist allein machen. Außerdem sei er richtig teuer, und im Übrigen würde ich von ihm gar nichts lernen können, er ließe mich wahrscheinlich nicht mal in den Schneideraum als Autorin. Ich bekäme den fertigen Film und könnte sehen, wie der zu texten sei – wenn er mir überhaupt Platz für Texte ließe.

»Ich würde es trotzdem gern versuchen«, erwiderte ich.

»Dann werden wir ihn fragen, aber versprechen kann ich nichts.« Drei Wochen später kam es zu einem Treffen in

Simons Büro. »Ich kann nach wie vor nichts versprechen«, hatte er am Telefon gesagt, »es hängt auch von den Honorarforderungen ab.« – »Sie können ja etwas vom Autorenhonorar aufs Regiehonorar übertragen«, schlug ich vor. Das war mir ernst.

Über dieses erste Treffen haben wir Jahrzehnte später in getrennten Interviews Folgendes gesagt:

Er: »Vom WDR bekam ich einen Anruf, ob ich mit Luc Jochimsen, die mir kein Begriff war, einen oder zwei Filme machen wollte. Wir trafen uns in der Redaktion, und ich wusste vom ersten Moment an, dass mir diese Frau gefährlich werden kann. Danach ging ich nach Hause und war fest entschlossen, diesen Job nicht anzunehmen. Diese Frau hatte mir einen glücklichen Schrecken eingejagt, ich dachte gleich, das geht nicht gut. Damals war ich seit dreizehn Jahren verheiratet, führte ein intaktes Familienleben mit drei Kindern.«

Ich:«Unser erstes Treffen werde ich nie vergessen. Lucas tauchte in der Redaktion mit einer Aktentasche auf, packte alles Mögliche aus und sagte, das sei sein Großraumbüro. Ich war vom ersten Moment an absolut fasziniert und hoffte, hoffte, hoffte, dass es mit der gemeinsamen Arbeit klappen würde.«

Das war's. Er sagte der Redaktion ab. Die boten ihm daraufhin nicht nur die Regie- und Kameraarbeit an, sondern die gesamte Produktion der beiden Filme. Da sagte er zu. Nach über zwei Wochen Wartezeit rief die Redaktion bei mir an. »Es klappt. Es war nicht leicht, aber nun ist alles unterschrieben.«

Ich hängte einen Zettel an meine Pinnwand überm Schreibtisch: »Hoch lebe Lucas Maria Böhmer!«

Am 27. April, es war der Tag des Misstrauensvotums gegen Willy Brandt, wir hingen alle am Radio, rollte das Team in Hamburg an. Das war ein erster Abend! Mit Hanno, meinem Schwager Harry, Janko, dem Team … Janko und ich hatten bei einem Vordreh schon die ganze Familie Böhmer kennengelernt, Ehefrau und drei Töchter. In der Schwaige, einem Bildungszentrum im schönsten Bayrischen Wald, hatte vier Wochen zuvor ein »Politisches Wochenende mit Kindern« stattgefunden, ein typisches Modellvorhaben dieser Zeit: Eltern und Kinder tauschen sich aus über die Probleme der Welt – aus Erwachsenensicht und aus Kinderaugen. Da haben wir gedreht – hauptsächlich die eigenen Kinder, Janko voran, Lucas' drei Töchter hinterher. Wir kannten einander also auch privat. Obwohl Lucas Maria Böhmer in einem Vorgespräch verkündete: »Im Allgemeinen trenne ich Beruf und privat strikt, aber in diesem Fall …« In diesem Fall gingen Berufliches und Privates von nun an auf wunderbare, ganz und gar schreckliche, glückbringende und tiefste Verzweiflung auslösende, Schuld und immer wieder Sühne schaffende Weise ineinander über.

Scheidung

»Ich lasse mich scheiden«, sagte ich so nebenbei wie möglich zu meinem Vater. »Darauf habe ich schon längere Zeit gewartet«, erwiderte er. »Wirklich? Wieso?« – »Weil ich mit offenen Augen durchs Leben gehe und Hanno ein Mann ist, der nie zu dir passte. Wenn du mich einmal als Vater um Rat gefragt hättest, hätte ich dir das schon längst gesagt.« – »Die ersten Jahre unserer Ehe waren spannend und schön, und er hat mich immer beschützt.« – »Trotzdem habt ihr nie zueinander gepasst. Aber du musstest ja Hals über Kopf heiraten – ohne auch nur deine Eltern zu fragen oder ihnen den Mann vorzustellen.« Der alte Ärger, die alte Verletzung, da blieb mir nur die Offensive: »Was hast du eigentlich von einer emanzipierten Tochter erwartet? Du wolltest doch immer emanzipierte Töchter – du hast sie gekriegt ...« – »Emanzipierte Kinder wollt' ich, ja, aber Ehrfurcht vor den Eltern sollten sie trotzdem haben. Aber du und deine Schwester – ihr habt einfach gemacht, was ihr wolltet. Pass jetzt bloß auf dein Kind auf – in dieser Situation!«

Mein kluger, alter, vorahnungsvoller Vater ... ich hätte doch öfter auf ihn hören sollen, dachte ich, als ich nach Hamburg zurückfuhr. Von dem neuen Mann hatte ich natürlich nichts gesagt – erst recht nicht, dass er verheiratet war und drei Kinder hatte. Das musste der Vater zunächst ja nicht unbedingt wissen. Wer weiß, welche Ratschläge ich dann bekommen hätte.

Schon im August hatte ich eine Wohnung für uns in Hamburg gemietet. Für Janko gab es ein schönes großes Zimmer. Ich hatte mir das ganz einfach vorgestellt: das Kind würde zwischen der väterlichen Wohnung und unserer pendeln, je nach Anwesenheit der Eltern. Aber da hatte ich die Rechnung ohne Hanno gemacht. Er schickte Janko sofort zu seiner Mutter nach Flensburg, reichte die Scheidung ein und verhandelte, ausgestattet mit all seiner Autorität als stellvertretender Leiter der staatlichen Pressestelle, mit dem Jugendamt. Dort erhielt ich einen Gesprächstermin. Der Beamte, sehr freundlich, sehr verständnisvoll, erklärte mir, dass mein Ehemann vorhabe, mir noch vor der Scheidung »vorsorglich« das Sorgerecht für das gemeinsame Kind zu entziehen.

Begründung: Ich lebte mit einem Liebhaber zusammen und wäre beruflich ständig unterwegs, könnte dem Kind also kein Zuhause bieten, welches seinem Wohl entspräche, wo hingegen er dem Sohn die gewohnte Umgebung in der elterlichen Wohnung bieten würde samt Betreuung durch seine Mutter, der Großmutter also. Das Jugendamt müsse jetzt ein Gutachten erstellen. Und wenn denn die Vorwürfe, wie vorgetragen, zuträfen, dann würde der Vater wohl Recht bekommen und das Sorgerecht bis zur Scheidung erhalten. Dann sähe man weiter, dann käme es auf die Schuldfrage an …

Meine Berliner Freundin Adelheid Koritz-Dohrmann, Janko's Patenmutter, erfahrene Scheidungsanwältin und Politgefährtin, hat diesen Steinzeitkrieg mit einem Amazonenstreich beendet. Das waren ihre Instruktionen:

»Niemals lässt du dich schuldig scheiden. Auf keinen Fall lässt du dich als Ehebrecherin hinstellen. Wir kennen doch Hanno, der hat doch immer wieder Bekanntschaften gehabt. Das musst du nachweisen. Und zwar eine Affäre, die vor dem Beginn deiner Geschichte mit Lucas liegt.«

»Aber wie soll ich das nachweisen?«

Auch hier waren die Instruktionen kalt und knapp.

»Briefe, Fotos, am besten Briefe mit Fotos und Adressen. Ran an seinen Schreibtisch. Ganz in Ruhe alles durchsuchen. Ich bin hundert Prozent sicher, du findest, was du brauchst.«

Ich habe rundweg abgelehnt. Wir hatten einander immer vertraut. Niemals wurde die Post des anderen geöffnet. Mein Schreibtisch und sein Schreibtisch waren nie abgeschlossen. Undenkbar, dass ich dieses Vertrauen zerstören würde.

»Dann verlierst du dein Kind! Du musst dich in dieser Situation entscheiden: Vertrauensbruch oder das Kind. Du kannst dir Moral jetzt nicht leisten, meine Liebe, wenn du als Mutter handeln willst. Und im Übrigen hat Hanno das Vertrauensverhältnis doch längst gebrochen. Es ist doch unglaublich, dass er dich zur Ehebrecherin stempelt.«

Ich agierte wie ein Medium, legte den Telefonhörer auf, ging zu Hannos Schreibtisch, zog die unverschlossene Schublade auf, und obenauf, wirklich und wahrhaftig obenauf, lag ein schöner Briefumschlag, datiert von Anfang Januar 1972, mit zwei Ferienfotos und den Sätzen: »als ich aufwachte ... deine Rosen ... sehnlichster Wunsch: ein Wiedersehen ...« Dazu auch noch ein leserlicher Absender. Ich rief sofort wieder in Berlin an. Es muss keine halbe Stunde später gewesen sein. Das Lachen auf der anderen Seite klang wie eine Siegesfanfare.

»Und was mache ich jetzt?«

»Jetzt kopierst du alles schön und schickst die Kopien an deinen Anwalt. Der wird dann einen sehr kollegialen Brief an Hannos Anwalt mit diesen hübschen Beweisstücken schicken – und damit hat sich deine Alleinschuld in dieser Scheidungssache erledigt.«

Meine Freundin! Ich glaube, in diesem Moment war ich mehr stolz auf sie, als selbst erleichtert. So ein toller, gemeiner Rat – und dass der dann auch noch funktionierte. Das Gefühl der Erlösung kam erst danach. Von nun an ging es immer nur um beiderseitiges Verschulden, und das Jugendamt lehnte ein Gutachten für einen »vorsorglichen« Sorgerechtsbeschluss ab. Dann aber wurde sowieso wieder alles anders. Im Frühjahr 1975 wurde die gemeinsame Liebhaber-Wohnung in Hamburg aufgegeben, wir zogen wieder »in unsere Familien« zurück.

»Du Schaf«, sagte meine Freundin. Diesmal nicht am Telefon, sondern in ihrer Berliner Küche, eine Flasche Calvados zwischen uns.

»Lass dich bloß nicht auf einen GV ein!«

»Auf was?«

»Auf einen Geschlechtsverkehr mit dem Gatten, meine Süße. Dann ist nämlich alles vergeben und vergessen – und du kannst keinen Ehebruchsvorwurf mehr erheben, wenn es zum nächsten Scheidungstermin kommt.«

»Die Klage ist doch zurückgezogen.«

»Die kann aber jederzeit wieder eingereicht werden.«

»Warum sollte sie?«

»Weil es mit Lucas weitergehen wird, so wie ich euch kenne.«

»Mit Lucas ist Schluss. Zu viel Schuld gegenüber den Kindern. Das wollen wir nicht.«

»Klar, dass ihr das nicht wollt. Das ist eine Sache. Dass ihr euch aber wieder zusammentun werdet, ist eine andere.«

Meine Freundin. Immer wieder hat sie eingegriffen, hat Janko für Wochen zu sich nach Berlin geholt, Lucas den bestmöglichen Anwalt besorgt, wie ein Schutzengel über mich gewacht.

»Glück ist nichts für Feiglinge« war ihr Motto. Sie fand, Lucas und ich hätten Glück miteinander und sollten das nicht aufs Spiel setzen.

Dabei ging es in meinem Fall nur um die Sorge für Janko. Ich hatte meinem Mann gegenüber nicht das geringste schlechte Gewissen. Seit Jahren hatte ich um ein anderes Zusammenleben gerungen. Er hatte alle Bitten, Forderungen, Wutausbrüche negiert. Es war wohl so, dass er in mir immer noch die zwanzigjährige Ehefrau sah, die gerade ihre Schulzeit beendet hatte, als er sie heiratete. Aber dieses

Im Alter von vier Jahren mit Mutter Anna und Halbschwester Elfi, 1940

Hoch zu Ross mit Vater Adolf und Schwester Mimi (rechts), 1947

Auf dem Weg in die »Neue Welt«: USA-Fahrt 1953

Schulklasse (Luc: 2. Reihe, 4.v.l.), 1954

Mit Hanno auf der »General W. C. Langfitt«, 1958

1968 mit Sohn Janko auf der heimischen Couch …

… und beim Spaziergang mit Vater Adolf, 1971

Auf dem Hamburger Presseball, 1971

Panorama mit Dagobert Lindlau (links), Gerhard Bott und Stefan Aust (rechts), 1975

Theaterdiskussion mit Klaus Maria Brandauer (links) und Corny Littmann, 1984

Mit Ehemann Lucas Maria Böhmer in Sevilla, 1984

Pro und Contra zur deutschen Wiedervereinigung mit Henning Röhl, 1989

Als Leiterin des ARD-Hauptstadtstudios in London, 1993

3, zwei, eins mit Michel Friedman (links) und Manfred Bissinger, 1996

Verleihung des Hessischen Verdienstordens durch Roland Koch, 2001

1.-Mai-Demonstration in Erfurt, 2007

Kandidatur für das Amt des Bundespräsidenten 2010: Erleichterung nach dem ersten Wahlgang

junge Ding war ich schon lange nicht mehr, und mein eigenes Leben war inzwischen meilenweit von unserer Hochzeit entfernt. Ich hatte mittlerweile ganz andere Vorstellungen von einem »aufrechten« Leben, war wirtschaftlich unabhängig, konnte von heute auf morgen neu anfangen, nie aber würde ich das Kind im Stich lassen. Das wusste Hanno genau, und deswegen nahm er Janko als Geisel. Es war seine Art, um die Ehe weiterzukämpfen. Bei zwei mündlichen Gerichtsterminen erklärte er jeweils zu Beginn, dass er die Scheidungsklage sofort, genauer gesagt, in diesem Moment zurückziehen würde, wenn seine Frau bereit wäre, die Ehe wieder aufzunehmen und ihren Liebhaber aufzugeben. Der Richter vertagte daraufhin jedes Mal die Verhandlung. Die Parteien sollten versuchen, sich gütlich zu einigen. Also wieder keine Scheidung! Die Anwälte zuckten mit den Schultern. Mich hat diese Vorgehensweise gleichzeitig abgestoßen wie angerührt. Angerührt, weil ich die Verzweiflung hinter diesen juristischen Tricks erkannte. Aber es war eben aus mit dieser Ehe. Und »Geiselnahme des Kindes kommt nicht in Frage« war die Parole meiner Freundin. Und so gab es mindestens zwei Geburtshelfer für das Kind Janko, den Arzt 1964 im Kreißsaal und Adelheid Koritz-Dohrmann in der Scheidungskriegszeit zwischen 1972 und 1974. Bis dann an einem schwarz-grauen Hamburger Novembertag die Ehe Jochimsen endlich rechtskräftig geschieden wurde. Im Namen des Volkes. Aus beiderseitigem Verschulden. Sorgerecht bei der Mutter.

Schließlich sogar Verbleiben von Mutter und Kind in der ehelichen Wohnung zusammen mit dem mittlerweile ebenfalls geschiedenen Liebhaber.

»Panorama« 1

Mitten im Chaosjahr 1973 zwischen Trennungen, Umzügen, Gerichtsterminen, gemeinsamen Filmen mit »diesem Böhmer«, Schulproblemen, ja Verstörungen von Janko, politischen Aktionen gegen den § 218, gegen den Radikalenerlass, für ein besseres und vor allem gerechteres Schulsystem, Vorträgen, Radiosendungen, Fernsehdiskussionen … mitten in diesem Tohuwabohu rief Gerhard Bott an. Die »Panorama«-Redaktion würde sich freuen, wenn ich an ihrer nächsten Programmkonferenz teilnehmen könnte – vielleicht sogar mit einem Themenvorschlag. »Wir sind sehr an einer Zusammenarbeit interessiert.« Termin: Montag, 16. Juli, 16 Uhr in der Chefredaktion Fernsehen. Das war vielleicht eine Kompagnie! Am Schreibtisch Peter Merseburger, in einigem Abstand Gerhard Bott, Lutz Lehmann, Bernd C. Hesslein, Uli Happel, Horst Hano, Stefan Aust. Hinter ihnen Realisatoren, Produktionsleiter, Chefs vom Dienst, Assistenten …

Es gab wirklich keine Frau weit und breit – außer der Chefsekretärin im Vorzimmer. Ich wurde äußerst zuvorkommend aufgenommen, mit dem offen ausgesprochenen Bekenntnis: Die Redaktion brauche Autorinnen, Reporterinnen – kurz, den »weiblichen Blick auf die Dinge«. Ob ich denn einen Themenvorschlag hätte? Hatte ich. »Aktion Kleine Klasse« – eine Geschichte über zornige Eltern, die in mehreren Städten vor Schulbeginn durchsetzen wollten, dass in den Grundschulen nicht mehr 34 oder 30 Kinder eine Klasse bilden, sondern 25 – die internationale Richtzahl! Demos, Schulbesetzungen … Sehr gutes Thema, genau das, was die Redaktion in diesen Zeiten wollte. »Frauenthemen, Bildungsthemen haben wir bisher vernachlässigt«, sagte Peter Merseburger. Ich sollte mich an die Arbeit machen. Das war leichter gesagt als getan. Einmal weil mein »Auftragsbuch« voll war. Ich betrieb zu dieser Zeit einen sehr erfolgreichen »Bauchladen«. Hörfunkfeatures für fast alle Sender bis auf den Bayerischen Rundfunk, Fernsehdokumentationen abwechselnd für den WDR, den NDR und den SFB. Das Jahr war gewissermaßen ausgebucht. Zum anderen musste ich die Kunst, einen Magazinbeitrag von sieben bis acht Minuten herzustellen, erst lernen. Das war ja etwas ganz anderes als die Arbeiten bisher. So wurde der erste Beitrag für »Panorama« auch nicht angenommen. Er fiel wegen formaler Mängel durch. Freundlicherweise hieß es, er sei verschoben, ich müsste noch die eine oder andere Änderung vornehmen. Das war mir überhaupt noch nicht passiert. Und die Frage war, ob ich mir das wirklich antun sollte? Diese harte Arbeit – umsonst. Und eine derartig hochmütige Redaktion. Wer durchfiel bei der Vorabnahme, mit dem redete man so gut wie nicht mehr. Man hatte schließlich anderes zu tun, morgen war Sendung! Ich weiß nicht, was mich geritten hat, aber nach einer Woche Scham und Zorn machte ich mich nochmal an das Stück. Und dabei fielen mir nun natürlich die Schwächen auf. Die hatten wahrscheinlich zu Recht abgelehnt. Kurz und gut: Am 3. September 1973 lief mein erster »Panorama«-Beitrag, am 1. Oktober mein zweiter, am 29. Oktober mein dritter … Das war der Anfang von zwölf Jahren Arbeit. Davon die ersten beiden Jahre, 1973 und 1974, als freie Mitarbeiterin. Das heißt, ich machte nur gelegentlich Stücke für das Magazin, nahm aber regelmäßig an den Programmsitzungen und Redaktionskonferenzen teil. Kennenzulernen war da journalistische Arbeit unter politischem Druck. Schon im Sommer 1973 stand der Vertrag mit Merseburger als Chefredakteur und »Panorama«-Leiter zur Verlängerung an. Aber die CDU boykottierte die Verwaltungsratssitzungen, nachdem sie klipp und klar verkündet hatte: Mit uns nicht! Siebenmal wiederholte sich in den kommenden Monaten dieses Spiel. Der Intendant blieb standhaft und beschäftigte Merseburger »kommissarisch« weiter. Dann kam es im März 1974 zum sogenannten Abtreibungsfilm-Skandal.

Das war die zweite journalistische Sternstunde von Alice Schwarzer. Die erste war 1971 die Lancierung der Selbstbezichtungskampagne »Ich habe abgetrieben!« im »Stern«, eine Übernahme der Aktion französischer Frauen im »Nouvelle Observateur«. Und die zweite Sternstunde war diese Originalreportage von einer Abtreibung mit der Absaugmethode, gedreht in Echtzeit von etwas über drei Minuten – exklusiv für »Panorama«.

»Bild«, der Münchner Kardinal Döpfner und die CDU/CSU verlangten die Absetzung dieses Films, und die Mehrheit der ARD-Intendanten – gegen die Stimmen von NDR, Radio Bremen und Sender Freies Berlin – gab dem Verlangen nach. Ein eklatanter Fall von Zensur. Merseburger entschied daraufhin, dass die Sendung ohne Moderatoren ausgestrahlt würde. Ein Nachrichtensprecher verlas die Moderationstexte zu den übrigen Beiträgen. Das war »Panorama« 1974! Ich erlebte die Innenansicht des Senders, der in unerhörter Weise von einem Teil der politischen Klasse bedrängt und geschurigelt wurde.

Ode an Maja

Im August 1974, mitten in der Zypern-Krise und als in Athen das Militärregime endlich zusammenbrach, fuhren zwei Frauen mit einem zehnjährigen Jungen unbeirrt und allen Warnungen und düsteren Prophezeiungen zum Trotz nach Kreta. Im Reisebüro hatten sie erfahren: »Es gibt so gut wie keine Kreta-Touristen mehr. Die meisten Reisegesellschaften holen ihre Gäste nur noch zurück.« – »Wie schön«, sagten wir synchron und fuhren los. Erstens sollte der Junge die Antike kennenlernen, und zweitens wollten wir einfach mal drei Wochen zusammen sein, Maja Stadler-Euler und ich. Wir kannten uns da schon zwei Jahre. Maja, Geschäftsführerin der FDP-Bürgerschaftsfraktion, und ihr Mann Reiner, der sich auf ein Hamburger Notariat vorbereitete, waren Freunde von Hanno. Im Scheidungsstrudel standen sie aber fest an meiner und Lucas' Seite. Und wenn wir zwei Frauen nicht so tolle Männer an unserer Seite gehabt hätten, hätte man von so etwas wie Liebe auf den ersten Blick reden können. So war es eben Freundschaft auf den ersten Blick. Und welch eine Art von Freundschaft, das machte die Kreta-Reise ein für alle Mal klar. Wir wohnten in der Nähe von Agios Nikolaos, und schon am zweiten Abend wollten mich Maja und Janko mit dem Koch in der einzigen Kneipe in einem Bergdorf in der Nähe verkuppeln. Am nächsten Tag ohrfeigte ich meinen Sohn während einer Radtour, und Maja hielt diese elterliche Gewalt fotografisch fest, um mir immer wieder ins elterliche Gewissen reden zu können. Im touristenleeren Heraklion gerieten wir in einen Trupp Matrosen auf Landgang und konnten uns kaum retten. Die Jungs hatten für jeden von uns Interesse – für die zarte schwarzhaarige Maja, für den zehnjährigen

Lockenkopf und auch für mich, wenn auch auf etwas abgestufte Weise. Wir trafen auf diese Matrosen überall: im Café, auf dem Platz vorm Rathaus, sogar im Nationalmuseum, wo man üblicherweise nicht Seefahrer in Gruppen erlebt, aber in Heraklion an diesem Tag schon – immer lachend, immer mit strahlend einladenden Gesten: Hier sind wir, liebe Damen, wie wär's mit einem Bummel zum Hafen? Auf dem Postamt tauchten sie wieder auf, warteten in Schlangen vor den Telefonzellen.

Am fünften Tag wären Janko und ich fast ertrunken, und zwar in Sichtweite vom Strand. Wir sind durch die Brandung geschwommen und haben uns Witze vom Rabbiner Silbermann erzählt und dabei nicht bemerkt, wie ein Mahlstrom uns immer weiter ins offene Meer zog. Das Zurückschwimmen war ein Überlebenskampf, von dem ich noch nächtelang träumte. Niemand am Strand sah unsere Not, hörte die Hilferufe. Als wir, vollgelaufen mit Meerwasser, halbtot am Strand lagen, blickte Maja erstaunt von ihrer Zeitung auf.

Apropos Zeitung! Es gab einen heftigen Streit während dieses Urlaubs. Der hing mit einem Artikel in der FAZ zusammen. Da hatte sich ein Häftling wegen Briefzensur bei der Gefängnisleitung beschwert. Grund: Man hatte aus einem Brief seiner Verlobten an ihn ein Bündel Schamhaare entfernt. Die Juristin Maja fand das vollkommen in Ordnung, irgendwo müsste es ja auch mal Grenzen geben. Ich war empört. Was sollte diese Art von Moral? Wenn der Mann ein Recht hat, im Knast Liebesbriefe zu empfangen, warum dann nicht einen Liebesbrief mit Schamhaaren? Die sind doch ein Zeichen von Liebe, meinte ich. Die sind eine Schweinerei, meinte Maja. Es ging beim Abendessen ziemlich hoch her. Hinterher fragte mein Sohn: »Was sind

Schamhaare? Warum heißen die so? Habe ich die auch?« Es wurde ein längeres Nachtgespräch.

Am nächsten Tag war der Streit vorbei. Wir blieben bei unseren Positionen. Das ging in anderen Fällen auch. Maja war durch und durch FDP, ich links mäandernd, aber unsere gegenteiligen Positionen haben uns nie getrennt. Wir konnten eng befreundet sein – und ganz unterschiedlicher Meinung. Maja fuhr wie ein Derwisch mit uns nach Chania und erzählte Janko unterwegs die Liebesgeschichte mit ihrem Mann Reiner. Der Junge hörte diesem ausführlichen Roman interessiert zu, um dann am Ende kurz und knapp zu fragen: »Und wann war die erste Fickung?«

Am vorletzten Tag verkündete ich am Frühstückstisch, dass, wenn auch heute keine Post von Lucas Maria käme, der Urlaub mit seinen Töchtern in Schweden machte, ich mich von ihm trennen würde. Diese Lieblosigkeit sei ja unerhört ... Janko darauf, ganz blass unter seiner Sonnenbräune: »Das gibst du mir schriftlich! Das gibst du mir schriftlich! Und wehe, wenn du es dann nicht machst!« Ich musste einen Zettel unterschreiben und war unglücklich. Einmal weil es keine Post von Lucas gab und dann weil das Kind offenbar meine Beziehung so tief missbilligte. Dabei hatte ich immer gedacht, es liefe alles gut. Aber der Boden, auf dem wir uns bewegten, war dünn, darüber musste ich mir immer im Klaren sein.

Am nächsten Tag kurz vor unserer Abreise nach Athen kam der so sehr erwartete Brief von Lucas, der unterschriebene Zettel wurde hinfällig, aber seine Botschaft von Janko an mich blieb gültig.

In Athen herrschte angespannte Stille. Für Touristen war von der politischen Situation wenig bemerkbar. Im Amphitheater unter der Akropolis sahen wir abends Aischylos'

»Vögel«. Masken, Kothurn, Chor. In der ersten Reihe meinten wir Mikis Theodorakis zu erkennen und jubelten los – leider war der Herr ein anderer.

Zurück in Hamburg, waren wir uns einig: So eine schöne Reise hatten wir schon lange nicht unternommen – und unsere Freundschaft war überhaupt mit das Beste in unserem Leben. Und so ist es geblieben – über all die Jahre hinweg bis auf den heutigen Tag.

Als mir Peter Merseburger Mitte 1975 meinen Festanstellungsvertrag überreichte, war bereits klar, dass er Ende des Jahres die Leitung von »Panorama« abgeben und seine Zeit als Chefredakteur 1977 enden würde. Das war der Preis für seine Vertragsverlängerung. Dafür gab es anschließend eine ehrenhafte Versetzung als Korrespondent nach Washington. Insofern stand er besser da als seine Vorgänger Gert von Paczensky, Rüdiger Proske und Joachim Fest, die alle geschasst worden waren. Es gab eine Karikatur zu jener Zeit, die den »Panorama«-Moderationssessel als elektrischen Stuhl zeigte.

Ich wollte diese Festanstellung nicht. Ich wollte nicht nur für »Panorama« arbeiten. Aber der NDR ließ mir keine Wahl. Es gab einen Erlass: Freie Mitarbeiter sollten nicht mehr beschäftigt werden. Für jene, die bereits lange und umfangreich für den Sender gearbeitet hatten, gab es die Chance auf Anstellung – oder Arbeitslosigkeit. Ich war jetzt 39 Jahre alt, hatte bisher nur als Einzelkämpferin gewirkt. Vielleicht war es ja auch an der Zeit, in eine feste Redaktion zu gehen. Und wenn, dann in diese, die mir stets vorkam wie eine Gruppe von journalistischen Hochseilartisten. Mit viel Können verrichteten sie ihre aufklärerische Arbeit ziemlich hoch oben in der Kuppel des Politzirkus und hatten zwar ein öffentlich-rechtliches Netz, aber das war dünner, als man glaubte.

Ich verdiente weniger, ich hatte die schöne Freiheit meiner verschiedenen Sendeformen verloren, aber ich war im Olymp des Journalismus angekommen – davon war ich überzeugt. Andererseits landete ich sofort auf der »schwarzen Liste« von Politik und Wirtschaft.

Ich brauchte am Telefon nur »Panorama« zu sagen, und schon setzte auf der anderen Seite eine Pause ein, die dann in eine Absage überging. Manchmal eisig höflich, häufiger drohend. Deshalb sahen unsere Stücke oft so unfilmisch aus. Endlose Kamerafahrten entlang von Fabrikmauern oder Fassaden von Ministerien, endlos auch die Abschwenks von Dokumenten, die beweiskräftigen Passagen mit Tintenstift unterstrichen. Unternehmen, Verwaltungsbeamte und Politiker meinten mit Schweigen und Drehverboten unsere Berichte verhindern zu können. Schließlich hieß das journalistische Gebot: Auch die *andere Seite* zu Wort kommen lassen. Wenn diese also schwieg, so dachte die *andere Seite*, dann war Berichterstattung eben nicht möglich. Damit umzugehen, lernte ich bei »Panorama«.

Lernte ich nun bei Gerhard Bott, der 1975 die Leitung von »Panorama« übernahm und bei den Hochseil-Kollegen. Es war eine Redaktion mit Fachressorts: Außenpolitik, Innenpolitik, Rechtspolitik, Umweltpolitik, Friedenspolitik. Es war eine Redaktion mit einem bemerkenswerten Archiv zu Fragen der NS-Zeit, der Rolle der Geheimdienste, und ich war für das »Gedöns« zuständig – wie Gerhard Schröder die Themen Frauen, Kinder, Bildung später mal nannte. Aber weil ich mich ständig zur Wehr setzte, auf diese Themen reduziert zu werden, gab es ab und zu auch andere Aufgaben.

1976 wurden Stefan Aust und ich nach Saarbrücken zu einem Hintergrundgespräch mit Oskar Lafontaine geschickt. Merseburgers Auftrag: »Der Mann ist Physiker, Oberbürgermeister, sozialdemokratischer Katholik … ein hochinteressanter Gesprächspartner und sicher ein Politiker mit Zukunft. Befragt ihn zu all den Themen, die uns zur Zeit beschäftigen: Umweltpolitik, Kernenergie, Friedenspolitik, Atomwaffenstrategie, Umbau der Gesellschaft …«

So habe ich Oskar Lafontaine als Oberbürgermeister von Saarbrücken kennengelernt. Er zeigte sich nicht sonderlich interessiert an uns, beantwortete aber alle Fragen ausführlich und präzise. Manches habe ich gar nicht verstanden, anderes erschien mit vollkommen neu und ungewöhnlich. Die geplanten anderthalb Stunden reichten für unsere Fragen nicht aus. Gegen 13 Uhr wurden wir in die Mittagspause geschickt, um 15 Uhr sollte es weitergehen. »Er hätte uns eigentlich zum Essen einladen können, wenn wir schon von so weit herkommen«, meinte Aust. Am Nachmittag ging das Privatissimum weiter, ich schrieb einen halben Block voll mit Notizen.

Mindestens viermal habe ich Oskar Lafontaine in den folgenden Jahrzehnten auf dieses erste Treffen in Saarbrücken angesprochen.

Das erste Mal vor einer Sendung von »3, zwei, eins« im Hessischen Rundfunk. Da war er Ministerpräsident des Saarlands und lächelte freundlich bei der Frage: »Wissen Sie, dass wir schon vor zehn Jahren in Saarbrücken ein Gespräch über ähnliche Themen wie heute geführt haben? Damals für ›Panorama‹?« Keine Spur von Erinnerung seinerseits.

1976–2006: In den folgenden 30 (!) Jahren habe ich Oskar Lafontaine dreimal interviewt – als Ministerpräsidenten des Saarlandes, als Finanzminister in Bonn, nach seinem Rücktritt bei der Vorstellung seines Buches »Das Herz schlägt links« auf der Frankfurter Buchmesse –, und immer war Bewunderung in mir für diesen Mann mit seinen besonderen Vorstellungen von Politik, die so oft von der allgemeinen sozialdemokratischen Linie abwichen. Ja, ich bewunderte Oskar Lafontaine. Erst recht als er 2005 die neue Linke erfand. Einmal ist das dann auch zwischen uns zur Sprache gekommen, während einer Nachtsitzung des Bundestages 2006. Wir warteten auf eine Abstimmung im Abgeordnetenrestaurant, zusammen mit Gregor Gysi und Gesine Lötzsch. Wir hatten Weißwein und Rotwein probiert, die Stimmung war einigermaßen übermütig, als Gregor Gysi plötzlich, an Lafontaine und mich gewandt, fragte: »Wie lange kennt ihr euch eigentlich schon?«, und ich mit meiner Geschichte von dem Gespräch 1976 in Saarbrücken anfing, mit allem Drum und Dran der Auswirkungen auf meine politische Biographie. Lafontaine meinte: »Die Geschichte ist ja wirklich interessant, ich erinnere mich bloß nicht. Aber: wer hätte damals wohl gedacht, dass wir eines Tages in derselben Partei enden würden?« – »Und dann noch in welcher Partei!«, fügte Gregor Gysi kichernd hinzu und erzählte nun seinerseits, wann er Oskar Lafontaine zum ersten Mal getroffen und gesprochen hatte – und das war Jahrzehnte nach meinem Treffen.

Das Frauen- und Kinderthema war Merseburger wirklich wichtig, so wie ich das bei keinem Vorgesetzten später erlebt habe. Er lud Lea Rosh ein und übertrug uns eine Sendung im Dritten Programm des NDR: »Frauenforum«.

Viel belächelt im Haus, von ihm aber gegen alle Widerstände durchgesetzt. »Sie können da alles machen, was Ihnen interessant erscheint, auch junge Autorinnen ausprobieren, Streifzüge in die feministische Politik und Kunst unternehmen … Nur langweilen dürfen Sie nicht.« Aber eins war auch klar: die »Panorama«-Arbeit durfte darunter nicht leiden. Das hieß: an den freien Wochenenden fürs »Frauenforum« arbeiten, an den anderen bis Mitternacht für »Panorama« und zwischendrin recherchieren, drehen, schneiden. Wie da überhaupt Zeit für Kind, Mann, Kino, Theater, Reisen, Freunde blieb, ist eigentlich rätselhaft. Offenbar hatten wir viel Kraft, Mut und einen militanten Enthusiasmus, der das alles ermöglichte.

1976 gab Gerhard Bott die Leitung von »Panorama« ab. Das war eine Zäsur. Wieder war es der Politik gelungen, einen Journalisten abzuräumen. Und zwar dem CDU-Programmdirektor Friedrich Wilhelm Räuker, der in der »Panorama«-Redaktion eine Feindtruppe im Haus, ja im ARD-Programm sah. Mit dieser Haltung ließ er sich die meisten »Panorama«-Stücke vor der Sendung vorführen, Merseburger brachte zu diesen Abnahmen meistens schon vorsorglich den Chefjustitiar mit. Schließlich konnte es stets nur darum gehen, ob ein Stück den Staatsvertrag verletzen würde oder nicht. Parteipolitische Rücksichten waren kein Kriterium und Geschmackssache auch nicht.

Es war ein ständiger Nervenkrieg. Und wenn sich am Ende solcher Rituale auch meistens Justitiar, Chefredakteur und Redaktion durchsetzten, so war man doch wie durch die Mangel gezogen. Gerhard Bott gab auf. Und »Panorama« – mit einem Chefredakteur auf Abruf und einem resignierten Leiter – wurde allmählich sturmreif geschossen.

Nicht dass wir keine kontroversen, kritischen Stücke

mehr gemacht hätten oder außergewöhnliche Reportagen und Interviews, die sonst so niemand produzierte – zum Beispiel die große Reportage von der Anti-Brokdorf-Demonstration im November 1976. Zuschauer und Presse trauten ihren Augen nicht, als sie diese Bilder sahen: Wasserwerfer und Hubschrauber, die Tränengaspatronen in die Menschenmenge warfen, Aufmarsch der Polizeihundertschaften mit Schildern und Helmen ... Das wirkte damals wie der Beginn eines Bürgerkrieges. Und die dafür verantwortlichen CDU-Politiker in Schleswig-Holstein, allen voran Ministerpräsident Stoltenberg, kündigten im Sender ganz offen Vergeltung wegen dieser Berichterstattung an.

Ich recherchierte in dieser Zeit in Italien, in Seveso. Hier hatte sich im Juli 1976 eine der schlimmsten Chemiekatastrophen Europas ereignet. Eine Dioxinwolke ging auf das dicht bevölkerte Gebiet von vier Gemeinden nieder: Seveso, Meda, Desio und Cesano Maderno. Obwohl die Werksleitung schon am ersten Tag nach dem Unfall wusste, dass das hochgiftige Dioxin freigesetzt worden war, gab sie dies erst acht Tage später bekannt. Da waren schon 200 Menschen schwer krank in die Hospitäler eingeliefert worden, über 3000 Tiere gestorben, Bäume und Wiesen, ganze Gärten verwelkt. Dann wurde ein Teil des Gebietes evakuiert, eine »Todeszone« mit Stacheldraht umzäunt, eine kilometerlange Mauer entlang der Autostraße gebaut. Zone A, Zone B waren Geistersiedlungen im Herbst, Winter und Frühjahr.

Im März/April 1977 wussten die Bewohner immer noch nicht, wie das Leben weitergehen sollte. Sie lebten zum großen Teil nach wie vor in Auffanglagern, hatten keine Entschädigung bekommen, keine Arbeit. Im März 1977 formierte sich eine Bewegung von Bürgern und Arbeitern, die wieder zurückwollten – wenigstens in die Viertel der Gemeinden, die angeblich decontaminiert worden sein sollten. Franca Magnani, ARD-Korrespondentin, kam aus Rom für mehrere Kurzberichte nach Seveso, und zusammen erarbeiteten wir im April 1977 ein fast 15 Minuten langes Stück für »Panorama« über die Folgen des Betriebsunfalls für die Menschen vor Ort. Aufnahmen aus einer vom Militär bewachten Geisterzone ganz in der Nähe von Mailand, in der Vernichtung und Weiterleben nahe beieinander waren. »Es wächst Gras drüber«, sagten die Bewohner von Seveso und wollten zurück in ihre Häuser und Gärten. »Jetzt sind schon neun Monate vergangen – und was passiert mit uns?« Typisch italienisch: Am Sonntagmorgen gaben die Soldaten kurz den Weg frei – zum Friedhof von Seveso. »Es muss den Bürgern gestattet sein, ihre Toten zu bestatten und zu ehren.« Dann wurde Zone A wieder geschlossen.

Der Schweizer Chemiekonzern Roche, zu dem die Firmen in Seveso gehörten, vertuschte, solange es ging, lehnte die Verantwortung ab, solange es ging. Die italienische Regierung war machtlos. Das war unser Fazit dieser Reportage. Die Frage: Ist Seveso überall? Kann sich ein solcher Unfall auch bei uns ereignen?, ließ sich nicht beantworten.

Franca Magnani, die einzige Korrespondentin der ARD in dieser Zeit und seit Jahren ein Vorbild für mich, blieb für zwei Tage in Hamburg zur Endfertigung des Berichts. Als wir die Arbeit hinter uns hatten, lud ich sie in ein kleines italienisches Restaurant ein, in dem eine deutsche Köchin die römischen Rezepte ihres Mannes in ganz eigene Gerichte verwandelte.

Janko war an diesem Abend auch dabei und erhielt eine Lektion fürs Leben. Franca Magnani berichtete von ihren Kindern, die, halb erwachsen, jetzt dabei waren, das Elternhaus zu verlassen. »Mein Sohn muss demnächst zum Militär«, sagte sie. »Ich werde nie zum Militär gehen«, erwiderte mein 13-jähriger Sohn, und ich war stolz wie eine Pfauenmutter. »Das ist ganz falsch«, stellte Franca klar. »Jeder Bürger muss den Umgang mit der Waffe lernen. Wie soll er sich sonst wehren? Weißt du, welche Regierung du eines Tages bekommst? Was sie mit dir machen, wenn du dich nicht wehren kannst?« Wir waren beide baff. Das hatten wir so noch nie bedacht. »Junge italienische Kommunisten gehen zum Militär«, fuhr unser Gast fort und lobte die Küche von Padrona Christina. »Einmal wegen der Selbstbewaffnung, dann aber auch, um die jungen armen Bauernbuben aus dem Süden aufzuklären über Menschenrechte und Freiheit, die sonst nur Pfarrer und Gutsherrn gehört haben – oder die Mafia.« Die Sache mit der »Selbstbewaffnung« überzeugte Janko interessanterweise recht schnell. »Schießen kann ich aber doch auch im Schützenverein lernen, deshalb muss ich doch nicht in die Bundeswehr.« – »Schützenverein«, wiederholte Franca mit lang gezogenen Vokalen, »nie würden ich oder mein Sohn in einen Schützenverein gehen. Da versammeln sich doch die reaktionärsten Leute.« – »Ich will ja nur schießen lernen«, meinte mein Kind und hat diesen Abend offensichtlich nicht vergessen. Denn mit 16 oder 17 Jahren hat er tatsächlich »Unterricht« in einem Hamburger Schützenverein genommen, bevor er sich nach Berlin ummeldete, um der Wehrpflicht und dem Zivildienst zu entgehen. Von mir übrigens schwer missbilligt. Zivildienst zu leisten, hielt ich für eine Verpflichtung. Aber seine Lehrer waren anderer Meinung. (Wie links dürfen Lehrer sein?) Und seine Patenmutter, meine Freundin Adelheid, erst recht. Sie holte ihn einfach zu sich, organisierte Ummeldung und Unterkunft. »Wer bist du, dass du dem Jungen anderthalb Jahre seines Lebens im Altersheim oder im Kindergarten zumutest«, fragte sie – und beendete damit jede weitere Diskussion.

»Panorama« 2

Als Merseburger 1977 sein Büro räumte, erhielt ich drei Aktenordner mit Korrespondenz »Jochimsen«. Das waren an ihn gerichtete Beschwerdebriefe über mich, die ich nie gesehen und die er formvollendet beantwortet hatte – jeden Vorwurf zurückweisend. Da erst wurde mir klar, wie sehr er sich stets schützend vor uns gestellt hatte. Eine offene Postkarte war auch abgeheftet – ohne Antwortschreiben. Sie lautete: »Schicken Sie diese rote Hure doch endlich in ein Bordell. Bei der kriegt sowieso keiner mehr einen hoch!« Hochachtungsvoll und Adresse.

Um diese Zeit trat die »rote Hure« kurzfristig der FDP bei – und das kam so. 1978, bei der Bürgerschaftswahl in Hamburg, kam die FDP nicht über die Fünf-Prozent-Hürde, ungefähr tausend Stimmen fehlten. Die FDP meiner Freundin Maja, der Fraktionsgeschäftsführerin, und des Zweiten Bürgermeisters Dieter Biallas, mit dem wir auch fast befreundet waren, »unsere« FDP also, war untergegangen, eine wahrhaft linke Truppe mit dem Abgeordneten Weber und liberalen Justizsenatoren, deren Bürgerrechtshaltungen Aufsehen im ganzen Land erregt hatten. Diese FDP war nun perdu.

Wieder einmal saß ich in einem Bürgermeisterbüro am Wahlabend wie damals bei Don Edgar alias Engelhard, und wieder einmal war Schluss. Und in diesem Augenblick bin ich aus Zorn und um eine kleine Geste des solidarischen Trostes zeigen zu können, in die FDP eingetreten – diese gerade eben untergegangene Partei. Nach dem Motto: Morgen geht es weiter! Die Parteimitgliedschaft dauerte allerdings nur ein paar Monate. Denn morgen ging es natürlich weiter: Auf dem nächsten Parteitag setzte sich die Atomlobby in der Partei durch – kein Wunder, die wenigen Linken hatten ja keine Stimme mehr –, und da erklärte ich sofort wieder meinen Austritt. Eine Episode.

Nach Merseburger wurde der anpassungsfähige Winfried Scharlau Chefredakteur, aber der Kampf um »Panorama« ging nun erst richtig los.

Das Land Schleswig-Holstein kündigte den NDR-Staatsvertrag, kurz darauf auch Niedersachsen. Damit stand die Drei-Länder-Anstalt auf dem Spiel. »Schluss mit dem Rotfunk!« hieß die politische Lösung, von der Springerpresse genüsslich verbreitet. Zwei Jahre lang wurde gedroht, eingeschüchtert, mit Personalien jongliert – dann hob das Bundesverwaltungsgericht die Staatsvertragskündigungen auf. Ein gezähmter öffentlich-rechtlicher Sender überlebte, weit weg vom politischen Anspruch und Standard eines Peter Merseburger. Winfried Scharlau war geradezu froh, wenn ich mich um andere Sendungen oder Projekte kümmerte. »Nehmen Sie sich Zeit«, sagte er stets. Also nahm ich mir Zeit für andere Dinge – zum Beispiel für das Buch: »Sozialismus als Männersache, oder: Kennen Sie ›Bebels Frau‹?«

Angefangen hatte es mit einem Telefonanruf aus Bonn. Antje Dertinger vom Büro Willy Brandt fragte: »Sie kennen doch Bebels Buch ›Die Frau und der Sozialismus‹, 1879 erschienen. Willy Brandt hat vor, zum hundertjährigen Jubiläum dieses Buches einen Band herauszugeben

›Frauen heute – Jahrhundertthema Gleichberechtigung‹. Wir hätten gern, dass Sie das Kapitel ›Die rechtliche und die tatsächliche Situation der Frau in Ehe und Familie‹ übernehmen.«

So bin ich auf »Bebels Frau« gekommen und muss sagen, das Buch hat mich schier umgeschmissen. Was hatte der Mann vor hundert Jahren geschrieben?

»Die Frau muss ökonomisch unabhängig sein, um es körperlich und geistig zu sein, damit sie nicht mehr von dem Wohlwollen und der Gnade des anderen Geschlechts abhängig ist.«

Und: »Die Frau soll wie der Mann nützliches und gleichberechtigtes Glied der Gesellschaft werden, sie soll wie der Mann alle ihre körperlichen und geistigen Fähigkeiten voll entwickeln können und, indem sie ihre Pflichten erfüllt, auch ihre Rechte beanspruchen können.«

Fazit: »Dem Manne als Freie und Gleiche gegenüberstehend, ist sie vor unwürdigen Zumutungen gesichert.«

Als ich das Buch zu Ende gelesen hatte, wollte ich auf gar keinen Fall ein Kapitel über »Die rechtliche und die tatsächliche Situation der Frau in Ehe und Familie« schreiben, sondern eine Abhandlung über die Bebel'sche Stellung der Frau und die tatsächliche, sozialdemokratische im Jahr 1978/79.

Das fand Antje Dertinger vom Büro Willy Brandt allerdings »nicht so ganz passend« für das erarbeitete Konzept des Jubiläumsbandes. Daraufhin bin ich zu Susanne von Paczensky, der Herausgeberin der Reihe »Frauen aktuell« bei rororo, gegangen. Das Buch erschien im November 1978 mit diesem Vorwort der Herausgeberin: »Politik ist Männersache und die Sozialdemokratie ein Männerbund – dass das so ist, wird man kaum bestreiten wollen.

Dass das nicht so sein soll, hat vor hundert Jahren August Bebel beschworen, in einem Bestseller seiner Zeit.«

Wir gaben der Streitschrift den Untertitel »Seit 100 Jahren ohne Konsequenz« und zogen vor allem Bilanz nach zehn Jahren sozialdemokratischer Kanzlerschaft.

Ziemlich beschämend das Ergebnis: Frauensachen sind immer noch Nebensachen, wenn es um das Politikverständnis sozialdemokratischer Männer geht – ob das die Reform des § 218 betrifft, das Ehegattensplitting, die Verwandlung von Frauenlöhne in Leichtlohngruppen, eine neue Etikettierung mit dem diskriminierenden Unterschied: Frauen verdienen mindestens ein Drittel weniger als Männer in den Fabriken.

Nichts, auf das Bebel stolz gewesen wäre – nach zehn Jahren SPD an der Macht.

Venedig, Venedig

Am 1. Mai 1980 hätte man uns unter den venezianischen Maidemonstranten finden können, auf der Piazza San Polo zwischen roten Nelken und roten Luftballons. Ja, ja ... La Lotta Continua ...

Der Kampf geht weiter! Wir waren zu fünft. Lucas und ich, Maja und Reiner und ein Studienfreund der beiden, Adam von Kottwitz, auch Notar in Hamburg. Uns verband ein Abenteuer besonderer Art. Am Tag vorher hatten wir als »Baufrauengesellschaft Venezia« – es war die Zeit der Bauherrengesellschaften – eine Wohnung gekauft: Cannaregio 1938. Bahnhofsviertel, direkt neben dem Ghetto Nuovo.

Wir waren Venedig-Fanatiker, schon lange. Immer wieder waren wir zusammen hierhergereist, zu den Kunst- und Filmbiennalen, logierten zuerst in einem Hotel an der Rialto Brücke und dann im »Artistas« neben dem Teatro La Fenice. Und eines Morgens sahen wir von der Piazza San Stefano aus, wie ein Haus renoviert wurde, in Gegenwart eines offensichtlich »fremden« Paares. Da kam uns der Gedanke: Ob man »als Fremder« in Venedig wohl eine Wohnung kaufen könnte? Am besten zusammen, am besten mit einem kleinen Garten, am besten für jetzt und unser Alter, wenn wir nicht mehr darauf angewiesen wären, unseren Lebensunterhalt in Deutschland zu verdienen. Dann, dann, dann würden wir doch viel lieber hier leben, in dieser Stadt der Städte ... Dieser erste Gedanke löste besondere Stadterkundungen aus. Mit Maklern, mit Haus- und Wohnungsbesitzern.

Hinterhofwohnungen bekamen wir zu sehen, Palazzo-Etagen ohne Bad und Heizung, Jugendstilsalons, Donna-Leon-Interieurs und schließlich ein »halbes Haus« mit ummauertem Garten, hochwassergefährdetem Erdgeschoss, aber erschwinglich und mit Blick auf Oleander- und Lorbeerbäume. Das Glück unserer Freundschaft. War das ein Sommer! Die Männer weißelten die Zimmer, holten meterlange tiefblaue Tapeten mit silbernen Bourbon-Lilien von den Wänden. Bei einem Trödler neben der Kirche vom Heiligen Erlöser kauften wir auf einen Schwung venezianisches Mobiliar. Schränke mit Spiegeltüren, Kommoden, Stühle aus der Wiener Jugendstilzeit, die 1980 wohl niemand haben wollte – außer uns. Auch einen ganzen Satz Geschirr vom »Hotel Luna« hätten wir kaufen können, waren aber zu dumm, um dessen Schönheit zu verstehen.

Und: war das ein Weihnachts- und Silvesterfest! Drei Generationen trafen nacheinander in Cannaregio ein: Majas Mutter aus Brüssel, Janko natürlich, Freunde und Bekannte aus Hamburg und Berlin. Jeden Morgen gegen elf Uhr stand jemand strahlend mit einer Flasche Spumante in der Haustür, und dann ging's in Nebelfahrten nach Burano und auf die Friedhofsinsel San Michele und auf hundert Irrwegen durch die Stadt ... Maja hatte einen Christbaum mitgebracht, die meisten Nadeln hatte er schon während des Flugs verloren, deshalb musste er über und über geschmückt werden. Es wurde getafelt in der »Madonna«, im »Montin« und auf der Guidecca. In den Kirchen waren ganze »Krippenstädte« aufgebaut, und am 24. gegen Mitternacht landeten wir alle – horribile dictu – im Pornokino an der Straßenecke vor unserer Wohnung. Vor allem »Mama Doreen« fand die Darbietungen sehr interessant. »Man weiß ja gar nicht, was es alles gibt.« Nur Lucas war angewidert, verließ das Kino ostentativ vorwurfsvoll und wartete ebenso ostentativ vorwurfsvoll auf uns in der gegenüberliegenden Bar. Janko gab ihm vollkommen recht: alles ekelerregend. Wir anderen waren zu beschwipst, zu fröhlich, zu glücklich, wir fanden irgendwie alles wunderbar, so schön wie noch nie zuvor. Und hatten in der Silvesternacht nur einen Wunsch: dass es immer so weitergehen würde – mit dem Haus, der Stadt, den Festen: Karneval, Ostern, Redemptore und wieder Weihnachten und Silvester – auf ewig und drei Tage. Venedig – unser Exit, unser Asyl, unser Freudenfest über all die Jahrzehnte gemeinsamer Freundschaft.

Am 3. August 1980 feierte mein Vater seinen achtzigsten Geburtstag. Eigentlich wollten wir ihn nach Venedig entführen, aber das Haus war nach wie vor eine Baustelle. Also feierte er »im Park« in Fürth. Der »Park« war wieder einmal eine typische Schleußinger-Idylle: ein seit Jahren brachliegendes Villengrundstück mit uralten Bäumen und einem halb zerfallenen Gartenbungalow, dessen Fenster und Tür längst eingetreten und zerstört worden waren. Diese »Datsche« war der komfortabelste Stall, den das Pferd Peter II je hatte. Die fünf Eingangsstufen nahm der uralte Hengst spielend – aufwärts wie abwärts. Die beiden Innenräume waren mit Stroh ausgelegt, und der ganze Park mit seiner großen Wiese war Auslauf. Neben dem Park standen drei imposante Mietshäuser aus der Gründerzeit, und in einem davon »residierte« mein Vater in einer Dachgeschosswohnung, sehr romantisch, allerdings nur über eine endlose Treppe von fünf Geschossen zu erreichen. Aber, Vater war ja auch mit achtzig sportlich, ritt jeden Tag, schwamm im Sommer und reiste kreuz und quer nach Würzburg, Bad Kissingen, in die Fränkische Schweiz, in den Odenwald zu Pferd.

Zum Geburtstag wurden ein langer Tisch und die Wohnzimmersessel in den Park geschleppt. Da saß der Jubilar nun zwischen seinen zwei »Lebensfrauen« und seinen zwei Töchtern und ließ sich von »Andersch« bedienen. »Andersch« hieß richtig Siegfried Andersch, war an die sechzig Jahre alt und hatte eine miserable Lebensgeschichte als junger Soldat, jahrelanger Kriegsgefangener und unglücklicher Arbeiter hinter sich. Bei einem Volkshochschulvortrag über den »Ost-Feldzug« traf er meinen Vater und kam seitdem irgendwie nicht mehr von ihm los. Fast jeden Tag kam er »zu Besuch«. Mein Vater gab ihm Bücher über den Krieg, machte ihm mit kaltem Zynismus klar, wie er »vom Vaterland« verraten und verkauft worden war, von dem er immer so andächtig sprach. Manchmal fing der große, bärenstarke Mann dann an zu weinen. »Ist gut, Andersch«, sagte mein Vater in solchen Momenten, und dann spielten die beiden Schach. An seinem achtzigsten Geburtstag ernannte mein Vater Andersch zu seiner »Ordonnanz«. Uns Frauen war das schrecklich peinlich, aber Andersch strahlte übers ganze Gesicht. »Danke, Herr Schleußinger!«, sagte er und war den Tränen nahe. Es hätte mich in dem Augenblick nicht gewundert, wenn er stattdessen »Danke, Herr Oberst!« gesagt hätte.

Mein Vater und der Krieg, was war das für eine unauslöschliche Beziehung? Der Gehorsam, die Kriegsbücher, die Ordnungsvorstellungen, die Sprache, die Pistole und das Gewehr, die Einteilung in Regimenter, »nichts ging über die Kavallerie!«, die Vorstellung von der Kadettenanstalt als Erziehungsort für seinen Enkel … Der Krieg prägte meinen Vater, den überzeugten Pazifisten, bis in den Tod. Der Krieg hatte ihn für immer versaut – allen zivilisatorischen Anstrengungen zum Trotz. »Ordonnanz Andersch« öffnete Weinflaschen, die Freundinnen servierten Kuchen und »Kanapées auf ungarische Art« mit Lachskaviar und Schmand. Das Pferd kam aus seinem Haus herüber, und mein Vater sagte: »Alles in allem haben wir doch Glück gehabt!« Ich dachte an meine arme Mutter, konnte nicht mehr am Tisch bleiben, nahm ein paar Kuchenstücke und das Pferd an der Mähne und zog mit ihm über den Trampelpfad in den »Wald«, unter die uralten Bäume. Peter II wieherte leise, halb schnaubend vor sich hin, also erkannte er mich immer noch. Dieses Schnauben war früher unser Erkennungszeichen gewesen – über Jahre und Jahrzehnte hinweg, wann immer, wo immer ich auftauchte.

Ich gab ihm die Kuchenstücke und erschrak über die gelben, abgenutzten Zähne. Wie alt war er eigentlich wirklich?

Von 1948 bis 1980 waren es 32 Jahre. Dann muss er damals ja noch ein Fohlen gewesen sein, kein Wunder, dass er am Anfang so wild und ungestüm war. Ob er sich an »damals« erinnerte? Den amerikanischen Soldaten, der ihn eingeritten hat? Unseren Triumph beim Turnier auf der Sprendlinger Festwiese? Das schreckliche Gewitter in Niederrad? Ach, und wie ich versucht habe, ihn in den Main hineinzureiten bei der Frankfurter Eisenbahnbrücke – und wir schließlich in blanker Panik am Ufer ein Stück flussabwärts anlandeten … So viele tollkühne, verrückte Erlebnisse! Dachte er zurück wie ich? – Was ging hinter der grau gewordenen Stirn vor, wenn er wiehernd vor sich hin schnaubte? Nahm er mir übel, dass ich ihn damals in Frankfurt zurückgelassen hatte? Der Vater war sicher der strengere und launischere Herr. Aber was sollte ich machen, als Studentin und Ehefrau in Hamburg? Außerdem, der Vater mag ein strengerer und launischerer Herr sein, aber so loyal, wie er ihn sein ganzes Leben überallhin mitgenommen hat! Allein der Umzug von Frankfurt nach Würzburg, dann nach Dambach und dann schließlich hierher, in den verwilderten Park in Fürth. Welches Pferd konnte schon auf so ein Leben zurückblicken in diesen Zeiten? Ach, *Mutzikam* – und trotzdem hätte ich dich damals nicht allein zurücklassen dürfen, das war mir schon klar. Und jetzt: Jetzt, nach vorn gebeugt, die Arme runterhängen lassen, den Kopf auf den Widerrist legen, in die strubbeligen Mähnenhaare und einfach wegreiten, irgendwohin …

Aber ich wollte die anderen nicht länger warten lassen, kehrte zum Festtisch zurück und überreichte mein Geburtstagsgeschenk, ein Einladungsschreiben mit venezianischen Fotos unter der Überschrift »Geburtstag 81 für Pa und Frau Springenzaun in Venedig mit allem Drum und

Dran«. Mit dem »Drum und Dran« war eine Fiakerfahrt auf dem Lido gemeint – die gab es damals noch – und auch ein Festessen in der »Madonna« schon am 2. August zum Geburtstag von Frau Springenzaun. »Wir sind nämlich beide Löwen«, meinte sie lachend. Die Idee mit dem Haus in Venedig war meinem Vater immerhin ein Lob wert: »Endlich mal was Ausgefallenes, Apartes. Hamburg ist doch sehr glatt und langweilig.« Da hatten wir also Glück gehabt – in diesem Fall, venezianisches Glück.

Ein DDR-Film und seine Folgen

»Kennen Sie den Frauentag? Vor siebzig Jahren wurde er in Deutschland zum ersten Mal gefeiert. In der DDR hat er am 8. März einen festen Platz im Feiertagskalender – ist Tradition seit dreißig Jahren.« Mit dieser Frage begann der ARD-Film, den Lucas und ich im Frühjahr 1981 machten. Titel: »Der 8. März oder Wie die DDR ihre berufstätigen Frauen ehrt«. Die Idee zu dieser Dokumentation entstand schon zwei Jahre vorher, gewissermaßen parallel zur Arbeit über »Bebels Frau«.

»Wäre ein ARD-Film über die Lebens- und Arbeitsverhältnisse ›unserer Schwestern‹ in der DDR nicht interessant?«, schrieb ich damals an den Hessischen Rundfunk, der sich »solche Sachen« schon mal traute. Und in der Tat, die Redaktion fand den Vorschlag sehr interessant, meldete ihn in der ARD an und stellte einen Antrag an das IPZ, das Internationale Pressezentrum in Ost-Berlin, zuständig für »ausländische Berichterstattung« auf dem Boden der DDR. Winfried Scharlau, mein NDR-Chefredakteur, fand das Projekt auch sehr reizvoll, insbesondere, da der HR die Geschichte übernehmen und ich längere Zeit aushäusig arbeiten würde.

Das war 1979. Aus Berlin kam keine Antwort. Auch auf Nachfragen nicht. Ich hatte den Plan schon vergessen, als im November 1980 beim HR ein Brief aus Ost-Berlin einging: Man habe den Vorschlag eingehend geprüft. Er könne realisiert werden. Gespräch mit Regisseur und Autorin müsste noch im Dezember stattfinden.

Das Gespräch fand in der Schadowstraße statt. In einem Büro mit dem Charme eines Vernehmungszimmers. Der Verhandlungston war entsprechend. Gemäß Vorschlag, die Feiern des Frauentages am 8. März in den Mittelpunkt der Reportage zu stellen, könnten in dieser Zeit die Dreharbeiten stattfinden, und zwar im Bezirk Erfurt, Stadt und Umland. Gemäß Vorschlag würde man interessierte Frauen ausfindig machen, eine Arbeiterin, verheiratet, mit Kindern, eine Akademikerin, eine geschiedene Frau, eine Bäuerin …

Gemäß Vorschlag, Vorgespräche im Januar, Prüfung, ob die Familien der Frauen in das Projekt einbezogen werden wollten. Organisation nach meinem Drehplan, Interviewfragen vorher einzureichen, Betreuung des Projekts: 25 000 DM, zahlbar vor Drehbeginn ans IPZ.

Wollten wir das? Wollte die Redaktion das? Nach einem ausführlichen Gespräch in Frankfurt kamen wir überein: Wir wollten das auf jeden Fall. Die Bedingungen, unter denen der Film zustande käme, würden wir im Text jeweils beschreiben und auch benennen, dass die Frauen »ausgewählt« worden waren. Es war die einzige Möglichkeit, etwas über die Lebensverhältnisse der Frauen in der DDR zu erfahren: Wie können sie Beruf, Familie, Qualifizierung,

Ehe miteinander verbinden? Eine Alltagsbeschreibung, wie wir sie auch in anderen sozialistischen Gesellschaften nur zusammenstellen konnten – unter den Bedingungen von Diktatur und Zensur.

Die Vorgespräche im Januar 1981 waren anfangs sehr angespannt, die »Betreuung« für 25 000 DM allgegenwärtig. Aber dann entstand nach und nach Neugierde auf beiden Seiten. Die Ehemänner wollten auf jeden Fall auch mitmachen. Bei den Dreharbeiten um den 8. März herum erging es uns dann ähnlich: Nach und nach wurden wir miteinander vertrauter, die »Betreuung« ließ merklich nach, manchmal konnten wir sogar auf eigene Faust drehen.

Der Film beginnt ganz bewusst mit dem Signet der »Aktuellen Kamera« und einem Bericht von den offiziellen Feierlichkeiten zum 8. März 1981 in Ost-Berlin und zeigt damit: Wir sind »drüben« in jenem anderen Teil Deutschlands und seinem Alltag.

Mein Schlusskommentar lautete: »Fünfzig Prozent der Berufstätigen in der DDR sind Frauen. Und in der Bundesrepublik vierzig Prozent – ganze zehn Prozent weniger. 3,6 Millionen dort – 9,7 Millionen hier. Als Arbeitskraft außer Haus und als unbezahlte Arbeitskraft im Haus. Für Frauen dort wie hier ist es da schon ein großer Fortschritt, wenn die Arbeit außer Haus gerecht entlohnt, mit Aufstiegschancen verbunden und anerkannt wird von der Gesellschaft – und die unbezahlte Arbeit im Haus wenigstens teilweise erleichtert.«

Das war die Botschaft an die Öffentlichkeit der BRD 1981: gerechte Entlohnung, Aufstiegschancen, Unterstützung beim Aufziehen der Kinder. Deshalb wurde der Film gemacht und erlaubte das Kennenlernen von tüchtigen, sympathischen, aufgeschlossenen Frauen und ihren Familien aus dem »anderen Deutschland«. Das war damals eine Seltenheit.

Es war wohl der erste deutsch-deutsche Film dieser Art, gesendet zur besten Sendezeit am 10. April 1981. Es gab keinen Aufschrei, es gab mäßig interessierte Kritiken und eine recht gute Einschaltquote. Mir ging die Zusammenarbeit mit den Frauen und ihren Familien nicht aus dem Kopf, sie hatte eine besondere Qualität gehabt: Misstrauen, Abbau von Misstrauen, Neugierde, gegenseitiges Erstaunen: so ist das also, so anders einerseits und andererseits so nah.

22 Jahre später schreibt mir der Vorsitzende der Historischen Kommission der ARD, Dietrich Schwarzkopf, dass die ARD dem Forschungsverbund SED-Staat der Freien Universität Berlin den Auftrag zu einer wissenschaftlichen Studie über »die auf den Rundfunk bezogenen Aktivitäten des Staatssicherheitsdienstes der ehemaligen DDR« erteilt habe. Es ginge dabei auch darum, herauszufinden, welchen Auftrag der Staatssicherheitsdienst in seiner »offensiven Funktion zur Beobachtung und Ausforschung und Unterwanderung des Rundfunks der Bundesrepublik hatte«. Sehr wichtig für das Ergebnis sei Einsicht in die Stasi-Akten. »Deshalb bitte ich Sie herzlich, durch Ihre Unterschrift auf dem beigefügten Formular der Birthler-Behörde Ihre Einwilligung zur Einsichtnahme … zu geben.«

Dieser Brief, der am 9. April 2003 an die Adresse meiner längst aufgegebenen Wohnung in Frankfurt ging, hat mich nie erreicht. Ich hätte sicher meine Einwilligung zur Akteneinsicht gegeben. »Unterwanderung der ARD durch die Stasi«, das war ja schließlich ein hochinteressanter Stoff! In meinem Fall sollte es um Unterlagen aus der Zeit meiner Tätigkeit als Chefredakteurin des HR-Fernsehens und als

Reisekorrespondentin gehen. Da war ich aber mehr als gespannt. Aber wie gesagt: Der Brief erreichte mich nie, ich konnte meine Einwilligung nicht geben, ich wusste von der ganzen Angelegenheit nichts.

Wiederum ein ganzes Jahr später bekomme ich einen zweiten Brief aus »ARD-Kreisen«. Nun liegt die Studie vor, wird höchst vertraulich behandelt, und siehe da, über Luc Jochimsen gibt es ein neunseitiges Kapitel, überschrieben »Casting durch SED und MfS«. Dabei geht es ausschließlich um die Entstehungsgeschichte und die Dreharbeiten zu dem Film »Der 8. März«. Akribisch ist aufgezeichnet, wie dieses Projekt »betreut« wurde – von den Vorgesprächen in der Schadowstraße zu den Recherchen in Erfurt bis zum letzten Drehtag. Erschreckend zu lesen, wie minutiös wir überwacht wurden, amüsant zu erfahren, wie die einzelnen Abteilungen der »Dienste« sich gegenseitig ausspionierten und im Wege standen, da wird geprahlt und gelogen, dass es nur so kracht. Das ist ein Fundstück. Aber was machen die Forscher daraus?

Keinesfalls eine Opfergeschichte drangsalierter ARD-Journalisten. O nein! Uns Filmemachern und den porträtierten Frauen und Männern wird der Vorwurf gemacht, wir hätten eine »DDR-Inszenierung« aufgeführt, unter dem Titel »Dokumentation« eine geschönte Show dargeboten. Das alles übrigens mit Klarnamen – ohne jegliche Rücksprache mit uns oder auch nur Information. Man konnte mir keine Spur von Verstrickung vorhalten, machte mich aber zur Propagandistin der DDR.

Ich fand den Vorwurf, einen Propagandafilm abgeliefert zu haben, ehrabschneidend für mich und vor allem nicht hinnehmbar für die damals porträtierten Frauen und ihre Familien. Also machte ich mich, 25 Jahre nach unserer Zusammenarbeit, auf die Spurensuche und fand – bis auf eine Ausnahme – alle »DDR-Darstellerinnen und -Darsteller« von damals wieder. Ich wollte wissen, wie es damals war mit dem »Casting«, der Selektion, dem Einstudieren von Antworten auf meine Fragen. Und ich wollte es nicht nur privat wissen, sondern auch öffentlich machen. Jetzt hatte ja niemand mehr einen Grund, die Wahrheit zu verheimlichen.

Erstaunlich war: Alle erinnerten sich an die Dreharbeiten, und alle erklärten sich sofort bereit, sich zusammen mit dem Film einer öffentlichen Diskussion zu stellen. Am 8. März zum Beispiel.

Fazit: Natürlich sind sie ausgesucht bzw. gefragt worden – vom Betrieb, von der Kreisärztin, vom Vorstand der LPG, ob sie dem Westfernsehen Interviews und Einblicke in ihre Lebensverhältnisse geben wollten. Nichts anderes hatten wir auch im Film jeweils festgehalten. Ansonsten wären sie bass erstaunt gewesen, dass ich mich an die Fragen gehalten hätte, die wir in den Vorgesprächen besprochen hätten. Die Kindergärten, die Ganztagsbetreuung, das Babyjahr, der Haushaltstag, die Krankschreibung für die Arbeit, wenn ein Kind erkrankte, all das seien ja keine Chimären gewesen. Nein, ihr Leben war damals so, wie der Film, den sie offiziell nie sehen durften, aber alle gesehen hatten, es zeigte.

Ich habe mich mit dem Stasi-Forscher Staadt nach der ersten öffentlichen Veranstaltung getroffen. »Dass die Frauen heute finden, dass ihr damaliges Leben so war, ist kein Wunder«, kommentierte er. »Trotzdem war der Film ein Stück Stasipropaganda im Westfernsehen.« Dabei blieb er einfach.

Das Museum für Thüringer Volkskunde hat dann am

8. März 2008 nochmals zu einer öffentlichen Diskussion eingeladen: »Ostfrauen im Westfilm«. Jetzt konnte doch jeder, jede die Wahrheit sagen. Aber die Wahrheit von damals ist eben nicht die Wahrheit, die »Stasi-Forscher« heute gern hätten.

Ein paar Monate später, im Herbst 2008, erschien das Buch »Operation Fernsehen – Die Stasi und die Medien in Ost und West«, gewissermaßen eine Zusammenfassung der ARD-Studie. Unter dem glanzvollen Titel »Irreführung einer Betörten« widmen die Autoren Jochen Staadt, Tobias Voigt und Stefan Wolle mir und dem Film von 1981 wieder ein ganzes Kapitel und drehen die Vorwurfsschraube weiter: »überprüfte DDR-Darstellerinnen«, »gestellte Szenen«, »Vorführung eines verständigen DDR-Mannes«, »sozialistische Musterärztin«, »heile DDR-Welt« usw. Und während im vorherigen Forschungsbericht für die ARD noch andere schlimme Beispiele vom »Frauenparadies DDR« zitiert wurden – vor allem aus der Frauenredaktion des damaligen SFB –, bleibt in dem für die Öffentlichkeit publizierten Buch nur ein einziger Fall übrig: dieser Film vom 8. März 1981 von Luc Jochimsen, damals von der SED »betört«, heute Bundestagsabgeordnete der »SED-Nachfolgepartei«. Das passt.

Bleibt eins nachzutragen: Der 8. März wird immer noch gefeiert in Erfurt und anderswo, und heutzutage kennen mehr Bundesbürgerinnen und -bürger den Frauentag als vor der Einheit. Sonderbare Geschichte.

Am 11. März 1982 verlieh der Senat der Freien und Hansestadt Hamburg den Alexander-Zinn-Preis für Journalismus und hatte in den Großen Saal des Rathauses zu einer Art Festakt geladen.

Das Protokoll des sozialdemokratischen Hofstaates unter Bürgermeister Klaus von Dohnanyi hatte ziemlich geschlampt. Der Preis war eigentlich für 1981 vorgesehen, auf den Einladungskarten war schlicht vergessen worden, an wen der Preis ging, der Blumenschmuck entsprach einer Beerdigung dritter Klasse, aber es gab eine rotlederne Urkunde mit großem geprägtem Wappen und vielen lobenden Worten: »Mut«, »Engagement«, »Freiheit und Unabhängigkeit journalistischen Wirkens«, und einem besonderen Satz: »Jochimsen arbeitet seit 1956 für den NDR und hat in 25 Jahren kontinuierlicher Mitwirkung bei Hörfunk und Fernsehen dazu beigetragen, dass die Grundsätze journalistischer Qualität und hamburgischer Liberalität die Eigenart dieses Senders formten!«

So, so. Das war ja nun richtig schön ausgedrückt, und ich hätte die Urkunde am liebsten sofort dem Intendanten auf den Schreibtisch gelegt. Aber wahrscheinlich hätte er sie mit der Bemerkung »Kommt aus dem Hamburger Rathaus, also von den Sozen« sowieso sofort im Papierkorb versenkt.

Mein Vater, mit grauer Persianerkappe angereist, machte eine ähnlich despektierliche Bemerkung: »Wenn mit Zinn wenigstens unser Hessischer Ministerpräsident gemeint wäre. Alexander Zinn? Kennt doch außerhalb Hamburgs kein Mensch.«

Ich war trotzdem stolz und glücklich im Kreis von Maja

und Reiner, den Freunden Koritz aus Berlin, Gerhard Weber, unserem »Reiseführer durch die UdSSR«, Susanne von Paczensky aus dem Preisrichterkollegium, der ich sicher zum Teil die Auszeichnung zu verdanken hatte. Wir alle zogen vom Rathaus zum Winterhuder Marktplatz ins »Hofrestaurant« zu einer Feier, die bis in den frühen Morgen dauerte. Größten Anteil, dass niemand nach Hause wollte, hatten die Brüder Rosenberg mit ihrer Musik: Roma-Jazz aus Harburg, nannten sie die Gigs – und manchmal reichte Harburg bis weit in den Balkan hinein, und mein Vater konnte gar nicht genug kriegen.

Ich wollte weg von »Panorama«. Nach den CDU-Intendanten kamen die CDU-Chefredakteure. Ich hatte das Gefühl, ständig über ein Tretminengelände zu laufen, jeden Augenblick konnte irgendein Ding hochgehen. Das passierte dann auch bald – allerdings auf eine ganz besondere Weise.

Für die »Panorama«-Sendung am 3. August 1982 war ich »urlaubsvertretenderweise« – damit ja keine Hoffnungen geweckt würden – verantwortlich. Peter Gatter war in den Ferien im Südchinesischen Meer. Seit Wochen arbeitete Stefan Aust an einem Film über die Verfassungsschutzaffäre Langemann, die seit Jahren durch die Republik waberte, über die Aust aber nun neue Dokumente und Erkenntnisse gefunden hatte. Die Herstellung des Films war ein Albtraum für jemanden, der für die Sendung »urlaubsvertretenderweise« verantwortlich war. Erstens wollte Aust am liebsten die gesamte Sendezeit. Zweitens arbeitete er Tag und Nacht im Schneideraum an immer neuen Versionen, so dass sich die Abnahmen immer weiter in Richtung Sendetermin verschoben. Drittens standen wir beide sowieso unter dem Generalverdacht, den Urlaub von Peter

Gatter nutzen zu wollen, um unkontrolliert eine Skandalgeschichte ins Programm zu hieven.

Schließlich einigten wir uns am Sonntag vor der Sendung auf eine Stücklänge von 15 Minuten. Es gab noch zwei andere Beiträge, und ich gab ein drittes Stück als Reserve in Auftrag, so wie ich das bei Merseburger gelernt hatte. Das erwies sich am 3. August abends als meine Rettung. Denn nach all den Abnahmesitzungen, Kürzungen, Umstellungen … Aust und ich saßen wie unter Hochspannung im Studio, ich moderierte gerade die Sendung an, erklärte der Produktionsleiter: »Der Langemann-Film ist weg.« Unglaublich. So etwas hatte es noch nie gegeben. Ich sagte erst mal kaltblütig einen der beiden anderen Beiträge an, Aust stürzte aus dem Studio und suchte den Film. Ich sagte den zweiten anderen Beitrag an. »Noch fünf Minuten«, hieß es aus der Regie. Aust kam zurück und moderierte seinen Langemann-Film an, wohl in der Hoffnung, er wäre in letzter Sekunde noch zu finden. Er berichtete minutiös von den Schweinereien und Tricks des Verfassungsschutzes. Danach wurde ein Pappschild mit der Aufschrift »Kurze Unterbrechung« eingeblendet. Dreißig Sekunden, eine Minute, anderthalb Minuten … zwei Minuten. Dann war ich dran, da gab es kein Vertun, und so sagte ich den anschließend hundertfach zitierten Satz: »Meine Damen und Herren, der angekündigte Film über den Verfassungsschützer Langemann von Stefan Aust ist weg. Ich bitte um Entschuldigung, aber der Film ist verschwunden. Wir senden deshalb einen Bericht über ›Gefahren in Sommerbädern‹.« Das war das Reservestück, das Gott sei Dank vorlag und die restliche Sendezeit ausfüllte. Meine Schlussmoderation enthielt dann eine weitere Entschuldigung und das etwas bizarre Versprechen, »den Film zu einem späteren

Zeitpunkt zu zeigen«. Was übrigens auch am nächsten Tag geschah.

Stefan Aust rekonstruierte noch in dieser Nacht anhand der vorhandenen Sprachaufnahmen und der übrig gebliebenen Filmschnipsel die Geschichte – als Wortdokument mit Standbildern. Der Originalfilm wurde nie aufgefunden.

So berühmt war »Panorama« nie mehr wieder wie am nächsten Tag! Pressekonferenzen, Hunderte Zeitungsartikel, Bild-Schlagzeile auf Seite eins und natürlich die Fragen: »Wer ist schuld? Wer hat die Verantwortung? Hatte der Verfassungsschutz die Hand im Spiel? Einer der Enthüllungszeugen? Aust selbst vielleicht? Ein Techniker, der das Sendeband falsch in die Abspielmaschine eingelegt hatte? Die verantwortliche Cutterin?« Viele Fragen, keine Antworten.

29 Jahre später, im Sommer 2011, als der NDR eine Fünfzig-Jahr-Feier für »Panorama« veranstaltete, machte sich das Redaktionsteam nochmals an die Recherche und versuchte zu rekonstruieren, »wie es damals war« – mit dem Ziel, die Wahrheit nach so vielen Jahren herauszufinden. Alle noch auffindbaren Beteiligten wurden interviewt … Ergebnis: der Film ist verschwunden und weg – und wird es wohl ewig bleiben.

Für mich hatte der »Skandal« ein besonderes Nachspiel. Der Chefjustitiar des NDR, Professor Klaus Berg, hielt meine Moderation für »unprofessionell« und deshalb einer Abmahnung würdig. Meine Vorgesetzten – Chefredakteur und Programmdirektor – hielten dagegen: »in einer solchen Situation«… und »doch recht souverän alles in allem reagiert«. Aber Chefjustitiar ist Chefjustitiar »Sie müssen selbst mit Berg reden«, sagte mein Programmdirektor. »Ich kann da nichts mehr tun.« Also ging ich zu Berg, und zwar »hoch erhobenen Hauptes«. Ich würde ihm schon meine Auffassung von journalistischer Wahrheit und Wahrhaftigkeit erklären! Mein Gegenüber blieb völlig ungerührt. »Sie werden abgemahnt, weil Sie dem Sender mit dem Satz ›Der Film ist weg‹ geschadet haben.« – »Aber es war doch so.« – »Sie hätten alle möglichen technischen Schwierigkeiten aufzählen können, um diese Panne zu erklären. Ihre Reaktion war nicht professionell.« – »Aber ich habe doch nichts als die Wahrheit gesagt – und wie schon gesagt – ich habe mich immer der journalistischen Wahrheit verpflichtet gefühlt.« – »Das ist ehrenhaft, hat aber mit der Präsentation einer Sendung nichts zu tun. Da haben Sie einen schweren Fehler gemacht – und deshalb werden Sie abgemahnt.« – »Das muss ich zur Kenntnis nehmen. Ich sage aber auch jetzt hier, wenn ich von Journalisten auf die Angelegenheit angesprochen werde, werde ich aus meiner Empörung keinen Hehl machen. Wenn das das Ergebnis von 25 Jahren loyaler Mitarbeit für den Sender ist!« – »Sie wissen genau, dass Sie keinerlei Beschäftigungsinterna nach außen geben dürfen – das steht in Ihrem Arbeitsvertrag.« – »Dann kündigen Sie mich eben ...« – »Ich würde mir das alles an Ihrer Stelle noch einmal gut überlegen.«

Das war das. Mein Zorn war kochend heiß. Ich wollte weg von »Panorama«. Ich würde auch ohne diesen NDR-Duckmäuser-Sender arbeiten können – ich hatte es satt, unter dieser politischen Druckglocke weiterzumachen. Der Programmdirektor Seelmann-Eggebert löste die »Affäre Abmahnung« allerdings auf eine sehr elegante Weise. Er bestand darauf, dass das Schriftstück an ihn als meinen Vorgesetzten ging. Er unterrichtete mich telefonisch. Der Vorgang blieb in seinem Büro und kam nie in meine Personalakte. Es war eine Abmahnung, die es eigentlich nicht gab. Trotzdem wollte ich weg von »Panorama«.

Einmal hatten wir »Alten« uns in dieser Zeit noch zusammengetan und einen Coup gelandet: am 15. Februar 1983 die »Panorama«-Sondersendung »Flick und die Parteispenden-Affäre«.

Wochenlang haben Gerhard Bott, Horst Hano, Stefan Aust und ich an diesem »Gesellschaftsreport der besonderen Art« gearbeitet. Es ging um drei Milliarden Mark, die Großmogul Flick in mühsamer Betrügerei der Steuer hinterzog – und wie dies möglich war, durch welche »Pflege der politischen Landschaft«, sprich, den Spendensegen für CDU und FDP und auch ein bisschen für die SPD, die sich offenbar für gar nichts mehr zu schade war, grauenvoll.

Es war eine untypische »Panorama«-Geschichte. Kein üblicher Magazinbeitrag, sondern ein über dreißig Minuten langer Film, unmoderiert, aus dem Off abwechselnd erzählt – ein Dokumentarstück, das mit einem Schwenk über den Rhein bei Bonn begann zur Musik aus Wagners »Rheingold« und so auch endete. Und für alle Zeiten offenlegte, wie bestechlich die großen Parteien der Bundesrepublik waren und sind und wie sie schamlos von den Reichen des Landes benutzt, instrumentalisiert und gefügig gemacht werden.

Ich hatte in der Geschichte ein besonders pikantes Kapitel übernommen: die Rolle eines Ordens aus Sankt Augustin bei Bonn zu untersuchen, der als Geldwaschanlage für die Spenden diente. Von der Buchhaltung des Flick-Konzerns übernahm Bruder Schröder, der Ökonom des Ordens, die Gelder – und gab sie dann an die christliche Partei weiter. Als wir drehten, war Pater Schröder in die

Schweiz versetzt worden – zu seelsorgerischer Arbeit. Ich habe ihn dort ausfindig gemacht, in einem verschneiten kleinen Dorf. Er sagte kein einziges Wort, hielt die Hand vor die Kamera. »Rheingold« war für mich die letzte große »Panorama«-Arbeit.

Ich spezialisierte mich auf große Reportagen. Eine spielte auf einem Sozialamt in Hamburg und trug den Titel »Der Korridor«, eine andere war die Langzeitbeobachtung eines psychisch Kranken. Da hatten mir Bewohner eines Mietshauses im guten Wohnviertel Winterhude eine Art »Hilferufbrief« geschrieben. »In unserem Haus, lauter Einzimmerwohnungen, sehr hellhörig gebaut, schreit und tobt seit Wochen ein Mitbewohner vor allem in der Nacht, so dass wir fast keine Ruhe mehr finden. Weder Bitten noch Briefe an die Hausverwaltung haben an dieser Situation etwas geändert. Nun haben wir gehört, dass der Mitbewohner in die Psychiatrie zwangseingewiesen werden soll. Das wollen wir aber nicht ›verschuldet haben‹, das ist uns ein schrecklicher Gedanke. Können Sie sich der Geschichte nicht annehmen?« Adresse, Namen, Telefonnummern. Ich hatte zwar keinerlei Vorstellung, was ich da ausrichten könnte, schaute mir aber das Haus an, sprach mit den Briefschreibern und nahm schließlich Kontakt mit dem kranken Mann auf. Ich rief ihn an, erklärte umständlich, dass ich ihn gern sprechen möchte, auch warum und weshalb. Er willigte sofort ein. Wir verabredeten uns für den nächsten Nachmittag. Als ich an der schmalen Einzimmerwohnung klingelte, öffnete mir ein verstruwwelter, aber gut angezogener Mann und hatte eine Kuchentüte in der Hand. »Kommen Sie, kommen Sie – ich mache Kaffee für uns«, sagte er und wies auf eine Sofaecke mit gedecktem Kaffeetisch. Dann verschwand er in der winzigen Küche. Nach wenigen Minuten schrie er unverständliche Satzbrocken, haute und trat gegen die Küchentür, dann wurde es ganz still. Für Minuten, eine Viertelstunde … ich stand auf und klopfte an die Küchentür, von innen kam ein Knurren. In dem Moment wollte ich die Wohnung verlassen. Aber die Tür war abgeschlossen. Was sollte ich bloß tun? Also wieder zurück an den Kaffeetisch und warten. Laute Fragen in Richtung Küche und innerlich kalte Panik. Warum ließ ich mich bloß auf eine solche Situation ein? Plötzlich kam ein ganz normal sprechender Mann mit Kaffeekanne aus der Küche und erzählte mir Teile seiner Lebensgeschichte. Aus seiner Sicht wurde er von einigen Nachbarn verfolgt, die allesamt verrückt wären und seine Anwesenheit als »Verkünder der Wahrheit« nicht ertrügen.

Ja, er würde des Nachts von seinem Balkon die Schrecken dieses Landes öffentlich herausschreien, die Auschwitz-Lügen, die ganzen Nazi-Existenzen beim Namen nennen, die immer noch unter uns wären, auch das Leid und die Armut in den anderen Ländern beklagen …

Die Geschichte dieses Verstörten und seiner Nachbarn haben Lucas und ich dann über ein Jahr verfolgt. Der Weg in die Klinik. Die Behandlung und das Leben dort. Die Rückkehr des medikamentös Sedierten, Ruhiggestellten in die alte Wohngemeinschaft. Es ging um unseren »Umgang« mit einem Mann wie ihm – geplagt und gejagt von den bösen Geistern einer seelischen Krankheit. Es war meine Hauptarbeit im Jahr 1983. Der Film erhielt 1984 den Prix Italia, den wichtigsten europäischen Fernsehpreis, als erste ARD-Dokumentation überhaupt. Ich erfuhr die Nachricht aus der Zeitung. Zum Festival war Chefredakteur Peter Schiwy nach Neapel gefahren – für eine Woche. Allerdings ohne den Preis entgegenzunehmen, bei der Verlosung hatte er das Festival längst verlassen. »Ich konnte ja nicht ahnen, dass ausgerechnet wir den ›Oscar‹ bekommen«, sagte er und gratulierte mir. Aber er hatte ein schlechtes Gewissen – und das sollte mir später bei meiner Bewerbung auf die 2. Korrespondentenstelle in London zugutekommen.

Abschied von Kindheit und Jugend

Eines Tages brachte Janko Carola zum Abendessen mit. Carola aus der Parallelklasse. Carola war die Tochter, die ich gern gehabt hätte: brünettes Haar, braune Augen, mutig und sanft, Schulsprecherin, Redakteurin der Schülerzeitung … da hatte er eine Eroberung gemacht!

Nach diesem Abendessen trafen wir die beiden nur noch als Paar. Sie übernachteten entweder bei uns oder bei Carolas Eltern. Die betrieben eine Etagenpension hinter der Staatsoper. Das Mädchenzimmer war zu klein für die beiden, aber wenn ein Pensionszimmer frei blieb, nächtigten sie »drüben« und frühstückten genüsslich mit den Gästen.

Carola war »Helene Lange« zu verdanken, dem prestigereichen Hamburger Mädchengymnasium, das im Zeichen der Gleichberechtigung nun auch Jungen aufnahm und Jankos Abiturschule wurde. Die Privatschule in Blankenese hatte er nach der Mittelstufe verlassen. »Helene Lange«, die staatliche Reformschule, bot einige Überraschungen. Eine Direktorin. Eine Mehrheit von Lehrerinnen. Eine Mehrheit von Schülerinnen, vor allem in den oberen Klassen. Das war nach der von einem männlichen Kollegium geleiteten und fast nur von Jungen besuchten Privatschule ein gewaltiger Unterschied.

Janko hatte dort einen Deutschlehrer, der ihm das Du anbot und meinte, er wäre gern mehr ein Freund der Schüler als ihr Lehrer. Janko war begeistert: »Lernen auf Augenhöhe – ganz und gar demokratisch.«

Die Enttäuschung kam schnell. Seine nächste Deutschklausur wurde mit der Note Fünf zensiert – Janko hatte größte Schwierigkeiten mit schriftlichen Arbeiten. Die Diagnose lautete: schwere Legasthenie.

»Helene Lange« versuchte einen demokratischen Lehrbetrieb. Die Schüler »wählten« ihre Fächer, und sie »wählten« sie nach Lust und Laune vor allem ab. Die Schüler kamen und gingen, wie sie wollten – besonders in den Abiturklassen. Janko bekam auf diese Weise trotz seiner eklatanten Schreibschwäche ein passables Abschlusszeugnis und hatte den »Demokratie-Stil« so weit verinnerlicht, dass er am letzten Schultag lieber zur Führerscheinprüfung ging als zur festlichen Abiturfeier. Also saß ich allein unter den stolzen Eltern und noch stolzeren Absolventen, hörte mir die kluge Rede der Schulsprecherin Carola an und war wütend, traurig und fest entschlossen, das Zeugnis für Janko Jochimsen dann eben selbst entgegenzunehmen. Hatte ich doch auch einen Anteil an dieser Leistung – oder etwa nicht? Interessanterweise erschien der Abiturient aber dann doch selbst, um beim Aufruf »Jochimsen« nach vorn zu gehen – mit einem spöttischen Blick ins voll besetzte Auditorium, wo er mich irgendwo vermutete. Anschließend feierten wir, wie wir immer feierten: mit einem Essen bei der Padrona Christina.

Janko bereitete seinen Umzug nach Berlin vor. Die Freundin Adelheid erwartete den Wehrdienstflüchtigen und Jurastudenten. »Kann ich den Hamburger Hausschlüssel behalten?«, fragte er. »Du bist immer und jederzeit hier daheim«, antwortete ich – und wusste gleichzeitig, dass dies so nicht mehr stimmte, nie mehr stimmen würde. Wie weh das tat!

Vor dem Umzug aber gingen wir – wie jedes Jahr auch diesmal – wochenlang zusammen auf Reisen. Das war seit Jahren unsere eigentliche Gemeinsamkeit: reisen – kreuz und quer durch Sizilien, kreuz und quer durch Mexiko und im Sommer 1983 nach Grenada. Fünf Wochen zu Gast bei einer anderen Berliner Freundin, der Ärztin Regina Hammoser, die für ein Jahr oder länger Dienst im sozialistischen Gesundheitssystem der Karibikinsel machte. Sie schrieb so begeisterte Einladungsbriefe: »Ein Paradies, die nettesten Menschen, ein friedliches Zusammenleben, Strände never ending … kommt, kommt, kommt und seht!«

Also flogen wir los. Zunächst für drei Tage nach Barbados. Das war schon ein Film für sich: die weiß gekleideten Kricketspieler auf einem Rasen, so grün, als hätten ihn Maler extra übertüncht. Die Frauen mit englischen Sommerhüten auf dem Weg zur Kirche. Und dann mit einem kleinen Passagierflugzeug hinüber auf die »Insel über dem Wind«, Grenada. Auf dem Flughafen dröhnte zur Begrüßung aus altmodischen Lautsprechern der Song: »Little Soldier / Stolen from Africa / Brought to America / Left / Right / Left / Right … Government shoe!«

1983 war Grenada, frühere britische Kronkolonie mit knapp 100 000 Einwohnern, noch nicht einmal zehn Jahre unabhängig, hatte schon eine unblutige Revolution hinter sich und wurde seit vier Jahren als sozialistischer Ministaat von Premierminister Maurice Bishop und seiner Partei »New Jewel Movement« regiert. Ohne Wahlen, aber mit basisdemokratischen Versammlungen, Kollektiven, Genossenschaften, beliebt in Kuba und der Sowjetunion, von den

USA mit Sanktionen belegt. Das Staatsoberhaupt Königin Elisabeth II. auf allen Briefmarken, der britische Gouverneur in seiner Kolonialresidenz hoch über der Hauptstadt St. George's.

Durch unsere Gastgeberin lernten wir mehrere »Minister« und »Staatssekretäre« kennen, bei einem »Staat« von rund 50 000 Erwachsenen stets etwas überzeremoniell, nahmen an Schulbesichtigungen und Gesundheitssprechstunden teil, erlebten öffentliche Abstimmungen über Wohnsiedlungen und lebten ansonsten tatsächlich wie in einem Paradies. Und es wäre wahrscheinlich bis auf den heutigen Tag ein ganz und gar unspektakuläres Ferienerlebnis gewesen – und geblieben, wenn nicht acht Wochen nach unserer Rückreise, die USA Grenada mit einer Invasion überzogen hätten. Einer Invasion, die schon alle Vorwände, Tricks, Täuschungen und Lügen enthielt, mit denen später andere Länder überfallen und bekriegt wurden. Ein typisches Ronald-Reagan-Kriegsspektakel, dem alles zum Opfer fiel, was sich dieser kleine Inselstaat aufbauen wollte. Wobei besonders bitter ist, dass nur Tage vor der US-Invasion eine linksradikale Gruppe innerhalb der New-Jewel-Movement-Regierung den charismatischen und von der überwiegenden Mehrheit der Bevölkerung geradezu verehrten Premierminister Bishop absetzte und hinrichtete.

Die US-Invasion war da allerdings längst geplant und wäre auch ohne den Putsch durchgeführt worden. Aber nun war der Vorwand einfach plakativer.

Nie hätten Janko und ich gedacht, dass unser Urlaub auf der kleinen Insel Grenada eine derartige Geschichtslektion bereithielt: der angebliche kubanische Militärstützpunkt auf der Baustelle des Flughafens Point Salines!

Wir kannten das halb fertige Rollfeld und die paar Baracken ganz genau …

Das angebliche sowjetische Waffenarsenal unvorstellbaren Ausmaßes – ein Massenvernichtungspotential in Amerikas Hinterhof sozusagen – eine geradezu lächerliche Vorstellung für jemanden, der kreuz und quer über die Insel gereist war und die paar hundert äußerst legeren grenadinischen Soldaten gesehen hatte, die sich überall einen guten Tag machten. Das angeblich die ganze Region bedrohende Atom-U-Boot der Sowjets vor der Südküste – selbst für einen amerikanischen Journalisten war es ein Leichtes, herauszufinden, dass in diesen flachen Gewässern kein U-Boot lauern konnte.

Nie haben wir den USA die Operation »Urgent Fury« verziehen, und wenn die nächste Invasion stattfand, war uns das Muster aus Märchen und Mythen wohlbekannt, welches der Öffentlichkeit präsentiert wurde. Immer müssen sich die USA irgendwo auf dieser Erdkugel verteidigen, Werte retten, Menschen zur Hilfe kommen, die sie um diese Hilfe gar nicht gebeten haben. »Urgent Fury« – wie entlarvend dieser »eilige Zorn«, diese drängende Wut! Selbst Premierministerin Margaret Thatcher protestierte und zog den britischen Gouverneur von der Insel ab.

Noch bevor Janko nach Berlin umzog, zerbrach die Beziehung zu Carola. Ich kam irgendwann nach Hause, und sie saß auf der Treppe vor der Tür, zwei voll gepackte Reisetaschen neben sich, und wartete auf ihren Vater, der sie abholen wollte. Ich setzte mich neben sie, und wir beide weinten bitterlich. Da hatte ich nun nach Jahrzehnten eine Tochter gefunden – und musste sie nach anderthalb Jahren wieder ziehen lassen. Ausgerechnet jetzt, da das Leben für sie und Janko doch erst richtig anfangen würde! Carolas Vater kam und war auch den Tränen nah. Und dann erschien zu allem Überfluss auch noch Janko, weiß und grau im Gesicht. An diesem Abend haben sich beide versprochen, es doch noch einmal miteinander zu versuchen. Aber das Versprechen hielt nicht. Sie zogen zwar beide nach Berlin, aber getrennt.

Nach Hause, nach Hause!

Wann habe ich meinen Vater je krank erlebt? Zweimal. Als Kind besuchte ich ihn zusammen mit meiner Mutter in einem Sanatorium. Magengeschwüre sollten dort kuriert werden. Später erklärte er das Ganze als einen Trick, um nicht nochmals als Soldat eingezogen zu werden. Von da an war er »untauglich«, worauf er stolz war den ganzen Krieg hindurch. Das andere Mal war vor zwanzig Jahren. Wieder ging es um Magengeschwüre und schreckliche Schmerzen. Aber nach drei Wochen in der Gutschen-Klinik in Nürnberg wurde er als geheilt entlassen.

»Illness never heard!« war seine Devise. Wenn es ihm nicht gutging, ließ er sich eine Kur verschreiben. Insofern war es alarmierend, als er mir im November 1982 ein Foto von sich und dem Pferd schickte, beide gucken aus einem der kaputten »Datscha«-Fenster, und der Text hieß: »Drinnen, traurig dieses Bild von Ross und Reiter – gleichzeitig mein ›Krankheitsbild‹.« Mehr war von ihm nicht zu erfahren. Keine Diagnose. Auch Frau Springenzaun wusste nichts. Dann wurde die »Datscha« abgerissen und der Park planiert für Fertighäuser. Und eines Morgens lag das Pferd Peter II auf dem Boden des restlichen Waldstückes und weigerte sich aufzustehen. Mein Vater rief mich an. »Du musst sofort den Tierarzt kommen lassen«, sagte ich. »Das hat keinen Zweck mehr«, antwortete er. »Was heißt, das hat keinen Zweck mehr?« – »Er stirbt.« – »Dann soll der Tierarzt ihn einschläfern.« – »Davon halte ich nichts«, sagte er kurz und hängte auf. Ich überlegte und dachte, recht hat er! Soll das über dreißig Jahre alte Tier doch in Ruhe unter den Bäumen sterben. Aber was hat mein Vater gemacht? Er hat die sterbende Kreatur, die sein Leben begleitet hat in allen guten und schlechten Zeiten, zum Aufstehen gepeitscht – und zum Abdecker getrieben! Zur Notschlachtung! Weil er den Tierarzt nicht bezahlen wollte und die Kosten des Abtransportes. Als er mir das am nächsten Tag am Telefon erzählte, wurde mir so kalt ums Herz, dass ich weder sprechen noch schreien noch weinen konnte. Eine Peitsche! Eine Peitsche! Hätte ich bloß neben ihm gestanden und eine Peitsche gehabt! Ich hätte blind auf meinen Vater eingeschlagen und nimmer aufgehört. In diesem Augenblick löste sich die Liebe zu meinem Vater vollkommen auf – in meinen Gefühlen, in meiner Seele. So viel Rohheit! Was war das für ein Mensch?

Etwa ein Jahr später, im Dezember 1983, ging ich in das Fürther Krankenhaus, in dem meine Mutter gestorben war. In einen anderen Flügel, eine andere Abteilung, aber durch die Korridore der Todesangst und des Sterbens.

»Hol mich nach Hause«, bat mein Vater, »die können mir hier nicht mehr helfen.«

Ich sprach mit dem Arzt. »Sie können Ihren Vater gern mit nach Hause nehmen«, sagte er, »es ist Krebs im finalen Stadium, er hat großes Glück, er empfindet keine Schmerzen, wahrscheinlich blockiert ein Tumor das Schmerzzentrum. Sie können auch zu Hause gar nichts falsch machen – medizinisch ist keine Hilfe mehr möglich. Er braucht halt Pflege Tag und Nacht. Und wenn Sie die Pflege nicht schaffen, haben Sie da kein schlechtes Gewissen, dann nehmen wir ihn hier sofort wieder auf.«

Also holte ich meinen Vater am 3. Dezember 1983 nach Hause – in eins der neuen Fertighäuser im vernichteten Park, das er kurz vorher gekauft hatte, sein erstes und einziges eigenes Haus. Und nun zeigte sich, wie gut dieser Mann immer gelebt hatte. Beide Frauen wechselten sich aufopfernd in der Pflege ab. Andersch kaufte ein, kam jeden Tag. Wir Töchter übernahmen die Wochenenden. Ganz bewusst nahm mein Vater Abschied. Er ließ den Beerdigungsunternehmer kommen. Er ließ Janko Anzüge und Hemden aus dem großen Kleiderschrank herausnehmen (immer noch der Schrank, in dem der Geldvorrat in Frankfurt gebunkert war). »Probier und nimm, was dir gefällt. Es sind gute Stoffe.«

Er ließ den Grabbrief aus der Kommode holen und legte fest, dass er weder »einen Popen« noch einen »Redner-Scharlatan« das Wort am Grab erteilen wollte. Einen Freund gab es nicht. Der Bruder kam auch nicht in Frage … zwischendurch verlangte er nach seiner Pistole. Sie war ohne Munition. Lucas hatte das überprüft. Dann vermachte er Pistole und Gewehr Janko.

Ich war ohne jedes Mitleid. Ich wollte alles tun, was ich konnte, um ihm das Sterben zu erleichtern, das ja, aber ich empfand nichts dabei. Im Gegenteil, ich fing in diesen Todesstunden sogar an, mich an ihm zu rächen. Ich bestellte einen Container und räumte seinen Keller aus, in dem er ein sogenanntes »Pferdemuseum« eingerichtet hatte. Mit Sätteln und Zaumzeug und lauter Erinnerungsstücken an das Pferd, dem er kein Sterben gegönnt hatte, nur den Bolzenschuss. Ich träumte wieder meine wirren Kinderträume, ritt auf dem ersten Peter und dann auf dem zweiten, stürzte über Hindernisse und wurde von den blauen Füchsen getrieben … und schmiss den ganzen falschen Erinnerungskrempel krachend in den Container, der unter dem Fenster des Schlafzimmers stand, in dem mein Vater im Sterben lag. Nur die indianische Pferdedecke, die ich aus Amerika mitgebracht hatte, nahm ich an mich – und ein paar Aquarelle.

Eine Woche später fuhren wir nach Hamburg zurück, meine Schwester löste uns ab, und die Frauen und Andersch wachten Tag und Nacht. Dann kam mitten in der Nacht der Anruf von Frau Springenzaun, auf den ich gewartet und gewartet und gewartet hatte. »Er ist eingeschlafen.« Auf dem Totenschein war zu lesen: »Am 19. Dezember verstarb Adolf Schleußinger in seinem Hause, Todesursache: Herzversagen.«

Das erfüllte mich mit Stolz. Wir hatten ihn nach Hause geholt, wie er es gewollt hatte. Bei der Beerdigung auf dem Rochus-Friedhof in Nürnberg, wo die Schleußinger-Familie seit vier Generationen beerdigt ist, versammelten sich drei Dutzend Bekannte und Verwandte. Auch meine Halbschwester Elfi mit ihrem Mann war gekommen. Der Sarg war in der offenen Kapelle aufgebahrt. Trauergemeinde und Träger warteten auf ein Zeichen. Es war sehr still – auch Musik durfte auf keinen Fall gespielt werden. Da habe ich mich an den Sarg gestellt und mit dem toten Vater und für ihn gesprochen – dieses Leben noch einmal beschrieben, den Mut, das Aufrechte zu allen Zeiten, die Härte, Kälte, Lieblosigkeit, aber auch die Poesie, das enzyklopädische Wissen, was er mir alles auf den Lebensweg mitgegeben hatte, und plötzlich loderte mein Mitleid auf, und ich konnte tränenüberströmt kaum mehr Luft kriegen. Mein Vater!

Lucas nahm mich in seinen Arm, der Trauerzug setzte sich in Bewegung zum offenen Grab. Es war eisig kalt. Niemand hielt sich lange auf. »Trauerschmaus versagt!«, hatte mein Vater verfügt – also gingen wir alle schnell auseinander.

Oh, what a lovely Battle!

Wie schnell sich ein Büro aufräumen lässt, in dem man fast zehn Jahre gearbeitet hat! Sechs Kartons blieben übrig mit Büchern, Filmkassetten, einem Ordner voller Korrespondenz. »London, Great Chapel Street«, schrieb ich mit schwarzem Filzstift kreuz und quer. Als Letztes packte ich meinen Vertrag in den Aktenkoffer. Dieser Vertrag! Eine Frechheit! Ein Witz! Eine Unverschämtheit ohnegleichen!

Ein Korrespondentenvertrag über sechs Monate – also die Probezeit, innerhalb derer man sowieso jeden Arbeitnehmer aus dem Vertrag herausnehmen kann. Dieser Vertrag war wahrscheinlich der kürzeste, unverbindlichste, nichtssagendste, den die ARD je einem ihrer Korrespondenten gegeben hat. Und warum mir?

»Ja, weil wir uns nicht sicher sind, ob gerade Sie – eine so ausgewiesene und erfahrene Meinungsjournalistin – mit der Alltags- und Routinearbeit eines Korrespondenten glücklich werden.« Glücklich sollte ich werden, das war ja geradezu rührend! Ich weiß noch genau, wie ich meinem neuen CDU-Chefredakteur Peter Staisch gegenübersaß und sagte: »Ich fühle mich derartig diskriminiert, dass ich am liebsten nicht unterschreiben würde.« – »Kann ich verstehen«, lachte er, »aber Sie müssen jetzt entscheiden, ob Sie ein Prinzip reiten oder nach London wollen. Und Sie wissen doch genau, dass Sie dort mit solchem Erfolg arbeiten werden, dass die Verlängerung des Vertrages zu keiner Minute außer Frage steht. Ich jedenfalls, das sage ich Ihnen hier, werde die Verlängerung befürworten, auch wenn ich politisch ganz anders denke als Sie.«

So bin ich nach London gekommen, im Februar 1985. Das war die Zeit, als der große Streik der Bergleute bereits elf Monate andauerte und jeder erkennen konnte, dass die Streikenden und ihre Gewerkschaft nicht mehr viel länger würden durchhalten können.

Das streikgeschüttelte Großbritannien kannte ich recht gut. Genau 15 Jahre vorher hatte ich in einer 60-minütigen Radiogeschichte aus Liverpool Folgendes berichtet:

»Mitten in der sechsten Woche des großen Drecksstreiks – der Straßenkehrer, der Müllabfuhr, der Kanalarbeiter – bin ich in diese Stadt gekommen, zum zweiten Mal innerhalb eines Jahres. Nebel und der Geruch schwelenden Abfalls, Berge von verfaultem Laub an den Straßenrändern: Liverpool, zweitgrößter Hafen Englands, 750 000 Einwohner, 15 Kilometer Kaianlagen, vier Bahnhöfe, zwei der größten Kathedralen Europas.

›Es ist eine Schande‹, sagte der Taxifahrer auf dem Weg vom Bahnhof zum Hotel, ›wie diese Stadt verkommt.‹ 13 000 Arbeitslose. 11 000 Docker im Ausstand. ›Und wer hat den Schaden?‹, fragte er, ohne eigentlich zu fragen. ›Die Armen. In den Villenvierteln fegen die Gärtner den Dreck weg, aber in den Slums stinkt der Unrat zum Himmel. Morgens schon verbrennen sie den Müll vor den Haustüren, und die Kinder spielen drumherum.‹

Ich bin durch diese Stadt gegangen und habe das Motto kennengelernt, nach dem sie bewohnt wird: ›Abgetrennte Quartiere für die Armen. Aus der Sicht der glücklicheren

Klassen gerückt, kann die Armut hier mit sich selbst kämpfen, solange sie kann.‹ Friedrich Engels«

Jetzt, 15 Jahre später, setzte sich diese Geschichte auf andere Weise fort – als der erbitterte Kampf der Regierung Thachter und der ihr verbundenen Industrie gegen die bis vor Kurzem noch mächtige Bergarbeitergewerkschaft und ihren Boss Arthur Scargill und seine abertausend Gefolgsleute.

Der Staat versus organisierte Arbeiterschaft, darum ging es. Der Staat hatte einen Großteil des Gewerkschaftsvermögens gesperrt. Die Gewerkschaft konnte daher nur Pfennigbeträge an die Streikenden zahlen. Die staatliche Aufsichtsbehörde für den Bergbau eröffnete neue Bergwerke, die nur nichtorganisierte Arbeiter einstellten. Wer streikte, hatte keinen Anspruch auf Sozialhilfe. Suppenküchen in Selbsthilfe lieferten einmal am Tag eine warme Mahlzeit. Das war das, wovon die ehedem stolzen Bergleute und ihre Familien ein ganzes Jahr lang lebten. Am 3. März 1985 war Schluss. In meinem Bericht für die »Tagesschau« hieß es: »Nachdem sie sechseinhalb Stunden vorm Gewerkschaftshaus gewartet hatten, konnten sie hören, wie das Ende des Streiks im Radio bekannt gegeben wurde. Arthur Scargill verkündete, dass am Dienstag wieder an die Arbeitsplätze zurückgekehrt wird – nach über einem Jahr. Er hatte kaum zu Ende gesprochen, als schon die offizielle Stellungnahme kam: keine Amnestie für diejenigen, die im Zusammenhang mit dem Streik entlassen worden waren – und das waren viele.«

Ob man es schon in diesem Moment klar sah, dass da nicht nur ein großer Streik zusammenbrach, sondern die bisherige Macht der Gewerkschaften insgesamt?

Am 6. März produzierten wir nach der »Tagesschau« eine

»Brennpunkt«-Sendung über die Kosten des Streiks. Die Kosten beliefen sich für den Staat auf 13,5 Milliarden Pfund – und damit gut eine Milliarde mehr als der Falkland-Krieg gekostet hatte. Der Finanzminister kommentierte offiziell: »Die Kosten sind eine Investition, die sich lohnt – zum Wohle des Landes.« Und die Premierministerin erklärte: »Der Kampf gegen den ›inneren Feind‹ – Scargill und seine Leute – musste geführt und gewonnen werden. Die Propheten haben niemals gesagt: Brüder, wir wollen eine Konsensgesellschaft. Die sagten: Wir haben einen Glauben, eine Vision. Wir Konservativen haben einen Glauben, eine Vision von einer freien, modernen Gesellschaft! Und wir kämpfen für sie – und gewinnen!«

Das war der Beginn des neoliberalen Europas, im März 1985. Wir haben es damals nur noch nicht so genau erkannt.

Bei Rupert Murdoch und dem Druckerstreik ziemlich genau ein Jahr später, im März 1986, war der Bruch mit allem, was bisher als Kampf zwischen Arbeit und Kapital galt, allerdings sofort klar. Der Verleger Murdoch baute in der Hafencity von London eine neue Zeitungsstadt auf mit einer Technologie, die die Druckmaschinen abschaffte und damit den ganzen Berufsstand der Setzer. In seiner schönen neuen Welt arbeiteten Journalisten, Büroangestellte und IT-Fachleute und stellten die Zeitungen selbst her. Eingestellt wurden Angestellte, keine Arbeiter, und nur wer keiner Gewerkschaft angehörte.

Das war die schöne neue Welt von Wapping in den Docklands. Im alten Zeitungsviertel von London, der Fleet-Street, wurden die traditionsreichen Zeitungshäuser und Druckereien einfach geschlossen, 6000 Murdoch-Angestellte nach einem Streik einfach fristlos entlassen. Das ging zügig und war endgültig. Margaret Thatcher riet den Druckern zur »Umschulung« und den jungen Arbeitslosen in den zu Geisterstädten verkommenen Bergarbeitersiedlungen »wegzuziehen« – »Get on your bike ...« im Originalton.

Streiks, Aufstände in Birmingham und Brixton, Druck auf die BBC, Eskapaden des Geheimdienstes, immer wieder Attentate in Nordirland – das waren die Konflikte, über die von Anfang an zu berichten war. Dazu Filme über die anglikanische Kirche, den Boxer McGuigan und eine verzweifelte junge Irin, die wegen Kindsmord angeklagt war. Das Berichterstattungsgebiet war Großbritannien und die Republik Irland. Mein ganzer Stolz in dieser ersten Zeit der Korrespondentenarbeit war ein langes Interview mit Francis Bacon, exklusiv für das deutsche Publikum am Vorabend der Eröffnung seiner großen Ausstellung in der Tate Gallery im Mai 1985.

Das Studioteam war sich sicher: »Der kommt nie zu dieser Verabredung. Warum sollte er auch? Gerade eben hat Sotheby's in New York ein Bild von ihm für zwei Millionen Dollar versteigert.« Aber Francis Bacon kam. Pünktlich. Neugierig »besonders auf deutsche Fragen«, schwärmte er von seinen Berliner Tagen 1929, einer »schrillen Zeit, aber man konnte schon spüren, dass ein ganz anderer Geist aufkam.«

Dem Interview stellte er diesen ersten Satz voran: »Sie wissen so gut wie ich, dass man über Bilder nicht reden kann. Es ist immer wie eine schlechte Übersetzung von etwas.« Ehrlich gesagt, das wusste ich nicht, lernte es jetzt allerdings, während wir von Bild zu Bild durch die Ausstellung gingen und er geduldig versuchte, sein Verhältnis zu seinen Bildern zu beschreiben. Wie er sie hasste, diese Bilder! Wie er viele von ihnen zerstörte! Wie Freunde die Bilder vor ihm retteten. Welch ein Gefühl es ist, wenn man im

Spielcasino in einer Nacht 100 000 Pfund verliert und mit diesen Schulden nach Hause stolpert, um dort ein gerade fertig gewordenes Bild einfach mit Farbe zu überschütten, für das der Händler am Vortag 100 000 Pfund geboten hatte!

»Welch ein Gefühl ist es?« – »Zorn, Abscheu, Verzweiflung, aber auch heiße, heiße Freiheit – solch ein Gefühl ist es?« – »Warum diese Zerstörungswut?« – »Weil die Bilder nicht gut genug geworden sind.« – »Aber sie sind doch so grandios, unverwechselbar, kostbar!« – »Einige ja.« – »129 hängen jetzt hier.« – »Jetzt freue ich mich sogar, sie alle wiederzusehen …«

Nach dem Interview lud er uns in seinen Club in Soho zu Champagner ein. »Not only for drinking, darlings … for nourishment. I live on Champagne you know …« Für diese Sausen war der berühmte Maler berüchtigt. Eine Menschenfalle. Wenn er anfing, mit einem zu trinken, hörte er nimmer auf – wenigstens nicht vor morgen früh oder Mittag. Da das Interview aber geschnitten werden musste, stahlen wir uns kurz vorm Exitus davon.

Ich traf Francis Bacon immer mal wieder in Soho. Sein Club war um die Ecke des ARD-Studios in der Great Chapel Street. »Have some Champagne, darling.« Seine Atelierwohnung war nicht weit. Was heißt Atelierwohnung? Ein Parterreraum in einem Hof. Eine Tür, vier Fenster. Die Fenster bestimmten das Format der Bilder, die hier entstanden. »Größer geht nicht – das ist übrigens ein gutes Gefühl der Beschränkung – und das ist übrigens auch der Grund, warum ich viele Tryptichen gemalt habe.«

Im Sommer erhielt ich meinen neuen Vertrag. Über drei Jahre mit der Option für zwei weitere – mit einem herzlichen Glückwunsch des damaligen Chefredakteurs Peter Staisch.

Die schönsten Tage in London waren die Dezembertage. »Christmas is fun« hieß ihr Motto – und nie haben wir rauschhaftere Feste begangen als hier. Venedig war nichts dagegen. Die ganze Freundesfamilie kam nun in London zusammen. Lucas natürlich und Janko, aber auch Maja und Reiner, deren bester Freund als Anwalt einer internationalen Kanzlei in London arbeitete und wohnte, Mama Doreen und dazu London-Liebhaber wie Horst Königstein und Udo Lindenberg. Das Restaurant »Langan's« wurde unser Mittelpunkt oder »Kettner's Bar«, wo es 34 Sorten Champagner gab – und Hamburger.

Man trug goldene Papierkronen, es erschienen als Krankenschwestern verkleidete Stripperinnen und überbrachten »Kiss-o-gramms«. Das waren – unbeholfen übersetzt, Kuss-und-Knutsch-Einlagen bei Tisch – sehr zum Amüsement der übrigen Gäste.

Und wenn wir dann am 24. Dezember gegen fünf Uhr nachmittags im Vollrausch aus dem Restaurant fielen, in ein Taxi, in einen Sessel vorm Kamin, aufs Sofa neben den Kamin oder lieber gleich ins Bett, dann ging Weihnachten in ein großes Lachen über bis weit in den Schlaf. »O, du fröhliche …« Das war hier wirklich so, aber natürlich eher heidnisch.

Jahre später haben wir für die ARD einen Weihnachtsfilm in Blackpool gedreht. Ausgerechnet in Blackpool, das sich Seebad nennt und diesem Namen schon im Sommer hohnspricht, weil es selbst dann stets von Regenstürmen heimgesucht wird. Zu Weihnachten aber herrschen dort Sturmtiefs, die man so schnell nicht vergisst. Aber das macht ja nichts, denn das »Seebad« Blackpool ist in Wirklichkeit eine Kasino-Kabarett-Kirmes-Stadt mit einem Vergnügungspier, der weit ins Meer hinausreicht. Hier feiern die Briten am liebsten Weihnachten. Man gibt nur wenig Geld aus für Geschenke, man leistet sich lieber zwei Tage in Billigpensionen, Familienhotels oder im Grand Imperial. Es geht hier allen – mit Kind und Kegel, Großeltern inklusive, dazu Nachbarn, Kollegen, Zufallsbekanntschaften – teuflisch gut von spät morgens bis spät in die Nacht. Essen, trinken, tanzen, spielen, lachen, trinken, tanzen, essen, lachen, trinken. »Christmas is fun.« Wir drehten mit zwei Kamerateams. Ich hatte den Mitarbeitern angeboten, die Familien zum Dreh mitzubringen – schließlich war Weihnachten, meine Familie nahm ich auch mit. Lucas an der Kamera, Janko als Runner. Der Film hieß »Der große Rausch – Weihnachten in Blackpool« und lief am ersten Weihnachtsfeiertag des nächsten Jahres im Ersten Programm.

Es gab Andeutungen, die ich aber überhaupt nicht verstand. Maja erwähnte bei unseren fast täglichen Telefongesprächen, »von Lucas sehen und hören wir gar nichts in letzter Zeit«.

Mit Lucas selbst telefonierte ich täglich. Er war für ein paar Tage nach Sylt gefahren. Wir würden uns nächste Woche in Hamburg treffen. Ich hatte einen Film endzufertigen. Wie immer holte er mich am Flughafen ab und sagte dann sofort im Auto: »Ich habe mich in eine andere Frau verliebt. Mehr kann ich dazu nicht sagen. Ob ich mein Leben ganz und gar ändern werde, weiß ich im Moment nicht. Es tut mir sehr leid.«

Das kannte ich doch aus Filmszenen, Romanszenen, Theaterszenen – und das sollte mir jetzt passieren? Es passierte mir und wie! Von allen Seiten kamen die Vorhaltungen: »Das konnte ja auch nicht gutgehen. Du hast eure gemeinsame Arbeit aufs Spiel gesetzt. Du bist immer weiter aus der Zweisamkeit ausgeschert … Du wurdest immer egoistischer. Wenn du die Beziehung retten willst, dann musst du zurückkommen nach Hamburg.«

Filmszenen, Romanszenen, Theaterszenen … Über ein Jahr lang – hin und her. Mittendrin habe ich Peter Schiwy, der inzwischen Intendant des NDR war, gebeten, mich wieder zurückzurufen. Ich, die um einen Dreijahresvertrag mit Verlängerungsmöglichkeiten gekämpft, gekämpft und noch mal gekämpft hatte, wollte zurück. Und das, obwohl das Arbeiten in Großbritannien und Irland ein so großes Lebensglück war! Bessere Bedingungen hatte ich nie zuvor, interessantere Themen auch nicht – und Freiheit, volle journalistische Freiheit. Der Intendant verstand mich nicht. Ich schämte mich fast zu Tode, als ich sagte, es gäbe private Gründe – ich *müsste* einfach zurück nach Hamburg. Das verstand er sofort. Er würde versuchen zu helfen, aber einfach wäre das nicht. Der NDR hatte jetzt eine CDU-Chefredakteurin, Ulrike Wolf, die über mein Engagement »draußen« eher froh war. Mit anderen Worten, die mich nicht innerhalb der Chefredaktion an exponierter Stelle beschäftigen mochte.

Alles hatte sich irgendwie gedreht: Erst wollten sie mich nicht auf den Auslandsposten schicken. Dann wollte ich wieder zurück, und sie wollten mich nicht zurückhaben. Der Intendant bot mir einen Kompromiss an – im Korrespondentenurlaub könnte ich ein lang geplantes Filmprojekt für den Hessischen Rundfunk in der bewährten Zusammenarbeit mit Lucas Maria Böhmer realisieren. Der NDR würde mich dafür freistellen.

Das war die Dokumentation »Die Ohrfeige und andere Kampagnen der Beate Klarsfeld«. Drei Jahre hatten wir bereits Vorgespräche für diesen Film geführt. Mit den Klarsfelds in Paris – das war einfach, die warteten geradezu darauf, dass sich ein deutscher Sender für ihre Geschichte interessieren würde. Aber dann die Verhandlungen mit den Behörden. Wir wollten an so vielen Originalschauplätzen drehen wie möglich. Zum Beispiel in der Zelle der Kölner Strafanstalt, in der Beate Klarsfeld 1971 gesessen hatte. Anstalt und Ministerium lehnten »aus Sicherheitsgründen« mehrfach ab. Bis mir ein WDR-Rundfunkrat half, der die Anstaltsleitung davon überzeugte, dass es doch besser wäre, wenn wir mit Erlaubnis im Gefängnis unser Interview mit Beate Klarsfeld machen würden – als ohne Erlaubnis vor der Gefängnismauer. Wahrscheinlich würde »die Klarsfeld« daraus wieder irgendeine Aktion machen. Irgendwann hatten wir alle Drehgenehmigungen, die wir brauchten, und fuhren mit Beate Klarsfeld kreuz und quer durch die Republik – nach Köln und nach Berlin, nach Israel und wieder zurück nach Paris in das Büro mit den Dokumenten, den Fotos, den Filmschnipseln von Kurt Lischka, Kiesinger, Barbie und von den Prozessen in Berlin, Köln, Lyon.

Am 19. Januar 1983 war Klaus Barbie in Bolivien verhaftet worden, der Gestapo-Massenmörder, Folterer, zweimal in Frankreich zum Tode Verurteilte, Nachkriegsagent der CIA, Informant des BND, Verkäufer überflüssigen Bundeswehrmaterials in Lateinamerika, Putschist der Militärdiktatur …

Elf Jahre Jagd von Serge und Beate Klarsfeld hatten endlich Erfolg: Der Kriegsverbrecher wird an Frankreich ausgeliefert. Bis zu seinem Prozess sind es noch weitere vier Jahre. Am 4. Juli 1987 wird Barbie zu lebenslanger Haft verurteilt – und die französische Justiz wird ihn tatsächlich nie mehr auf freien Fuß setzen, 1991 stirbt er im Gefängnis.

Von dieser Jagd gibt es ein Bild: Beate Klarsfeld in La Paz, angekettet an eine Parkbank in Sichtweite der Villa, in der Klaus Barbie residierte. Aufrecht, furchtlos – bis auch hier Uniformierte kommen, die sie abschleppen. Wie in Berlin. Wie in Köln. Wie einmal auch in Prag. Widerstand einer Einzelnen, allen Widrigkeiten, aller Übermacht der Gewalt und Rohheit zum Trotz.

Dann aber auch dieses Bild: Ein Blumenmeer vor dem Gerichtsgebäude in Lyon nach der Urteilsverkündung – und mitten in diesem Meer von Blumen Beate Klarsfeld, eine zerbrechlich wirkende zierliche Frau.

1987 ist das Jahr, in dem Barbie zu lebenslanger Haft verurteilt wird. 1987 ist das Jahr, in dem in der ARD-Reihe »Rücksichten« unser Film über Beate Klarsfeld gesendet wird. Ich fand, ich war diese Arbeit meinem »Idol« schuldig.

Übrigens: wenn das Privatleben rotierte, war die Arbeit die einzige Rettung. Ich war in Belfast, als mich ein Telegramm von Lucas erreichte: »Fahre für eine Woche weg – melde mich dann wieder.« Ich nahm die Botschaft an der Rezeption des Forum-Hotels entgegen, jenem Komfort-Hochsicherheitstrakt für ausländische Journalisten hinter Stacheldraht und Kontrollschleusen. Als wir am Abend vom Dreh zurückkamen, war in der Lobby eine Bombe explodiert und zwei Hoteletagen waren vollkommen ausgebrannt – die Zimmer, aus denen wir am Morgen ausgezogen waren, inklusive. Glück gehabt! Das private Unglück erschien in diesem Moment nicht mehr ganz so dramatisch.

Mit einem neuen Lebensgefühl flogen wir nach London zurück und dann gleich weiter auf die Falkland-Inseln für die Reportage »Fünf Jahre nach dem Ende des Krieges«.

Nun waren wir am anderen Ende der Welt und ich abgeschnitten von meiner privaten Misere – das war Balsam für die Seele.

Zurück in London, fand ich einen Brief von Lucas vor. »Ich komme am Wochenende oder wann du willst …«

1988 war ich wieder in Hamburg. Glück gehabt!

Das 89er Jahr

Es begann alles mit einer großen Chinareise. Wohin würden wir fahren wollen, wenn es nur noch eine einzige Reise gäbe, die wir wählen könnten? Nach China, China, China … Also organisierten wir eine bildungsbürgerliche Fünf-Wochen-Tour, teils in einer Gruppe, teils individuell, mit Rat und Tat des NDR-Studios in Peking.

Was wir bei den Vorbereitungen nicht ahnen konnten: Zwei Tage vor uns kam Michael Gorbatschow zum Staatsbesuch. Und was wir erst recht nicht ahnen konnten, diesen Besuch nutzten vor allem Studenten zu großen spontanen Demonstrationen und Kundgebungen, die dann nach der Abreise der sowjetischen Delegation in eine Art permanente Studentenrevolte übergingen. Unser Hotel, das »Palace«, war gewissermaßen »um die Ecke« vom Tiananmen-Platz, und so fuhren wir mit Fahrrädern oder gingen zu Fuß morgens, mittags und abends zur immer mehr anschwellenden Versammlung der abertausend jungen

Leute zwischen Mao-Bild, der Großen Halle des Volkes und dem Nationalmuseum. Wir erlebten, wie eine kleine Zeltstadt entstand mit einer Sanitäterstation, wie sich immer wieder Sprechchöre bildeten, die den großen Boulevard entlang der Verbotenen Stadt hinauf- und hinunterzogen. Dann traten einige Studenten in den Hungerstreik. Tagelang ging das alles friedlich zu, ohne Behinderungen – auch mit einem gewissen Maß an Verständnis und Geduld der politischen Führung. Das ließ sich vor Ort und in den chinesischen wie internationalen Fernsehsendungen im Hotel verfolgen. Offenbar waren viele Journalisten nach dem Gorbatschow-Besuch in der Stadt geblieben, um über die vollkommen neue und überraschende Situation in Peking zu berichten. CNN sendete umfänglich, auch die BBC.

Am 17. Mai meldete CNN: eine Million Menschen unterwegs zum Tiananmen-Platz. Bauarbeiter, Postboten, Hotelpersonal, Arbeiterinnen einer Konservenfabrik, Schulklassen mit ihren Lehrern, Land- und Wanderarbeiter, Ärzte, Krankenpfleger, Eisenbahner, Polizisten und Soldaten außer Dienst, Fernsehmitarbeiter, Straßenkomitees, Nachbarschaftskomitees – kurz: das Volk.

Da setzten die Appelle von oben ein, es nun langsam gut sein zu lassen. Die Führung der Kommunistischen Partei habe verstanden: Die akademische Jugend wolle mehr Mitsprache, demokratische Rechte. Alles würde überprüft. Die Demonstranten sollten jetzt aber zurück in die Universitäten und ihre Quartiere gehen. Es gab Bilder vom Staatschef, der, den Tränen nahe, geradezu flehentlich die Protestierenden bittet, den Platz zu räumen. Sonst … Sonst? Das war klar: sonst würden Polizei und Militär eingesetzt, um Ruhe und Ordnung wiederherzustellen. Mittlerweile campierten nicht nur Pekinger Studenten auf dem Platz des Himmlischen Friedens. Von überall her kamen Abordnungen – aus Shanghai, Xian, Ganzhou … Die Regierung bot ihnen kostenlose Eisenbahn-Rückfahrkarten an und ein Tagegeld für Verpflegung.

Wir selbst sahen im Bahnhof auf dem Weg nach Datong, wie Tausende in die Züge drängten, um zurückzufahren. Aber auf den gegenüberliegenden Bahnsteigen drängten wiederum Tausende aus den ankommenden Zügen und formierten sich zu Gruppen, die in Richtung Tiananmen zogen. Es war klar, die Organisatoren dieser durch und durch improvisierten Protestbewegung wurden von Zustimmung und Begeisterung geradezu überwältigt und waren nicht mehr Herr der Lage.

Am 30. Mai waren wir in Xian. Massenproteste auch hier. Vor dem Portal der Provinzregierung waren große bunte Totengebinde angebracht: »Für die Demokratie!« Alle offiziellen Gebäude waren mit Wandzeitungen beklebt, vor denen sich Hunderte, manchmal Tausende drängten – keineswegs nur Studenten. In Peking war der Ausnahmezustand ausgerufen worden. Gerüchte über Gerüchte machten die Runde in Xian: Tote in Peking / Deng-Attentat / Die Armee gespalten / Tausende Verletzte / Deng todkrank …

Das ARD-Studio konnte aus Peking nicht mehr berichten. Die »Tagesschau« machte ein Telefoninterview mit mir aus meinem Hotelzimmer. Hamburg – Xian, das ging ohne Schwierigkeiten. Zwischen Peking und Xian gab es keine telefonische Verbindung mehr.

In der Nacht vom 4. auf den 5. Juni waren wir in Guangzhou. Kurz vor unserer Abreise nach Hongkong kamen Polizeilastwagen und Panzer, und der Tiananmen wurde geräumt. Jürgen Bertram und das Studioteam berichteten wieder Tag und Nacht aus Peking. Zwei Wochen nach der Zerschlagung des Protestes bat er um Urlaub. Und da ich die ganze Geschichte hautnah miterlebt hatte, wurde ich als Vertretung für die nun folgende »bleierne Zeit« nach Peking geschickt. »Vielleicht interessieren Sie sich ja für diesen Korrespondentenplatz«, sagte meine Chefredakteurin bei der Verabschiedung. So wurde aus einer privaten China-Reise eine öffentlich-rechtliche Aufgabe.

Ich brachte den Sommer in China zu. Es gab wenig zu tun. Politische Themen waren ohnehin tabu. Selbst Kulturberichterstattung wurde dreimal überprüft. Man konnte nie sicher sein, ob ein Maler oder Filmregisseur nicht den »Dissidenten« zuzurechnen sei, dann war das »Dissidenten-Berichterstattung«, und die war verboten. Also drehten wir Industriereportagen, »Beispiele wirtschaftlichen Fortschritts«, zum Beispiel bei VW in Shanghai – in der sogenannten »weißen Fabrik«. Da war alles schön sauber, ordentlich, fleißig, im Einklang mit den Planzielen der Partei und im Interesse von VW Deutschland auch. Ich benutzte die freie Zeit, um ein bisschen Chinesisch zu lernen – in einer Art Papageienmethode. Das ging gar nicht so schlecht. Nach einiger Zeit konnte ich rudimentär sogar die Nachrichtensendungen verstehen. Die waren stets durchnummeriert und in einer Art Telegrammstil gehalten. Aber dann die Schriftzeichen! Ich war mir sicher, die würde ich nie lernen. Und die gesprochene Sprache, wenn es kompliziert wurde, auch nicht. Wie sollte ich einen Minister interviewen, wenn ich nicht sicher sein konnte, dass der Dolmetscher meine Fragen richtig übersetzt – und die Antworten des Gegenübers erst recht nicht? Pure Hochstapelei, die mit Journalismus nichts zu tun hatte.

Ich machte dann noch einen Test, fuhr allein nach Chengde, eine Kaiserstadt im Norden unweit von Peking. Ob ich mich da gut zurechtfinden würde? Im Eisenbahnwagen 1. Klasse ging alles noch recht gut. Allerdings landete ich mitten in einer japanischen Reisegruppe, die mich sofort adoptierte.

Ich bekam einen aluminiumverpackten Teebeutel mit japanischem Chrysanthementee. »Nehmen Sie bloß diesen chinesischen Tee vom Zugpersonal nicht – nur heißes Wasser!«

Und ich bekam jede Menge guter Ratschläge auf Englisch, wie ich mich am besten in Chengde durchschlagen könnte. Da fuhren sie ja auch hin. Und auch ins gleiche Hotel – »sowieso das einzige für Ausländer«. Sie würden mit einem Bus abgeholt. Taxis gäbe es sicher keine. Und so war es dann auch. Also nahmen sie mich mit und ließen mich nicht mehr allein – »viel zu gefährlich!« – bis zur Rückfahrt am nächsten Abend. Und ich fragte mich schon, was ich bloß ohne diese Gruppe rührend besorgter Japaner in Chengde gemacht hätte. In Peking konnte man sich wenigstens an den ausgeschriebenen Straßenschildern orientieren, in Chengde trugen sie nur Schriftzeichen … Ich war ein hoffnungsloser Fall. Im Zug auf der Rückreise waren wir von chinesischen Fahrgästen umgeben, die alle kleine Bambuskäfige mit Grillen dabeihatten, welche sie im Rhythmus des Zuges hin und her schaukelten. Die Japaner tranken stoisch ihren Chrysanthementee.

Wegen der Korrespondentenstelle machte ich dennoch einen Verhandlungsversuch. Mein Lebensgefährte müsste als Kameramann und Regisseur ebenfalls berufen werden, dann würden wir beide die Arbeit in Peking annehmen – nach vorherigem intensivem Sprachtraining. Mich faszinierte China, hatte mich irgendwie in Bann geschlagen. Chefredakteurin Ulrike Wolf unterstützte diesen Vorschlag als »selbstverständlich und frauen- und familiengerecht«. Die ARD lehnte ab.

Oktober/November 1989 war ich in Ungarn. Mein väterliches Erbe ging gewissermaßen mit mir durch. Wie schafften die Ungarn den Übergang in eine neue Zeit? Wie rechneten sie ab mit der alten? Das wollte ich unbedingt in einem Film beschreiben. Zuständig für Ungarn war allerdings der Bayerische Rundfunk. Der gab das Thema nach einigem Hin und Her aber frei.

Die Drehzeit sollte der kurzen Revolutionszeit von 1956 entsprechen: 23. Oktober bis 4. November.

Am 23. Oktober 1989 brach Ungarn mit der Geschichte der sozialistischen Volksrepublik und rief in einem Staatsakt vor dem Parlament die neue freie Republik aus. Die Stimmung hatte etwas von einer griechischen Tragödie. Der Tyrann János Kádár, der 1956 zusammen mit den Sowjets die Revolution niedergeschlagen hatte, war im Sommer 1989 gestorben. »Unser Glück«, sagten meine Gesprächspartner, »nun müssen wir ihn nicht vor Gericht stellen und zum Tode verurteilen.«

Die 350 Hingerichteten von damals, unter ihnen Ministerpräsident Imre Nagy und Verteidigungsminister Pál Maléter, waren gerade aus dem Massengrab, wo sie verscharrt worden waren, exhumiert und in einem feierlichen Ritual auf dem großen Budapester Friedhof beerdigt worden. Ihre Gräber ein Lichtermeer, Tag und Nacht Pilgerscharen dorthin unterwegs. Freie Wahlen standen bevor. Dem Parlament lag ein Gesetz über den Umgang mit den »sicherheitspolitischen Akten« vor. Dreißig Jahre lang sollten sie verschlossen bleiben. »Das ist der einzige Weg in die neue Zeit«, sagten übereinstimmend meine Interviewpartner.

Ein Professor, der nach einer Denunziation zu zehn Jahren Berufsverbot verurteilt worden war, sagte mir: »Ich will gar nicht wissen, wer mich angezeigt hat. Vielleicht war es mein Bruder oder meine damalige Geliebte. Ich will nach vorn blicken.«

Märtyrer und Tyrannen waren Tagesgespräch – und der neue Reichtum und die neue Not: Obdachlose, Bettler, Arbeitslose zogen durch die Straßen, nächtigten auf den Plätzen, das hatte es bisher nie gegeben.

Außenminister war immer noch Gyula Horn, der fast allen sozialistischen Regierungen angehört hatte. Im holzgetäfelten Riesenbüro saß er an einem immens großen Schreibtisch und meinte: »Ihr Deutschen habt es gut, wiedervereinigt, werdet ihr zur stärksten Wirtschaftsmacht in Europa.«

»Wiedervereinigt? Ja glauben Sie denn, dass es zu einer Wiedervereinigung kommt?« – »Ja, was glauben Sie denn?«

Also, ich glaubte nicht daran. Ich wollte auch gar nicht daran glauben. Ich sah die Zeichen nicht. Ich setzte auf etwas ganz anderes: ein Konföderationsmodell mit offenen Grenzen. So etwas wie Österreich und Deutschland. Im Übrigen hatte ich mein politisches Vorbild: Oskar Lafontaine.

Im Dezember 1989 lud mich der Chefredakteur des Süddeutschen Rundfunks, Ernst Elitz, in seine Sendung »Pro und Contra« ein. Er war ehrlich und meinte, er habe sich bereits ein Dutzend Absagen von ARD-Journalisten geholt. »Niemand will eine Position gegen die sofortige Wiedervereinigung vertreten, da habe ich an Sie gedacht: Kandidatin Nr. 13 sozusagen. Hoffentlich sagen Sie jetzt nicht auch noch ab.« Sagte ich nicht. Habe ich auch nicht bereut, obwohl diese Sendung die krachendste Niederlage meiner journalistischen Karriere wurde. »Pro und Contra« war eine Publikumssendung, an deren Anfang und Ende die Zuschauer elektronisch abstimmen konnten.

Also: »Wiedervereinigung jetzt sofort?«

Pro: Henning Röhl, Chefredakteur ARD-Aktuell.

Contra: Luc Jochimsen, Redakteurin und Reporterin des NDR.

Am Beginn der Sendung waren siebzig Prozent des Publikums für eine sofortige Wiedervereinigung, dreißig Prozent dagegen. Experten traten auf. Dann hielten wir unsere Plädoyers.

Ich sagte: »Nehmen wir uns zehn Jahre Zeit. Offene Grenzen. Freier Austausch von allen Gütern. Politische und wirtschaftliche Zusammenarbeit im Stil von Joint-Ventures. Zwei Parallelstaaten in dieser Zeit. Die DDR muss ihre neue Ordnung in Freiheit selbst gestalten können. Aber – und das ist vielleicht das Wichtigste: ab sofort eine verfassungsgebende Versammlung einberufen, die Besten aus West und Ost, die an einer gemeinsamen Verfassung für uns alle arbeiten, die ebenfalls das Beste aus Ost und West enthalten sollte.« Bei den »Besten aus Ost und West« ging es schon los. Das Publikum murrte und zischte. Und beim »Besten aus Ost und West« setzten die Zwischenrufe ein. »Was soll das sein? Die Mauer vielleicht? Die Schüsse an der Grenze?« Beifall für mein Plädoyer bekam ich so gut wie nicht.

Als es zur Schlussabstimmung kam, lautete das Ergebnis: neunzig Prozent Pro, zehn Prozent Contra. Überzeugt hatte ich niemanden – im Gegenteil.

Ernst Elitz sagte nach der Sendung: »Machen Sie sich nichts draus, einer musste ja bei diesem Spiel gegenhalten.« – »Bei diesem Spiel?« Mir war es bitter ernst.

Auf dem Karussell

Alles ging durcheinander. Der NDR hatte nach langer Zeit einen SPD-Intendanten, Jobst Plog. In London war mein früherer Chef Peter Merseburger Studioleiter. Gegen seinen Willen und unglücklich. Er wollte unbedingt als »letzte« Karrierestation noch einmal nach Washington. Da saßen aber andere fest im Sessel, und noch ganz andere hatten ihre Ansprüche bereits angemeldet. Als die Verhandlungen mit Merseburger scheiterten, erklärte dieser seinen vorzeitigen Rückzug aus London. Und als sich das Personalkarussell immer schneller drehte und die Besetzungssituation immer unübersichtlicher wurde, benutzte mich Jobst Plog als Joker. »Der NDR beruft Luc Jochimsen als erste Frau zur Leiterin eines großen Hauptstadtstudios.«

»Wann heiraten wir?«, fragte Lucas.

Wir heirateten im Mai, wie sich das gehört, in Venedig, wie sich das erst recht gehört für ein blutjunges Hochzeitspaar. Janko war tief enttäuscht. »Nun habt ihr so lange bewusst eine ›uneheliche Ehe‹ geführt, wie ihr selbst immer gesagt habt, und nun macht ihr auf spießbürgerliche Sentimentalität.«

Wir zelebrierten die Eheschließung allein mit unseren Trauzeugen Maja und Reiner im standesamtlichen Palazzo am Canale Grande. Der Beamte trug eine feierliche Schärpe in den Farben Grün-Weiß-Rot, verteilte Handküsse an

Braut und Trauzeugin und überreichte einen überdimensionalen Gladiolenstrauß. Es goss in Strömen, und wir blieben so lange in »Harry's Bar«, bis die Kellner uns hinauskomplimentierten, Hochzeit hin, Hochzeit her.

Und im Oktober feierten wir wieder: in London die Übergabe des Studios von Peter Merseburger an mich in Anwesenheit des Intendanten, des Fernsehdirektors, des Chefredakteurs und vieler Korrespondenten. Von den Herren konnte sich sicher keiner vorstellen, was das für mich hieß. Ich verdankte Merseburger so viel: »Panorama«, »Frauenforum«, erste Kommentare, die Kunst der knappen Texte, das selbstbewusste Beharren auf eigenen Positionen – und nun, 25 Jahre später, übernahm ich von ihm dieses traditionsreiche Studio in London.

Nach vielen offiziellen Reden ging es ins legendäre »Langan's«. Diesmal strippte eine rudimentär bekleidete Nonne am Nachbartisch, während um die Ecke mehrere Toasts auf die Königin ausgebracht wurden. Der Fernsehdirektor fragte: »Warum senden wir so was nicht?« Ich verstand das als ersten Auftrag.

»Sex please – wir sind Briten« war dann später die erfolgreichste Produktion des Studios London in der ARD und im Dritten Programm der Vierteiler »Sohosoho«. Ich hatte alle Freiheiten. Ich hatte alle Möglichkeiten – und in meinen Träumen blieb ich in Großbritannien für immer und ewig.

Aus meinen Träumen klingelte mich eines Morgens sehr früh ein Anruf aus Frankfurt. »Ich verbinde mit Professor Berg.« Professor Berg, der frühere Chefjustitiar des NDR und mein strenger »Abmahner«, war mittlerweile Intendant des Hessischen Rundfunks. Er machte keinerlei Umschweife:

»Ich würde Sie gern zur HR-Chefredakteurin-Fernsehen berufen. Ich brauche jemand von außen. Ich kenne Ihre Arbeit. Außerdem haben wir keine Frau hier in einer Führungsposition.« Ich war unfähig zu antworten, stotterte etwas von einem Film in Belize, der anstand, von meiner Loyalität gegenüber dem NDR.

Berg kurz: »Überlegen Sie. Viel Zeit habe ich allerdings nicht. Vielleicht kommen Sie nächste Woche zu einem Gespräch nach Frankfurt.« Dann hängte er auf. Ich war immer noch sprachlos. Vor fünf Jahren hatte ich mich – auf Vorschlag der Redakteursversammlung – auf den Chefredakteursposten bei Radio Bremen beworben. Vergeblich. Die Stelle war Ulrich Kienzle fest versprochen. Seitdem hatte ich dergleichen Ambitionen aufgegeben. Und jetzt? Als Studioleiterin in London war ich eine Art Mini-Intendantin. Ich bot den vielen ARD-Sendern Themen in den unterschiedlichsten Formaten an – das Interesse war groß. Wir produzierten mit zwei Kamerateams, zwei Cuttern wie eine kleine Filmfabrik. Und dann diese Offenheit der Leute: fast jeden Künstler, Wissenschaftler, Politiker bekam man vor die Kamera – Frauen wie Männer, Alte wie Junge waren von einer Meinungsfreude! Nie machten sie einen Hehl daraus, was sie dachten, wie sie empfanden – und konnten sich dann auch noch so originell ausdrücken. Hier wurde einfach nicht um den Brei herumgeredet, geschwafelt, einerseits/andererseits. Es war alles in allem reinstes Journalistenglück. Das sollte ich aufgeben?

»Die Hessen sind auch nicht auf den Mund gefallen«, sagte Professor Berg, als wir mit dem Fernsehdirektor im Intendantenbüro zusammensaßen, »und Freiheit der Arbeit garantiere ich Ihnen auch. Sie können machen, was Sie wollen – Sie müssen mich und den Direktor nur überzeugen – und im Rahmen der Finanzen bleiben. Für Sonderprojekte hat der Intendant allerdings auch Zusatzmittel.«

Die beiden Herren gaben mir das Gefühl, dass sie mich wirklich gern im Haus hätten. Das war etwas, was ich vorher nie erlebt hatte. Es hatte zwar stets Befürworter meiner Arbeit gegeben, aber vor allem auch offene Gegnerschaft und Ablehnung. Und immer ging es darum, ob sich die Befürworter durchsetzen könnten – und das hatte nichts mit mir und meinen Fähigkeiten zu tun, sondern mit parteipolitischen Konstellationen außerhalb und innerhalb des Senders. Regierte die CDU in Niedersachsen und Schleswig-Holstein, dann regierte die CDU auch mehrheitlich innerhalb der Dreiländeranstalt NDR. Kamen die Sozialdemokraten in Kiel an die Regierung, ergaben sich neue Machtverhältnisse im Rundfunk wie im Verwaltungsrat, das Personalkarussell wurde in Gang gesetzt, und zwar bis auf die mittlere Abteilungsleiterebene. Der NDR war nach der »Farbenlehre« geordnet: rot-schwarz oder schwarz-rot – von oben nach unten. Dass sich Intendant und Programmdirektor auf eine parteilose Chefredakteurin gemeinsam »freuten«, das war völlig außer der Reihe, ganz und gar neu.

Der Hessische Rundfunk war eben anders. »Rotfunk« aus Tradition. Das Land fast durchgehend von der SPD regiert. Das sorgte nun wiederum für andere Strukturen. Deshalb wollte Berg auch »jemanden von außen«. Ich sollte alte Seilschaften aufstören – das war mir schon klar und nicht gerade verlockend.

Ich ging von dem Gespräch zu Fuß in die Bockenheimer Landstraße, durch mein Kindheitsrevier, das Westend mit seinen noch übrig gebliebenen Bürgervillen und klotzigen

Bank-Neubauten. Ich fühlte mich sofort wieder zu Hause. Es war wie eine Rückkehr in die Zeit des Aufbruchs nach der Kindheit.

Im Café Laumer, wo ich die schönsten Nachmittagsstunden mit meiner Mutter verbracht hatte, versuchte ich eine Entscheidung wenigstens erst mal für mich zu treffen.

Ich dachte, wenn die mich tatsächlich haben wollen, dann kann ich mich schlecht verweigern. Ich kann ja nicht immer durch die Lande laufen und beklagen, dass Frauen keine Führungsposten angeboten werden, um dann selbst abzulehnen, weil mir die Arbeit und auch das Leben in London so sehr viel besser gefallen. Lucas meinte: London oder Frankfurt, ihm sei beides recht, er pendele.

Den Weg zur Chefredaktion Fernsehen des Hessischen Rundfunks musste man mir nicht zeigen: durch den Haupteingang an der goldenen Säulenhalle des großen Sendesaals vorbei, der ursprünglich das Parlament der Hauptstadt der Bundesrepublik Frankfurt am Main beherbergen sollte, wenn, ja wenn das Volk sich nicht für Bonn entschieden hätte.

Also, am großen Sendesaal vorbei und raus auf den Hof, an den Studios und der Maskenbildnerei entlang zum H-Bau, einem Nullachtfünfzehn-Büroriegel, dort in den dritten Stock und am Ende des Flurs in einen mittelgroßen Raum mit sechs Fenstern über Eck. Hier hatte ich oft mit den früheren Chefredakteuren Stoffregen-Büller und Manfred Buchwald zusammengesessen, hatte Konzepte für Filme vorgetragen, Manuskripte durchgesprochen, Abnahmen erlebt.

Das Büro kannte ich also gut, in dem ich am ersten Montag des Jahres 1994 stand, zwischen einem halben Dutzend

Pappkartons aus London und einem provisorisch aufgestellten Schreibtisch, auf dem wiederum ein großer Blumenstrauß und eine Flasche Champagner standen – »Mit Grüßen von Ihrem ›alten‹ Sender NDR«. Auch das Sekretariat kannte ich gut, öfters hatte ich da auf einem der zwei Besuchersessel gewartet. Und selbst der angrenzende kleine Raum mit dem runden Plastiktisch, einem halben Dutzend Plastikstühlen drumherum und dem Lautsprecher-Mikrofon für die Telefonschaltkonferenz in der Mitte war mir nicht fremd. Wie ich überhaupt dachte, dass ich mich in diesem Sender ganz gut auskennen würde. Schließlich hatte ich hier als junges Ding meine ersten Radiomanuskripte eingereicht und im Laufe der Jahrezehnte sicher an die fünfzig HR-Produktionen für die damals legendäre Kulturredaktion von Adolf Frisé und Peter Strauß verfasst und anschließend dann die Fernsehdokumentationen. Außerdem betrachtete ich den Hessischen Rundfunk auch als meinen politischen Ziehvater. Mit den Programmen, die der berühmte Fernsehpfarrer Hess als Intendant zu verantworten hatte, war ich in den Aufbruchsjahren nach der Diktatur aufgewachsen. Dieses Haus war in gewisser Weise meine journalistische Heimat, in die ich nun zurückkehrte, nach fast fünfzig Jahren. So wie in die Stadt Frankfurt am Main.

Aber das war sentimentale Gefühlsduselei, die mit der Wirklichkeit 1994 nichts gemeinsam hatte. Meine Erfahrungen als Zuhörerin, Zuschauerin und Autorin ließen sich in meine Arbeitssituation als Chefredakteurin nicht übertragen. Jetzt war ich Teil des Apparates, und die Gründe des Intendanten: »Ich brauche jemand von außen – und außerdem haben wir keine Frau in einer Führungsposition«, erwiesen sich für mich nicht gerade als Vorteil, wenn es um die Akzeptanz durch die Redaktionen ging.

Der populäre Sportchef hielt sich sowieso für den eigentlichen Chefredakteur. Der Chef der Regionalsendungen im Grunde auch. Die politischen Redakteure hielten erst mal Abstand. Das Landesstudio Wiesbaden pochte auf seine Deutungshoheit.

Kurz: der Hessische Rundfunk erwies sich als Bollwerk, eine feste Wagenburg sozialdemokratischen und gewerkschaftlichen Milieus. Ganz anders als im ständig »reformierten« NDR mit seiner parteipolitischen Farbenlehre und dem Personalkarussel je nach Machtlage in seinen drei Bundesländern wirkten hier vierzig Jahre ununterbrochene SPD-Herrschaft fort, selbst nach dem kurzen Intermezzo des CDU-Ministerpräsidenten Wallmann von 1986 bis 1990 samt dem CDU-nahen Intendanten Kelm, dem glücklosen Vorgänger von Klaus Berg.

Ein großer Teil der Belegschaft war irgendwie »immer schon« beim HR und arbeitete nach dem berühmten Doppelprinzip: »Das haben wir immer schon so gemacht!« bzw. »Das haben wir noch nie so gemacht!«. Und so war dann meistens auch das Programm: altmodisch, oberlehrerhaft, bieder, politisch monochrom, langweilig – mit Ausnahmen natürlich.

Meine ersten Versuche in verschiedenen Redaktionskonferenzen dies auch nur zu thematisieren, stießen auf vollkommenes Unverständnis.

Da war zunächst mal mein Plädoyer für ein bisschen »Glamour« bei der Präsentation der Sendungen. Ob die Moderatorinnen und Moderatoren nicht etwas besser gekleidet und geschminkt auftreten könnten? Das kam überhaupt nicht gut an. Die Moderatoren sollten eben gerade nicht anders angezogen sein und aussehen wie die Zuschauer zu Hause. Das käme ja einer »Überhöhung« gleich, und die hätten die Hessen gar nicht gern. »Demokratische hessische Identität« sei schließlich von Anfang an Aufgabe des Senders.

Dann warb ich für mehr »Drama« in den politischen Sendungen: Einladungen an den politischen Gegner, Kontroversen, Streitgespräche. Also: Regierungschef gegen Oppositionsführer, Erzbischof Dyba gegen den Bischof von Limburg, Franz Kamphaus, Wolkenkratzer-Architekten gegen Bewahrer alter Stadtstrukturen, Mehrfach-im-Jahr-Urlaubsflieger gegen Flughafenkritiker, Kollegen von der FAZ im Widerstreit mit Kollegen von der Frankfurter Rundschau.

Dieses ganze Personal gab es doch vor unserer Tür. Es repräsentierte die Brüche und Widersprüche des modernen Hessen. Frankfurt, Wiesbaden und Wetterau, das war doch nicht monochrom! – und gehörte alles zu unseren Aufgaben als öffentlich-rechtlicher Sender.

Nach einer dieser Redaktionskonferenzen soll es Wetten gegeben haben, dass man mich innerhalb eines Jahres wieder los wäre – »mit diesen Ideen« ganz bestimmt.

Mit »Glamour« und »Drama« wollte ich übrigens ganz bewusst nicht eine »Boulevardisierung« des Fernsehens. Gerade nicht die »Smiling Faces« vom schönen Model-und-Schwiegersohn-TV sollten die Sendungen übernehmen, sondern Journalisten – erfahren, qualifiziert, dem öffentlich-rechtlichen System verpflichtet –, aber Journalisten mit Eloquenz und Eleganz, gut anzusehender Selbstsicherheit, vor allem offen und neugierig. Ein bisschen BBC-Glanz sollte im HR aufscheinen.

Und das »Drama« sollte auch nicht aus Menschelndem, auf Gefühle Reduziertem und vor allem Gefühle Ansprechendem entstehen, sondern durch harte Auseinandersetzung mit den Ansichten und Positionen des jeweils anderen, der jeweils anderen Seite. Verzicht auf laufende Selbstbestätigung erschien mir wichtig, und wenn die andere Seite bessere Argumente hatte oder besser argumentierte, dann war das die Wirklichkeit, die dazustellen wir verpflichtet waren. Suche nach Wirklichkeit.

»3, zwei, eins«

September 1993, mein Film »Sex please – wir sind Briten« war fertig. Drei Tage vor der Sendung lud mich der MDR nach Dresden ein zum »Riverboat Talk« auf den Unterhaltungsdampfer »MS Fiorentina«. Am Telefon kündigte der Unterhaltungschef, der vor der Wende Redakteur beim NDR war, einen »ganz außerordentlich interessanten neuen Moderator« an, der mit mir das Gespräch führen würde: Michel Friedman aus Frankfurt.

Ich packte einige Filmausschnitte ein und flog für diesen »Auftritt« von London nach Dresden, aber nur für den einen Abend, denn wir befanden uns mitten in den Vorbereitungen eines »Weltspiegel«-Berichts über Belize, eine der letzten Kronkolonien Großbritanniens und mein letztes größeres Korrespondentenprojekt. Denn meine Berufung nach Frankfurt stand fest, wenn sie auch noch nicht veröffentlicht war. Im Dezember sollte endgültig Schluss sein in London.

Dresden war bildschön, der Dampfer war bildschön, und der neue Moderator sah außerordentlich gut aus. Wir plauderten in der Live-Sendung teils hochtrabend, teils albern über die »dunklen Seiten« unseres Nachbarvolkes, diese sex- und skandalsüchtigen Engländer, dann sangen, glaube ich, die Fischer-Chöre.

Spannend wurde der Abend beim üblichen »Umtrunk« hinterher. Nicht dass wir beide getrunken hätten. Friedman trank sowieso keinen Alkohol, ich höchstens ein oder zwei Gläser Wein, aber es ging ziemlich rauschhaft zu. Er erzählte nämlich von und über Frankfurt. Mir, die ich dort aufgewachsen und 1956 weggezogen war, lieferte er gleichermaßen die Fortsetzungsgeschichte nach 1965, als er als neunjähriges Kind aus Paris in diese Stadt kam. Der Sohn von Holocaust-Überlebenden, dessen älterer Bruder sich weigerte, mit den Eltern nach Deutschland zu ziehen, und stattdessen nach Israel ging. Jetzt, fast vierzig Jahre später, schien es, als wäre Friedman mit jedem Frankfurter von Bedeutung auf Du und Du, kannte alle Gerüchte und Geschichten, Intrigen und Skandale – und natürlich auch den Hessischen Rundfunk. Ich musste gar nicht nachfragen, er erzählte, was das Zeug hergab. So viel Filz, so viele Seilschaften, der Unterhaltungschef geschasst, der Programmdirektor unter Verdacht. Und dann die politischen Sendungen – provinziell, langweilig, eine Talsohle der Trostlosigkeit … Ich hörte mir das staunend bis belustigt an, aber von irgendeinem Punkt an ertappte ich mich dabei, dass ich anfing, in Gedanken ganz ernsthaft einen Brief an den Intendanten zu schreiben: »Sehr geehrter Herr Professor Berg, ich muss Ihnen leider doch absagen. Übergroße Bedenken … die Sorge, dass ich der Aufgabe wahrscheinlich nicht gerecht werden kann … Es tut mir aufrichtig leid … Sie sind wirklich nicht zu beneiden usw. usw.«

Schließlich fiel ich erschöpft und entmutigt in mein Hotelbett. Am nächsten Morgen allerdings dachte ich, wie gut, dass er mir das alles erzählt hat! Und dann freute ich mich über seine Ahnungslosigkeit. Da kannte dieser Frankfurter Rechtsanwalt, Fernsehmoderator, Stadtverordnete Tod und Teufel und alle Gerüchte, Geschichten und Intrigen und breitet sie genüsslich vor einer Journalistin aus, die demnächst Chefredakteurin des so von ihm heruntergemachten Senders sein wird – und genau das weiß er nicht. Irgendwie tröstlich. Auch Friedman wusste nicht alles und nicht alles, wie es war.

Im Januar 1994, ich war gerade zwei Wochen im Amt, setzten wir das Dresdner Gespräch in einem italienischen Restaurant am Opernplatz fort. Da kam mir das erste Mal die Frage: »Warum macht der Typ nicht Fernsehen im HR? Muss man ihn ausgerechnet dem MDR überlassen?« Als würde er meine Gedanken erraten, sagte er beiläufig: »Die Arbeit in Dresden werde ich wahrscheinlich nicht ewig machen. Der Aufwand ist doch ziemlich groß und die Aufgabe selbst nicht gerade befriedigend.« Aha.

Am 1. März 1994 fand in Frankfurt die deutsche Erstaufführung des Spielberg-Films »Schindlers Liste« statt. Die Vorberichterstattung erzählte auch die Geschichte der Frankfurter Eheleute Friedman, die beide als blutjunge Arbeiter von Schindler verpflichtet wurden und die Flucht von Krakau in den Westen überlebt hatten. Auch der HR befasste sich vor der Erstaufführung mit »Schindlers Liste«. Allerdings eher kritisch mit der Frage, ob »Hollywood« sich solch eines Stoffes überhaupt annehmen dürfe. Ich schlug vor, mit den Eltern Friedman ein Gespräch zu führen. Antwort: »Zu gebrechlich.« Dann ein Interview mit dem Sohn. Erstarren. »Der? Der polarisiert doch nur! Außerdem ist er CDU-Politiker.« Dann wurde noch hinzugefügt, man habe vor, einen sehr fachkundigen Historiker zu befragen. Ich habe dann am Abend des 1. März im Hotel Frankfurter Hof nach der Filmaufführung Gennia Friedman kennengelernt, eine zierliche, blonde, elegante alte Dame, die zu den Zeitzeugen des Epilogs gehörte, dieser langen Szene, in der am Grab von Oskar Schindler in Jerusalem Schauspieler und die von ihnen dargestellten Personen aus der damaligen Zeit vorbeigehen und Steine niederlegen. Wie bewegend wäre es gewesen, mit Gennia Friedman ein Gespräch vor der Kamera zu führen! Das war nun zu spät.

Ein Jahr danach sprach ich mit dem Intendanten. »Ich würde gern eine politische Gesprächssendung zusammen mit Michel Friedman machen.«

»Was sagen die Kollegen?«

»Die sind durch und durch dagegen. Sie sagen, er ist ein CDU-Politiker, sogar im Parteivorstand, das widerspräche allen journalistischen Regeln. Ich finde allerdings, wenn man das ganz offen erklärt, dürfte es kein Problem sein. Er übernimmt eine Moderatorenrolle, und objektive Moderatoren gibt es ohnehin nicht.«

»Er muss sich gefallen lassen, dass man bei ihm ganz besonders genau hinhört und hinschaut. Wenn das Ergebnis untadelig ist, können wir es probieren. Er polarisiert – das ist nicht nachteilig für ein echtes Streitgespräch. Das Gleichgewicht muss aber stimmen. Machen Sie keinen Fehler.«

Diesen letzten Satz gab er mir übrigens immer wieder mit auf den Weg. »Machen Sie keinen Fehler.« Ich versuchte mein Bestes.

Holger Weinert begegnete ich zum ersten Mal hoch oben auf einer Show-Treppe vor laufenden Kameras und amüsiertem Publikum. Ich trug ein voluminöses Theaterkostüm mit Halskrause und Perlenketten, war als Königin Elisabeth I. verkleidet, und der Moderator Weinert intonierte ein so formvollendetes »Ma'm«, dass wir beide in schallendes Gelächter ausbrachen und beinahe die Treppe hinuntergefallen wären. Das war in »Holger's Waschsalon« im Dezember 1993. In einer späteren Szene ließen sie mich andächtig Seifenblasen produzieren, während hinter mir das Tagesthemen-Logo mit der Überschrift »Kommentar« erschien.

Holger Weinert schaffte es, dass seine Studiogäste alles, aber auch alles, was schön und lustig war, vor laufender Kamera machten, wenn es denn einen Bezug zu ihrem Leben, ihrer Arbeit, ihrem Amt oder auch ihren Leidenschaften hatte. Ministerpräsident Biedenkopf fuhr auf einer übergroßen Modelleisenbahn unter echtem Dampf. Gregor Gysi synchronisierte einen alten Spielfilmausschnitt, wie er es als Kind bei der DEFA gelernt hatte. Der nach der Wende arbeitslos gewordene Regierende Bürgermeister von Berlin, Walter Momper, saß in Kapitänsuniform in einer leeren Badewanne. Guido Westerwelle wurde am Studioeingang von einem Trupp schwuler Nato-Soldaten begrüßt – lange vor seinem Outing. Günter Verheugen ritt auf einem Elefanten. Und vier »echte« Reich-Ranickis besprachen in einer »Sonderausgabe des Literarischen Quartetts« das neueste Buch von Helge Schneider – in Gegenwart des leicht angewiderten Literaturpapstes. Es war eine endlose Parade von Monty-Phyton-haften Scharaden.

Holger Weinert war der bunte Hund im HR, ein Hans Dampf in allen Gassen. Heute Moderator, morgen Autor eines Dokumentarfilms, übermorgen Unterhalter, überübermorgen Reporter und dann vielleicht alles gleichzeitig am selben Tag und im selben Programm. Mit diesem Talent müssten sich doch hervorragende politische Sendungen machen lassen, dachte ich, er war doch Glamour und Drama in einer Person.

Das war aber leichter gedacht als getan, denn der Protagonist wollte nur Unterhaltung, Unterhaltung und nochmals Unterhaltung machen – und am liebsten sonst gar nichts.

Ansonsten konnte man mit ihm Pferde stehlen, anschließend verhaftet und eingebuchtet werden, dann alles als ein Missverständnis aufklären und lachend an der Bar des Hessischen Hofes landen, wo es Prince-of-Wales-Cocktails in Silberbechern gab, wie sich das in London gehörte.

Im Frühjahr 1996 kündigte der HR den Start einer neuen politischen Diskussionssendung in seinem Dritten Programm an: 3, zwei, eins: Drei Moderatoren, zwei Gäste, ein Thema. Die drei Moderatoren: Michel Friedman, Luc Jochimsen, Holger Weinert.

Im Sender dachten sie, jetzt ist sie endgültig durchgedreht. Und für die erste Sendung hatten sie sogar recht. Ich wollte die Themen unbedingt demokratisch vom Publikum bestimmen lassen. Also fragten wir in einer Telefonumfrage am Montag 450 Leute, über welches Thema am Donnerstag in der neuen Sendung »3, zwei, eins« diskutiert werden sollte.

Für die erste Sendung war das ausgerechnet das Medienthema »Öffentlich-rechtlicher Rundfunk«. Als Gast schickten wir unseren eigenen Intendanten ins Rennen. Die »Frankfurter Rundschau« schrieb am nächsten Tag: »Notruf 112! Der HR ist nicht mehr zu retten.«

Die Sendung war ein einziger Wirrwarr. Ohne Probe waren wir mit unserem schönen Konzept, einfach auf unsere vorherigen Fernseherfahrungen vertrauend, blödsinnig gescheitert.

Aber wir lernten schnell. Erstens, dass zwei Tage Vorlauf für die Einladung von Gästen viel zu kurz ist. Zweitens, dass »demokratische Themensetzung« durch TED-Umfragen nicht funktioniert. Drittens, dass das planerische redaktionelle Konzept eingehalten werden muss, allen spontanen Einfällen zum Trotz. Als wir das gelernt hatten, wurde »3, zwei, eins« – eine Sendung. Günther Beckstein gegen Otto Schily, Erzbischof Dyba gegen Fernsehpfarrer Fliege, Der Aktionskünstler HA Schult zur Eröffnung der Frankfurter Automobilmesse mit dem Credo »Wir sind alle Autos!«, Gregor Gysi gegen Guido Westerwelle, Oskar Lafontaine, Rita Süssmuth, Helmut Holter, Hans Eichel …

Der Erste, der trotz alledem ausstieg, war Holger Weinert, der am Konzept einer eigenen Unterhaltungsshow arbeitete. Er machte seine schrillen, unverwechselbaren Unterhaltungsprogramme »3 Zimmer, Küche, Holger« und HessenShow-VIP, gastierte auch im ZDF, aber zusammen sorgten wir für eine Reihe »Glamour- und Drama-Filme« im HR. 1997 produzierten wir die ARD-Dokumentation über Günter Schabowskis Prozess »Angeklagt: der Maueröffner«, und in den Jahren danach entstand die Serie »Hessische Hoheiten« – Geschichten aus den Adelshäusern des so bürgerlichen Hessen. Die erste Staffel endete mit einem Porträt von Otto Prinz zu Solms-Hohensolms-Lich, der seinen Titel abgelegt hatte und als Hermann Otto Solms Parlamentarier in Bonn war. Schlussszene: der Abgeordnete Solms während der Wahl von Gerhard Schröder zum Bundeskanzler.

Ich nahm ein paar Demobänder nach Hamburg mit und fragte Manfred Bissinger, den ich seit Jahren kannte, für den ich auch gelegentlich gearbeitet hatte. Manfred Bissinger verfügte über eine Genealogie als »linker« Journalist, die ihresgleichen suchte, und er sagte zu.

»Jetzt wird die Sendung ja seriös«, kommentierten Intendant und Programmdirektor. Bissinger – Friedman als Gegensatz-Moderatoren waren kaum eingespielt, da verließ Friedman »3, zwei, eins«. Die »Dreiergeschichte« war ihm zu wenig, er wollte ein Solo und bekam es auch – bei den Kommerziellen.

Ich ging in die »Höhle des Löwen«, zur FAZ, und fragte Mitherausgeber Hugo Müller-Vogg, ob er Interesse hätte, sich auf den HR einzulassen. Erstaunlicherweise hatte er großes Interesse, traute aber seinen eigenen Ohren nicht. »Wollen Sie mich allen Ernstes in den HR als Moderator einladen? Haben Sie das überhaupt in Ihrem Haus abgeklärt?« Das hatte ich. »Jetzt soll also der ›Klassenfeind‹ ins Haus?«, fragte mein Intendant. Und er hatte ja recht: keine Zeitung, noch nicht einmal die Bild, fiel seit Jahren so militant und polemisch über den HR her, wie die FAZ. »Dieser Müller-Vogg spricht doch immer von Zwangsgebühren, wenn es um die Finanzierung des öffentlich-rechtlichen Systems geht«, sagte Berg. »Sollen wir so jemandem ein Honorar zahlen?« Ich fiel ihm ins Wort und sagte: »Und er redet stets von der ›unsozialen Marktwirtschaft‹, in der die Tüchtigen von den Untüchtigen ausgepowert werden. Aber, aber: das sind doch Argumente, die viele Menschen in unserem Land teilen, das sind doch Standpunkte, mit denen es gilt, sich auseinanderzusetzen. Eine streitbare Sendung kann doch genau das leisten.« – »Ich bin mir da nicht so sicher, aber probieren können wir es. Immerhin wird es einen Aufschrei geben. Machen Sie keinen Fehler.« Und so haben wir von 1997 bis 2001 zusammen »3, zwei, eins« gemacht: Manfred Bissinger, Hugo Müller-Vogg und ich. Wir versuchten die wilden Jahre am Ende des 20. Jahrhunderts zu reflektieren: die Wahlen, die Machtwechsel, den Krieg auf dem Balkan, die Spendenskandale, die großen Hoffnungen und die bitteren Enttäuschungen. Mein halbes Jahrhundert der »angefangenen Träume« ging zu Ende.

1998 kam Friedman zum HR zurück – als Solist. »Vorsicht! Friedman« hieß die Dreiviertelstunde, sie machte den kleinen Sender bundesweit bekannt, in Ost wie West. Und wir wurden, allen politischen Differenzen zum Trotz, Freunde. Das war wie Jahrzehnte vorher und über all die Jahrzehnte hinweg mit Maja: eine Freundschaft, die sich über alle Unterschiede fortsetzte. In diese Freundschaft miteinbezogen wurden Lucas, ein bisschen Janko und am Rande auch Maja.

Wenn wir zusammen waren, gingen Arbeit, Reden, gutes Essen, Feste ineinander über. Zum Beispiel die Premieren im »Tigerpalast«! Sie brauchten sich vor keiner Metropolen-Party zu verstecken: wenn der schwarze Panther ins Publikum kam, auf der »Regierungsbank« das halbe hessische Kabinett Platz nahm, natürlich auch Joschka Fischer, alter Freund des Hausherrn Johnny Klinke, und Matthias Beltz die Conference übernahm: »Man fordert jetzt überall: Phantasie an die Macht! Ich frage: was soll sie da?«

Friedman erlebte eine Erfolgszeit, aber gleichzeitig Qualen der Sorge und Trauer. Sorge um die geliebte schwerkranke Mutter, die der Sohn um keinen Preis der Welt sterben lassen wollte. Monatelang verbrachte er die Nächte im Krankenhaus aus Angst, wenn er nicht an ihrem Bett wachen würde, würde sie an einem dieser frühen Morgen, zwischen Dunkelheit und Dämmerung, nicht mehr aufwachen – und der Vater würde auch sterben, weil er ohne seine Frau gar nicht leben wollte, wie er immer und immer ankündigte. Da war eine übergroße Angst vor Einsamkeit. »Ich habe nur meine Eltern und meinen Bruder, aber der ist in Israel. Keinen Onkel, keine Tanten, Cousins, Cousinen, keine Familie … Seit wir nach Frankfurt gekommen sind, waren wir immer zu dritt, nur zu dritt.«

Die Beerdigung von Gennia Friedman auf dem jüdischen Teil des Frankfurter Hauptfriedhofs versammelte Hunderte von Menschen. Aus aller Welt waren sie gekommen. Mittendrin dieser vereinsamte Sohn und der ganz und gar versteinerte Witwer. Ein paar Monate später musste Friedman seinen Vater zu Grabe tragen. Sorgen und Trauer. Sorgen auch um den Ziehvater Ignatz Bubis. Mit ihm und über ihn hatte Lucas in dieser Zeit einen aufsehenerregenden Film gemacht. »Die Briefe an Ignatz Bubis«. Es ging um die vielen nicht-anonymen Briefschreiber, die dem Vorsitzenden des Zentralrates der Juden in Deutschland ganz offen mitteilten, dass er in diesem Land eigentlich nichts zu suchen hätte. Polizisten, Hausfrauen, Studenten waren darunter – so wie Politiker bei offiziellen Anlässen ja auch.

»Herzlichen Glückwunsch Herr Bubis, zur exzellenten Rede Ihres Präsidenten Weizman!« – »Vielen Dank, aber mein Präsident ist Roman Herzog.«

Es war in dieser Zeit, als Ignatz Bubis, der in tausend Klassenzimmern, Hörsälen, Konferenzräumen landauf, landab jahrzehntelang unermüdlich für Toleranz geworben hatte, sagte: »Ich dachte, vielleicht schaffst du es, dass die Menschen anders übereinander denken. Aber, nein, ich habe fast nichts bewegt.« Das war nach der Walser-Rede in der Frankfurter Paulskirche – als der Begriff »Auschwitz-Keule« fiel.

Am 13. August 1999 starb Ignatz Bubis in Frankfurt.

Die Jüdische Gemeinde fragte an, ob ich im Flugzeug mitfliegen wolle, das den Leichnam zur Beerdigung nach Tel Aviv bringen würde. Ignatz Bubis war jahrelang Mitglied des HR-Verwaltungsrates gewesen.

Ich rief am frühen Sonntagmorgen meinen Intendanten an. »Fahren Sie!«

Im Flugzeug trennte ein Vorhang einen kleinen hinteren Teil vom vorderen ab, den Plätzen für Journalisten und nicht-jüdische Freunde der Familie. Als wir auf dem Flughafen in Tel Aviv landeten, wartete dort schon eine andere Maschine – mit ihr waren Bundespräsident Rau und eine Regierungs- und Parlamentsdelegation angereist.

Unübersehbar war die Menschenmenge auf dem Friedhof, unüberhörbar die Frage, die sich viele stellten: War die Beerdigung in israelischer Erde eine Flucht aus Deutschland? Ein bitterer Kommentar zu dem Eingeständnis: »Nein, ich habe fast nichts bewegt.«

Mein Freund Friedman war jetzt endgültig allein.

Innerhalb eines Jahres hatte er seine Eltern und den verehrten übermächtigen Patriarchen verloren. Nach der Grablegung lehnte er sich in der glühenden Hitze tränenüberströmt an die Mauer eines Friedhofsgebäudes und wollte einfach nicht mehr weiter. Was konnte ich ihm in diesem Moment geben? Gar nichts. Außer neben ihm zu bleiben, voller Tränen auch. Und ausgerechnet da überfiel mich die Erinnerung an einen Abend auf dem Frankfurter Opernplatz. Wir hatten in »unserem« italienischen Restaurant gegessen: Lucas, Friedman und ich. Er bestand darauf, uns über den Platz zu bringen. Wir würden dann zu Fuß nach Hause gehen; er zu seinen Bodyguards in den Wagen, der hinter der Oper wartete. Wir gingen durch die kleine

Kirschbaumallee, als ein Mann uns entgegenkam: groß, schwer, leicht schwankend. »Friedman!«, brüllte er. »Wieso gehen Sie immer mit deutschen Frauen im Arm spazieren? Jetzt schon wieder!« – »Lassen Sie uns bitte in Ruhe!«, rief Lucas zurück. Der Mann blieb stehen. Wir gingen wie Roboter weiter. Wieso überfiel mich diese Erinnerung jetzt, auf dem Friedhof in Tel Aviv, und ließ und ließ sich nicht vertreiben?

Einigungsprozess

Wenn ich 1994 einem naiven Trugschluss erlegen war, dass nämlich der HR so sein würde, wie ich ihn als Schülerin, junge Frau und Autorin in Erinnerung hatte, dann gab es allerdings noch einen zweiten Trugschluss, und der war nicht weniger gravierend. Ich war fest davon überzeugt, dass ich 1994 in ein insgesamt verändertes Deutschland zurückkehren würde. Vier Jahre in Einheit müssten doch ganz neue Gemeinsamkeiten geschaffen haben. Aber in Frankfurt am Main war alles wie seit Jahrzehnten – nur noch ein Stück reicher und multikultureller. Dass die DDR untergegangen war und es nun die »neuen Bundesländer« gab, interessierte niemanden, es merkte auch so gut wie keiner. Ab und zu war das mal Thema in der Chefredakteursrunde der ARD, weil es da zwei neue Ost-Sender gab, den Mitteldeutschen Rundfunk und den Ostdeutschen Rundfunk Brandenburg. Ihr Führungspersonal bestand allerdings aus einem altbekannten Kollegenkreis des Bayerischen, des Norddeutschen und des Westdeutschen Rundfunks.

Und diese Journalisten nahmen die Interessen ihrer Anstalten auf höchst sonderbare Weise wahr: stets im Namen von CDU/CSU, FDP und SPD, seltener schon der Grünen und nur skandalisierend oder negierend in Bezug auf die PDS, das Novum in der Parteienlandschaft seit der Vereinigung.

1994 war Wahljahr. Die Vorbereitungen für die Hearings zu den Wahlprogrammen begannen, Parteiprofile mussten erstellt werden, Reportagen über die Kandidaten. Bei all diesen ARD-Plänen spielte die PDS keine Rolle – sie wurde in den Tableaus einfach nicht geführt. Auf meine Nachfragen hieß es: »Das ist eine rein regionale Partei in den neuen Bundesländern, die sich übrigens bei dieser Wahl ganz von selbst erledigen wird.« Einstimmige, einhellige Meinung.

Am 6. Februar 1994 gab es in Berlin eine Pressekonferenz, auf der der Schriftsteller Stefan Heym bekannt gab, dass er zur Wahl für den Bundestag antreten würde – auf der offenen Liste der PDS. Der 81-jährige jüdische Autor, Remigrant in amerikanischer Uniform, DDR-Bürger, der ständig Reformen und die Freiheit der Künste von der Führung des Regimes eingeklagt hatte und deswegen als »OV Diversant« bespitzelt und drangsalsiert worden war, erklärte: »Ich war mein Leben lang in keiner Partei und werde auch der PDS nicht beitreten. Ich kandidiere als Unabhängiger: Wo ich derselben Meinung sein kann wie die PDS, in Ordnung. Wo nicht, werde ich zu meiner eigenen Meinung stehen, laut und deutlich.« Worum ging es dem in Ost und West Berühmten? Den Prozess der Wandlung der PDS zu einer modernen linken Partei zu unterstützen, das Umdenken und Umlernen.

Umdenken und Umlernen – in der Schaltkonferenz der ARD-Chefredakteure war das kein Thema für einen Kommentar. Ich hätte so gern kommentiert, war doch Stefan

Heyms Roman »5 Tage im Juni« mir unvergesslich ins Gedächtnis eingebrannt! Anderer Vorschlag: Wie wäre es mit einem ARD-Porträt des Kandidaten Heym während des Wahlkampfs in Berlin? Erst recht kein Thema! Der »Elferrat« der ARD war geradezu indigniert.

Aber dann gab es in diesem Zusammenhang auch für den Hessischen Rundfunk eine interessante Geschichte. In Hessen kandidierte, ebenfalls als Unabhängiger auf der offenen Liste der PDS, der Schriftsteller Gerhard Zwerenz, Erfolgsautor mit einer ebenfalls ganz und gar außerordentlichen Biografie und Bibliografie – zwölf Jahre jünger als Stefan Heym, aufgewachsen im sächsischen Gablenz, freiwilliger Soldat 1942, Deserteur 1944, sowjetischer Kriegsgefangener, Volkspolizist 1948, Student von Ernst Bloch von 1952 bis 1956, dann Kabarettist, Anti-Stalinist, Westdeutscher seit 1957. 120 oder mehr Buchtitel: Romane, Essays, Satiren, frühe Pornos, Märchen für Erwachsene und Kinder ... Sein Buch »Die Erde ist unbewohnbar wie der Mond«, das Rainer Werner Fassbinder zur Vorlage für sein Theaterstück »Die Stadt, der Müll, der Tod« genommen hatte, war für mich eine Art Nachschlagewerk der bundesrepublikanischen Nachkriegsverhältnisse. Das war doch ein Thema für Sendungen im Dritten Programm des HR! Die zuständigen Redakteure sahen das allerdings anders. »Zwerenz – gut. Aber die PDS, wer interessiert sich in Hessen schon für die PDS? Diese Mini-Splitter-Partei?« Und ich hatte gedacht, 1994 wäre Deutschland ein anderes Land, ein Land im Einigungsprozess – zumindest das. Aber ich hatte eben keine Ahnung.

Die alte Bundesrepublik lebte unverändert weiter, und »Anti-Kommunismus« oder »Anti-Sozialismus« waren nach wie vor ihre liebsten Vorurteile. Vor allem Politiker, aber auch Journalisten mussten sie offenbar jeden Tag aufs Neue pflegen – schon aus schlechtem Gewissen darüber, was sie mit der DDR angestellt hatten und anstellten – zum Beispiel mit ihrem Rundfunk- und Fernsehsystem. Zig Jahre später wurde mir das Ausmaß dieser Kolonialisierung erst richtig bewusst, als ich in der FAZ die »Erinnerungen eines teilnehmenden Beobachters« von Günther von Lojewski las, des SFB-Intendanten von 1989 bis 1997. Ganz offen schildert er da, was er alles tat, um den Artikel 35 des Einigungsvertrages zu unterlaufen, in dem klipp und klar stand, dass die »kulturelle Substanz der DDR keinen Schaden nehmen« dürfe. Das hieß ja wohl auch Erhalt des DDR-Radios und Fernsehens. Das aber sollte auf keinen Fall geschehen, befand der Frontstadtkämpfer Lojewski und trug dem Bonner Verhandlungsführer Schäuble Ende September 1990 sein Horrorszenario vor.

»Mehr als 10 000 in Agitprop geschulte und erfahrene Ossis gegen 1400 SFBler in West-Berlin!« Das durfte nicht sein – und so wurde mit einem Zusatzartikel 36 die Auflösung des DDR-Radios und -Fernsehens beschlossen. Öffentliche Aussage von Bernd Neumann, dem Vorsitzenden der CDU/CSU-Medienkommission und späteren Kulturstaatsminister: »Das DDR-Mediensystem ist eine nicht tragbare Altlast, seine Auflösung die sauberste Lösung.« Genauso verlief auch das Wahljahr 1994: sauber von Altlast. Kohl blieb Kohl, Scharping Oppositionsführer. Allerdings: die PDS erledigte sich nicht ganz von selbst.

Sie erzielte in Berlin vier Direktmandate durch Christa Luft, Gegor Gysi, Alfred Müller und Stefan Heym und zog als »Gruppe« mit dreißig Abgeordneten in den Bundestag ein – unter ihnen auch Gerhard Zwerenz, der unabhängige Spitzenkandidat aus Hessen.

Vor der Wahl hatte ich ein größeres Porträt-Interview mit ihm für unser Drittes Programm gemacht. Wenn sich schon niemand sonst im Haus für ihn, seine Geschichte und seine Motive, für die PDS Politik zu machen, interessierte – mich faszinierte alles drei zusammen.

Was mir Zwerenz in diesem Moment nicht sagte, aber später in seinem Buch »Krieg im Glashaus oder Der Bundestag als Windmühle« beschrieben hat, war, dass er in der Annahme zusagte, dass er gar nicht gewählt werden würde. Im Buch heißt es:

»Als am Wahlabend feststand, ich müsste in den Bundestag, war mir mulmig zumute. ... Im Bilderkasten zeigten sie den Siegesjubel der PDSler in ihrem Berliner Domizil. Die werten Genossinnen und Genossen glaubten wirklich an ihr Glück der Tüchtigen.

Da waren sie vor vier Jahren in den Kapitalismus zwangsumgesiedelt worden und vertrauten gleichwohl auf den demokratischen Weihnachtsmann. Sie hatten ihren Antikapitalismus in der Vergangenheit so laut und dröhnend vertreten, dass sie sich nicht vorstellen konnten, es sei in ihrer Kritik ein Teil der Wahrheit enthalten gewesen. Kohls Mainz, wie es weint und lacht, würde die hoffnungsvollen östlichen Neubürger noch viel und lange weinen lassen.«

Stefan Heym, Alterspräsident

Wie recht Zwerenz hatte, zeigte sich dann, noch bevor das Jahr 1994 zu Ende ging, am 10. November im neu gewählten Parlament. Da inszenierte die Bonner Politik das Schauspiel »Stefan Heym, Alterspräsident«.

Genau einen Tag bevor Heym den Bundestag mit einer Rede eröffnen sollte, machten Eilmeldungen die Runde: Die Gauck-Behörde habe Akten, die Heyms Verstrickung mit dem Ministerium für Staatssicherheit belegten. »Diversant Heym«, der Regimekritiker und oppositionelle Schriftsteller ein Spitzel? So jemand sollte nun Alterspräsident des Bundestages sein können? Der alte Mann wurde bestürmt, bloß nicht am nächsten Tag ans Rednerpult des Hohen Hauses zu gehen. Am nächsten Morgen war allerdings klar, dass die Akten keinerlei Indiz hergaben für eine Stasi-Zusammenarbeit welcher Art auch immer. Aber da war es schon zu spät für Korrekturen in der Presse.

Heym eröffnete die erste Sitzung des neuen Bundestages u. a. mit diesen Worten: »Ich habe mich immer gefragt, warum die Euphorie über die deutsche Einheit so schnell verflogen ist. Vielleicht weil ein jeder als Erstes Ausschau nach den materiellen Vorteilen hielt, die die Sache ihm bringen würde: den einen Märkte, Immobilien, billigere Arbeitskräfte, den anderen – bescheidener – harte Mark und ein grenzenloses Angebot an Gütern und Reisen. Zu wenig wurde nachgedacht über die Chancen, die durch die Vereinigung unterschiedlicher Erfahrungen, positiver wie negativer, sich für das Zusammenleben und die Entwicklung der neuen alten Nation ergeben könnten und – wie ich hoffe – noch immer ergeben können … Die Effizienz des Westens, seine demokratischen Formen und andere Qualitäten des Lebens dort, die zum Nutzen der Ostdeutschen zu übernehmen wären, liegen zutage. Aber umgekehrt? Gibt es nicht auch Erfahrungen aus dem Leben der früheren DDR, die für die gemeinsame Zukunft Deutschlands zu übernehmen sich ebenfalls lohnten? Der gesicherte Arbeitsplatz vielleicht? Die gesicherte berufliche Laufbahn? Das gesicherte Dach überm Kopf?«

An dieser Stelle war in den Reihen der CDU/CSU kein Halten mehr. Die Abgeordneten, die schon vorher ostentativ Zeitungen oder Akten gelesen hatten oder dem Redner ebenso ostentativ den Rücken zukehrten, pöbelten jetzt los. War die Erwähnung von Clara Zetkin am Anfang der Rede offenbar schon eine Provokation für den 13. Deutschen Bundestag im Jahre 1994, so wurde die Frage, ob nicht auch die Erfahrungen aus dem Leben der früheren DDR – wohlgemerkt, die »Erfahrungen aus dem Leben« – für die gemeinsame Zukunft Deutschlands wichtig wären, von den Damen und Herren der Regierungsfraktion als pure Unverschämtheit empfunden. Solche Fragen durfte man gar nicht stellen im vereinten Land.

Ich sah die Bilder der Fernsehübertragung und wollte einfach nicht glauben, was ich da sah. Sieben Jahre Westminister Parliament hatten mir eine ganz andere politische Kultur gezeigt. Gegner oder nicht, ein Parlamentarier war »My most honourable friend« oder »The most honourable member of this house« ... Nach dieser Anrede konnten dann gern die Fetzen fliegen, bis kein Argument der Gegenseite mehr standhielt: Ja und immer. Aber in Respekt und die Würde des anderen niemals verletzend. Man war ja schließlich nicht auf dem Marktplatz, nicht in irgendeiner Arena, sondern im Parlament.

Auch der Schluss von Heyms Rede zeigte unvergessliche Bilder: Während SPD, die Grünen, die FDP und die PDS applaudierten und sich erhoben – blieb da ein reglos sitzender Mehrheitsblock der CDU/CSU wie versteinert oder betoniert auf seinen Plätzen. Eindrücke von meinem ersten Jahr im vereinten neuen Deutschland, unvergessen.

1998 hatte sich die PDS immer noch nicht von selbst erledigt. Sie zog diesmal sogar in Fraktionsstärke in den Bundestag. Ohne Heym und Zwerenz, aber wieder mit einem unabhängigen Spitzenkandidaten aus Hessen: Fred Gebhardt, einem alten Sozialdemokraten, der in Frankfurt und Wiesbaden viele wichtige politische Mandate innegehabt hatte und nun aus der Partei ausgetreten war.

Auch mit ihm machte ich vor der Wahl ein ausführliches Porträt-Interview, weil sich auch diesmal wieder kein Redakteur im HR fand, der Interesse an dieser Geschichte gehabt hätte. Fred Gebhardts Botschaft war simpel: »Es muss in diesem Land eine politische Kraft links von der Sozialdemokratie geben, sonst wird von der SPD alles aufgegeben, was sozialdemokratische Werte sind. Ich kann Ihnen gar nicht schildern, wie schwer mein Herz ist, wie groß meine Verzweiflung. Wenn ein alter Mann wie ich diesen Weg einschlägt, dann ist Gefahr im Verzug.«

Meine Hoffnungen auf die neue Regierung waren immens. Nach 16 Jahren Kohl würden wir jetzt »eine andere Republik« erleben, wie damals bei Willy Brandt, eine unerhörte Wende! Dieser Trugschluss war vielleicht der bitterste von allen, denen ich bisher angehangen hatte. Kaum war die Regierung im Amt, ging es um die Frage von Krieg und Frieden. Meine Kriegskindgeschichte, meines Vaters Einsatz gegen die Wiederbewaffnung, mein späteres Lebensmotto: »Krieg nur im existenziellen Verteidigungsfall!« brachten mich in vehemente Opposition zu dieser Regierung, in die ich so große Hoffnungen gesetzt hatte.

Obszön und nicht hinnehmbar empfand ich den »Auschwitz-Vergleich« des Außenministers Fischer mit den Gräueltaten von Srebrenica, und als schreckliche Schuld galten mir die Bombenangriffe auf Belgrad.

Ostern 1999 gab es, mitten im Krieg, eine einseitige Waffenstillstandserklärung der Milošević-Regierung. »Darauf lassen wir uns überhaupt nicht ein«, war die Reaktion der kriegführenden Länder, auch Deutschlands. Damals habe ich diese Haltung in den »Tagesthemen« kritisiert:

»Erschreckend schnell mit dem Wort waren die Herren an den Hebeln der Macht und der Maschinerie des Krieges heute: ›Halbherzig, nicht ausreichend, eine Mogelpackung und Finte‹, nannten sie das einseitige – also ohne Bedingungen gestellte – Waffenstillstandsangebot Jugoslawiens.

Warum können wir eigentlich nicht einen Tag oder drei Tage die Luftangriffe aussetzen? Jetzt, da es das einseitige Waffenstillstandsangebot gibt? Was verlieren wir? Was riskieren wir?

Dass Milošević in drei Tagen heimlich seine Flugabwehr wieder aufbauen könnte, das glaubt, mit Verlaub, noch nicht einmal eine ungediente Frau.

Wo also liegt die Gefahr für uns oder die Flüchtlinge und Vertriebenen? Vielleicht sollten wir für eben diese Tage uns ganz ihrer Versorgung und der Hilfe aus der Not widmen. Statt ohne Überprüfung, ohne Nachdenken allein in voller Selbstgerechtigkeit weiterzumachen wie bisher.

Natürlich wäre das noch kein Friede – nicht einmal ein Kriegsende, aber vielleicht ein Anfang vom Ende des Konflikts.

Vor der Geschichte, meine Herren an der Macht, stünden Sie anders da, wenn auch Sie die Spirale der Gewalt unterbrächen und sei es nur für drei Tage.«

Von da an war ich bei den hochmögenden Sozialdemokraten und Grünen »unten durch«. Wie konnte eine »linke«

Journalistin gerade vom HR der Regierung derart in den Rücken fallen? Ich bekam auch keine Chance mehr, in der ARD den Krieg zu kommentieren. Man musste ja eine Mehrheit der elf Sender erhalten, mindestens sechs Stimmen in der Schaltkonferenz. Das war jetzt vorbei.

Anders war es dann zum Ende des Jahres 1999, als es um die CDU ging, in Sonderheit um die CDU in Hessen und ihre skandalösen Geldmachenschaften. Da wurde ich in der Schaltkonferenz geradezu aufgefordert zu kommentieren … und ich kommentierte so:

»Lügen, Legenden und Täuschungen – jahrelang erfindet man Tote, die angeblich der CDU Hessen Vermächtnisse in Millionenhöhe überweisen; ja, man geniert sich nicht, Hinweise auf jüdische Mitbürger in Frankfurt zu streuen, die angeblich ihr Mäzenatentum für die CDU nicht öffentlich machen wollten. Und es ist jemand wie Manfred Kanther, der die Öffentlichkeit und die gesetzlichen Kontrollgremien irreführt. Was mit einer Million in bar in einem Koffer im Dreiländereck vor Wochen anfing, uns das »Finanzsystem Kohl« und auch Schäubles Umgang mit Barspenden aufdeckte, endet heute nun mit einem Geständnis wie aus einem Mafiafilm. Eine ehrenwerte Gesellschaft namens CDU gab heute unerhörte Einblicke in ihre Geschäfte. Jetzt hilft wahrscheinlich nur noch eines: Parteispenden verbieten – für alle und ein für alle Mal. Wie sonst sollen Bürger und Parteien wieder Vertrauen zueinander finden …«

Ja, Parteispenden verbieten für alle Parteien und für alle Mal, das war wieder mal so ein Bürgertraum, eine schöne Utopie. Aber dagegen waren nun alle Parteien – bis auf die PDS. Aber die bekam ja sowieso keine Spenden – von niemandem.

Übrigens: fast genau zwei Jahre nach diesen und noch ähnlichen anderen Kommentaren von mir über die CDU-Spendenaffäre verlieh mir Roland Koch den Hessischen Verdienstorden »Für besondere Verdienste um das Land und seine Bevölkerung«. So souverän ging die Hessische Landesregierung mit ihrem Haussender HR um.

Die Sozialdemokraten haben nie im Traum daran gedacht, meine Arbeit mit irgendeinem Orden zu honorieren – zu welcher Zeit und welchem Anlass auch immer.

Die Legende vom »jüdischen Geld aus Frankfurt« in den schwarzen Koffern der Hessen-CDU veranlasste Friedman aus ebenjener auszutreten. Allerdings nicht aus der CDU insgesamt – nur aus dem hessischen Sumpf. Er fand Aufnahme im winzigen Landesverband des Saarlands. Als HR-Moderator machte ihn das in Regierungskreisen nicht gerade beliebter. Aber das war schließlich auch nicht seine Aufgabe. Der HR wollte mit der im ganzen Bundesgebiet erfolgreichen Sendung »Vorsicht! Friedman« ins Erste – und machte sich auch damit nicht beliebter. Hinzu kam, dass der HR-Intendant als einziger in der ARD nicht bereit war, die neu ausgehandelten Summen für die Rechte an den Fußballübertragungen zu zahlen. »Acht Millionen entfallen auf den HR«, sagte er in einer Pressekonferenz, »da kann ich mein Drittes Programm so gut wie einstellen.«

Die Zeit der Erosion des öffentlich-rechtlichen Programms setzte in vollem Umfang ein. »Brot und Spiele«, »Smiling Faces«, Krimis und Volksmusik … Wer die Logos der Sender nicht kannte, konnte private und öffentlich-rechtliche Programme ganz leicht verwechseln – so sehr ähnelten sich die Sendungen. Nun hätte man ja wenigstens sagen können: aber in den Dritten Programmen, da machen wir alles anders. Aber auch hier begann der Quotenwettkampf. Das erfolgreichste Dritte Programm sendete stets der MDR. Das – in Quoten gezählte – erfolgloseste der HR und der ORB abwechselnd: Die rote Laterne! »Machen Sie sich nichts draus«, sagte mein Intendant, »erstens ist gar nicht erwiesen, wie signifikant die Zahlen sind, und zweitens haben wir den Auftrag, zu informieren und ›zu bilden‹, nicht nur zu unterhalten.« Trotzdem machte dieser »letzte Platz« mir schwer zu schaffen, auch wenn gerade die politischen Sendungen im Abendprogramm erfolgreich waren und die Dokumentationen sowieso.

Aber es veränderten sich zusehends die »Koordinaten« im Haus. Publikumsgunst und Unterhaltungsfaktor definierten unsere journalistische Arbeit – der nette Spaß, die sportliche Sensation, der politische Skandal, das spannende Verbrechen. Die schöne Illusion statt der hässlichen Wahrheit hatten wir zu verbreiten. Nicht mehr die politischen Parteien und ihre Macht waren unsere Beherrscher – es war die gigantische Unterhaltungs- und Werbeindustrie. Bis in ihre Formsprache sollten wir uns anpassen: die Ästhetik von Clip und Spot dominierte, keine Zeit mehr für Hintergründe, die Oberfläche war alles, die glänzende Broschur.

Den Acht-Millionen-Anteil an den Fußballrechten musste der HR schließlich doch zahlen, sonst hätte er die ARD verlassen müssen, und das war undenkbar und gegen den Staatsvertrag. Aber dafür gab es acht 23-Uhr-Termine für Friedman im Ersten, und der HR rückte auch in die Sparte der Wirtschaftssendung »Plusminus« der ARD ein. Damit waren meine ARD-Ziele erreicht.

Zu diesem Zeitpunkt wäre ich gern als HR-Korrespondentin nach Prag gegangen. Zwei Jahre wieder in einer anderen Welt. Weg von den immer länger dauernden Konferenzen und nur noch auf die Finanzen fokussierte Arbeitsabläufe.

»Wir können es kurz machen«, sagte der Intendant. »No chance«.

Es gibt eine Wette aus dem Jahr 1999. Abgeschlossen im Restaurant »Charlot« in Frankfurt nach einer Sendung von »3, zwei, eins«, zwischen Manfred Bissinger, Hugo Müller-Vogg, Gregor Gysi, Luc Jochimsen, Lucas Maria Böhmer und Manni, dem Fahrer von Gysi.

Da wird dem/den Verlierern auferlegt, dem/oder den Gewinnern fünf Flaschen Rotwein der Extraklasse zu übergeben. Gewinner ist, wer die Frage richtig beantwortet: Wann kommt die PDS in die Regierung?

Antworten: Bissinger: Nie! Müller-Vogg: 2010. Gysi: nach 2010. Jochimsen: 2002. Böhmer: 2006. Manni: vor 2020.

Das Original bewahrt der Fahrer im Ruhestand immer noch auf. Ich hätte eigentlich schon längst die fünf Flaschen verteilt haben müssen, Lucas ebenfalls, Müller-Vogg inzwischen auch. Aber wir warten noch, um dann eines Tages alle Ehrenschulden auf einen Schlag zu begleichen – und uns kollektiv in Rotwein zu ertränken.

Den Milleniumwechsel feierten wir im 63. Stockwerk des Main Towers. Der HR hatte nämlich inzwischen ein Wolkenkratzer-Studio »Hoch über Hessen«. Das hatte ich dem Intendanten eingebrockt. Nie werde ich vergessen, wie ich, mit einem Bildband über die schönsten Hochhäuser der Welt unterm Arm, in sein Büro marschiert bin und fragte: »Wollen Sie nicht etwas ganz Neues, ganz Modernes? Wir können ein Fernsehstudio im obersten Geschoss des neuen Gebäudes der Hessischen Landesbank einrichten. Die wollten dort an einen Gastronomen vermieten, aber das wird nix.«

Ich dachte, ein neues Image lässt sich am besten an einem neuen Ort schaffen. Raus aus der jahrzehntelangen Umgebung – hoch in die Wolken! Das verändert auch Arbeitsweisen.

»Die Idee ist toll, aber das schaffen wir nie: finanziell nicht, technisch wahrscheinlich auch nicht«, meinte Berg.

Es war wie auf einer Achterbahnfahrt. Der Vorschlag wurde von den Gremien begeistert aufgegriffen, dann verworfen – viel zu teuer. Wieder aufgegriffen, wieder verworfen – technisch nicht machbar. Erneut geprüft und aufgegriffen, und eines Tages war es so weit: der HR sendete »3, zwei, eins«, die neuen Friedman-Sendungen, die Hessen-Show-VIP von Holger Weinert, das Wetter und und und aus dem Glasrund des 63. Wolkenkratzer-Stockwerks. Der Sendemast des HR auf dem Dach war weithin sichtbar – fast bis zum Taunus! Das war ein Triumph. Deshalb wurde auch die Silvesternacht 2000 laut, närrisch, übermütig. Wieder war da dieses Feuerwerksgefühl – es brauchte einfach nur so weiterzugehen, so und nicht anders.

Arquà Petrarca

Der SWF suchte einen/eine Fernsehdirektor/in. In Zeitungsberichten wurden verschiedene Personen »gehandelt«, wie das so üblich ist. Unter anderem auch »die umtriebige Chefredakteurin des HR«. Und dann hieß es ganz sachlich: »Luc Jochimsen kommt aus Altersgründen nicht in Frage.«

Ich war schockiert. Aber es war ja wahr: Auch wenn ich nie über mein Alter nachgedacht hatte, es würde eben nicht so weitergehen wie bisher, auch wenn ich mir das noch so sehr wünschte.

Das Ende der HR-Zeit war schrecklich. Das fing schon im Dezember 2000 an. Die politische Magazinredaktion versuchte sich an einem Jahresrückblick – »natürlich satirisch gemeint«. Darin wurde Ministerpräsident Roland Koch zum »Arsch des Jahres« ausgerufen – einfach mal so: »satirisch gemeint« eben. Die Sendung war mir noch nicht zur Abnahme gezeigt worden, aber die Redaktion hatte den Beitrag schon mal über das HR-Hörfunk-Programm angekündigt. Das sollte für eine gute Einschaltquote sorgen, sorgte stattdessen aber blitzartig für einen handfesten Skandal. Sofort machten Schlagzeilen die Runde: »HR nennt Ministerpräsident Koch Arsch des Jahres.« Was half es, dass ich den Beitrag nicht zur Sendung freigab und er auch nie gesendet wurde?

Ich war verantwortlich für diese Redaktion und daher auch verantwortlich für diese Entgleisung. »Machen Sie keinen Fehler«, hatte mir der Intendant immer auf den Weg mitgegeben. Fast sieben Jahre hatte ich das vermeiden können – nun war der Eklat da.

Damit nicht genug. Im März 2001, meinem letzten Arbeitsmonat, ereigneten sich weitere Katastrophen. Erst wurde Hugo Müller-Vogg von einem Tag auf den anderen als Mitherausgeber der FAZ entlassen – ohne Angabe von Gründen. Ein ziemlich einmaliger Vorgang. Eine Woche später stand »3, zwei, eins« auf dem Programm. »Was machen wir?«, fragte er. »Wenn Sie das psychisch durchstehen, machen wir unsere Sendung wie gewohnt. Eine Kündigung Ihrer Zeitung kann ja nicht bedeuten, dass Sie aus unserem Programm genommen werden«, meinte ich. Dann erlitt Manfred Bissinger zwei Tage vor der Sendung eine Herzattacke. Holger Weinert sprang für ihn ein, kehrte so von der ersten Sendung noch einmal zur letzten zurück. Denn der Intendant stellte das Format danach mit sofortiger Wirkung ein, obwohl vorher geplant war, »3, zwei, eins« mindestens bis zum Jahresende im Programm zu belassen. Diese letzte Sendung sah einen Rollentausch vor: Gregor Gysi und Guido Westerwelle übernahmen die Rolle der Fragesteller, wir Journalisten hatten zu antworten – auf viele Themen, nicht nur ein Thema. Gysi meinte hinterher, Fragen zu stellen sei viel schwieriger, als Antworten zu geben – jedenfalls für einen Politiker. Der Abend ging in einem Blumenmeer unter, aber ich war bitter enttäuscht von diesem Finale. In einem Zeitungsinterview habe ich später festgehalten, »dass man mir nach all den Jahren erfolgreicher Arbeit im HR ruckzuck die Sendung weggenommen hat, hätte ich vorher nie für möglich gehalten«.

»Freu dich, dass es vorbei ist«, sagte Lucas. Mein wunderbarer Mann hatte ein Landhaus in Italien gekauft, in den Euganeischen Hügeln, in der winzigen mittelalterlichen Stadt des Dichters Petrarca. »Für uns, für die Zeit danach.« Und der Möbelwagen wartete.

Noch nicht einmal ein Jahr später war ich schon wieder in Frankfurt – und kandidierte als unabhängige Spitzenkandidatin auf der offenen Liste der PDS für den Bundestag, das war am Samstag, dem 23. März 2002, in der Jugendherberge am Deutschherrnufer. Über 200 Leute im Saal, darunter 52 Delegierte, ein Dutzend Journalisten, Gabi Zimmer, Holger Weinert mit Team, die »Hessenschau« mit eigenem Team. Hugo Müller-Vogg, Gerhard Zwerenz. Ich sitze bei den Journalisten neben Zwerenz.

Als die Redeschlacht beginnt, denke ich, die Sache ist verloren. Es ist eine Kampfkandidatur. Ich trete gegen die junge Bundestagsabgeordnete Pia Maier an, die als »Nachrückerin« für den schwer kranken Fred Gebhardt eineinhalb Jahre vorher ins Parlament kam. Seit Februar ist der Landesverband Hessen mit diesen beiden Kandidaturen konfrontiert: Seiteneinsteigerin gegen Eigengewächs, Promi gegen Parteiarbeiterin, »alter Drache« gegen junge Frau.

Der Begriff »alter Drache« wurde gleich zu Beginn der Aussprache zitiert. »Ihr werdet doch diesen alten Drachen nicht wählen«, beschwor ein Redner die Versammlung. »Der ist kein Delegierter«, sagte Zwerenz neben mir. Exotische Etiketten war ich ja gewohnt: Rotkehlchen, Paradiesvogel, Schlachtross … Nun also »alter Drache«. Dabei war das eine zutreffende Benennung, mit der ich dann meine Vorstellungsrede begann.

»Ja, hier steht ein alter Drache, der vierzig Jahre Politik als Journalistin beschrieben, analysiert und kommentiert hat und sich dabei nie von einer politischen Partei vereinnahmen ließ – und macht Ihnen das Angebot als Unabhängige für die PDS Hessenpolitik zu machen. Warum? Weil ich als engagierte Linke der politischen Entwicklung in unserer Gesellschaft dringend etwas entgegensetzen möchte.«

An meinen Platz zurück, traf ich für mich eine Entscheidung: Wenn das Ergebnis sehr knapp ausfallen würde, nur eine oder zwei Stimmen mehr für mich, dann würde ich die Wahl mit einem herzlichen Dank ablehnen, dann wäre das die Stunde der jungen Frau.

Holger Weinert stand mit seinem Kameramann ganz ungeniert vorn am Podium, als die Auszählung begann. Irgendwann drehte er sich herum, blickte zu mir herüber – und lachte.

»Die Sache ist gelaufen«, sagte Zwerenz neben mir.

»31 Stimmen für Jochimsen, 19 für Pia Maier, 2 für Peter Köhler«, gab die Wahlkommission bekannt. Ich ging zu Pia Maier, gratulierte ihr zum zweiten Platz und meinte: »Vielleicht sind wir im Wahlkampf ja so erfolgreich, dass wir beide ins Parlament kommen.«

Davon war ich übrigens überzeugt. Ich war überzeugt, dass wir einen Wahlkampf im Westen führen könnten – mit unseren Themen, unserem Feuer, meinem Bekanntheitsgrad auch –, der der PDS zu einem Schub verhelfen würde.

Der unabhängige Kandidat von 1998, Fred Gebhardt, der alte sozialdemokratische Haudegen, der seine Partei nach Jahrzehnten im Zorn verlassen hatte, hatte als Spitzenkandidat 1,5 Prozent der Wählerstimmen für die PDS geholt. Dieses Ergebnis wollte ich wenigstens verdoppeln – das war mein Ziel.

Welch ein erneuter Trugschluss! Trotz Aufsehen in der Presse, fast Medienrummel, wenn auch voll Häme und Ablehnung, aber immerhin mit großer Aufmerksamkeit, und meiner »Weltreise« durch das Innere der Republik Hessen endete das Abenteuer am 22. September 2002 in einer krachenden Niederlage. PDS in Hessen: 1,3 Prozent; im Bundesgebiet 4,2 Prozent. Nur noch zwei Direktmandate in Berlin. Untergang statt Aufstieg.

Gibt es eine Steigerungsform von Trugschluss? Verblendung? Wahn? Eins war jedenfalls klar: Wovon ich so fest überzeugt war, das wollten noch nicht mal zwei Prozent der Hessen und nicht einmal fünf Prozent der Bevölkerung im ganzen Land.

Nur Lucas versuchte mich zu trösten. »An dir hat es nicht gelegen. Die ganze Partei ist im Eimer. Mit dem Rückzug von Gysi fing es an. Dann entschied sich Schröder gegen das Mitmachen beim Krieg im Irak. Zugpferd weg, Hauptthema weg – wie solltest du da Erfolg haben?«

Hugo Müller-Vogg war da weniger zimperlich. »Ich hatte mehr von Ihnen erwartet – sogar gegen den Trend.« Manfred Bissinger, der am Wahlabend strahlend an der Seite von Gerhard Schröder feierte, meinte: »Ohne Gysi ist die PDS halb tot – selbst im Osten.« Bissinger und Müller-Vogg hatten für mich sogar »Wahlkampf« in Frankfurt gemacht. An einem Sonntagmorgen führten sie im Hotel InterContinental vor zahlreichem, nicht gerade linksverdächtigem Publikum eine Befragung der Kandidatin durch. Titel: »Der Widerspenstigen Zähmung?« Das war eine recht erfolgreiche Veranstaltung gewesen.

Friedman wollte den Schmerz wohl nicht größer machen, als er sagte: »Warum musste es auch die PDS sein? Die Goethe-Institute als Aufgabe wären doch so viel schöner gewesen!«

Holger Weinert überreichte mir ein kleines Zitronenbäumchen. »Ein Zitronenbäumchen für Italien?« – »Immer schön Eulen nach Athen tragen!« war die Antwort.

Stumm blieben mein Sohn und meine Freundin Maja. Die beiden hatten meine Kandidatur am lautesten missbilligt. »Man muss doch nicht alles machen im Leben. Was glaubst du denn, wer du bist?« Ihr Schweigen jetzt übersetzte ich für mich so: Geschieht dir ganz recht. Geschah mir ja auch ganz recht. Niemand und nichts hatte mich gezwungen. Also wieder auf nach Italien, nix wie weg aus Frankfurt, Hamburg, dem deutschen Alltag!

Buchen, Kastanien, Eschen, Zypressen, Eichen, Ulmen, Akazien und Obstbäume wie Mandeln, Granantäpfel, Kirschen, Mispeln und Aprikosen wachsen überall an den Hängen der winzigen mittelalterlichen Stadt Arquà, am Rande der Euganeischen Hügel. Dazwischen Olivenhaine und Weingärten. An einigen Stellen gibt es sogar Libanon-Zedern, so hoch wie Kathedralen. Unter einer von ihnen versteckt sich unser Haus. Wir sind überzeugt, dass wir einen magischen Ort zum Altwerden gefunden haben. Wie hat Francesco Petrarca 1369 geschrieben? »Ich habe mir auf den Euganeischen Hügeln ein kleines nobles Haus gebaut, hier verbringe ich in Ruhe die letzten Jahre meines Lebens und umarme in inniger Erinnerung die abwesenden und verstorbenen Freunde.« Arquà sieht immer noch so aus wie auf den alten Stichen: graue Häuser aus Felssteinen, ummauerte Gärten, Kopfsteinpflaster und die seltsamen gebogenen Jujube-Bäume aus China, die Marco Polo mitgebracht hat. Fünf Jahre am Ende seines Lebens hat Petrarca hier gelebt, der auf dem Kapitol in Rom mit dem Lorbeerkranz gekrönte Nationaldichter einer Nation, die es zu der Zeit gar nicht gab. 1374 ist er hier gestorben und beigesetzt worden. Sein Haus und sein Katafalk vor der Basilika sind noch heute täglicher Wallfahrtsort. Wenn Schulklassen kommen, werden Gedichte rezitiert, und die Lehrer erklären: »Petrarcas Sprache ist unsere Sprache – die Sprache der italienischen Moderne.« Einer Moderne, die vor 700 Jahren begann und heute immer noch kultiviert wird. Wie haben die Romantiker geschwärmt? »Ja, komm nach Arquà diese Nacht ... Wir werden sein Grab sehen, den Totlebendigen, denn nicht alle sterben!« Magisch.

Petrarca hat dem Ort nicht nur seinen Namen, das Haus, die Liebesgedichte an Laura, den Lorbeerkranz, die Beschreibung der Besteigung des Mont Ventoux und die Übersetzungen der antiken Philosophen hinterlassen, sondern auch eine mumifizierte Katze in einem Wandgrab hinter gläserner Scheibe. »Petrarcas Katze« ist seit Jahrhunderten berühmt, Heldin Dutzender Gedichte und bedeutender Bildnisse, obwohl Historiker bezweifeln, dass die heute noch zu besichtigende grau-schwarze Tierreliquie tatsächlich die Katze ist, die zu Lebzeiten des Dichters immer an seiner Seite war und in einem lateinischen Epigramm sich großmäulig als Hüterin seines Werkes selbst verherrlicht. Und zwar so: »Lebend hielt ich die Mäuse stets fern von der heiligen Schwelle, dass nur den Schriften des Herrn durch sie kein Unheil geschah. Auch noch nach seinem Tod jage ich ihnen zitternde Angst ein, und im entseelten Leib lebt meine Treue wie einst.«

Magisches Arquà mit dem Namen eines Dichters, beschützt von einer Katzenmumie, die vielleicht nicht 650 Jahre alt ist, aber mindestens 500 – wie die Wissenschaftler herausgefunden zu haben meinen. Meine, unsere Zuflucht im Herbst 2002. Lesen, lesen, lesen im Schatten der Zeder. Und entdecken, entdecken, entdecken, denn im Umkreis von nur wenigen Kilometern gibt es so viel zu erleben. Padua mit den Weltgemälden Giottos, Este, Tassos Fürstenstadt, Mantua mit Mantegna, den Gonzagas und Lessings »Emilia Galotti« und dann auch Ferrara auf besondere Weise. 2002 fand hier »Das Jahr der Lucrezia Borgia« statt mit einer großen Ausstellung im Palazzo Bonacossi: eine Erinnerung an meine Namenspatronin.

Ein Frauenbild beherrscht die Stadt. Schon gleich nach der Autobahnabfahrt sind überall zwischen den hässlichen Industriebauten und Einkaufszentren große Plakate angebracht. Das Gemälde einer Renaissance-Schönheit mit fast schwarzen Locken, schwarzen Augen, schwarzen Seidenschleifen überm Dekolleté und einem Brokatgewand in Gold, Silber, Purpur, Weiß und Schwarz, prüfender Blick, spöttischer Mund, unberingte Hände, die einen Granatapfel halten. Was in den Außenbezirken seltsam fremd wirkt, erscheint in der Altstadt wie besonderer Schmuck. Transparente über den Straßen sollen neugierig machen auf »Das zweite Leben der Lucrezia Borgia«. Es geht um eine 500 Jahre alte Erinnerung. 1502 ist die 22-jährige Tochter des Papstes Alexander VI. in die Stadt eingezogen als Schwiegertochter des Herzogs Ercole d'Este und Ehefrau seines erstgeborenen Sohnes Alfonso. Da hatte sie schon zwei aufgelöste Verlobungen und zwei Ehen hinter sich, die die Ehemänner das Leben kosteten. Sie hatte einen vierjährigen Sohn, den sie in Rom zurücklassen musste, und ihr ging ein Ruf voraus, der schlechter nicht sein konnte: uneheliche Tochter, Hure, Giftmischerin, Bruderliebchen … Eineinhalb Jahre hatte der Herzog von Ferrara das Heiratsansinnen des Papstes angewidert abgelehnt, schließlich ließen ihn Kirchensteuererlass, vatikanische Privilegien und viel Geld umdenken. Und so fand 1502 in Ferrara das größte Hochzeitsfest in der Geschichte der Stadt statt. Die Trauung war in Rom vollzogen worden, in Anwesenheit des väterlichen Papstes und Abwesenheit des Bräutigams, der sich von seinen jüngeren Brüdern vertreten ließ. Einer war gerade erst zum Kardinal ernannt worden. Also, Lucrezia, genannt »Nichte Seiner Heiligkeit«, Kindfrau, jugendliche Witwe, zweitweise Regentin im vatikanischen Staat, zukünftige Herzogin von Ferrara … wieso hatte mein Vater mir ausgerechnet diesen Namen gegeben?

Und ausgerechnet bezogen auf diese geschichtliche Figur, wie meine Mutter 1936 dem verdutzten Standesbeamten in Nürnberg erklären musste. Und wieso habe ich meinen Vater nie gefragt: warum? Er hatte mir zwar Bücher genannt, die ich lesen sollte, die aber habe ich ziemlich ungelesen weggelegt. Und dann ja auch diesen Namen Lukrezia abgelegt, versteckt hinter dem Kürzel »Luc« – und auch darüber haben wir beide nie gesprochen. Was hätte ich gesagt? Dass ich den Namen wunderschön finde, ja ihn liebe, aber dieser Borgia-Bezug einfach peinlich ist für ein Mädchen, eine junge Frau des 20. Jahrhunderts. Und nun auf einmal diese Überraschung in Ferrara, die Entdeckung der geschichtlichen Person – von zeitgenössischen italienischen Historikerinnen nach jahrelanger Recherche dokumentiert. Eine Renaissance-Zeit von siebzehn Jahren, in der diese Frau acht Kinder gebar; glänzenden Hof in dieser vergleichsweise kleinen Stadt hielt, umgeben von Dichtern, Malern, Musikern; Klosterschulen für Mädchen einrichtete; Sumpfland mit eigenem Geld urbar machen ließ und damit für Arbeit und Wohlstand sorgte; in Abwesenheit ihres Mannes ein Schutzgesetz für die 2000 Juden in Ferrara durchsetzte; von der Bevölkerung und ihrer angeheirateten Familie sehr schnell geachtet, ja geradezu verehrt wurde …

Sie war gerade eineinhalb Jahre in Ferrara, als ihr Vater starb. Päpstliche Macht und Erpressung waren gebrochen. Da wurden Briefe aus Paris nach Ferrara geschickt: Nun könne man die Bastardin doch wieder loswerden, insbesondere da die Ehe bisher kinderlos geblieben sei. Welch ein Schicksal wäre das gewesen! Aber Alfonso d' Este und sein Vater erwidern stolz und selbstbewusst: Die junge Gattin führe ein vorbildliches christliches Leben und würde von »allen Bürgern Ferraras« verehrt, »obwohl die Stadt in der letzten Zeit vom verstorbenen Papst keinerlei Vergünstigungen erhalten habe«. Siebzehn Jahre dauert das »zweite Leben«.

Mit 39 Jahren bringt sie ihr neuntes Kind auf die Welt, Isabella Maria. Die Geburt ist ein tagelanger blutiger Kampf auf Leben und Tod, den Kind und Mutter verlieren. Das Kind stirbt am 14. Juni 1519, dem Tag seiner Geburt, die Mutter eine Woche später.

Zwei Tage vor ihrem Tod schreibt sie an Papst Leo X. einen Brief.

»Heiligster Vater … Nachdem ich durch eine schwierige Schwangerschaft mehr als zwei Monate gelitten habe, gebar ich, wie es Gott gefiel, am 14. dieses Monats in der Morgenfrühe eine Tochter und hoffte, nach dieser Geburt auch von meinem Leiden befreit zu sein; doch das Gegenteil davon ist eingetreten, so dass ich der Natur einen Tribut zahlen muss. Und so groß ist die Gunst, welche mir unser gnädigster Schöpfer schenkt, dass ich das Ende meines Lebens erkenne und fühle, wie ich in wenigen Stunden ihm entnommen sein werde … An diesem Punkt angelangt, erinnere ich mich als Christin, obwohl eine Sünderin, daran, Eure Heiligkeit zu bitten, dass Sie in ihrer Gnade geruhen, mir aus dem geistlichen Schatz eine Unterstützung zuzuwenden, indem Sie meiner Seele die heilige Benediktion erteilen … Ferrara am 22. Juni 1519 in der 14. Stunde Eurer Heiligkeit demütige Dienerin Lucrezia d'Este.«

Und dann gibt es in diesen Tagen von Krankheit, Qualen und Tod noch einen anderen Brief, verfasst vom Ehemann, datiert »auf den 24. Juni 1519 in der fünften Stunde der Nacht«, in dem es heißt: »Gott unserem Herrn hat es gefallen, in dieser Stunde die Seele meiner teuersten Gattin zu sich zu rufen. Und nicht ohne Tränen kann ich dies schreiben, so schwer wird es mir, mich einer so lieben und süßen Gefährtin beraubt zu sehen, denn das war sie mir durch ihre guten Sitten und zärtliche Liebe, die zwischen uns bestand.«

So schreibt der alte Haudegen und Warlord Alfonso d'Este! Am Ende des »Zweiten Lebens der Lucrezia« berichtet ein Gesandter aus Ferrara: »So viel Trauer hat die Stadt noch nie gesehen!«

Zu schade, dass wir nicht zusammen durch diese Ausstellung gehen konnten, mein Vater und ich. Vielleicht hätte er gelächelt und gesagt: »Wusste ich schon lange.« Mich aber hat diese Geschichte überwältigt. Immer wieder suche ich in Ferrara »Lucrezia-Orte« auf: die Privatgemächer im Castello, den Orangengarten über der Stadt, die Klöster, in die sie sich zurückgezogen hat, den Palazzo Schifanoia, jenen Palast gegen die »Melancholie und Langeweile« mit seinen Ballsälen und rätselhaften Wandmalereien, die »Delizie«, die Lustschlösser auf dem Land. Ist ja alles noch da und so vorhanden, als wäre der Hof erst vor ein paar Wochen ausgezogen. 500 Jahre sind hier eben nichts, man lebt in »inniger Erinnerung an die Abwesenden und Verstorbenen«. Und ihre Geschichte lebt weiter, manchmal sogar in einem selbst.

Ich hatte ja nie eine Patin, nur meine Budapester Kerezstanya, aber sie war so weit weg und nur ein Schatten der Erinnerung. Ich hatte diese Namenspatin und ihre wilde Geschichte. Sie gehörte zu mir, auch wenn ich sie nach außen fast immer versteckt habe.

Als ich Bundestagsabgeordnete wurde, ließ sich »Lukrezia« allerdings nicht weiter verheimlichen. Für die Verwaltung galt der Journalistenname Luc nicht, nur die urkundliche Eintragung. Also, Lukrezia Jochimsen, bei jedem Aufruf, jeder Rede im Parlament. Meinem Vater hätte das sehr gefallen, und ich fand es schließlich ganz passend.

Nach Wien

Noch bevor das Jahr zu Ende ging, eröffnete sich eine ganz und gar überraschende Perspektive. Die Universität Wien bot mir eine Gastdozentur an. »Poetik des Journalismus«. Namensgeber für die Vorlesungsreihe: Theodor Herzl. Das verstand ich zuerst überhaupt nicht. Für mich war Herzl eine Klischee-Figur, der »Vater des Zionismus«, geistiger Gründer des Staates Israel. Den Journalisten lernte ich erst jetzt kennen.

Zunächst fing ich an, seine Texte zu lesen: tausend Seiten Tagebücher und Briefe, Hunderte von Feuilletons, Dutzende Theaterstücke. Als ich seine Korrespondentenberichte aus Paris über die Dreyfus-Affäre las, fing ich ganz von vorn wieder an, befasste mich mit seiner Lebensgeschichte. Welch ein Roman! Welch eine historische Lektion! In Wien würde ich mich auf die Spuren von Herzl machen, das nahm ich mir fest vor, vor allem auf die Spuren seines Lebensendes. Mit gerade mal 44 Jahren war er 1904 gestorben.

In Wien kamen alle zusammen. Zuerst Janko mit seiner schönen Braut Beate. Nach verschiedenen festen Beziehungen, die er immer mit dem Vorsatz einging, nicht zu heiraten und keine Kinder zu wollen, die dann meistens von den Frauen aus ebendiesen Gründen beendet wurden, hatte er nun fest vor, sich zu binden. Beate war nicht nur schön, sondern auch klug, promovierte Finanzwissenschaftlerin und leider tief verankert im Berliner CDU-Milieu, sprich, West-Berliner CDU-Milieu, wo der Kalte Krieg auch 13 Jahre nach der Wende immer noch tobte – besonders wenn es um die Haltung zur PDS ging. »Solche Schmerzen muss man in einer Familie aushalten«, meinte Janko lakonisch, »das wissen wir aus der Literatur.« Also, die beiden kamen auf Besuch in die große Wohnung Am Bauernmarkt 1, wirklich direkt gegenüber vom großen Domportal. Es war ein »Stiegenhaus« mit Innenhof, und morgens kurz nach sechs Uhr holte einen Pferdegetrappel aus dem Schlaf. Die ersten Fiaker fuhren zu ihren Stellplätzen auf dem Domplatz. Ich zeigte Janko die Gartenhauswohnung im 3. Bezirk, die Kaffeehäuser und Beiseln. Viel anfangen konnten die beiden nicht mit diesen Orten, während mein Herz immer ganz wund war, wenn ich von den Kindheitserlebnissen erzählte: dem Neujahrsfeuerwerk über der Donau, dem düsteren Standesamt, in dem meine Eltern heirateten, Onkel Willi in Uniform, den Ausflügen in den Prater, der alten Frau am Straßenrand, die uns verflucht hatte »bis ins siebte Glied«.

Und dann waren da die Nachmittage und Abende mit dem Ehepaar Langenbucher. Professor Wolfgang Langenbucher war der Institutsdirektor, der mich nach Wien eingeladen hatte, verantwortlich für diesen akademischen Ausflug. Er lehrte seit 19 Jahren in Wien, war aber zugleich einer der bekanntesten Medienwissenschaftler in Deutschland und pendelte zwischen beiden Ländern. Seine Frau arbeitete als Ärztin in München. Ein Abend genügte, und wir formierten eine Art »Viererbande«. Lucas und Doctoressa Elisabetta schlossen sich kurz, der berühmte Professor und ich konnten sowieso nie aufhören, Politik und Wissenschaft durchzuhecheln – und das Theater. Vor allem das Theater. Die Langenbuchers waren mindestens ebenso theatersüchtig wie wir und kannten alle Burgtheater-Inszenierungen. Da hatten wir Nachholbedarf, machten aber im Laufe dieses Monats Mai – Festwochen überall – einiges gut.

Auch Friedman kam nach Wien. Nicht meinetwegen. In seiner Funktion als Präsident des Europäischen Jüdischen Kongresses. Er beriet die Wiener Gemeinde in einer Auseinandersetzung mit dem österreichischen Staat. Wir trafen uns zum Mittagessen auf der Terrasse des Burgtheater-Restaurants. Er erzählte von der Sitzung am Vorabend, die weit in die Nacht ging.

»Diese Geduld, diese Vorsicht«, sagte er. »Seit Jahren geht das nun schon. Aber sie kämpfen nicht. Sie sind müde, apathisch, dabei haben sie das Recht auf ihrer Seite. Ich habe versucht aufzurütteln – wie so oft. Ich fürchte, es hat sie eher verstört!« Er wirkte müde. Aber Müdigkeit konnte er sich nicht leisten. Seine Sendungen in der ARD waren ein großer Erfolg. 2001 hatte »Vorsicht! Friedman« den Deutschen Fernsehpreis bekommen. Jeder wollte als Gast auf das rote Sofa. Verhasst, bewundert war der Moderator wie keiner sonst. Die seltene Kunst des Polarisierens sorgte für kontinuierliches Aufsehen. Und dann die Ämter: Vizepräsident des Zentralrats der Juden in Deutschland, Präsident des Europäischen Jüdischen Kongresses. Ich hatte den Auftrag, ihn für einen Vortrag bei den Wiener Medienwissenschaftlern zu gewinnen – großer Hörsaal! »Eigentlich habe ich keine Zeit, aber ich mach es natürlich.« Wie oft er das sagte – und immer hielt er Wort.

»Wie geht es dir, geht es dir wirklich gut?« Das fragten wir uns immer gegenseitig. Diesmal blieb die Frage beim

Abschied offen. Aber wir freuten uns auf ein Wiedersehen in Venedig. In sechs Wochen, zur Eröffnung der Biennale, kämen wir dort zusammen: Bärbel Schäfer und er, Lucas und ich, wahrscheinlich auch Maja. Ich hatte einen besonderen Plan.

Maja kam am 31. Mai nach Wien, am späten Abend. Wir gingen vom Bauernmarkt über den Graben zum »Schwarzen Kameel«. Auf einmal sagte sie mir, »du ziehst ja das rechte Bein nach. Ist dir das noch nicht aufgefallen? Du humpelst regelrecht.« Ich hatte Schmerzen in der rechten Leistengegend, das stimmte.

Aber dass ich humpelte, war mir nicht aufgefallen. Ich hatte auch keine Vorstellung, warum. Vor dem Schlafengehen inspizierten wir Fuß, Bein, Hüfte. Nichts. Keine blauen Flecken. Keinerlei Besonderheiten. »Das wird schon weggehen«, meinte ich. Ich fuhr dann noch zu einer Gastvorlesung nach Salzburg, stieg die Kopfsteinpflasterstraßen rauf und runter – und konnte abends kaum einschlafen vor Schmerzen.

Wien war nicht nur Besuchszeit, war nicht nur Aufspüren der eigenen Kindheit. Da war der große Hörsaal, die Seminarräume und eine ganz junge Zuhörerschaft von vielen Studentinnen und wenigen Studenten. Ahnungslos, aber lernbegierig, voller Optimismus, in Zukunft einen attraktiven, erfolgversprechenden Beruf ausüben zu können. Wo genau, das war nicht klar. Wie im Einzelnen, darüber gab es auch wenige Vorstellungen. Ich sah diese vielen jungen Frauen vor mir und stellte mir die Frage: Was würden sie wohl machen nach dem Studium, wie viel Geld verdienen, welche Lebensperspektiven haben? Aber dann: Hatte mich das damals wirklich gekümmert? Man oder frau ist eben nicht »ungestraft« Journalist – hat Herzl geschrieben. Man oder frau sollte aber wissen, worauf es gilt sich einzulassen. Darin sah ich die Aufgabe meiner Lektionen.

Venedig

»Eolo« heißt der sanfte Südwind, der schöne, angenehme im Gegensatz zum »Boreas«, dem schrecklichen Nordwind.

»Eolo« heißt ein über hundert Jahre alter venezianischer Lastkahn mit rostrotem Segel, der langsam bis in die entferntesten Windungen der Lagune vordringen kann. An Deck ein festlich gedeckter Tisch mit den köstlichsten Gerichten, von Maestro Stoppa zubereitet.

Eine Tagesreise in Schönheit. Ein Fest der Langsamkeit. Das sollte mein Geschenk für Friedman sein, der an Land keinen Schritt ohne deutsche und italienische Polizei gehen konnte. Einmal stundenlang frei, ohne Beobachtung, sollten er und Bärbel Schäfer die Stadt genießen können, die wir so liebten. Eine Reise am Eröffnungstag der Biennale, wo sich sowieso alles in den Giardini drängte, den Gärten mit den Kunstpavillons. Am Vortag wollten beide aus Frankfurt einfliegen. Am Abend zuvor ruft mich Janko an. »Schalt mal eine deutsche Nachrichtensendung ein. Ich glaube nicht, dass Friedman morgen nach Venedig kommen kann. Es hat eine Razzia gegeben – Rauschgift.« Ich rief ihn sofort an. »Ich fliege morgen früh – wie verabredet. Allein. Berichte dann alles.«

Ab acht Uhr morgens wartete Lucas im Foyer des Hotels Excelsior auf dem Lido. Gegen zehn Uhr kam Friedman mit seinen Polizisten. Er wollte nur schlafen. Lucas setzte sich in den Vorraum. Gegen Mittag trafen wir uns auf der Terrasse. Unter der Biennale-Bohème fielen wir nicht auf.

»Lass dir bloß keine Schuld einreden!« Pausenlos klingelte das Telefon. Der HR: »Wir warten ab.« Es gab einen neuen Intendanten wie einen neuen Chefredakteur. »Sie werden mir alles wegnehmen«, sagte er plötzlich, »sie haben ja sowieso nur darauf gewartet.« Das hatten sie. Das war klar. Wenn ich an die Argumente zurückdachte, mit denen sie in der ARD den Aufstieg ins Erste Programm zu verhindern versuchten. »Wir geben doch auch nicht einem Funktionär des Unternehmerverbandes oder – wenn Sie so wollen – der Gewerkschaften eine Sendung!« Rauschgift. Prostituierte. Schuld – ganz klar. Gegen Abend breitete sich immer mehr Trauer unter uns aus. Zur Nacht hin wurde daraus ein Kampf um Leben und Tod. Schließlich waren wir alle so erschöpft, dass wir keinen klaren Gedanken mehr fassen konnten. Bärbel dirigierte und organisierte aus der Ferne die Abreise aus Venedig für den nächsten Morgen. Helter Skelter.

Der schöne, sanfte »Eolo« glitt am Nachmittag unter seinem rostroten Segel an San Giorgio vorbei, San Servolo und der Insel der Armenier – ohne Friedman. Ach, wie gern hätten wir den Freund bei dieser Reise dabeigehabt. Ohne Beobachtung, in voller Freiheit. Stattdessen erlebten wir nun einen tiefen Absturz. Immer musste ich an die Bilder von Ikarus denken: die Höhen, das Licht, die glänzende Sonne, deren Nähe zu schrecklicher Gefahr wird. Jeden Tag haben wir telefoniert. Helfen konnten wir nicht. Nur standhalten einer selbstmörderischen Verzweiflung. »Es wird besser werden« war unser vages Versprechen.

Aber die glanzvolle Ära Friedman war vorbei. Er ist schuldig gesprochen worden.

Vorher hatte er alle Ämter aufgegeben. Auch die ARD-Sendung wurde aus dem Programm genommen.

Zurück in die Kirche

Am 6. September heirateten Beate und Janko in der Evangelischen Kreuzkirche Berlin-Schmargendorf. Drei Wochen später bin ich wieder in die Kirche eingetreten. In Frankfurt. Das war lange geplant und hatte mit der Hochzeit nichts zu tun. In der Urkunde heißt es, dass die 1936 in der Lorenzkirche in Nürnberg Getaufte und 1972 in Hamburg aus der Kirche Ausgetretene nunmehr wieder Mitglied der Evangelischen Kirche sei – Pfarrer Wolfgang H. Weinrich habe das Gespräch über den Wiedereintritt geführt. Dieses Gespräch bestand in einer Vielzahl von Gesprächen, die ich mit Theologen in den Jahren zuvor in Frankfurt geführt hatte. Mein Grund für den Austritt war 1972 die damalige Weigerung der Kirche, Frauen als Pfarrerinnen zu ordinieren. Das konnte man sich 2003 schon gar nicht mehr vorstellen. Inzwischen predigten Hunderte von Pfarrerinnen, Bischöfinnen sogar. Wenn die Amtskirche sich derart korrigiert, gab es für mich keinen Grund mehr, draußen zu bleiben.

Meine Hoffnung, glauben zu können, hatte ich nie aufgegeben. Allerdings kam es zu einem erschreckenden Zeichen von Entfremdung.

Als ich Korrespondentin in London war, erlebte ich den plötzlichen Tod eines alten Mannes, der neben mir die Treppen einer U-Bahn-Station hochhastete und zusammenbrach – ohne Schmerzenslaut, ohne Hilferuf, unvermittelt von einer Sekunde auf die andere. Man trug ihn hinauf auf die Straße, ein Mädchen kniete an seiner Seite und betete – dann kam die Ambulanz.

Ich ging weiter wie die anderen auch. Zwei Ecken weiter, am Soho Square, kam ich an einer geöffneten Kirchentür vorbei. Das Gebet des Mädchens ging mir nach, ich setzte mich in die vollkommen leere Kirche und betete auch – das Vaterunser. Das heißt, ich fing an: ... der du bist im Himmel ... wie auf Erden, dein Reich komme, dein Wille geschehe ... und dann wusste ich endgültig nicht mehr weiter. Immer wieder setzte ich an, aber ich hatte die Worte vergessen. Diese Worte, tausendmal der Mutter, dem Pfarrer, der Gemeinde nachgesprochen und jetzt auf einmal verschwunden, verloren.

Wie war das nur möglich? Wann war ich eigentlich zuletzt im Gottesdienst gewesen? Wie konnte das bloß passieren? Ich sah die englischen Gebetbücher und über den englischen Text holte ich mir das Vaterunser wieder ins Gedächtnis zurück – und nahm mir vor, wieder regelmäßig zu beten, zu üben, um nicht zu verlieren und vergessen, was in den existenziellen Augenblicken des Lebens unverzichtbar ist: wenn es um Leben und Tod geht.

Zurück zu Herzl

Am 25. November schoben sie mich in Hamburg in den Operationssaal. Die rechte Hüfte war total marode. Ich konnte keinen Schritt ohne Schmerzen mehr gehen. Lucas saß an meinem Bett, als ich aus der Narkose aufwachte. Drei Stunden später kam Friedman ins Zimmer.

Blumen, Umarmung, dann verheißungsvoll:

»Wir machen das Herzl-Buch.«

»Das Herzl-Buch?«

»Wir bringen dein Herzl-Buch heraus. Das wolltest du doch zum hundertsten Todestag veröffentlichen. Das ist der 7. Juli 2004.«

»Wir«, damit war der Aufbau Verlag gemeint. Der Verleger Bernd F. Lunkewitz hatte Friedman mit der Herausgabe einer Reihe des politischen Buches beauftragt. »Dein Herzl-Buch soll den Anfang dieser Reihe machen.« Wir gaben eben beide nicht auf.

Der Herzl-Text, das Herz-Stück seiner journalistischen Arbeit, um dessentwillen ich 2003/04 ein Buch über sein Leben schreiben wollte, schildert die »Affäre Dreyfus«:

»›A mort! A mort les juifs! Tod den Juden!‹

Die Degradation des Kapitäns Dreyfus versammelte an diesem trüben Wintermorgen viele Neugierige in der Umgebung der Kriegsschule, die hinter dem Bezirke der Ausstellung vom Jahre 1889 liegt. Man sah eine große Anzahl Offiziere, mehrere mit ihren Damen. Der Einlass in den Hof der Ecole Militaire war nur Offizieren und wenigen Journalisten gestattet. Draußen harrte die Menge der Gaffer, die Hinrichtungen beizuwohnen pflegen. Es war viel Polizei aufgeboten worden. Um neun Uhr war der Riesenhof mit Truppenabteilungen, die ein Karree bildeten, gefüllt. Fünftausend Mann waren ausgerückt. In der Mitte hielt ein General zu Pferde. Einige Minuten nach neun wurde Dreyfus herausgeführt. Er trug die Hauptmannsuniform. Vier Mann führten ihn vor den General. Dieser sagte: ›Alfred Dreyfus, Sie sind unwürdig, die Waffe zu tragen. Im Namen des französischen Volkes degradiere ich Sie. Man vollziehe das Urteil.‹ Da erhob Dreyfus die rechte Hand und rief: ›Ich schwöre und erkläre, dass Sie einen Unschuldigen degradieren. Es lebe Frankreich!‹

In demselben Augenblick wurden die Trommeln gerührt. Der militärische Gerichtsvollzieher begann, dem Verurteilten die Knöpfe und Schnüre, die schon vorher gelockert waren, von der Uniform herabzureißen. Dreyfus bewahrte eine ruhige Haltung. Nach wenigen Minuten war die Prozedur vollzogen. Nun begann der Rundgang vor der Front der Truppe. Dreyfus schritt an dem Truppenspalier vorbei, wie ein Mann, der sich unschuldig fühlt. Er kam an der Gruppe von Offizieren vorüber, die ihm zuschrien: ›Judas! Verräter!‹ Dreyfus rief zurück: ›Ich verbiete mich zu insultieren.‹ Um neun Uhr zwanzig Minuten war der Rundgang beendet. Dreyfus wurde dann gefesselt und den Gendarmen übergeben.

Die Menge draußen, die über das Gittertor Einzelnes vom Degradationsakte sah, stieß wiederholt die Rufe aus: ›Zu Tode mit dem Verräter!‹ und sie rief: ›A mort! A mort les juifs! Tod den Juden!‹«

So schrieb also der Journalist und Paris-Korrespondent der Wiener »Neuen Freien Presse« Theodor Herzl im Januar 1895. Da war er noch nicht einmal 35 Jahre alt und hatte bislang das Leben eines assimilierten intellektuellen Juden aus reichem Haus geführt – in Budapest, in Wien, in Paris. Nicht ohne Diffamierung und Diskriminierung. Das »hepp-hepp« auf der Straße, die Zwischenrufe im österreichischen Parlament: »Zieh ab, Jud!«, die Forderungen in Berlin: »Juden raus!«, die Tatsache, dass ihm trotz blendender Examina und Referenzen als Juristen das Richteramt verwehrt wurde, weil »mit dem Semitismus« behaftet – damit wusste er bisher zu leben. Nun aber kam er an einen Wendepunkt. Das offenkundige Unrecht, welches er ein Jahr lang während des Dreyfus-Pozesses beobachtet hatte, »begangen gegen jeden Beweis an einem Mann, nur weil er Jude ist«, begleitet von den Todesdrohungen eines stets zur Stelle seienden Pöbels, veränderte alles. Er stellte sich und den Seinen »die Judenfrage in ihrer knappsten Form: Müssen wir schon ›raus‹? Und wohin? Oder können wir noch bleiben? Und wie lange?« Das war im Februar 1896. Da war er noch keine 36 Jahre alt. Die Frage war das Fundament einer Denkschrift von nicht mal siebzig Seiten, die die Welt für Juden wie Nicht-Juden aufstörte – bis auf den heutigen Tag, Titel: »Der Judenstaat«. Im Vorwort heißt es: »Wir haben überall ehrlich versucht, in der uns umgebenden Volksgemeinschaft unterzugehen und nur den Glauben unserer Väter zu bewahren. Man lässt es nicht zu. Wer der Fremde im Lande ist, das kann die Mehrheit entscheiden; es ist eine Machtfrage …« Daraus abgeleitet die Forderung: »Man gebe uns Land und Souveränität, alles andere werden wir selbst besorgen.«

Wieso gingen mir diese Worte so nach, dass ich mich kaum mehr von ihnen lösen konnte? Weil es Wiederholungen waren? Die Macht der Mehrheit, die Ohnmacht der Minderheiten. Kannte ich doch gut: bei den Frauen, bei den Roma und Sinti. Das war immer wieder »mein« Thema.

Darum wollte ich dieses Buch über Herzl schreiben, als Erinnerung und Mahnung vor allem. Denn zur gleichen Zeit, als ich die »Degradation des Kapitän Dreyfus« las, widmete die Tageszeitung »Die Welt« eine ganze Seite dem Thema »Frankreichs Juden haben Angst«. Zitat: »Wurde früher ein Rabbiner angepöbelt oder ein jüdischer Schüler drangsaliert, ging ein Aufschrei der Entrüstung durch die

Medien. Heute stehen solche Nachrichten unter »Vermischtes«: Brandsätze gegen Synagogen, Schläge für jüdische Jugendliche, Hakenkreuze auf jüdischen Grabsteinen. Und der oberste Rabbiner von Frankreich erklärt, dass es vielleicht besser sei, als Jude statt der Kipa eine Baseballkappe zu tragen.« Im Januar 2004.

Mit Beginn des neuen Jahrhunderts reist Herzl als Präsident des Zionistischen Kongresses mit der Idee des Judenstaates von Hof zu Hof. Der »Allergnädigste Kaiser« meinte: »Unter Ihren Landsleuten gibt es Elemente, die in Palästina unterzubringen recht gut wäre.« Der Sultan in Konstantinopel und Herrscher über Palästina war sehr an Geld interessiert, nicht aber an einem Verkauf von Palästina zu welchem Preis auch immer. Der Innenminister des Zaren, Plehwe, verantwortlich für das Pogrom von Kischinjow 1903, empfängt Herzl ein paar Wochen danach mit den Worten: »Ja, die fremden Regierungen, die öffentliche Meinung im Ausland haben es leicht, eine großmütige Attitüde anzunehmen und uns Vorwürfe zu machen. Wenn es sich aber darum handelt, zwei bis drei Millionen armer Juden bei sich aufzunehmen, ist von solcher Aufnahme keine Rede. Uns wäre daher die Errichtung eines unabhängigen Judenstaates, der einige Millionen Juden aufnehmen könnte, am liebsten.«

Beim britischen Kolonialminister Chamberlain und Außenminister Lord Lansdowne wird im Atlas geblättert. Ein Stück Ugunda? Ein bisschen Zypern? Die Halbinsel Sinai und El Arish wären schon schwieriger. Zur gleichen Zeit kommt das vernichtende Urteil der Londoner Rothschilds. Sie seien Engländer und wollten das auch bleiben. Schließlich der Papst. Am 25. Januar 1904 wird Herzl von Pius X. empfangen. Seine Botschaft ist streng und klar: »Wir können Ihre Bewegung nicht begünstigen. Als Oberhaupt der Kirche kann ich Ihnen nichts anderes sagen. Die Juden haben unseren Herrn nicht anerkannt, deshalb können wir das jüdische Volk nicht anerkennen.« Das war die letzte Audienz, fünf Monate vor Herzls Tod. Es war ihm klar, dass er mit seiner Idee nichts erreicht hatte – in fünf Jahren rastloser Arbeit –, außer die Idee in die Welt zu bringen. Er hinterließ wenig mehr als zwei Versprechen. Das erste Versprechen lautete: »Wenn ihr wollt, ist es kein Märchen. Wenn ihr aber nicht wollt, so ist und bleibt es ein Märchen, was ich euch erzählt habe.«

Und das zweite Versprechen hieß:

»Traum ist von Tat nicht so verschieden, wie mancher glaubt. Alles Tun der Menschen war Traum und wird später zum Traume.«

Ich nannte das Buch, ein altes jüdisches Versprechen, das da heißt: »Nächstes Jahr in Jerusalem«, zitierend: *Dieses Jahr in Jerusalem*. Am 10. Juni hielt ich das »Signalexemplar« in der Hand. Am 28. Juni stellten Friedman und ich es im Savoy Hotel in Berlin der Öffentlichkeit vor. Anschließend tingelten wir im Herbst durchs Land: München, Chemnitz, Erfurt, Kassel, die Frankfurter Buchmesse, Hermsdorf, Bad Nauheim, wieder Berlin …

Im Frühjahr 2005 war ich immer noch mit dem Herzl-Buch unterwegs. Am Sonntag, dem 22. Mai, Trinitatis, auf der Rückfahrt von einer Lesung in Hannover ruft mich ganz aufgeregt »eine alte Genossin« aus Chemnitz an. »Weißt du, dass es wahrscheinlich Neuwahlen gibt? Der Schröder hat's gesagt. Jetzt müssen wir kämpfen.« Sonderbare Botschaft. Meine Gedanken waren ganz woanders. Einmal in Italien bei Lucas. Nach den gemeinsamen Pfingstfeiertagen hatte er mir einen Brief in den Koffer gelegt: »Liebste mein, komm bald, wenn du kannst, wieder. Gemeinsam sind wir ja doch stärker und lustiger … Dein Mann, der immer wartet, viele Küsse.«

Zum anderen befand ich mich am Beginn meines neuen Buches. »Jetzt geht's ums eigene Leben …« hatte ich einen Monat vorher in meinen Kalender eingetragen. Wenn ich damals geahnt hätte, wie umfangreich und schwierig das Aufschreiben dieses »eigenen Lebens« werden würde – und wie es mich nicht mehr loslassen würde über Jahre hinweg, ich hätte den Auftrag nie angenommen, mir den Auftrag nie selber gestellt. Aber in den Frühjahrstagen 2005 war das anders. Immer wieder fuhr ich nach Frankfurt, ging den Spuren meiner Kindheit nach: Kleine Wiesenau, Café Laumer, Bockenheimer Landstraße, Niederrad, Stadtwald, Römer, Senckenbergmuseum, Amerika-Haus, die Griechen-Kneipe hinter der Freßgass' …

Da passte die Einladung zum Festakt meiner alten Schule samt Klassentreffen am 18. Juni nur zu gut. Dieses aber endete dann mit der Überraschungsfrage von Olaf Weichler, dem Geschäftsführer der PDS-Hessen: »Willst du nicht noch einmal antreten? Diesmal in Thüringen. Die Genossen würden sich freuen.« Und in der Tat, kurz darauf kam der Anruf aus Erfurt: »Wann können wir über eine Kandidatur reden?« Der »alte Drache« war noch älter geworden, aber begeistert. Wenn sich die Niederlage von 2002 umwandeln ließe in einen Erfolg? Auch dass das Interesse von Thüringen kam, dem Ost-Zwilling Hessens, empfand ich als eine Ehre. Eine Ehre, die man gar nicht ausschlagen durfte. Und dann: Oskar Lafontaine! Nun war die Idee einer gemeinsamen Linken aus Ost und West nicht mehr nur die Hoffnung von ein paar Leuten wie Gabi Zimmer und mir – jetzt ging sie über vom Wunschdenken in die politische Wirklichkeit. Da würde ich gern dabei sein und mitmachen, wenn damit ganz offensiv ein Wahlkampf zu führen sei, dachte ich.

Am 1. Juli war ich in Erfurt, traf Bodo Ramelow, den Fraktionsvorsitzenden der PDS im Landtag, designierten Spitzenkandidaten und Bundeswahlkampfleiter, und den Geschäftsführer des Landesverbandes Knut Korschewsky und den Landesvorsitzenden Dieter Hausold und Olaf Weichler.

Listenplatz 3 hieß das Angebot. Eine »sichere Bank«, wenn, ja wenn die PDS bzw. die PDS im Osten und die WASG im Westen über fünf Prozent kommen würden … Aber daran zweifelte noch nicht einmal Hugo Müller-Vogg. »Mit Oskar Lafontaine und Gregor Gysi schafft ihr das allemal!« Müller-Vogg und Bissinger arbeiteten auf Hochtouren an einem Buch zur Wahl und mussten an allen Ecken und Enden die Horrorvision von den Sozialisten im Vormarsch einarbeiten. »Die Populisten kommen!«

Ging jetzt alles wieder von vorn los? Einigermaßen verwirrt saß ich nach dem Erfurter Gespräch im Flugzeug von Leipzig nach Venedig. Lucas holte mich ab und lachte schallend auf dem ganzen Weg nach Hause. »Also, der Spieler geht auf Platz 1 zurück?« – »Die Spielerin auf Platz 3.«

Am 29./30. Juli war Landesvertreterkonferenz der PDS Thüringen in Sömmerda. Am Freitag ging es um die Umbenennung der Partei. Wiedermal eine. Nun hieß sie: LINKSPARTEI. PDS Thüringen. Der Parteivorsitzende Hausold sagte: »Wir bleiben dieselbe Partei – erweitern aber unseren politischen Anspruch.« Mich schmerzte diese Umbenennung, obwohl der Name Die Linke kaum zu überbieten war. Diese Umbenennung war genial, tat mir in dem Moment aber geradezu weh. Ganz bewusst hatte ich mich für die PDS eingesetzt, die Partei, die aus dem Osten kam – und der Name war nun weg.

Kein Vergleich zwischen dieser Wahl in Sömmerda und jener von 2002 in Frankfurt am Main. Keine wütenden Attacken, auch bei den Kampfkandidaturen nicht. Ein tragischer Auftritt allerdings: ein Mann mit blondierten Haaren und gelbem Hemd geht ans Mikrofon und erklärt, »nach 16 Jahren wieder aktiv Politik« machen zu wollen. Es ist Herbert Ziegenhahn, Sohn des früheren 1. Sekretärs der SED-Bezirksleitung Gera und selbst Staatsanwalt zu DDR-Zeiten. Er tritt gegen Frank Spieth an, ehemaliges Thüringer SPD-Vorstandsmitglied und amtierender DGB-Landesvorsitzender.

Ziegenhahn bekommt drei von 112 Stimmen, Frank Spieth 93. Das ist der Listenplatz 4. Bodo Ramelow kommt mit 83,1 Prozent der Stimmen auf Platz 1, Kersten Naumann setzt sich in einer Kampfkandidatur knapp auf Platz 2 durch. Mich wählen 83,5 Prozent der Vertreter auf Platz 3 – ohne Gegenkandidatur. Ich schaue ungläubig auf die Anzeigetafel, Bodo Ramelow bemerkt: »Das ist ja ein besseres Ergebnis als meins«, Lucas lacht mich aus. Dann essen wir zu dritt heißhungrig Thüringer Klöße.

Zur gleichen Zeit etwa, wird Oskar Lafontaine in Essen mit über achtzig Prozent der Delegiertenstimmen zum Spitzenkandidaten der NRW-Linken gewählt. Der erste Satz seiner Rede lautet: »Ein Gespenst geht um in Europa, es ist das Gespenst der Linkspartei.« Die Journalisten kommentieren: »Mehr hätte er eigentlich gar nicht sagen müssen.«

Der Wahlkampf war wieder eine kleine »Weltreise ins Innere«, nicht nur Thüringens, sondern des Ostens. Diese verkorkste Einheit – jetzt trat sie so deutlich zutage wie nie zuvor.

Wann immer ich zurückkam nach Hamburg, zu Familie, Freunden, Bekannten, war es, als berichtete ich von der Rückseite des Mondes. Niemand interessierte sich. Man war keine Spur neugierig – noch nicht mal das. Und wenn ich mit meiner »Utopie vom Zusammenfügen des Besten der beiden so lange geteilten Länder und Gesellschaften« anfing, hagelte es die alten Vorurteile.

Ein Fest, ein Fest, ein Fest

Wie alt wir geworden waren! Lucas hatte das im Frühjahr, an seinem siebzigsten Geburtstag, genau ausgerechnet: 140 Jahre wir beide zusammen im August, er dann siebzigeinhalb und ich neunundsechzigeinhalb. Also wollten wir ein großes Fest feiern, »noch einmal mit möglichst allen«, Sehnsuchtsfest, Erinnerungsfest, Abschiedsfest, Soll-alles-so-bleiben-Fest … Im Hamburger Literaturhaus gibt es den Ballsaal des Herrn von Pein, der um 1890 fünf Töchter standesgemäß verheiraten musste und deshalb an Prunk und Pomp nicht sparte. Das war unser Ort: Deckengemälde, Stuck, Lüster, Marmorsäulen mit Rosenkränzen umwunden. Genau. Und die Ouvertüre von »La Traviata« zum Platznehmen an den von meiner Schwester über und über geschmückten Tischen. Familie von allen Seiten, Freunde ebenfalls, die Arbeitspartner: Friedman, Bissinger, Müller-Vogg, Holger Weinert … selbst mein früherer NDR-Intendant Jobst Plog.

Zum Tanz gab es Zigeunerswing. »Zigeunerswing«? Darf

man das überhaupt so nennen? Man darf. Die Musiker nennen es selbst so. Es sind Sinti aus Harburg, die Neffen der Reinhardts und Weiß', die meinem Vater schon die größte Freude gemacht hatten, damals, im »Hofrestaurant«, vor mehr als zwanzig Jahren, als wir den Alexander-Zinn-Preis feierten.

Das Fest war im Frühjahr geplant worden. Da war von Wahlen keine Spur am Horizont – und erst recht keine Spur von einer wahlkämpfenden Linken oder gar von einer Bundestagskandidatin Jochimsen. Aber nun, am 27. August 2005, spielte das natürlich eine Rolle. Ziemlich infam ging Janko in seiner Rede damit um. »Die Familie«, sagte er, »wäre schon sehr überrascht worden von den neuerlichen Aktivitäten der Jubilare – und damit wäre nicht ›das Golfspielen von Lucas‹ gemeint.«

Sie konnten nicht viel mit mir und dieser neuen Situation anfangen. Festschmaus, Wein, Musik … Das war das eine. Aber dann »diese Linke«! »Freundschaft ist Freundschaft«, sagte Friedman, aber irgendwann hieß es, »unsere Salonlinke!«. Da allerdings konterte Jobst Plog: »In Frankreich würde niemand einen Widerspruch darin erkennen, dass Erfolgspersonen sich für linke Positionen einsetzen … Warum also in Hamburg? Das ist wohl eher eine Frage an uns hier als an unsere ›Salonlinke‹.« Ja, so was. Mein alter liberaler SPD-Intendant.

Dann ging der Tanz weiter. Die Musiker hatten ganz schön mitgetrunken und führten lieber Damen feurig übers Parkett, als aufzuspielen. Das »Salonorchester« bestand allmählich nur noch aus dem alten Gitarristen. Dafür ging Gustav Peter Wöhler ans Mikrofon und sang. Und gegen Mitternacht spielte die Politik überhaupt keine Rolle mehr. Es gab auch noch einen Geburtstag zu feiern:

Felix, Beates und Jankos Sohn, wurde ein Jahr alt. So lange war ich nun schon Großmutter. Wie alt wir geworden waren!

Helter Skelter: Bundestag

So viel Aufwärts/Abwärts war selten. Die Bundestagsverwaltung war überhaupt nicht vorbereitet auf den Einzug der Linken ins Parlament. Alles war so ordentlich und schön auf vier Fraktionen ausgerichtet im Reichstagsgebäude. 4 Türme unter der Kuppel für 4 Fraktionssäle – dazwischen Presseflächen und Funktionsräume. Kein Platz für die Linke – nirgends. Für die erste konstituierende Sitzung unserer Fraktion stellte der Präsident großzügigerweise den Konferenzsaal auf der Präsidialebene zur Verfügung. Da saßen wir dann in einem weit auseinandergezogenen Viereck, »Gysis bunte Truppe«, 54 Männer und Frauen aus Ost und West mit den unterschiedlichsten Biographien, und spielten Kennenlernen. Jeder hatte sich vorzustellen. »Ich heiße Oskar Lafontaine. Alter, Herkunft, bisherige Tätigkeiten, Familienstand …« Darauf musste man ja erst mal kommen. Es war ein bisschen wie bei den Anonymen Alkoholikern in alten amerikanischen Filmen. Andererseits: die meisten kannten einander kaum – außer von öffentlichen Auftritten, Hören und Sagen. Neugierde, wen würde man da alles kennenlernen können? In diesem Sinn waren auch die Zugfahrten morgens von Hamburg nach Berlin amüsant. Es hatte sich ganz schnell eine »Viererbande« gebildet: der Völkerrechtler Norman Paech, der Wirtschaftsprofessor Herbert Schui, der Bundesrichter auf Urlaub Wolfgang Nešković – und ich. Im Zugabteil um uns herum bleierne Betretenheit bis blanke Ablehnung. Die prominenten Sozialdemokraten und Grünen der Hansestadt konnten es kaum fassen. Da saßen wir nun mitten unter ihnen, meistens fröhlich und redselig, und tauschten ungeniert Neulingserfahrungen aus. »So weit war es also gekommen!«

Dann kam dieser schwarze 18. Oktober, der Tag der Konstituierung des Parlaments, an dem in drei Wahlgängen Lothar Bisky die Stimmenmehrheit als Vizepräsident verweigert wurde. Ohne Argument, ohne Auseinandersetzung – er wurde einfach für nicht wählbar erklärt, und mit ihm werden wir anderen ebenso abgestempelt – zu Parias gemacht. Wie militant mir da zumute wurde. Wie wir zusammenrückten. Wie wir alle Oskar Lafontaine den Rücken stärkten, wenn er zum Rednerpult ging, von einer geradezu überbordenden Hasswelle umgeben, und seine Analysen und Stellungnahmen abgab.

»Fühlst du diesen Hass in diesem Moment?«

»Sicher, aber es macht mir nichts aus.«

War das zu glauben?

Irgendwann bekamen wir dann doch einen eigenen Fraktionssaal, keinen Turm, auf den wir als viertstärkste Fraktion eigentlich Anspruch hatten, sondern einen Seitenraum zwischen den Türmen der FDP und den Grünen. »Das hat doch was«, sagte die Verwaltung, »auf einer Seite die große Koalition – auf der anderen die drei Oppositionsparteien.« Wir bedankten uns und nannten den Raum »Clara-Zetkin-Saal« – mit einer Widmung »an die wagemutige Kommunistin und Alterspräsidentin von 1933«.

Die Bürozuteilung hatte auch ihre Tücken. Ein Großteil der Fraktion erhielt Räume im Jakob-Kaiser-Haus, dem Neubau mit den endlosen Eisentreppen – eine Art Alcatraz für Abgeordnete. Freiwillige wurden gesucht, die in den Altbau Unter den Linden 50 ziehen wollen. Ich meldete mich sofort. Da gibt es ein Birkenwäldchen im Hof und das Café Einstein direkt nebenan – was will man mehr? Ein Arbeitszimmer im Erdgeschoss mit Kaffeehaus, das hätte meiner Mutter sehr gut gefallen. Ganz häufig hätte sie mich besucht. Ich träumte jetzt wieder oft von meinen Eltern. Meine Mutter wartet auf mich vor der Spiegelwand im hinteren Essraum des »Einstein«, Kaffeekännchen und Apfelstrudel mit Vanillesoße vor sich auf dem Tisch. »Wie gut du es hast«, sagt sie lächelnd. Mein Vater dagegen begutachtet das Birkenwäldchen, das zu einem haushohen Kunstwerk gehört, einem »Lichtstrahl« aus Beton. »Zur Not könnte man das Pferd doch hier unterstellen für ein, zwei Tage?«, fragt er mich.

Übrigens: Unter den Linden 50 residierten jetzt auch Gerhard Schröder, Otto Schily und Joschka Fischer – allerdings hoch oben im 4. Stock.

Das Rednerpult. Blaugrau. Schmal. Verstellbar. Eingelassen eine besondere Uhr, ein Minuten-Sekunden-Anzeiger, der rückwärtsläuft. Wehe, man beachtet seine Dynamik. Dann ist man verloren, denn die Redezeit rauscht dann noch schneller dahin als sowieso.

Dieses Pult schüchtert mich ein – bis auf den heutigen Tag. Als ich zum ersten Mal dorthin ging, fürchtete ich zu zittern.

Ich, die vorher hundertmal zu einem Rednerpult gegangen war, in Hörsälen, Kirchen, bei Konferenzen und Kundgebungen, ich war mir nicht sicher, ob ich überhaupt einen Satz herausbringen würde an diesem geschichtsmächtigen Ort. Eingebrannt in mein Gedächtnis war immer noch die

Rede, mit der Gerhard Schröder vor ein paar Monaten erst seine Macht verspielte, hier, an diesem Pult.

Gut, an diesem Mittwoch, dem 30. November, hatte Angela Merkel ihre Regierungserklärung abgegeben, wenig geschichtsmächtig, mehr großkoalitionär-sachlich. Auf ihre Einlassungen zur Kulturpolitik hatte ich zu antworten, die neue kulturpolitische Sprecherin der Fraktion Die Linke – vom selben Pult zur selben Zuhörerschaft: dem Parlament.

Ich musste mein Zittern kaschieren, musste Gerhard Schröder, Joschka Fischer und Otto Schily in meinem Kopf vom Pult verjagen auf dem kurzen Weg vom Fraktionsplatz hin zum Präsidentenpodium und las vom Blatt ab – während die Uhr rückwärtslief.

Der Beifall war höflich. Bei einer »Jungfernrede« sollen Zwischenrufe »vermieden« und fraktionsübergreifend applaudiert werden. Trotzdem kommentierte Hans-Joachim Otto, FDP, laut Protokoll: »Hoffentlich wird Ihre nächste Rede besser!«, und Kurt Kister schrieb in der »Süddeutschen Zeitung«: »Jochimsens Rede hörte sich an wie ein ›Tagesthemen‹-Kommentar, und zwar einer von denen, deretwegen man den DVD-Player anschaltet, »Wenn die Gondeln Trauer tragen« anschaut und über den Tod nachdenkt.«

Mal abgesehen von der Kanzlerin, den Ministerinnen und Staatssekretärinnen, gab es auffallend viele Frauen im Parlament. Gut, bei der CDU/CSU waren es immer noch unter 20 %, bei der FDP knapp ein Viertel der Fraktionsmitglieder, aber auf der »linken Seite« des Hohen Hauses sah es anders aus: 36 % Frauen in der SPD-Fraktion, fast 50 % bei uns, und bei den Grünen bildeten die Frauen sogar die Mehrheit: 56,9 %.

Die Zeit der einzelgängerischen Frauen war endgültig vorbei. Im nächsten Bundestag war auch in unserer Fraktion die Mehrheit weiblich. Ich habe mich da einmal einigermaßen unbeliebt gemacht, als ich fragte, ob wir immer noch eine Gleichstellungsbeauftragte benötigen – mit Sitz und Stimme im Fraktionsvorstand. Bei »halbe-halbe« wäre doch das Gleichberechtigungsziel erreicht. Der Hohn als Antwort war recht laut.

Es war eine völlig andere Zeit geworden. Frauen in der Politik, Frauen auch in den Medien – vor allem vor den Kameras und Mikrofonen, das war jetzt selbstverständlich. Innerhalb der letzten Jahre hatte sich das äußerlich vor allem total geändert. Und nicht nur äußerlich. In den Ausschüssen, in den Kommissionen konnten Frauen »Hausmacht« erringen, wenn sie denn fraktionsübergreifend zusammenarbeiteten. Das war zwar selten, aber möglich.

Mit drei Projekten der neuen Regierung hatte ich mich von diesem ersten Moment an auseinanderzusetzen: dem Plan für ein Vertriebenenzentrum in Berlin, der Weiterführung der Birthler-Behörde, die genau zu diesem Zeitpunkt vom Bundesinnenministerium in den Zuständigkeitsbereich des Bundesbeauftragten für Kultur und Medien überging und so zu einer »kulturellen Angelegenheit des Bundes« wurde, und dem Wiederaufbau des Stadtschlosses und endgültigen Abriss des »Palastes der Republik«.

»Abriss stoppen«, hieß mein/unser erster Antrag, eingebracht am 1. Dezember 2005. Übrigens unterstützt von den Grünen mit einer fast gleichlautenden Beantragung. Beide Initiativen wurden von der neuen Großen Koalition natürlich mit Abscheu und Empörung abgelehnt und an die Ausschüsse verwiesen. Wo dann das gleiche Spiel gespielt wurde.

Da konnten wir sowieso machen, was wir wollten. Vom ersten Tag an verwies die Macht uns auf den Platz der Ohnmacht. Wie eine Guillotine fiel stets das Urteil »Abgelehnt«, selbst wenn einzelne Kollegen vorher hinter vorgehaltener Hand sagten: »Eigentlich habt ihr ja recht … ABER …«

Es war immer nur ein Versuch, gegen die Stimmen der anderen zu argumentieren, zu überzeugen … Und dabei ist es in fast allen Fällen geblieben.

Eigentlich wollte ich in Berlin im Hotel wohnen. Bloß nicht noch einen Haushalt – und sei er noch so klein. In der Reinhardtstraße, gegenüber vom Deutschen Theater, fand ich eine Art »Residenz«. Man konnte tag- oder wochenweise mieten, gepackte Koffer sogar zurücklassen. Aber Lucas machte nicht mit. »Trostlos«, nannte er die Ein-Zimmer-Unterkunft mit Kochnische und Fernseher am Fußende des Bettes. »Hier komme ich niemals her, noch nicht mal zu Besuch!« Also Wohnungssuche – und großes Glück! Um die Ecke, in der Marienstraße, gab es eine geräumige Altbauwohnung in der Beletage eines Bürgerhauses. Ich machte die Tür auf und fühlte mich sofort Zuhause. Also doch noch ein neuer Haushalt! Lucas machte den Umzug am Tag der Kanzlerinwahl. Bett, Schrank, Tisch und Stühle vom Boden und aus dem Keller in Hamburg. Passte trotzdem alles gut – und so hatten wir nun in einer Kulissenstraße aus dem 18. Jahrhundert, direkt hinter dem Berliner Ensemble, eine neue Wohnung voller alter Dinge. Weihnachten wurde ein richtiges Familienfest. Janko, der als Kind praktisch in Restaurants groß geworden war, kochte das Festessen: fränkischen Sauerbraten nach dem Rezept meiner Mutter aus der Tradition des Nürnberger

Wirtshauses. Ein Drei-Generationen-Weihnachten. Schwiegereltern, die junge Familie und wir. Meine Mutter selig wäre sehr zufrieden gewesen. Silvester aber feierten wir in Vilnius – gar nicht fremd unter Fremden, der schicksalsschweren Visite von Herzl nachgehend und den Plan im Sinn, jedes Jahr zu Silvester eine andere Hauptstadt des neuen europäischen Ostens kennenzulernen. Next Year's Stop: Warschau.

Die parlamentarische Saison begann 2006 mit einem Dutzend Zeitungsartikeln und Nachrichten: »Frau statt Bisky – Linkspartei will Vize-Präsidentin für Bundestag.« Nachdem am 8. November die vierte Wahl von Lothar Bisky zum Vizepräsidenten ohne Mehrheit geblieben war, hatte die Fraktion diese Stelle bewusst vakant gelassen – mit Zustimmung des Bundestagspräsidenten. Aber irgendwann musste sie neu besetzt werden. Nun sollte eine Frau kandidieren. Und die Journalisten vom »Spiegel« bis »Leipziger Volkszeitung« hatten sich irgendwie darauf geeinigt, ständig meinen Namen ins Spiel zu bringen.

Nach dem Muster: In der Diskussion sei eine Frau-Ost und eine Frau-West. Entweder Dagmar Enkelmann und Luc Jochimsen oder Gesine Lötzsch und Luc Jochimsen. Wobei mit meinem Namen stets Formulierungen verbunden wurden wie: »ihr werden Ambitionen nachgesagt, die sie allerdings bestreitet«.

In einer Sitzungswoche mittags im Abgeordnetenrestaurant riefen mich die Fraktionsvorsitzenden zu sich an den Tisch.

»Du hast Ambitionen, Vizepräsidentin zu werden?«, fragte Gregor Gysi, und Oskar Lafontaine setzte sofort hinterher: »Wir sind offen. Eine Frau wäre auf jeden Fall gut – und meiner Meinung nach muss es nicht unbedingt jemand aus dem Osten sein.« Ich war schon sehr verblüfft. Denn ich war davon überzeugt, dass, wenn das Amt überhaupt besetzt werde, sich gerade niemand mit einer West-Biographie bewerben dürfe.

»Das wäre ja noch schöner, dass wir der Gegenseite signalisieren: wir haben auch noch WÄHLBARE aus dem Westen im Angebot!«, erwiderte ich. Nun waren die beiden verblüfft. »Als Kontaktperson zu den anderen Fraktionen wärst du aber nicht schlecht«, meinte Lafontaine. Was ich für mich behielt, war, dass es mir nach den vier Niederlagen Biskys innerlich gar nicht möglich war, an seiner Stelle gegebenenfalls eine solche Wahl anzunehmen. Ich kannte Lothar Bisky seit Jahren, habe ihn von Anfang an bewundert, genauer gesagt, seit seiner Rede auf der Massenkundgebung am 4. November 1989. Ich hatte ihm, als einzigem PDS-Politiker, das Herzl-Buch geschenkt, an ein Gespräch über Minderheiten und Mehrheiten anknüpfend, das wir vor Jahren in Frankfurt geführt hatten. Nun saßen wir nebeneinander im Ausschuss für Kultur und Medien – und trugen jeweils »des anderen Last«. Eine Zusammenarbeit, die mir Sicherheit gab, auch wenn Bisky immer nur von »unserem versessenen Leben« sprach.

An seiner Stelle jetzt zu kandidieren für ein Amt, das er sich gewünscht hatte, würde ich einfach nicht über mich bringen. Aber das war wahrscheinlich keine politische Haltung. »Eine nochmalige Niederlage müssten wir mit dir jedenfalls nicht fürchten«, sagte Gregor Gysi zum Schluss. Ich hatte kaum das Abgeordnetenrestaurant verlassen, als mich der »Tagesspiegel« anrief – als habe er das Gespräch beobachtet. »Na, machen Sie es?« – »Ich will es nicht. Punkt«, war meine Antwort. Zusatz: »Es darf niemand mit einer Westbiographie sein.« Interessanterweise wurden diese beiden Sätze genauso gedruckt und von den anderen Zeitungen weiterverbreitet. Damit hatte diese Spekulation ein Ende. Am 7. April wurde Petra Pau zur Vizepräsidentin gewählt.

Von uns fünf Thüringer Abgeordneten in der Links-Fraktion war nur eine »waschecht«: Kersten Naumann, geboren in Bad Frankenhausen und dort auch aufgestellt. Wir anderen vier waren eine »Import«-Mischung, kamen aus Hessen oder Hamburg, waren in Stuttgart geboren oder Nürnberg oder Niedersachsen. Wobei Bodo Ramelow schon seit 1990 in Thüringen arbeitete und lebte, die ganze Goldgräberzeit von Anfang an miterlebt hatte, und Frank Spieth als früheres SPD-Vorstandsmitglied und amtierender DGB-Landesvorsitzender Thüringens auch. Frank Spieth traf ich zum ersten Mal auf dem Parteitag, als die Landesliste zur Bundestagswahl aufgestellt wurde. Er präsentierte sich den Delegierten so: »Ich bin ein Mann mit Ecken und Kanten und lege Wert auf gute Anzüge. Mein Vater war nämlich Schneider und hat mir Respekt beigebracht für Qualität und Handwerk.« Hinreißend. Auf einem Wahlparteitag der Linken in Sömmerda. Frank Spieth schloss ich mich gewissermaßen sofort an. Wir haben uns überlegt, dass zwei Abgeordnete einfach effektiver arbeiten können, wenn sie sich zusammentun. Er, der Spezialist für Renten- und Gesundheitsfragen – ich zuständig für Kultur. Nach diesem Prinzip haben wir unsere Büros zusammengelegt, in Erfurt und Weimar. Zwei Abgeordnete und ihre Mitarbeiter im »Doppelpack«. Es war fast ein bisschen familiär. Frank Spieth bewohnte in Erfurt ein neues Haus mitten in der Altstadt, direkt am Fluss, und nahm mich während der heißen Wahlkampfzeit als »Untermieterin«

auf – die Miete bestand aus einer Essenseinladung beim besten Italiener der Stadt.

Zusammen betrieben wir in Weimar ab 2007 das Café »Gedanken frei«, eine Sonntagsmatinee einmal im Monat mit Gästen wie Landolf Scherzer, Daniela Dahn, dem Chefredakteur des MDR-Fernsehens Wolfgang Kenntemich, Hans Wallow, Hermann Kant, Marina Achenbach, Jutta Voigt, dem Priester der Russisch-Orthodoxen Kirche in Weimar, Mihail Rahr, Henryk Goldberg, Sergej Lochthofen unter anderen.

Das Café »Gedanken frei« kam zu seinem Namen, weil ich dachte, in Weimar müssten wir auf jeden Fall einen »Klassik-Bezug« herstellen. Und da mir Schiller immer näher war als Goethe, fiel mir sofort sein »Geben sie Gedankenfreiheit« ein.

»Wir Thüringer« bildeten auch eine besondere West-Ost-Landesgruppe zusammen mit den Hessen. Da war sie wieder, die alte Hinüber-Herüber-Zusammenarbeit. Mit Werner Dreibus und Wolfgang Gehrcke waren wir zu siebt – in einer Fraktion von 54 ist das schon eine kleine Hausmacht. Und Frank Spieth als Landesgruppenchef sorgte dafür, dass sie – wenn nötig – genutzt wurde.

So kam ich in den neu gegründeten Unterausschuss für Auswärtige Kulturpolitik unter Vorsitz von Peter Gauweiler. Unser Obmann im Auswärtigen Ausschuss, Wolfgang Gehrcke, hatte das Vorschlagsrecht. Diese Arbeit wurde zur spannendsten der kommenden Jahre. Deutsche Schulen im Ausland, die Goethe-Institute, der Akademische Austauschdienst, die traditionsreichen Archäologischen Institute, die Villa Massimo, die Künstlerakademie Tarabya in Instanbul bildeten und bilden unsere Aufgaben. Und die Spezialität der Arbeit bestand und besteht in den meisten Fällen darin, dass wir fraktionsübergreifend analysieren und entscheiden. Das war zu Zeiten der Großen Koalition so und danach erst recht. Der Unterausschuss ist ein kleines Bollwerk im parlamentarischen Getriebe. Auch was seine Reisen angeht.

So fuhren der Vorsitzende und sein Stellvertreter nach Nordkorea, um dem Schicksal der geschlossenen deutschen Bibliothek in Pjöngjang nachzugehen. Das fand das politische Berlin schon nicht amüsant. Dann aber entschloss sich das Bollwerk, bestehend aus Peter Gauweiler, dem früheren Staatsminister im Auswärtigen Amt Günter Gloser, Monika Grütters, Luc Jochimsen, Harald Leibrecht und Claudia Roth, im Oktober 2010 für eine Woche in den Iran zu reisen.

Motto: Kultur schließt Menschenrechte ein. In Zeiten des Stillstands muss mit kleinen Schritten begonnen werden, Bewegung ins politische Spiel zu bringen. Die Idee allein wurde schon fast als Skandal gewertet. Dann kam hinzu, dass, kurz bevor wir starteten, ein »Bild«-Journalist und sein Fotograf in Täbris verhaftet worden waren. Sie hatten ohne Erlaubnis Kontakt mit der Familie von Sakineh Ashtiani, der zum Tode verurteilten angeblichen Ehebrecherin und Auftragsmörderin, aufgenommen.

Der Fall der beiden im Gefängnis verschwundenen Deutschen ohne anwaltliche oder konsularische Betreuung veränderte natürlich unsere Reise von Anfang an. Wie konnten wir gleichzeitig Gespräche mit Ministern und Parlamentariern dieses Regimes führen, das unsere Landsleute so behandelte? Unsere Position: Wir würden überall und zu jeder Zeit offiziell und öffentlich auf eine Lösung dieses Falles versuchen hinzuwirken.

Mehr Gegensätze kann es kaum geben. Natürlich ging es noch vor der Ankunft los mit den Verboten. »Wichtiger Hinweis für unsere weiblichen Passagiere«, sagte die Stewardess durchs Bordmikro, »im Iran müssen alle Frauen in der Öffentlichkeit ein Kopftuch tragen.« In der Öffentlichkeit, bei öffentlichen Treffen, auch in Restaurants, also überall außer in privaten Räumen oder in der Deutschen Botschaft – sechs Tage Kopftuchleben. Für Männer gelten neuerdings auch Haarschnittgebote. Keine langen Koteletten, kein Gel, keine »aufstehenden« Haare.

Sonderbarerweise sah unser Busfahrer aus wie ein orientalischer Elvis Presley, trug Haartolle und außerordentlich lange Koteletten.

Den ersten Tag verbrachten wir vor allem im iranischen Parlament. Im spiegelglasgeschmückten Palastbau aus der Schah-Zeit von Reza Pahlavi 1925.

Erster Gesprächspartner war der Vorsitzende des Kulturausschusses, Haddad Adel, der eigentlich auch Ausrichter des diesjährigen UNESCO-Welttages der Philosophie in Teheran sein sollte – doch die UNESCO verlegte die Veranstaltung wegen der Einflussnahme der iranischen Regierung nach Paris. Haddad Adel, ein akademischer Philosoph und Kant-Übersetzer, der aber auch Dissidenten die »Kahrizak« androht, Wegsperren und Folter. Für unseren Besuch findet er zunächst positive Worte, um dann sofort die Haltung Deutschlands und Europas als von Vorurteilen und Klischees gekennzeichnet anzuprangern. Wir kontern, dass eine Wiedereröffnung des Goethe-Instituts, ein freier Studentenaustausch, die Vergrößerung der deutschen Schule in einem Neubau helfen würden, diese Vorurteile abzubauen. Er lächelt fein, lässt Tee servieren im feudalen Salon unter Lüstern. »Politik der kleinen Schritte«: Ja. »Kultur als

Fundament für gegenseitige Gespräche«: Ja. Er weist darauf hin, dass seit über einem Jahr keine Parlamentarier aus Deutschland in den Iran gekommen wären – insofern sei unser Gespräch jetzt ein »kleiner Schritt«, in der Tat.

Beim anschließenden Mittagessen im Prunkfoyer des alten Parlamentsgebäudes versammeln sich dann mehrere Parlamentarier, auch eine Tschador-verhüllte Abgeordnete – und es geht sehr widersprüchlich her. Der Oppositionspolitiker Hojatoleslam Khodratollah Alikhani sagt ganz offen: »Regierungen kommen und gehen, Parlamente bleiben. Auch diese Regierung wird abgewählt werden. Khomeini hat gesagt: ›Die Regierung des Irans ist das Parlament.‹ Das können Sie übrigens auf großen Plakaten überall in der Stadt lesen. Ich kritisiere die Regierung für vieles. Wir sind eine lebendige Opposition, aber wir wollen natürlich keine Demokratie nach westlichem Vorbild – damit keine Missverständnisse aufkommen!«

Claudia Roth spricht den Fall der inhaftierten deutschen Journalisten in Täbris an. Wann werden sie endlich konsularisch betreut werden? Die Parlamentarier schlagen vor, die Angelegenheit am nächsten Tag dem Parlamentspräsidenten vorzutragen.

Auf der Fahrt durch die Stadt kommen wir am Theater vorbei. Dort hängen große Plakate. Was spielt man? Heiner Müllers »Hamletmaschine«.

In der provisorisch bei den Briten untergebrachten deutschen Schule berichtet der Direktor Wolfgang Selbert, dass im kommenden Frühjahr zum ersten mal nach 30 Jahren (!) wieder acht Schüler das deutsche Abitur ablegen werden.

Danach fahren wir zur Eglise Sacré Cœur und besuchen die Sonntagsmesse. Vielleicht hundert Männer und Frauen, auch einige Kinder sind in der alten Kirche. Erzbischof Jean-Paul Aimé Gobel sagt hinterher: »Es gibt die Freiheit des Kults – aber nicht die Freiheit der Religion.« Eine Konversion zum Christentum ist unmöglich. Christen können studieren. Ämter in der Verwaltung oder Justiz sind ihnen versperrt. Ein Christ als Richter – unmöglich! Mischehen sind eine »Tragödie«. Die Zahl der Christen im Iran nimmt ab.

Gleiches berichtet am nächsten Tag der Präsident der jüdischen Gemeinde des Iran, Siamak Moresadegh. Er ist Arzt, leitet das jüdische Krankenhaus in Teheran und vertritt die jüdische Gemeinde auch als Abgeordneter. »Die seit 700 Jahren im Iran lebende Minderheit gehört zu diesem Land«, sagt er, und er sagt auch, dass die heutige Gemeinde kleiner und kleiner wird.

Und hier meine persönliche Begründung für all jene Fragesteller und Fragestellerinnen, die die Reise als »Jubelreise« kritisieren, was sie zu keinem Zeitpunkt war, oder »Stabilisierungselement des Regimes« nennen, was vollendeter Unsinn ist. Wer wirklich glaubt, dieses Regime bräche zusammen, wenn wir alle fernbleiben und weitere Isolation um sich greift, der irrt gewaltig.

Also, ich bleibe dabei: es war eine wichtige und richtige Reise gerade in dieser Zeit. Denn – wann wird Auswärtige Kulturpolitik besonders wichtig?

Wenn es außenpolitisch schwierig ist. Wenn sich die internationalen Beziehungen verschärfen. Wenn Bedrohungen ins Spiel kommen. Wenn gegenseitig Angst herrscht. Wenn zu befürchten ist, dass die Diplomatie abgelöst wird von Sanktionen, Drohgebärden und schlimmstenfalls das Mittel kriegerischen Handelns als »Lösung« erscheint.

Wann kann die Arbeit eines Ausschusses für Auswärtige Kulturpolitik wichtig werden? Im beschriebenen Fall.

Und was können Abgeordnete eines solchen Ausschusses vielleicht leisten?

Gespräche vor Ort führen, Erfahrungen vor Ort sammeln, sich ein zumindest der Realität nahes Bild verschaffen, um es zu beschreiben und zu verbreiten.

Die Entdeckung des Ostens

Es begann mit einem Bild. Ein Bild so groß wie kein anderes.

14 x 123 Meter. Ein Panorama. Auf historischem Grund, einer Anhöhe, auf der 1523 in entscheidender Schlacht die aufständischen Bauern um Thomas Müntzer von einem Fürstenheer besiegt wurden. Der historische Grund heißt Schlachtberg und liegt über dem thüringischen Städtchen Bad Frankenhausen im Kyffhäuserkreis. Man könnte auch sagen, am Ende der Welt, obwohl diese Welt ziemlich genau in der Mitte unseres vereinten Landes liegt. Dieses Monumentalgemälde von Werner Tübke mit dem Titel »Frühbürgerliche Revolution in Deutschland« entstand zwischen 1963 und 1989 nach 14 Jahren Planung und in 12 Jahren härtester Arbeit. Ein Welttheater. Sieger, Besiegte, Dämonen, Heilsbringer, Helden und Erniedrigte, schreckliche Foltern, leuchtende Schönheit, ein Schneeweiß, das sich einfach nicht vergessen lässt, Harlekine in Ruinen, eine Glaskugel, die zerplatzt, überdimensional große Fische, gestrandet, Aufmärsche und Niederschlagungen, Dürer an einem Wasserbecken, Granatäpfel ... Ich ging fast verloren zwischen diesen Irrungen und Wirrungen der Menschheit – man musste mich hinauskomplimentieren aus der

halb abgedunkelten Rotunde des Museums. »Irgendwann ist Schluss«, sagte der Wärter und konnte nicht wissen, dass ich genau in diesem Moment eine Entdeckungsreise antrat, so wie ich früher meine Reportagefahrten begann oder die Korrespondenten-Beobachtungen – eine Entdeckungsreise zur besonderen Kultur der DDR.

Das Tübke-Bild war der Anfang.

Hier wurde mir klar, dass ich so gut wie nichts kannte von dem Land, welches ich nun repräsentieren sollte im Parlament. Das Land, genannt: der Osten. Das Land, genannt: die unverwechselbar andere Kultur. Diese Reise dauerte die nächsten sieben Jahre: führte in eine Inszenierung des Nationaltheaters Weimar von Jewgeni Schwarz' »Drachen« durch Tilmann Köhler und seine junge Truppe; führte nach Leipzig in die »Spinnerei« und ins Atelier von Michael Triegel, zu seinen Altarbildern, die später berühmt wurden, weil er den Auftrag erhielt, den Papst zu porträtieren; führte nach Senftenberg ins Theater des Intendanten Sewan Latchinian zu einer Aufführungsreihe »Moskau«; führte in die Kinder-Mal-Schule des Lindenau-Museums in Altenburg; führte in die Kunstsammlungen in Chemnitz und zu einer Vernissage der Ausstellung »Die Peredwischniki«, die so viele Gäste anzog, dass das Opernhaus bis auf den letzten Platz besetzt war; führte in die Tübke-Villa in Leipzig zu Brigitte Tübke-Schellenberger … Während eines Gangs durch die Etagen erzählte sie einfach drauflos: »Das war sein Atelier und unsere Wohnung. Wissen Sie, wie ich ihn kennengelernt habe? Als Scheidungsanwältin seiner Frau. Ich weiß noch heute, dass ich meine Mandantin auf dem Weg zum Gericht gefragt habe: ›Wie sieht Ihr Mann eigentlich aus?‹ Ich kannte ihn nicht, obwohl er ja recht berühmt war, damals schon.« – »Ja und dann?« – »Die Verhandlung ging problemlos vorüber, ich habe mich herzlich von meiner Mandantin verabschiedet. Am nächsten Morgen komme ich in die Kanzlei. Die Sekretärin sagt: ›Da wartet Herr Tübke auf Sie. Er will Sie unbedingt sprechen.‹ Ich dachte, es geht um den Prozess, er will neu verhandeln. Aber nein – der Mann sagt, er wolle mich treffen, mich anschauen, mit mir zusammensein … Dabei war ich mit dem Schellenberger verheiratet!« – »Ja und dann?« – »Ja und dann habe ich mich scheiden lassen, das war bei uns kein Drama, und habe Tübke geheiratet. Bin aber ganz selbständig und unabhängig geblieben – als Anwältin – bis auf den heutigen Tag übrigens. In Tübkes Bildern tauche ich allerdings von diesem Moment an ständig auf. Auch im Panorama-Bild in Bad Frankenhausen – zu Pferd – als eine Art Fortuna.«

Die Entdeckung des Ostens und der Kultur des Ostens war in vollem Gang.

Auch an meinem siebzigsten Geburtstag, dem 1. März 2006, den ich bewusst nicht feiern wollte, denn wir hatten ja unser gemeinsames Fest mit den 140 Jahren schon am 27. August begangen. Aber einen Tag vor meinem Geburtstag feierte Willi Sitte seinen 85. Geburtstag in Merseburg mit der Eröffnung eines Museums, einer Galerie seines Gesamtwerkes. Zu dieser Eröffnung war ich eingeladen. Ich gehörte zu einer Gruppe »kleiner Sponsoren« – der Großsponsor war Gerhard Schröder mit Gazprom, der auch persönlich zur Vernissage erschien. Ich wiederum saß an diesem Abend bei Maischberger im Studio, das Thema habe ich vergessen. Aber am nächsten Tag fuhren Lucas und ich nach Merseburg – und trafen auf Willi Sitte, seine Frau und eine Gruppe italienischer Veteranen aus Montecchio Maggiore. Sie kannten Sitte als jungen Wehrmachtsdeserteur, der sich den Partisanen anschloss. Lucas und ich konnten es kaum fassen, aber Sitte lud uns zum gemeinsamen Mittagessen mit den Italienern ein. Er und Lucas sprachen italienisch miteinander, ich radebrechte hinterher. Das war vielleicht ein Geburtstagsgeschenk! Wir konnten und wollten in diesem Augenblick unsere »Adoration« nicht verheimlichen. Und die hatte eine lange Geschichte. Natürlich stürzten wir in der Nachkriegszeit kopfüber in Pop Art und amerikanische Moderne, Lucas auf der Folkwang-Schule, ich überall, wo es dergleichen zu sehen gab. Aber seit der Documenta 1977 begeisterten wir uns beide auch für DDR-Kunst. Die Bilder von Sitte, Mattheuer, Tübke und Heisig damals in Kassel – umstritten und zum Skandal gemacht – waren für uns eine Offenbarung. Und blieben es. Immer wieder sind wir zu diesen Bildern »gepilgert«. Auf den Biennalen in Venedig. Bei den Jahresausstellungen in Dresden. Stelzmann und Sakulowski kamen hinzu. Das Bild einer erschöpften Ärztin »Nach Dienst« von Sakulowski und Mattheuers Porträt einer »Ausgezeichneten« spielten in unserem DDR-Frauenfilm eine wichtige Rolle. Und jetzt saßen wir neben diesem verehrten Maler Sitte – wie Geburtstagskinder. Im Sommer sind wir nach Montecchio Maggiore gefahren und haben im Rathaus die Wandmalereien des jungen Partisanen Sitte fotografiert – und einmal im Jahr versuchten wir einen Abstecher nach Halle zu machen, in das Wohnviertel Frohe Zukunft – zu einem Atelierbesuch und Gespräch – erst bei Kaffee und Kuchen und dann mit Rotwein.

Ins Tübke-Bild nach Bad Frankenhausen haben wir – Birgit Klaubert, die Vizepräsidentin der Linken des Thüringer Landtags, und ich – am 17./18. November 2006 gut hundert Gäste aus Ost und West, Politik, Journalistik und den Künsten, eingeladen. Zu einer eineinhalbtägigen Konferenz einer von uns ausgedachten Reihe: Kultur neu denken: Macht/Kunst/Freiheit/und die Schwierigkeiten, Identität zu bestimmen.

Die Entdeckung des Ostens und seiner Kultur war auch eine ständige Zeitreise, Befassung mit für mich unbekannter Geschichte.

»Wissen Sie, dass Bertha von Suttner in Gotha beigesetzt ist?«

Wusste ich nicht.

»In der Urnenhalle des Hauptfriedhofs. Dort gab es nämlich das erste Krematorium Europas – und viele Intellektuelle und Freigeister haben hier ihre letzte Ruhestätte gefunden.«

Als ich vor dem Urnengrab der Friedensnobelpreisträgerin stand, kam mir Hans Haackes Ehren-Mahn-Denkmal im Innenhof des Reichstagsgebäudes in den Sinn, genannt »Der Bevölkerung«.

Hier darf jeder Abgeordnete Erde verstreuen – aus seiner Heimat, seinem Wahlkreis … Am 1. September 2006, dem Weltfriedenstag, haben Lothar Bisky, Gregor Gysi und ich ein paar Handvoll Erde vom Urnengrab in Gotha in die wild wuchernde Denkmalsfläche eingebracht. Nun ist die große Pazifistin im Bundestag präsent, inmitten der »Bevölkerung«.

Die Entdeckung des Ostens und seiner besonderen Kultur war wie ein Rückfall in meine Korrespondentenzeit. Wahrscheinlich war ich nur zum Teil »ins andere Lager« gewechselt, in die Politik, und ein anderer Teil von mir machte einfach journalistisch weiter. Weil ich aber keine Verbreitungsmöglichkeiten mehr hatte wie früher, habe ich versucht, meine »Entdeckungen« als Veranstaltungen publik zu machen – in Erfurt, Weimar, Gotha, Mühlhausen. Am liebsten hätte ich immer »den ganzen Westen« zu Gast gehabt, denn vor allem er sollte »die Entdeckungen« ja machen.

Das aber kam ganz und gar nicht zustande. Ein paar Interessierte ließen sich locken, waren fasziniert wie ich, aber dabei blieb es.

War die »Entdeckung des Ostens« reines persönliches Glück, erforderte die Arbeit in Berlin ständige Verteidigungslust. Im Herbst 2006 stand die Existenz der Birthler-Behörde auf dem Spiel. Das heißt, auf dem Spiel hätte sie gestanden, wenn das Parlament den Beschluss des Bundestages von 1991 ernst genommen hätte, das Stasi-Unterlagen-Gesetz nach 15 Jahren auslaufen zu lassen. Aber das wollte die »Riesen-Koalition« aus CDU/CSU, SPD, FDP und Grünen 15 Jahre später eben nicht. Also musste eine Verlängerung beschlossen werden. Verlängerung der Regelanfragen, Verlängerung der Überprüfung besonderer Berufsgruppen, Weiterführung der Behörde. Ich war die einzige Gegenstimme im Ausschuss, ich hielt die einzige Gegenrede im Parlament.

Am Anfang wurde mir noch zugehört, als ich erklärte, dass es keinen Schlussstrich geben soll, dass Opfer der Ausspähung und Denunziation selbstverständlich weiterhin Zugang zu den Akten erhalten müssten und die Aufarbeitung wissenschaftlich fortzusetzen sei.

Zuruf: »Dann stimmen Sie doch einfach zu!«

»Das werden wir nicht, denn aus unserer Sicht sind 15 Jahre Überprüfungen genug, mehr als genug. Die Verlängerung über das Jahr 2006 hinaus verstößt gegen den verfassungsrechtlichen Grundsatz der Verhältnismäßigkeit, da jede Überprüfung einen gravierenden Eingriff in die

Persönlichkeit des Individuums darstellt und dieser Eingriff nach 15 Jahren für Verhaltensweisen, die noch viel länger zurückliegen können, nicht mehr zu rechtfertigen ist.«

Da ging es aber los mit den Zwischenrufen und der »Unruhe«, wie es im Protokoll heißt. In diesem Moment habe ich mir erlaubt, die Grundfrage einer Gegenstimme zu stellen.

»Immer wieder werde ich gefragt: Was kann die Linksfraktion im Bundestag überhaupt ausrichten?«

Zuruf von der CDU/CSU: »Nichts!«

»Heute sage ich selbstbewusst: wenigstens eine Stimme gegen ihre übermächtigen anderen Stimmen setzen. Wenn es uns nicht gäbe, dann gäbe es keinerlei Widerspruch gegen dieses Gesetz, welches gegen die Prinzipien des Rechtsstaates ›Verjährung‹ und ›Verhältnismäßigkeit‹ verstößt.«

Lauter Widerspruch bei der CDU/CSU.

Einen hoch angesehenen Parlamentarier gab es, der mir recht gab. Er hatte 1991, also 15 Jahre vorher, bei der ersten Einbringung des Stasi-Unterlagen-Gesetzes erklärt:

»Ich sage Ihnen, dass es ganz und gar unserer Rechtstradition widerspricht, einem Täter über einen so langen Zeitraum hinweg eine Tat … vorzuhalten: 15 Jahre!

Wenn ich Zweifel am Gesetz habe, dann an diesem Teil, der einen Zug der Erbarmungslosigkeit hat und nicht die Kraft findet zu sagen, dass in fünf oder sechs Jahren, jedenfalls in diesem Jahrhundert, die allgemeine Durchleuchtung der Vergangenheit endet, wenn nicht ein individuelles Opfer Klage oder Anklage erhebt!«

Das war Burkhard Hirsch. Ich las das Zitat besonders für die FDP-Fraktion vor. Keine Regung. Wer war Burkhard Hirsch?

Am Abend saß ich in der RBB-Sendung »Klipp & Klar« zwischen Stephan Hilsberg und Hubertus Knabe und versuchte meine Position zu verteidigen:

»Man braucht nach 15 Jahren keine Überprüfungen mehr.«

Einwurf Hubertus Knabe: »Dann haben die Täter gesiegt!«

»Was man braucht, ist Aufarbeitung. Man braucht Wissenschaft, man braucht Forschung, die aber kann man auch ganz anders und sehr gut regeln. Wir haben ein großartiges Bundesarchiv, dorthin kann man die Stasi-Unterlagen überführen und den Zugang zu den Akten regeln.«

Hubertus Knabe: »Das ist ein Schlag ins Gesicht der Opfer!«

»Können wir auch mal über unseren Rechtsstaat diskutieren, der den Gedanken der Verjährung als wichtiges Fundament enthält?«

Stephan Hilsberg: »Ach, hören Sie doch auf!«

»Für schwere Freiheitsberaubung und Körperverletzung gilt eine Verjährungsfrist von zehn Jahren. Zehn Jahren!«

Moderator: »Unser Publikum wird regelrecht unruhig, sieht das wohl anders ...« Meine Redezeit war um.

Also, Verteidigungslust musste man schon haben. Immer und immer wieder. Am 30. November 2006 wurde das Stasi-Unterlagen-Gesetz um weitere fünf Jahre verlängert. Und nach dem Regierungswechsel 2009 nochmals – bis 2019! Ein Ewigkeitsgesetz für eine Ewigkeitsbehörde. Aber diese Verteidigungslust hatte ich, und in Jahrzehnten als Störenfried trainiert, bereitete sie mir sogar Freude. Es fiel mir nicht schwer, NEIN zu sagen. Nein zu einem Ehrenmal für die toten Soldaten der Bundeswehr ... Nein zu einem Denkmal für »Einheit und Freiheit« auf dem Schlossplatz in Berlin und ausgerechnet auf dem leeren Sockel des kaiserlichen Reiterstandbildes von Wilhelm I.

Und dieses NEIN zu begründen – mit einer anderen Sicht auf die Geschichte, einer anderen Erinnerung –, das war auch keine Last, im Gegenteil: es verschaffte mir Genugtuung. Genugtuung, weil ich, weil wir als Fraktion so allein, so isoliert waren. Wahrscheinlich auch, weil ich so alt war und es so viele Wiedererkennungsmomente gab.

Ein Einheits-und-Freiheits-Denkmal, goldene Riesenschüssel in Bewegung, wozu brauchten wir das? Weil die Einheit in Freiheit so wenig alltäglich gelebt wird?

Ein ehrendes Totengedenken für Soldaten? Das brauchten wir doch deshalb, weil wir Soldaten wieder in den Krieg schickten – und in den Tod. Welch eine politische Entwicklung steckte dahinter? Ein für alle Mal, so hatten wir uns nach dem Krieg geschworen, sollte es vorbei sein damit. Wir haben im Parlament einen Antrag zur Diskussion gestellt, stattdessen ein Mahnmal für die Opfer der gegenwärtigen und zukünftigen Kriege zu errichten, auch und gerade für die zivilen Opfer. Wurde natürlich abgelehnt.

Mitte August 2009 erhielt ich vom Bundesverteidigungsminister eine offizielle Einladung in goldenen Lettern zur Einweihung des Soldatenehrenmals auf dem Appellhof des Bendler-Blocks. Tagelang lag das pompöse Schriftstück mit all seinen Sicherheitshinweisen auf meinem Schreibtisch. Hingehen? Nicht-Hingehen? Wenn ich aber hingehen würde, dann nicht einfach brav und folgsam auf meinen angewiesenen Platz auf der »Ehrentribühne«.

Die Nachricht vom Bombenangriff auf Kundus, der so viele zivile Opfer gekostet hatte, war gerade ein paar Tage vorher über uns hereingebrochen. Ich kam auf die Idee, ein weißes Tuch als Schal mit den Worten »Jetzt erst recht: raus aus dem Krieg« bedrucken zu lassen. Mit diesem Schal würde ich zur Einweihung gehen. Der Einzige, mit dem ich mich beriet, war Gregor Gysi. »Das kannst du machen.« Der Tag der Einweihung war derselbe, an dem das Parlament über Kundus debattierte.

Also, Vorfahrt mit der schwarzen Limousine bis zur Ehrentribüne. Im Augenblick des Aussteigens lege ich den Schal um. Zwei Feldjäger begleiten mich zu meinem Platz in der dritten Reihe. Willy Wimmer setzt sich neben mich, der CDU-Kollege im Parlament, der stets gegen die Militärmandate votierte. Sein breiter Rücken bietet mir einigen Schutz vor den angewiderten Blicken der anderen Abgeordneten. Es wird viel fotografiert, aber es gibt kein einziges Bild von der Aufforderung »Jetzt erst recht: raus aus dem Krieg«.

Vor uns nehmen die Minister Platz, die hohen Militärs. Eine Bundeswehrkapelle spielt. Der Bundespräsident spricht Klartext: »Unsere Bundeswehr ist zu einer Armee im Einsatz geworden, zu einer Armee im Kampf.« Ja, so ist das jetzt. Was wohl die Väter und Mütter unserer Verfassung zu diesem offiziellen Diktum des Präsidenten sagen würden? Mein Vater würde das alles hier so scharf verurteilen, dass ich kaum folgen könnte.

Militärgeistliche reden. Der Vater eines getöteten Soldaten fordert »die Wahrheit«. Der Bundesverteidigungsminister feiert sich selbst. Nach zwei Stunden ist der Spuk vorbei. Auf dem Platz nimmt mich ein Feldjägerquartett in seine Mitte. »Sie haben sofort das Gelände zu verlassen!«

Ich bleibe stehen. »Ich bin Abgeordnete, ich habe eine offizielle Einladung …«

»Das interessiert uns nicht – man nimmt Anstoß an Ihrer Kleidung.« Sie versuchen mich vor sich herzuschubsen. Ich verbitte mir jegliche körperliche Berührung. Wir bleiben wieder stehen. »Also, entweder nehmen Sie diesen Schal sofort ab …« – »Den Schal nehme ich nicht ab.« – »Oder wir übergeben Sie der Polizei!« Das haben sie dann auch gemacht. Die Polizei wartete schon am Ausgang. Eine Gruppenführerin bat mich betont höflich zur Personenkontrolle. Ich gab ihr meinen Personalausweis und den Bundestagsausweis. Sie verschwand in einem Polizeibus am nächsten Straßenrand. Der Fahrer des Bundestagsfahrdienstes wartete gegenüber. Einer der neben mir stehenden Beamten meinte: »Sie können gern in Ihrem Auto Platz nehmen und dort warten …« Zehn Minuten später erhielt ich meine Papiere zurück. »Was wird mir eigentlich vorgeworfen?«, fragte ich die Polizistin. »Das kann ich Ihnen nicht sagen. Drüben herrscht Hausrecht. Warum man Sie des Geländes verwiesen hat, müssen Sie im Verteidigungsministerium nachfragen. Wir sollten nur Ihre Personalien feststellen – per Amtshilfe. Das haben wir ordnungsgemäß gemacht. Sie können gehen.« Der Fahrer meinte: »So etwas hat es ja noch nie gegeben.« Ich rief unseren Pressesprecher an. »Die Feldjäger?«, fragte er und gab eine Presseerklärung heraus.

Die Bild-Zeitung machte mich am nächsten Tag zur Verliererin von Seite eins.

Originalzitat: »Die Linken-Bundestagsabgeordnete Luc Jochimsen (73) nutzte die Einweihung des Bundeswehr-Ehrenmals in Berlin für eine persönliche Demonstration. Sie trug einen Schal mit der Aufschrift: ›Nun erst recht. Raus aus dem Krieg.‹ Feldjäger ließen sie nicht durch,

Jochimsen weigerte sich, den Schal abzunehmen, jetzt wird gestritten. BILD meint: Falsche Zeit, falscher Ort.«

Ich schrieb an den Verteidigungsminister, an den Ältestenrat. Auch Willy Wimmer schrieb einen Brief. Mein Protest wurde zurückgewiesen. Die Feldjäger hätten sich »ordnungsgemäß« verhalten. Der Schrecken von Kundus überschattete alles. Jung trat zurück. Guttenberg kam.

Monatelang hat unsere Fraktion versucht, ein ehrendes Gedenken für die Toten von Kundus im Parlament zu veranlassen – ihre Namen sollten verlesen werden. Abgelehnt. Am Freitag, dem 26. Februar 2012, hatten wir Namensschilder dabei. Auf meinem stand »Mohammed SAHID 26, Bauer«. In einem verabredeten Moment erhoben wir uns von unseren Fraktionssitzen und hielten die Schilder hoch. Der Bundestagspräsident schloss die gesamte Fraktion von der Sitzung aus. Die sonst so freundlichen Saaldiener und Saaldienerinnen waren nicht mehr wiederzuerkennen. »Sofort Folge leisten!«, verhießen ihre Mienen und Gesten. Das geht schnell, dachte ich. Stunden später erst durften wir zurückkehren. Ehrendes Gedenken an die Toten eines Krieges. Umgang damit. Die alte Herrschaftsgeschichte.

Kampf ums Ja

Den Kampf ums JA gab es aber auch. Und wenn ich Fazit ziehe, was meine parlamentarische Arbeit angeht, dann war dieser Kampf ums JA wahrscheinlich das Wichtigste, was ich als Abgeordnete in den vier Jahren von 2005 bis 2009 vorweisen kann. Das JA zu einer gesetzlichen Regelung der Patientenverfügung. Dieser Kampf ums JA ging über Jahre und unterschied sich von der üblichen Gesetzesarbeit dadurch, dass nicht die Regierung, nicht die Koalition, auch nicht eine Fraktion das Problem aufgriffen, sondern eine fraktionsübergreifende »Gruppe« des Parlaments. Das Problem: An die neun Millionen Menschen in der Bundesrepublik hatten schriftliche Verfügungen verfasst, wie sie am Ende des Lebens medizinisch behandelt werden wollten – oder eben auch nicht. Diese Verfügungen hatten aber keine Rechtskraft.

Die Linksfraktion vertrat verschiedene Positionen: ein Teil hielt eine Regelung nicht für unbedingt notwendig, ein anderer wollte nur unter sehr strengen Auflagen die Selbstbestimmung der Patienten zulassen. Das war wie in den anderen Fraktionen auch. Aber für einen Großteil unserer Fraktion hatte ich das Mandat, in der Gruppe um die Rechtspolitiker Joachim Stünker (SPD), Jerzy Montag (Die Grünen) und Michael Kauch (FDP) an einem liberalen Gesetzentwurf mitzuarbeiten. Es war meine wertvollste Erfahrung als Parlamentarierin. Denn es ging um rein inhaltliche Arbeit, und es gab keine parteipolitische Ausgrenzung, denn die Gruppe wusste sehr wohl, dass sie Stimmen der Linken brauchte, um die Mehrheit der 612 Abgeordneten zu erreichen.

Am 18. Juni 2009, am Ende der vorletzten Sitzungswoche vor der Sommerpause und damit zum Ende der Legislatur, setzte sich »unser Gruppenantrag« schließlich durch.

Bei Wikipedia heißt es:

Mit einer Mehrheit von 317 Stimmen bei 233 Nein-Stimmen und 5 Enthaltungen nahm der Bundestag schließlich den Entwurf eines Dritten Gesetzes zur Änderung des Betreuungsrechts der Abgeordneten Stünker, Kauch, Jochimsen, Montag und weiterer Abgeordneter an.

In namentlicher Abstimmung beteiligten sich auch 37 Abgeordnete der LINKEN zu diesem Gesetz, über die Hälfte der Fraktion.

Selbstbewusst zogen wir in den Wahlkampf. Gregor Gysi hatte die Devise ausgegeben »Diesmal holen wir uns unsere Noten ab!« Ich hatte mir meine Noten schon abgeholt. Am 25. April war ich auf Platz 2 der Thüringer Landesliste nominiert worden – mit 81 Prozent Zustimmung. Einen rauf sozusagen und kein Gedanke ans Aufhören. Einen Schatten gab es allerdings: Wir hatten unseren Spitzenkandidaten Bodo Ramelow verloren, das beste Zugpferd weit und breit. Er wollte sich mit aller Kraft in den kommenden thüringischen Landtagswahlkampf einbringen. Und Frank Spieth wollte nur noch als Direktkandidat in Weimar/Erfurt antreten. »Ganz oder gar nicht« war sein Motto. Kein Zureden half. Er wollte sich nicht »absichern« lassen.

Das war eben unser neues Selbstbewusstsein. »Links wirkt«, nach vier Jahren »West-Ost-Arbeit«. Die Umfragewerte waren zweistellig. Gregor Gysi und Oskar Lafontaine sprachen auf überfüllten Marktplätzen.

Am 27. September holten wir uns unsere Noten ab: 11,9 Prozent im Bund. 28,8 Prozent in Thüringen, zum ersten Mal zwei Direktmandate hier, und zwar für den parteilosen Spitzenkandidaten Ralph Lenkert und den auf Platz 6 der Landesliste angetretenen Sozialrichter Jens Petermann. Frank Spieth dagegen war knapp unterlegen. 16 Direktmandate holte die Linke insgesamt, das grenzte fast schon an ein Wunder, wenn man bedachte, dass es 2002 nur für zwei Wahlkreise in Berlin gereicht hatte. 16 direkt gewählte Kolleginnen und Kollegen in einer Fraktion von 76. Das Programm »Noten abholen« war voll aufgegangen.

Aber nicht einmal zwei Wochen später war alles anders.

9. Oktober. Fraktionsklausur in Rheinsberg. So schön geplant. Hotel-Idylle am See. Abends Dampferfahrt mit Musik und Kabarett. Alles umsonst. Am Morgen hatte Oskar Lafontaine Fraktionsvorsitz und Bundestagsmandat aufgegeben – krankheitshalber. Der Mann, der bis zuletzt Tag und Nacht Wahlkampf gemacht hatte, war weg. Wie eine Beerdigungsgesellschaft schipperten wir über den Rheinsberger See.

Gregor Gysi war ein Schatten seiner selbst. Lothar Bisky blieb stumm. Alles veränderte sich innerhalb der Fraktion. Die Doppelspitze, die die West-Ost/Ost-West-Verbindung geschafft hatte, fiel weg und mit ihr eben auch jene Verbindung. Da war nichts zusammengewachsen, da war alles nur zusammengehalten worden, erfolgreich, aber folgenlos. Nichts mehr war so wie zu Beginn der vorherigen Legislatur. Die Neugierde aufeinander, der Gründergeist – weg. Die Ausgangsbedingungen waren ja auch tatsächlich andere: Gut fünfzig Abgeordnete traten wieder an, hatten Büros, Mitarbeiter, Aufgabengebiete, Ämter … 26 Neue hatten das alles zunächst nicht, mussten sich reinboxen ins Geschäft. Das schuf zwei Kategorien innerhalb der Fraktion, die es so vorher überhaupt nicht gegeben hatte. Ich war Solo. Ich hatte keine besonderen Ambitionen, wollte auch gar keine Ämter, brauchte keine Unterstützung. Kultur war nach wie vor keine Aufgabe, um die man sich riss. Allerdings hatte ich Lothar Bisky »verloren«, der seine »versessene Zeit« im Bundestag beendete und ins Europa-Parlament zog. Norman Paech trat ebenfalls nicht mehr an. Später ging dann auch Herbert Schui. Von der »Viererbande« in den Zügen von Hamburg nach Berlin war nur noch das Duo Nešković/Jochimsen übrig geblieben. Alles schrecklich, aber bedeutungslos im Vergleich zu dem Verlust, der durch Lafontaines Aufgabe entstand. Erstmal schickte ich Genesungswünsche ins Saarland. Dann, Monate später, Bittbriefe, »wenn irgendwie möglich nach überstandener Krankheit doch wieder zurückzukehren«.

»Zurückkehren – wie stellst du dir das vor?«, fragte Oskar Lafontaine am Telefon. »In die Fraktion kann ich nicht zurück.« – »Doch, mit Reden, mit Analysen, mit den politischen Kommentaren, die du uns stets als Struktur für unser Handeln vorgegeben hast und die uns jetzt so fehlt«, erwiderte ich. Dann kam ich auf eine Fernsehdokumentation zu sprechen, ein Doppelporträt Schröder/Lafontaine, das am Vorabend gesendet worden war und mit einem bemerkenswerten Schlusssatz endete. »Schröder gehört heute zur Welt des Kapitals«, hieß es da, »und Lafontaine ist immer noch links.« – »Hast du den Film gesehen?« – »Ja, klar.« – »Auch den Schluss?« – »Auch den Schluss.« – »Dann kannst du doch deine Leute nicht allein lassen.« – »Das will ich ja auch nicht. Ich weiß nur nicht, was ich noch leisten kann. Du darfst nicht vergessen, dass ich seit Jahrzehnten in vorderster Linie gekämpft habe, immer gekämpft … Ich weiß nicht, ob ich noch die Kraft habe.«

Brioni, die frühere Tito-Insel vor der istrischen Küste. Mit einer altmodischen weißen Fähre fährt man in eine ganz besondere Welt. Herrliche Strände, ein verwahrloster Golfplatz, auf dem Gazellen grasen, leere Volieren, ein Tito-Museum, das sozialistische Prunkhotel »Neptun«. Nach einem miserablen Essen im fast leeren versailleartigen Speisesaal gehen wir auf unsere Zimmer, suchen deutsche Fernsehprogramme.

31. Mai abends. In der »Tagesschau« gibt Bundespräsi-

dent Horst Köhler seinen Rücktritt bekannt – »mit sofortiger Wirkung«. Der Mann wirkt wie verstört. Keine Erklärung des Entschlusses. Warum jetzt? Den ganzen Abend stochern die Herren und Damen Kommentatoren im medialen Nebel.

Nur eins war klar: Innerhalb von vier Wochen musste ein neuer Präsident gewählt werden. Ich dachte, das ist eine Chance für neue Politik. Wie, wenn sich jetzt die Vertreter aller fünf im Bundestag vertretenen Fraktionen um einen Tisch zusammensetzten und Namen sammelten – für eine Kandidatur. Am besten einen Kandidaten für alle – und wenn das nicht geht, einen Kandidaten der Regierung und einen der Opposition. Das wäre doch ein gutes Beispiel einer offenen Demokratie.

Wir fuhren zurück nach Venedig. Die Kanzlerin gab ihren Kandidaten bekannt: »Christian Wulff wird ein wunderbarer Bundespräsident.«

Das war kaum zu glauben, aber wahr. Einfach so. Dann aber zogen SPD und GRÜNE ihren Joker: Joachim Gauck: »Wir hoffen, dass er auch viele bürgerliche Stimmen erhält.« Ich rief Gewährsleute im Fraktionsvorstand an. »Ist mit uns eigentlich überhaupt geredet worden?« Natürlich nicht. So geht das also, dachte ich, ratzfatz, partei-strategisch, partei-taktisch, partei-interessengesteuert … und mir war klar, dass ich, Wahlfrau Jochimsen, eine von 1224 Wahlfrauen und Wahlmännern, weder Christian Wulff noch Joachim Gauck meine Stimme geben könnte. Wulff nicht, Gauck nicht.

Von jeder Art »linker Politik« waren beide gleich weit entfernt – aus meiner Sicht waren das Kandidaten von der Rückseite des Mondes. Aber von wegen Rückseite des Mondes! Die Meinungsmacher des Landes sahen das ganz anders.

Sie riefen das Duell der Giganten aus. Im Blätterwald herrschte eine Stimmung wie zu Gladiatoren-Zeiten. Wulff versus Gauck: Wer gewinnt? Stimmen Sie mit! Melden Sie sich! Wir zählen jede Stimme. Und in diese Stimmung hinein sollten wir nun politisch agieren. Und zwar schnell. Am 7. Juni begann die Sitzungswoche. Als ich am 4. Juni von Venedig nach Berlin zurückflog, hatte ich eine Idee. Eine großartige Frau aus Kirchenkreisen als unsere Kandidatin. Sie würde ich dem Fraktions- und Parteivorstand vorschlagen. Da passte sehr gut, dass mich Gesine Lötzsch sprechen wollte – noch am Freitagnachmittag in meinem Büro. Gesine hört sich lächelnd meinen Vorschlag an und sagte dann ganz unvermittelt: »Wir möchten dich fragen, ob du kandidierst.« Blitz. Blackout. Blitz. Gibt es ein Gefühl von Ehre? Wenn es das gibt, dann hat es mich in diesem Moment erfasst. Und gleichzeitig ein Gefühl der Angst. Wenn ich jetzt »Ja« sage, kann ich die Aufgabe bewältigen? In dieser Situation. Die Störerin. Die Lachnummer. Die Chancenlose. Die Zählkandidatin. Die dumme Dritte.

»Ergreif deine Chance – du hast keine.« Wie oft habe ich diesen Satz höhnisch zitiert, immer wenn es um Frauen und Ämter ging! Im vollen Bewusstsein der Wahrheit dieses Satzes habe ich dann zugesagt. Aus Lust am hoffnungslosen Gegenspiel, das ganz folgenlos ja nie ist, wie die Geschichte uns lehrt.

»Der Plan muss unter uns bleiben«, sagte Gesine, »eingeweiht sind nur vier Personen: Gregor, du, Klaus Ernst und ich.« – »Ich muss mit meinem Mann darüber sprechen können«, erwiderte ich, »und eigentlich auch mit meinem Landesvorsitzenden. Noch nie habe ich ihn nicht informiert.« – »Lucas, das verstehe ich, er wird, wenn er den Plan billigt, auch nichts weiter sagen, aber nach Thüringen darf auf keinen Fall auch nur ein Hinweis dringen«, meinte die Parteivorsitzende. Ich versprach, dass ich sie noch an diesem Abend anrufen würde.

»Lucas, es gibt eine verrückte Anfrage …« – »Kandidatin – habe ich mir schon gedacht.« – »Wieso hast du dir das schon gedacht?« – »Jeder kann in seinem Leben 15 Minuten berühmt werden. Das hat, glaube ich, Andy Warhol gesagt. Mach es. Es ist nicht ehrenrührig!« Mein wunderbarer Mann.

Am nächsten Tag war ich in Leipzig zu einer Kulturkonferenz. Kein Wort. Kein Laut. Am Wochenende war ich völlig im Bann der Sonntagszeitungen. »Yes, we Gauck!« Solch eine Kampagne gegen die Kanzlerin und ihren Kandidaten hatte es überhaupt noch nicht gegeben.

Dazwischen kleine Nachrichtensplitter: »Was macht die Linke?« – »Wir machen nix«, ließen sich die einen vernehmen. »Wir suchen eine Frau«, vermeldeten die anderen. Am Dienstag, dem 8. Juni, in der Fraktionssitzung würde die Entscheidung veröffentlicht.

Ich hatte mich vorher noch zu einem Arbeitsessen mit dem irischen Botschafter verabredet, es ging um die Planung einer Delegationsreise irischer Parlamentarier nach Berlin, Weimar und Erfurt. Er wollte unbedingt wissen: »Wer kandidiert für die Linke?« Pokerface.

Der Fraktionssaal war von Presse belagert. Kurz vor 14 Uhr war der Fraktionsvorstand informiert worden. Ich hatte mein Handy ausgestellt und saß inmitten meiner Thüringer Landesgruppe. Gesine übernimmt Vorschlag und Begründung. Gregor setzt nach: »Wir brauchen unbedingt eine eigene Kandidatin, und wir haben eine ausgezeichnete Wahl.« Es gibt sehr viel Beifall. Darauf war ich gar nicht vorbereitet. Was könnte ich einbringen als Kandidatin?

Vier Grundsätze hatte ich vorformuliert. Die trug ich dann auch eine Viertelstunde später dem Heerlager der Journalisten vorm Fraktionssaal vor:

Friedensstifterin möchte ich sein – wir müssen wieder eine friedlichere Gesellschaft werden – nach außen wie auch in unserem Inneren.

Brückenbauerin möchte ich sein, um eine wirklich vereinte Gesellschaft zu schaffen, die aus Ost und West das Beste zusammenfügt.

Schirmherrin möchte ich sein für die Schwachen, die gerade jetzt in dieser Krise Hilfe brauchen – mehr als je zuvor.

Für mich galt und gilt: Die Einheit von politischer Freiheit und sozialer Sicherheit und Gerechtigkeit ist der Wert, der unsere Gesellschaft zusammenhält, die Demokratie sichert.

Auf Freiheit allein zu setzen reicht nicht!

Ich habe gelernt, dass es nicht darauf ankommt, dass man gewinnt, dass man sich sofort durchsetzt mit seinen Ideen und Haltungen. Auch wenn eine Mehrheit diese lange ablehnt, bleiben die Ideen, die Themen, die Probleme. Sie dürfen nur nicht totgeschwiegen werden, sie müssen in die Diskussion eingebracht werden. Sie brauchen eine Stimme. Diese Stimme zu sein wäre mir eine Ehre.

Am Abend waren in den Nachrichtensendungen die vielen Frauen zu sehen, die die Parteien stets als aussichtslose Kandidatinnen ins Rennen geschickt haben: Marie Elisabeth Lüders, Annemarie Renger, Luise Rinser, Hildegard Hamm-Brücher, Dagmar Schipanski, Uta Ranke-Heinemann, Gesine Schwan …

Keine schlechte Gesellschaft. Hugo Müller-Vogg kommentiert am nächsten Tag auf Seite 1 der Bild-Zeitung: »Da hat Gregor Gysi recht: Luc Jochimsen ist eine ›würdevolle‹ Kandidatin ... Sie passt so richtig in kein politisches Schema: eine Feministin, eine Pazifistin, eine Linke ...«

Die Presse bleibt nach der Ankündigung der dritten Kandidatur unbeirrt beim Zweikampf der Giganten.

ARD und ZDF machen Sonder-Interview-Sendungen mit den zwei Kandidaten. »Wir nehmen nur aussichtsreiche Kandidaten ins Programm«, wird das begründet.

Dann machen zwei Kollegen vom »Hamburger Abendblatt« ein Interview mit mir – und in einer Passage werde ich auf den Begriff »Unrechtsstaat DDR« angesprochen. Ich antworte, dass die DDR ein Staat war, der »unverzeihliches Unrecht an seinen Bürgerinnen und Bürgern begangen habe«, der Begriff »Unrechtsstaat« aber wissenschaftlich und juristisch nicht existiere.

Nun ist aber was los! Von nun an hören die Anfragen der Redaktionen überhaupt nicht mehr auf. Und es geht nur noch um dieses eine Wort oder Un-Wort oder Ur-Un-Wort. Selbst Kandidat Wulff nimmt mich nun zum ersten Mal öffentlich zur Kenntnis, um mir sogleich mein fehlendes Demokratieverständnis zu attestieren – wie der ganzen Linken natürlich sowieso. Der junge Redakteur vom »Spiegel«, der mich in Berlin und Thüringen begleitet und beobachtet, sagt: »Das haben Sie doch mit Kalkül so gesagt, damit Sie in die Medien kommen.« In die Medien kommen! Das ist die Parole der Zeit. Aber in die Medien kommen mit einem Wort bzw. mit der Weigerung, einen politischen Begriff zu benutzen, der als angesagtes Credo gilt, diese Erfahrung werde ich so schnell nicht vergessen – es gibt den alten

Geßlerhut, den jeder grüßen muss! Auch 2010 – wer hätte das gedacht?

30. Juni, Tag der Bundesversammlung. »Gehen Sie eigentlich auch vorher zum Gottesdienst?«, hatten die Redakteure des »Hamburger Abendblattes« gefragt. »Selbstverständlich. Da gehe ich als Wahlfrau sonst auch hin.«

War jetzt etwas anders als 2005. Reservierter Platz in der ersten Reihe, zwischen Frau Schadt und Herrn de Maizière. 15 Minuten Berühmtheit. Im Reichstag wurde mir ein »Rückzugsraum« zur Verfügung gestellt. »Könnte ja lange dauern.« Ich war davon überzeugt, dass nach dem ersten Wahlgang alles entschieden wäre. Ich saß auf dem Platz 1 unserer Fraktion. Hinter mir Oskar Lafontaine und Petra Pau. Dahinter Gregor Gysi, Dagmar Enkelmann, Gesine Lötzsch und Klaus Ernst …

Es war fast eine festliche Stimmung. Ich drehte mich zur Tribüne um:

»First Husband« Lucas, Beate, Janko – neben einer Gruppe geistlicher Würdenträger …

Ergebnis: 1. Wahlgang: Jochimsen 126 Stimmen – das waren zwei mehr, als unsere Delegation aufbringen konnte. Jubel. Eine schwere Last fiel von mir ab.

Das war nämlich in diesen Tagen meine große Angst, dass am Ende stimmen würde, was der Redakteur im »Spiegel« geschrieben hatte: »Sie trat mit der Absicht an, Ost und West zu versöhnen. Nun spaltet sie sogar das eigene Lager.« Aber nun zeigte sich klar, dass diese Einschätzung einfach falsch war.

Mehrere Stunden und einen weiteren Wahlgang später, der »Rückzugsraum« hatte sich sehr bewährt, bei Obst, Schnittchen und einem guten Glas Weißwein trafen wir uns in Familie und mit Gästen, kippte die sorglose Stimmung. Jetzt, jetzt zum ersten Mal wollten Sozialdemokraten und Grüne mit uns verhandeln. Ihre politische Botschaft war ganz einfach: im 3. Wahlgang der Kanzlerin eins auswischen – und Gauck wählen. Wer rechnen konnte, wusste, dass selbst wenn die linke Delegation mit all ihren 124 Stimmen diese Polit-Grotestke mitmachen würde, Wulff die Mehrheit trotzdem bekommen würde. Ist egal. Es ging um ein Spektakel. In unserer Delegation führte das zu einer großen Unruhe. Ein großer Teil wollte unbedingt, dass ich unter diesen Bedingungen auch zum dritten Mal antrete – so ließe sich am besten unsere Geschlossenheit demonstrieren.

Ich hatte für mich nie einen Sinn darin gesehen, im 3. Wahlgang anzutreten. Wenn eine einfache Mehrheit reicht, kommt es zur Stichwahl, was soll da die dritte Bewerbung? Aber jetzt war ich verunsichert. Ich wollte die Delegation nicht enttäuschen, das auf keinen Fall. Ich holte mir Rat bei Elfriede Begrich, der Pröpstin des Augustinerklosters in Erfurt, mit der ich so oft über Sozialismus und Christentum diskutiert hatte. Und ich holte mir Rat bei Rabbiner Professor Walter Homolka, dem Direktor des Geiger-Kollegs in Potsdam.

Pröpstin und Rabbiner festigten mich in meiner Haltung. Wenn man weder dem einen noch dem anderen Kandidaten die Stimme gibt, dann bleibt nur das Mittel der Enthaltung. Dafür habe ich dann auch bei der Delegation geworben. Und auch dafür: Geben wir uns alle die Freiheit der Entscheidung! Die 121 Enthaltungen – zwei unserer Delegation waren abgereist – beim 3. Wahlgang machten eins deutlich: Die Linke war nicht gespalten. Sie war sich treu geblieben. Sie stand für das, was sie in diesen Wochen im Juni 2010 von Anfang an gesagt hat – und was ich versucht habe zu vertreten, so gut ich konnte.

Das waren die »15 Minuten Berühmtheit« am 30. Juni 2010.

Beate Klarsfeld 3

Mitten im Karneval 2012 tritt Bundespräsident Wulff zurück, und Beate Klarsfeld gerät in die Ahnengalerie der aussichtslosen Kandidatinnen, die die Parteien bisher stets ins Rennen geschickt haben, wenn das Amt des Bundespräsidenten zur Wahl stand. Keine schlechte Gesellschaft, wie gesagt. Und wir beide konnten Wiedersehen feiern, zusammen den Film »Die Ohrfeige« nochmal öffentlich zeigen und beschreiben, was uns verband und verbindet: Einmischung in die Gesellschaft.

Am 18. März erhält Joachim Gauck 991 von 1228 Stimmen der Bundesversammlung. Beate Klarsfeld 126 – unsere fixe Zahl. Wenn es darauf ankam, dann hielt diese Fraktion zusammen.

Ich erlebe, wie eine junge Journalistin Beate Klarsfeld interviewt. »Jahrzehntelang haben Sie die Nazis gejagt und immer wieder vor rechtsradikalen Tendenzen gewarnt – in Frankreich wie in Deutschland –, 2012 wissen wir jetzt um den mörderischen Nazi-Terror der NSU. Glauben Sie eigentlich, dass Sie irgendwas bewirkt haben in unseren Gesellschaften mit Ihrem Einsatz?« – »Den Massenmörder Barbie vor Gericht zu stellen war doch richtig und wichtig.« – »Aber was bedeutet das heute – angesichts der neuen Nazis?« – »Es bedeutet, dass man unsere Warnungen ernst nehmen, sie aufnehmen muss in der Gesellschaft und zum Thema machen …« – »Worte, das sind immer nur Worte …« – »Ja, Worte statt Schweigen. Worte und Hinschauen und Aufrufe zu gemeinsamem Handeln. Anderes haben wir nicht.« – »Sie meinen also immer noch, dass Sie etwas bewirken können?« – »Manchmal sind wir verzweifelt, das stimmt. Aber dann: es gibt keine Alternative zum Weitermachen – oder?« Wie hilflos sich das anhört. Ich hätte nichts anderes sagen können.

Alter

Es gab Andeutungen, die ich aber nicht verstand. Oktober 2011.

Wir sind zwar gerade in der Mitte der Wahlperiode, aber schon wird innerhalb und außerhalb der Partei heftig spekuliert, wer die Linke 2013 im Wahlkampf anführen wird. In der Flut der Zeitungsartikel, die sich mit einem »Lafontaine-Comeback« befassen, fallen zunehmend Altersangaben auf. Lafontaine jetzt 68 Jahre alt, 2013 70 Jahre; Gysi »nur ein paar Jährchen jünger«, heißt es da, und dann folgen diese Urteile: Ein zukunftsträchtiges Konzept ist das nicht!

Die beiden Herren lassen die Linke »alt« aussehen. Dann können wir gleich zu Hans Modrow zurückkehren usw.

Am 5. Oktober habe ich unter dem Titel »Jetzt reicht's!« diesen Kommentar veröffentlicht: »Ich finde es empörend. Ja, ich bin 75 Jahre alt, und empöre mich darüber, dass eine Alterszahl zum Kriterium für erfolgreiche Politik gemacht wird anstelle von Können, Wissen, Charisma …

Wer hält die großen Reden, füllt die Marktplätze, schreibt die glänzenden Analysen? Ein 68-Jähriger! Das darf nicht sein. Wer hat als Einziger das Können, die Autorität – ja den politischen Glamour, der überlebensnotwendig ist in einer Mediendemokratie? Ein 64-Jähriger! Das geht doch nicht. Das ist doch kein zukunftsträchtiges Konzept. – Ist es das wirklich nicht? Clara Zetkin, hilf! Als wäre das Lebensalter ausschlaggebend für politischen Erfolg. Wer hat die LINKE 2009 zum Erfolg geführt? Alte Männer. Ein Generationswechsel muss stattfinden. Ja, wunderbar – wie erfolgreich er funktioniert, zeigt die FDP mit jedem Wahlsonntag.«

Etwa zur gleichen Zeit war eine Besuchergruppe aus Thüringen in unserem Fraktionssaal. Über fünfzig Männer und Frauen, die meisten im Alter von Gysi und Lafontaine. »Diese Altersdiskussion«, sagten sie, »ist doch sehr verletzend. Auch für uns. Ja, wir sind alt und werden älter, aber wir sind viele, und wir werden immer mehr – und wir wollen unsere Interessen vertreten sehen – im Parlament, in der Partei … Was wäre die Partei übrigens ohne uns? Ohne unser Engagement seit über zwanzig Jahren? Lass dir da bloß nichts einreden!«

Wieso ich? An mich hatte ich in diesem Zusammenhang gar nicht gedacht. Ziemlich blind, der »alte Drache«.

»2013 sollte ein Generationswechsel stattfinden«, sagte mein Landesvorsitzender, eher beiläufig, genau eine Woche später. »Heißt das, ich soll nicht mehr kandidieren?«, fragte ich zurück. »Nichts spricht dagegen, dass du deine Arbeit weitermachst, sie ist erfolgreich, und sie wird anerkannt«, entgegnete er. »Aber da ist dein Alter – das solltest du bedenken.« Wieso war ich nicht selbst auf den Gedanken gekommen, dass nichts einfach so weitergeht wie immer? Irgendwie hielt ich mich für alterslos. War das gut? War das schlecht? Ich fragte meinen langjährigen Hausarzt. »Wie alt möchten Sie denn werden – haben Sie da bestimmte Vorstellungen?«, fragte er zurück, und ich war so verblüfft in diesem Moment, dass ich keinerlei Antwort geben konnte. Ja, wie alt wollte ich eigentlich werden? In meiner Jugend war ich so gepeinigt vom Gedanken an den Tod, dass ich unbedingt so alt wie Fosca werden wollte, die Hauptfigur in Simone de Beauvoirs Roman »Alle Menschen sind sterblich« – also 200 Jahre oder mehr. Und dies, obwohl Fosca mit seinen 200 Jahren so lebensmüde und todessehnsüchtig ist und mit seiner »alterslosen« Existenz ganz deutlich macht, dass unser Leben nur deshalb einen Sinn hat, weil wir sterblich sind … Dann habe ich über diesen Wunsch jahrzehntelang nicht mehr nachgedacht, aber jetzt, jetzt kam diese irrationale Hoffnung von damals wieder zurück. »Ich dachte immer, wir wollen noch ein paar große Reisen zusammen machen«, sagte Lucas. Und mein Freund Friedman war ganz dezidiert: »Hör auf! Du hast zwei gute Legislaturperioden erlebt, es wird nicht besser. Geh erhobenen Hauptes, aber geh!«

Dabei – ich hätte so gern als Alterspräsidentin den Bundestag eröffnet. Es gab schon ganze Absätze für eine Rede in meinem Kopf. Schon 2009. Da war ich zweitälteste Abgeordnete. Nur der CDU-Abgeordnete Heinz Riesenhuber, Wahlkreis Main-Taunus, Bundesminister a. D., seit 1956 im Parlament, war knapp vier Monate älter als ich. Also hielt Riesenhuber die Rede. Und 2013? Wieder. Schon ein Jahr vor der Wahl gab er ostentativ seine Kandidatur bekannt. Der »Cicero« hat das am 12. Oktober 2012 genüsslich beschrieben: »Von wegen Rente mit 67. Der CDU-Abgeordnete Heinz Riesenhuber wird im Dezember 77, und selbstverständlich will das parlamentarische Urgestein bei der Wahl 2013 abermals kandidieren. In seinem Wahlkreis gibt es zwar ein Grummeln, aber der umtriebige Multi-Aufsichtsrat hat eine unfreiwillige Wahlhelferin: die Abgeordnete Luc Jochimsen von der Linkspartei. Die nämlich dürfte, träte Riesenhuber nicht mehr an, als Alterspräsidentin das neu gewählte Parlament eröffnen ... Für stramme hessische CDU-Mitglieder verkörpert Jochimsen als ehemalige Fernsehchefin des Hessischen Rundfunks das Feindbild schlechthin. Jochimsen Alterspräsidentin? Da werden aus Riesenhuber-Kritikern in der CDU ganz schnell Riesenhuber-Fans.«

Es gab also diesen besonderen Grund zum Weitermachen nicht mehr. Aber einen anderen: 2005 war ich als Fremde nach Thüringen gekommen – und habe Vertrauen und Zustimmung erst nach und nach erfahren. Und erst nach und nach auch die Kultur dort kennengelernt und begriffen. Immer neue Projekte waren entstanden: Konferenzen, Lesungen, Matineen, Vorträge, Einladungen, Auseinandersetzungen mit ganz unterschiedlichen Institutionen und Personen. Malern, Schauspielern, Schriftstellern, Journalisten, Politikern, Einzelgängern, ums Überleben kämpfenden Selbsthilfegruppen und immer wieder älteren und alten Menschen voller Hoffnungen und Enttäuschungen. Alle einstimmend in eine große Kakophonie von Erinnerungen an eine andere Welt in einer anderen Zeit ... Und das sollte nun abbrechen, aufhören – und damit auch aus meinem Leben verschwinden? Dies dann auch noch selbst zu entscheiden war eine besondere Last. Die journalistische Zeit endete mit dem Dienstalter 65 – man wird in Pension geschickt. Die politische Zeit hätte ich – sehr wahrscheinlich – fortsetzen können. Aber so war ich dann doch nicht nur alt – sondern zu alt geworden.

Im Dezember 2012 habe ich öffentlich gemacht, dass ich nicht wieder kandidieren wolle. Ein paar Tage vor Weihnachten. Ich wollte mir selbst weiteres Hin und Her verbauen, richtig aufatmen und feiern. Das haben wir dann auch getan: in Warschau, zusammen mit meinem Neffen und dessen Freundin. Nicht mehr die Trinkgelage von früher, aber Champagner in der Oper und ein Feuerwerk in Eis und Schnee überm Schloss.

Zwei Monate später die tausendfach beschriebene, gefilmte, dokumentierte Situation bei einer mammografischen Untersuchung: wir haben da einen Befund, der sofort näher untersucht werden muss. Drei Tage Unsicherheit, verschämte Beruhigung, dann die Gewissheit. Ganz neue Termine mussten gemacht werden: Operation in Hamburg. Bestrahlung in der Charité in Berlin. Wie gut, dass ich die Entscheidung aufzuhören vorher getroffen hatte – in Unkenntnis der Krankheit. Nun relativierte sich sowieso alles. Was ist wesentlich? Am 1. März 2013, meinem 77. Geburtstag, fand der Landesparteitag in Thüringen statt, auf dem die Liste der Kandidaten für den neuen Bundestag gewählt wurde. Die Operation war für den 6. März geplant. Nur wenige Personen hatte ich informiert. Dabei ging es mir nicht darum, die Krankheit nicht öffentlich zu machen. Im Gegenteil, Millionen Frauen machten dasselbe durch und gingen auch ganz offen damit um. Warum nicht auch ich? Aber der Landesparteitag war wirklich nicht das richtige Forum, und außerdem wollte ich die Operation erst mal hinter mir haben und dann sehen, wie es weitergehen könnte.

In meiner Abschiedsrede habe ich klar gesagt, dass ich gern Thüringen weiter im Bundestag vertreten hätte, »nicht trotz, sondern wegen meines Alters. Weil es auch darum geht, die Alten dieser Gesellschaft zu vertreten, die viele sind und mehr werden mit jedem Jahr … Aber: der Landesvorstand hat anders entschieden, und gegen sein Votum werde ich mich nicht stellen.« Es gab so viel Beifall wie nie zuvor, und ich habe nicht gelogen, als ich erklärte, dass ich, die Fremde aus dem Westen, nach acht Jahren mich aufgenommen und angenommen fühle in Thüringen in einer Weise, die ich mir so gar nicht vorstellen konnte, als ich 2004 antrat. Die Listenaufstellung des Landesvorstandes ging dann über die Bühne – als Desaster. Die vorgeschlagene Spitzenkandidatin erhielt die notwendige Mehrheit nicht. Die ganze Liste geriet durcheinander. »Jetzt hättest du doch glatt noch einmal antreten können«, kommentierte Gregor Gysi die Situation, »die hätten dich mit einem Rekordergebnis gewählt.« Das wäre vielleicht so gewesen. Aber auf diese Weise weitermachen wollte ich nicht. Erst recht nicht mit dem Damoklesschwert der Krankheit über mir. »Das verstehe ich sehr gut«, meinte Oskar Lafontaine am Telefon, »trotzdem ist es falsch – und deine Prognose, da will ich dir einfach Mut machen, ist gut. Du wirst diese Krankheit überwinden.« Das sagten die Ärzte dann nach der Operation auch. Glück gehabt – hoffentlich. Die richtige Entscheidung getroffen – hoffentlich. In dieser Nacht hatte ich einen schweren Traum. Ich lief durch einen endlos langen Korridor in mein Arbeitszimmer in Hamburg. Da war alles wie gewohnt. Auf dem Schreibtisch stand meine kleine »Adler«-Reiseschreibmaschine, auf der dieses Buch geschrieben wurde, im Lichtkegel der Lampe. Selbst ein Blatt Papier war eingespannt. Ich konnte sofort weiterschreiben. Aber dann sah ich, dass die Maschine vollkommen verrostet war, so als hätte sie Jahre auf dem Grund des Meeresbodens gelegen. Totaler Schrott. Damit ließ sich kein Wort, keine Silbe, kein Buchstabe mehr schreiben. Ich rief Lucas um Hilfe – in diesem Moment wachte ich auf.

Reprise 1: Fremd im eigenen Land

Auf der Bühne gibt es ständig Reprisen, im Alltag manchmal auch.

Aus Hildesheim schrieb mir der Verein für Geschichte und Leben der Sinti und Roma in Niedersachsen, die »Zigeunerkinder von damals, vom Platz an der Lademühle« würden mich gern zu einer »Zeitzeugendiskussion« einladen. Man habe meine Dissertation ausgegraben und Fotos aus der Zeit gefunden. Wir trafen uns in einem voll besetzten Saal der Volkshochschule. Rudolf Laubinger, Oskar Franz, Karl Kreitz, die »Kinder von damals«, gestandene, selbstbewusste Männer, die mit ihrem Verein seit zehn Jahren um Anerkennung und Integration kämpfen. Wir rechneten zusammen nach: 54 Jahre war das her, dass ich auf dem Wohnwagenplatz meine Fragen gestellt und Beobachtungen aufgeschrieben hatte. Wir erkannten uns nicht wieder, natürlich nicht, aber sie erinnerten sich an die Erzählungen ihrer Eltern, mehr noch, ihrer Großeltern »von der ganz jungen Frau, die so viel wissen wollte«. »Und wie leben Sie heute in Hildesheim?«, fragte ich wieder. Die drei antworteten abwechselnd. »Es gibt so viele Türken in der Stadt. Da fallen wir nicht mehr auf.« – »Das Problem beginnt dann, wenn sie dich fragen: Woher kommst du? Dann kommt der Punkt, bist du so selbstbewusst und sagst: Ich komme aus Hildesheim, wie schon meine Eltern und Großeltern. Ich bin Sinto.« – »Und dann geht es los: Sinto – wasn das? Ach, ihr seit Roma und Sinti?«

»Roma sind wir gerade nicht – aber Zigeuner. Ja, deutsche Zigeuner und seit über 500 Jahren im Land ...«

Das Wohnwagen-Getto gibt es nicht mehr. Die Wohnverhältnisse sind immer noch schlecht. Aber viele Kinder haben Schulabschlüsse. Einige studieren. Wer ein kleines Geschäft hat, dem geht es gut.

»Trotzdem« – »Trotzdem?« – »Wir sind fremd im eigenen Land.«

So hieß auch die Ausstellung mit den Fotos von damals, die gefunden wurden, und den Fotos von heute, die die Stiftung »Erinnerung, Verantwortung und Zukunft« zusammengestellt hat. Das Leben ist anders geworden – im Vergleich zu damals – und dann doch wieder nicht. Mitten im Wahlkampf schreibt mir Rudolf Laubinger einen verzweifelten Brief. »Die NPD plakatiert in Hildesheim wie überall in Niedersachsen: »Rente für Oma – kein Geld für Sinti und Roma!« Politiker haben aufgerufen, diese Plakate zu entfernen. Sie seien pure Volksverhetzung. Ein junger Sinto hat diesen Appell ernst genommen. Die Plakatkolonne hat ihn zusammengeschlagen, er liegt im Krankenhaus. »Wer hilft uns in dieser Situation?« Ja, wer hilft? Auch in Thüringen gab es diese Plakate. Viele wurden abgerissen, manche blieben über den Wahltag hinaus.

2013 war das Jahr des hundertsten Geburtstages Heyms und des 19. Jahrestages jener politischen Intrige, mit der seine Rede zur Eröffnung des Bundestages verhindert werden sollte. Eine Gruppe Heym-Fans tat sich zusammen und veranstaltete Lesungen zu Heyms Leben und Werk und der berühmt-berüchtigten Rede. Es schneite wie verrückt in Berlin, als Christoph Hein, Jakob Augstein, Friedrich Schorlemmer, Daniela Dahn und wir Abgeordneten Thomas Nord und ich im Marmorsaal des Palais am Festungsgraben an den Emigranten, Schriftsteller, oppositionellen Demokraten erinnerten. Die Lesung begann mit einer Beschreibung seines Biographen Michael Martens: »Stefan Heym wurde auf dem Prager Hauptpostamt geboren, und zwar in der Nacht vom 12. auf den 13. März 1933. Da hat der junge Chemnitzer Schriftsteller Helmut Flieg nach seiner Flucht aus Deutschland in der Schalterhalle eine Postkarte an seine Eltern in Chemnitz geschrieben – des Inhalts, dass er gut angekommen sei, sich den Umständen entsprechend wohl befinde, aber dringend Nachricht erwarte, Antwort poste restante an Stefan Heym, Prag.«

Welch ein Anfang für eine Lebensgeschichte des 20. Jahrhunderts! Helmut Flieg nämlich, geboren zwanzig Jahre vor Stefan Heym, am 10. April 1913 in Chemnitz als Sohn eines jüdischen Kaufmanns, durfte es 1933 nicht mehr geben …

Erinnerung an einen Verfolgten, Geächteten, Emigranten, Zweifler zwischen zwei Welten: der amerikanischen und der deutschen und dann der deutsch-deutschen, diffamiert und nicht rehabilitiert bis auf den heutigen Tag. Am 8. November 2013 schreibt mir Rita Süssmuth, die ehemalige Bundestagspräsidentin: »Was Stefan Heym am Konstituierungstag des Parlaments 1994 und am Tag zuvor durchgestanden hat, das bedrückt mich noch heute. Das war und bleibt beschämend … Ich hoffe auf eine Gelegenheit eines würdigen Nachrufs auf Stefan Heym im Deutschen Bundestag.«

Dokumentiert im 19. Jahr nach der Rede. Vielleicht kommt es ja 2014, nach zwanzig Jahren, zu einer solchen Würdigung. Für ihn ist es ja nicht mehr wichtig, nur für uns.

Abschied und neuer Raum

Eine Tortur: die letzte Ausschusssitzung, die letzte Unterausschusssitzung, allerdings versüßt durch ein ziemlich rauschhaftes Festessen der Obleute im »Pauly Saal« der früheren jüdischen Mädchenschule in der Auguststraße. Dann die letzte Fraktionssitzung, die letzte Plenarsitzung. Das Rednerpult. Der blaue Sessel. Wo habe ich wie oft in dieser Fraktionssektion am äußersten linken Rand gesessen?

Platz 1: bei der Bundesversammlung. Platz 1 auch 47-mal bei den Kulturdebatten.

Platz 2: neben Gregor Gysi bei den Ethik-Debatten und bei der Rede des Alterspräsidenten Riesenhuber. Da hat mir Gysi seine Vision von einer unendlichen Rede im Parlament erzählt. »Weißt du, wovon ich fantasiere? Dass auch ich eines Tages als Alterspräsident einen Bundestag eröffnen werde. Da gibt es keine Vorschrift, der kann so lange reden, wie er will. Also werde ich Stunden über Stunden reden, ohne Beschränkung, nicht aufhören. Das einzige Mal in meinem Leben. Die ersten Abgeordneten schlafen ein, andere sacken auf ihren Plätzen zusammen, dann werden sogar einige auf Bahren aus dem Saal getragen. Ganz egal. Ich rede weiter und weiter und weiter … Das ist meine Fantasie.«

Also, Abschied von den blauen Sesseln. Als die letzte Sitzung vom scheidenden Vizepräsidenten Thierse geschlossen worden ist, wird mir die Glastür aufgehalten – ich weiß, dass es kein Zurück gibt. Ich habe jetzt zwar einen besonderen Ausweis »Lukrezia Jochimsen, ehemaliges Mitglied des Deutschen Bundestages«, mit diesem darf ich auch in Zukunft das Reichstagsgebäude betreten, den Plenarsaal aber nicht.

Swetlana Alexijewitsch hat in ihrem Buch »Secondhand-Zeit« geschrieben: »Im Alter betritt man einen neuen Raum, der gedanklich erfasst und mit Sinn erfüllt sein will.« Wie wunderbar sich das liest – aber lässt es sich verwirklichen?

Da hat Lucas eine Idee. »Wir ziehen nach Wien. Die Berliner Wohnung haben wir jetzt aufgegeben, das ist der Moment für etwas Neues. In unserem Alter darf man sich nicht verkleinern, verengen.« Und Wien ist sowieso die schönere Metropole, eine wahre, alte Hauptstadt, der »kulturelle Mittelpunkt des deutschsprachigen Europas«, wie es der Intendant Matthias Hartmann formuliert hatte. Wir saßen im Parkett des voll besetzten Burgtheaters, an einem strahlend schönen Oktobersamstagmorgen, und es ging um die Frage, ob es das Theater gibt, »von dem wir träumen«. Natürlich gibt es das, sagten die berühmten Schauspieler, Regie-Genies und Intendanten. »Wir machen es und zwar seit 125 Jahren in diesem prunkvollen Palast.« Und die noch amtierende Kulturministerin bestätigte dies dem »geliebten

Ensemble« und Dramatiker und Theaterwissenschaftler auch. Nur ein alter Professor gab zu bedenken: »Wer träumt, handelt nicht – das müssen Sie wissen!« Wir aber träumen und entschließen uns, nach Wien zu ziehen. Ich bin vollkommen begeistert. Zurück in mein Kindheits-Wien! Diesen Plan gab es schon einmal nach der Gastdozentur und dem Herzl-Buch. Dann aber kam die Politik dazwischen – und Berlin eben. Aber jetzt, jetzt ließe sich die Kindheit aufs Neue mit dem Alter verbinden. Am Montag machen wir uns auf Wohnungssuche. In Frage kommt nur der 1. Bezirk, da sind wir uns vollkommen einig. Schließlich wollen wir »in unserem Alter« zu Fuß ins Burgtheater gehen, ins »Schwarze Kameel«, durch den Volksgarten zu den Museen. In einer dieser prachtvollen Mietshäuserstraßen hinter dem Bauernmarkt sehe ich ein Transparent »Große Altbauwohnungen zu vermieten«. Darunter eine Telefonnummer. Wir rufen an. Der Makler ist sehr nett, erklärt, dass diese angebotenen Wohnungen in dem Haus, vor dem wir stehen, 300 bis 450 Quadratmeter groß seien und an die 4000 Euro monatliche Miete kosten würden. »Haben Sie auch etwas Kleineres, Billigeres im 1. Bezirk?« – »Hab ich. In der Singerstraße, direkt hinterm Dom.« Um 14 Uhr treffen wir Magister Kepka vor dem Haus Nr. 12, einem Art-Deco-Bau zwischen lauter Gründerstil-Pracht. Ein Gitter-Fahrstuhl mit Holzsitz in der linken Ecke bringt uns in den 4. Stock. Wohnung 13: Drei Zimmer, Küche, Bad. Blick über Dächer und Hinterhöfe. Um 15 Uhr sagt Lucas: »Die Wohnung nehmen wir.« Magister Kepka ist perplex. »So schnell? Und Sie wollen gar nichts anderes mehr besichtigen?« Wollen wir eigentlich nicht, tun wir dann aber doch, fast dem Makler zum Gefallen, und sind absolut bestärkt: Die Studentenwohnung unterm Dach, die ist unser »neuer

Raum«. Lucas sagt: »Ich übernehme das jetzt. Ich bin dir nach London nachgereist, nach Frankfurt, nach Berlin … Jetzt drehen wir die Geschichte um: DU kommst mit mir nach Wien. Aufbruch, Madame!« So ein Glück.

Als wir noch mal zum Haus Singerstraße 12 zurückgehen, sehe ich eine Gedenktafel neben der Eingangstür: »Wenn die Sonne hinter den Dächern versinkt …« In diesem Haus lebte viele Jahre Greta Keller (1903–1977) Chanson-Sängerin und Schallplattenstar. – Wenn ich das bloß meinen Eltern erzählen könnte. Meine Mutter wüsste sicherlich, wer diese Greta Keller war. Und auch die Melodie von »Wenn die Sonne hinter den Dächern versinkt …« wäre zu hören. Und das, obwohl Greta Keller in der Wiener Zeit meiner Eltern von den Nazis aus Österreich vertrieben worden war und in Amerika lebte. Aber nach 1945 feierte sie ein Comeback in allen Wunschkonzerten Deutschlands, der Schweiz und Österreichs. Das wusste nun wieder Lucas, der als Kameramann in den frühen Fernsehjahren vom WDR nach Wien entsandt worden war für große Operettenproduktionen. Er hatte auch seinen Wiener Traum, »Operetten-Böhmer oder Fidel Castro vom Rosenhügel« von den Kollegen genannt, kann er heute noch alle Melodien aus »Land des Lächelns« auswendig singen …

Ich wusste von diesem Augenblick an, was ich als Nächstes machen würde. Im Hofgarten, zwischen Burgtheater und Heldenplatz, stehen tausend alte hochstämmige Rosenbäume. Für so einen Rosenstock kann man die Patenschaft übernehmen. Dann wird ein Pappschild an den Pflanzen angebracht. »In Erinnerung an …« Solch eine Patenschaft will ich übernehmen, am besten für eine tiefrote Rose. Und auf das Pappschild schreiben wir: »In Erinnerung an meine geliebten Eltern, Anna und Adolf Schleußinger, die immer sagten, dass sie die schönste Zeit ihres Lebens in dieser Stadt verbracht haben.«

Und dann: Silvester, Silvester! Ich werde das Restaurant suchen, in dem wir damals Silvester gefeiert haben. Am Donau-Ufer muss das sein. Denn wir sind nach draußen gelaufen um Mitternacht, um uns das Feuerwerk anzusehen: die bunten Räder am Himmel, die glitzernden Sternschnuppen, die auf das dunkle Wasser des Flusses prasselten. Wir hatten Sektgläser dabei, und es wurde geklatscht und angestoßen … So werden wir wieder Silvester feiern, vielleicht mit Freunden und der Familie, ganz so, wie mein Vater es mir versprochen hat vor vielen Jahren.

Personenregister

Bildnachweis

Privatarchiv der Autorin 1, 2, 3, 4, 5, 6, 7, 11
Foto Kramer, Hamburg 8
NDR/Annemarie Aldag 9
Virginia Schmidt, Hamburg 10
SWR/Christel Korte 12
Picture Alliance/dpa 13
hr/Feldmann 14
Foto Henrich, Wiesbaden 15
Günter Platzdasch, Jena 16
Action Press, Hamburg 17

Trotz intensiver Recherchen ist es uns nicht gelungen, alle Rechteinhaber ausfindig zu machen. Berechtigte Ansprüche bitten wir an den Verlag zu richten.